文汇传记

她是这样一个人

——周小燕传

赵兰英 著

文匯出版社

图书在版编目（CIP）数据

她是这样一个人：周小燕传 / 赵兰英著. — 上海：文汇出版社，2016.8

ISBN 978-7-5496-1808-8

Ⅰ. ①她… Ⅱ. ①赵… Ⅲ. ①周小燕（1917～2016）-传记 Ⅳ. ①K825.76

中国版本图书馆CIP数据核字（2016）第166552号

她是这样一个人

——周小燕传

作　　者 / 赵兰英
责任编辑 / 鲍广丽
封面装帧 / 王　翔
照片提供 / 张　本

出 版 人 / 桂国强

出版发行 / 文匯出版社
上海市威海路755号
（邮政编码200041）
经　　销 / 全国新华书店
排　　版 / 南京展望文化发展有限公司
印刷装订 / 上海新文印刷厂
版　　次 / 2016年9月第1版
印　　次 / 2016年9月第1次印刷
开　　本 / 710×1000　1/16
字　　数 / 397千字
印　　张 / 24.75

ISBN 978-7-5496-1808-8
定　　价 / 58.00元

目　录

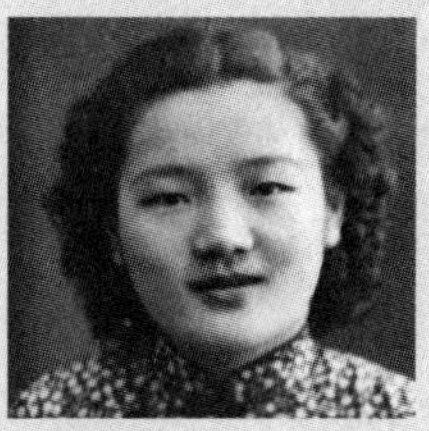

第一章 歌唱与她

一　儿童歌舞团

鸿兴坊是近代上海石库门建筑的一个代表，坐落于上海的虹口区。1917年8月28日，周小燕诞生在这里。那时，父亲周苍柏是上海商业储备银行的职员。母亲董燕梁是大家闺秀，嫁到周家后，在丈夫的支持下，学会了弹奏钢琴、拉小提琴等，显示出良好的艺术天赋。不到一年，父亲调到上海银行汉口分行，不久升任为行长。湖北汉口，是周苍柏的老家。在小燕以后，周家又有了两个儿子和四个女儿，分别取名天佑、德佑、宝佑、澂佑、六妹、彬佑。

孩提时代的周小燕，生性好动，非常顽皮，像个男孩，对艺术有一种天然的悟性。上幼稚园时，老师教唱歌、跳舞，二十几个孩子，第一个学会或者说学得最好的总是小燕。回家后，有客人来了，爸爸叫她表演一个，她总是高高兴兴地在大人面前又唱又跳，大大方方，一点也不怯生。

周苍柏从事的虽然是金融业，但是对音乐喜欢得不得了。一天，他走过一家琴行，买了一把曼陀铃回来，自娱自乐。小燕看到后，非常喜欢，不久也学会了。一天，父亲带她和两个弟弟去这家琴行。孩子们跟在父亲的后面，蹦蹦跳跳，好开心哟。到了那儿一看，钢琴、吉他、提琴、萨克斯管、小号、圆号、

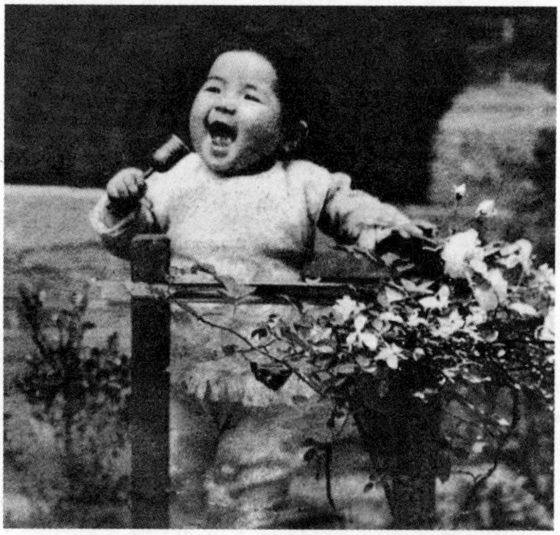

半周岁时的周小燕

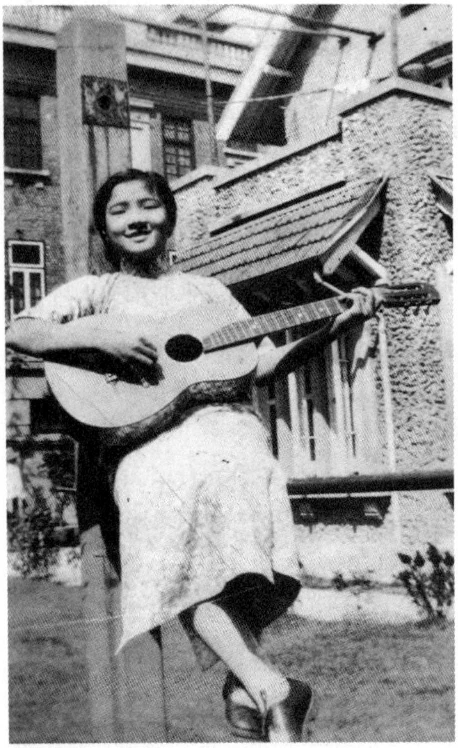
周小燕自弹自唱

长笛……满屋子的乐器，小燕和弟弟们更是兴奋不已。琴行老板是一个白俄罗斯人，名叫舍夫索夫。他对各种乐器都很在行，而且热情豪爽。他的弟弟还是国立上海音乐专科学校的大提琴教授呢。父亲特聘他当家庭音乐教师。小燕学钢琴，天佑学萨克斯管，德佑学小提琴，都由他来教。学了一个阶段后，老师又教他们乐理知识，排练钢琴三重奏。以后，小燕还学了大提琴、班卓、夏威夷吉他、西班牙吉他等。那把夏威夷吉他，她常挂在身上，自弹自唱。父亲对孩子要学习音乐从来不反对，当小燕提出要学习琵琶时，他就请来那个年代著名的琵琶演奏家张萍舟来教她。周小燕的琵琶弹得也不错哩。

1905年，电影传入中国，先是无声的，到了20年代后期，有声电影出现了。这对喜爱艺术的周家姐弟来说，不啻是一件天大的喜事。当年在汉口放过的片子，他们几乎都看过。往往一部电影放映过了，电影插曲就被印成歌片，在舍夫索夫的琴行里就能买到。小燕姐弟每次买到歌片，回到家里后，便跟着学唱起来。那时候的电影大多是歌舞片。他们觉得光学会唱不过瘾，还应该学会演。于是，小燕带头，关上母亲卧室的门，把床当舞台，床单之类往身上一披，就成了戏服，在上面唱呀、跳呀，不亦乐乎。他们排的第一个节目叫《宝贝儿子》，是一个歌舞剧。小燕那时嗓子沙哑，又当导演，又兼演男主角。小弟德佑当时是童声的自然高音，唱起歌来很好听，就让他演女主角。大弟天佑则负责整个演出的音乐、效果等。这样，他们自得其乐，越演越起劲。在外面看了一部新片子后，小燕姐弟三人，加上隔壁和对门的舅妈家、伯母家的孩子，学着片子里的，在一起唱呀、跳呀，热闹非凡。

一天，来周家玩的小燕的四姨妈，听到大姐房里怎么这么热闹，便轻手轻脚走过来，透过门缝，看了好一阵子，被孩子们的表演逗乐了，禁不住笑出声来。四姨妈转身将发现的这个“秘密”告诉了姐姐、姐夫。小燕他们心想，坏了，把家里搞得一塌糊涂，这回要挨骂了。谁知，父母笑嘻嘻地走过来了。父亲抚摸着小燕的头，嘴里埋怨般地说道：“干吗关起门来演？给我们大家看看嘛。”心里却乐开了花。好，演就演呗。小燕姐弟可不怕。大家动手，把“剧场”从卧室转到大客厅，两张大桌子拼起来就是舞台，大人们整整齐齐地坐在桌子前的凳子上。演出开始，小燕出场了，穿着西装、扎着领带、戴着礼帽，脸上还贴了小胡子，这模样，一下让人忍俊不禁。德佑的童声女高音，漂亮圆润。大人们看得有滋有味，也笑得人仰马翻。演出结束了，可大家不愿意离去，说还想看。小燕姐弟可高兴了，当场决定，下周末再演一个新剧目。

这样，每个周末，周家的儿童歌舞团都要演出一场。电影演完了，他们就从当时发行的《名曲101首》中选出几首，把它们串起来，配上舞蹈，编成一

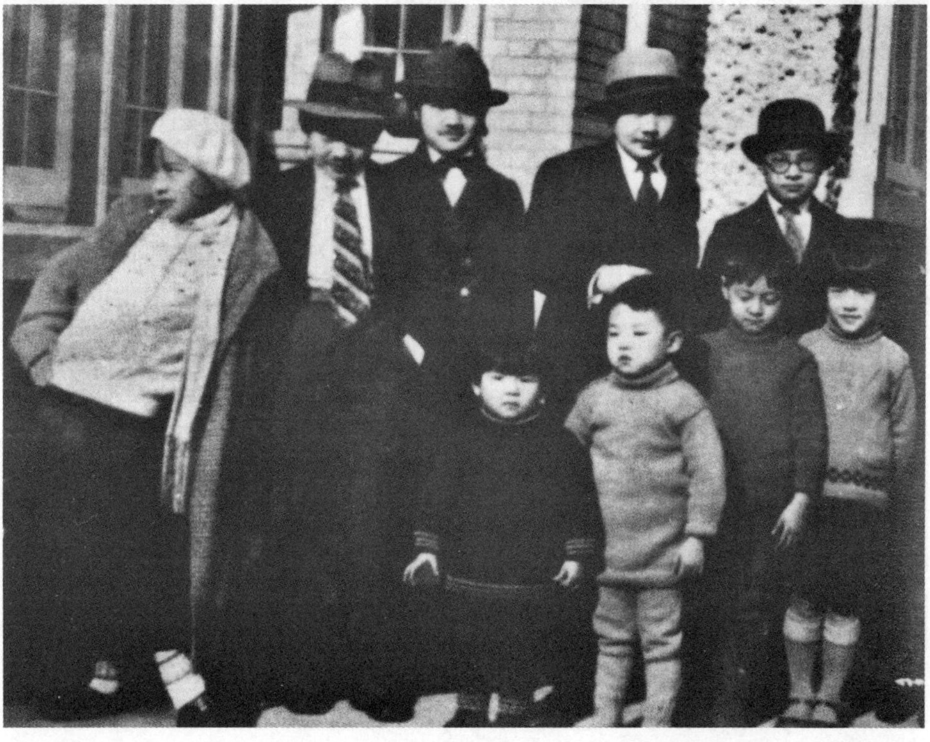

儿童歌舞团（后排左三为周小燕）

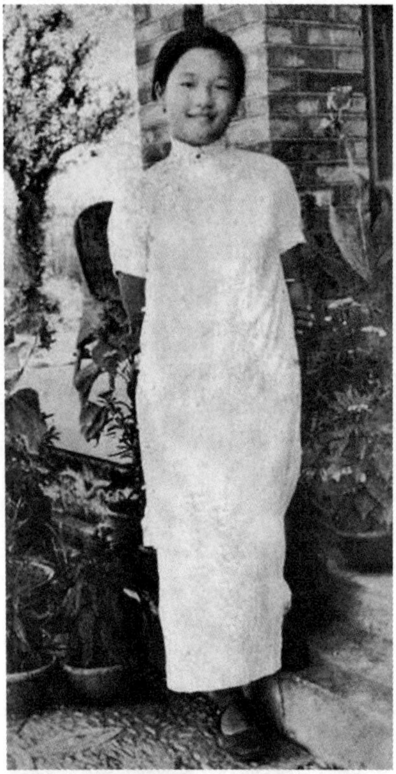

少女时代的周小燕

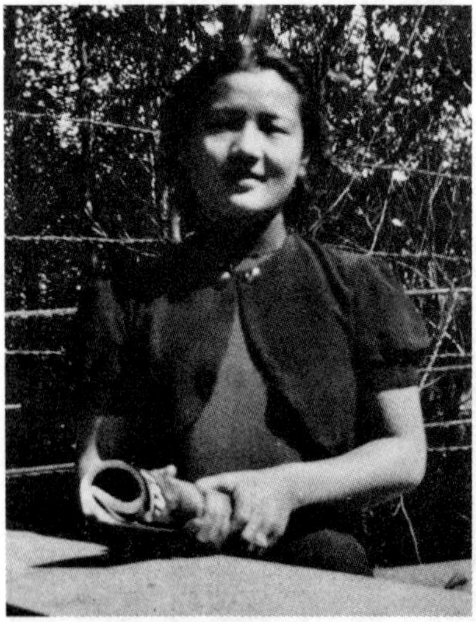

赴巴黎前在武汉老家

个新的歌舞剧。小燕的妹妹宝佑两岁不到，就在剧里演小天使。左邻右舍知道了周家的儿童歌舞团，每到周末就早早地等候在“剧场”前了。聪明的德佑自己做成戏票，分送给大家。周苍柏当时在汉口已是响当当的金融家，每天的应酬很多。但是，大家都知道，每个周末他不会参加任何应酬，要在家里看孩子们的演出。这段时间，可以说是他人生最为幸福的。

日子，在孩子们快乐的唱唱跳跳中过去。小燕13岁那年，扁桃腺发炎，不得已住院开刀。手术后，她被禁止唱歌。半年后，她开始哼哼唱唱，奇怪的是，她原来的哑嗓子，竟然圆溜、亮爽起来，高音也能唱出来了。1932年，武汉青年会的一些年轻人自发组织了一支管弦乐队，名为“武汉雅美管弦乐团”。可以说，这是一支中国成立最早的全部以中国人为队员的管弦乐队，而这些队员都是银行、洋行、海关的业余音乐爱好者，周小燕和两个弟弟都参加了。她在团里，不仅要弹钢琴，还是唯一的独唱者。管弦乐团每周末排练一次，地点在武汉青年会。来报名参加这个乐团的青年人越来越多，原来不大的排练场地就显得挤了。小燕回家后与父亲商量，说能不能让乐团到我们家来排练呢？没想到，父亲爽快地答应了。周苍柏让人把客厅和饭厅打通，每到周末，搬出凳子，摆好谱架，等候乐团来排练。若是有空，他会搬一个凳子，坐在客厅的一隅，欣赏乐团的排练。

有一天，家里来了一位上海的朋友，看了周家儿童歌舞团的演出，对小燕的父亲说："这小姑娘嗓子这么好听，为什么不送她到上海学唱歌呢？"听到夸奖，小燕心里美滋滋的，又想，唱歌还要学啊，我不是在唱了吗？

告别少年时代，告别儿童歌舞团，1935年，18岁的周小燕，随母亲回到出生地，报考国立上海音乐专科学校来了。

二 《长城谣》

国立上海音乐专科学校，是中国成立最早的高等专业音乐学府，建于1927年，创办人是著名教育家蔡元培和著名音乐家萧友梅博士。学校建校时间不长，但声誉日隆，教育质量属远东第一流。在1935年周小燕报考以前，学生中就有冼星海、贺绿汀、刘雪庵、戴粹伦、李献敏、劳景贤、丁善德、陈又新、徐锡绵、谭抒真、李翠贞、江定仙、斯义桂、谭小麟、蔡绍序、喻宜萱、裘复生、老志诚、钱仁康等后来饮誉海内外的杰出优秀音乐人才。

在1997年上海音乐学院建校50周年编纂的《大事记·名人录》中，有这样一段记载："本校二十四（1935）学年度招考新生共录取46名。伍正谦、唐荣枚、谢绍曾、何其超、汪启璋、吴乐懿、周小燕、张全铃、范继森、郎毓秀、陈传熙、王家恩、邓昭仁、何漂民等于此时入学。"小燕主修的是钢琴和声乐。在这本《大事记·名人录》中，关于周小燕的还有这样几段记载："2月4日（1936年）本校举行35次学生演奏会。表演有周小燕（独唱）、郎毓秀（独唱）、王春芳（独唱）、胡然（独唱）、陈玠（钢琴）、梁雪儿（钢琴）、周迁春（独唱）、何惠仙（钢琴）、凌安娜（钢琴）等。""3月2日（1936年）本校举行第39次学生演奏会，节目有：孙德志钢琴独奏《无词歌》（门德尔松）、周小燕钢琴独奏《c小调奏鸣曲》第一乐章（莫扎特）、林文桂钢琴独奏《奏鸣曲》No.25（贝多芬）、宋丽琛钢琴独奏《降B大调即兴曲》（肖邦）、狄润君独唱《你知道那地方否》（托玛斯）等。"

1937年，"七七"卢沟桥事变，抗日战争爆发，武汉成为全国的抗日中心。7月15日，学校放暑假了，小燕与同在上海学习的两个弟弟回到武汉老家。听说姐弟仨回来了，已经解散了的武汉雅美管弦乐团的队员们，又纷纷聚拢周家，拨拉弹唱，热闹非凡。雅美管弦乐团的指挥和小号手夏之秋，比小燕晚一年考入国立上海音乐专科学校作曲理论系，这时也回到武汉。夏之秋是一位热血青年，在武汉和汉口组织了两支歌咏队宣传抗日，小燕和弟弟们也参加了。

“八一三”日军进攻上海，国立上海音乐专科学校校舍也遭到轰炸，上海沦陷。周苍柏对小燕姐弟说：“你们不能为了学习，去做日本人的顺民。”这样，暑假结束后，小燕姐弟没去上海继续上学，而是留在武汉，投入轰轰烈烈的抗日宣传运动。

夏之秋也没有回上海，他把学到的知识，运用在实际斗争中，他把光未然发表在《大公报》上的诗《最后的胜利是属于我们的》，改编成合唱曲，小燕担任领唱，在武汉各地演出。有一天，诗人桂涛声送来了刚写的诗《歌八百壮士》，夏之秋当晚就谱好了曲，交给小燕演唱。几天后，在武汉维多利亚纪念堂，小燕首唱了这首歌。当时，钢琴谱还没有来得及写好，夏之秋自己上台为小燕钢琴伴奏。“中国不会亡，中国不会亡！你看那民族英雄谢团长。中国不会亡，中国不会亡！你看那八百壮士军奋斗东战场……”激昂的歌曲将观众的抗日情绪点燃了，应观众的要求，小燕唱了一遍又一遍。第二天，《大公报》发表文章，称“中国不会亡”这个口号提得好，说出了四万万同胞的心声。《歌八百壮士》很快被印成歌片，发行全国各地，鼓舞了全国人民的抗战斗志。

日本帝国主义的铁蹄在中国横行，大片国土沦丧，全国文化界很多仁人志士汇聚武汉，投入抗日救亡运动。1938年1月，全国歌咏协会在武汉光明戏院宣告成立，并且发表宣言：“我们要用歌咏去发动民众，组织民众。”在这样的激情下，夏之秋和周小燕商量，把武汉的青年组织起来，成立武汉合唱团，武汉的一些高校和中学，也有同学闻讯后报名参加。这样，一支有40多名队员的武汉合唱团，在民族命运生死攸关的紧急时刻诞生了。3月，武汉合唱团在《新华日报》上刊登了“宣言书”：“受着时代的需要，为着掩不住的热情，我们在抗战期中组成武汉合唱团。没有第二句话，我们的工作就是救亡工作……的确，我们唱一百个歌也不能直接地赶走一个东洋鬼，但相信歌声是能激发人类感情的。我们希望能够将大家隐潜着的热力，用我们雄壮的歌声，将它诱发出来，使每个人都能奔上抗战的阵线……”

工厂、学校、车站、医院、街头……到处可见小燕和合唱团的身影。他们演唱抗日歌曲：《义勇军进行曲》《在太行山上》《毕业歌》《游击队歌》《大刀进行曲》《旗正飘飘》《牺牲已到最后关口》等，武汉合唱团成为全国孕育和推广抗日歌曲的重要之地。周小燕是团里的女高音独唱演员，不仅独唱，还要参加合唱、领唱，甚至钢琴伴奏，有的作曲家有了新歌后，就拿着曲子直接来找她。她来者不拒，用心练唱，以最快速度让歌曲与听众见面。这个时期，武汉合唱团和周小燕，名扬武汉，几乎家喻户晓。

刘雪庵，中国近代最著名的作曲家之一。那时，他为正在筹拍的电影《关山万里》谱写了歌曲《长城谣》，可惜的是，这部影片因种种原因没有拍成。刘雪庵拿着谱子来找周小燕，请她演唱。“万里长城万里长，长城外面是故乡……”随着周小燕的歌声，《长城谣》很快传遍武汉。不久，中国动画片之父万氏三兄弟，编制卡通电影《抗战歌辑》，选录了周小燕演唱的《长城谣》。接着，电影《热血忠魂》选用了周小燕的《长城谣》作为主题插曲。由此《长城谣》传遍全国乃至海外，经久不衰。

在抗战的洪流中，武汉合唱团不断发展壮大，影响越来越大。有人建议，武汉合唱团应该唱到国外去，争取国际社会对中国抗战的了解和支持。武汉有一位叫陈文炳的人，对此事非常热心，他四处奔走，最后与美国有关方面达成武汉合唱团访美演出的协定。到美国去演出？小燕自然乐意。回家后，她将此事告诉了父亲，父亲却摇了摇头，不同意。父亲说：“你可以到美国去，但不是现在。在艺术上你还是个年轻的小姑娘，懂得并不多。到美国去演出，如果成功了，也有可能会被捧红，你飘飘然了，又没有多少根底，以后怎么办？如果演出不成功，你又怎么办？什么都不会，只能流浪街头，当一个白华。艺术的宝库很丰富，你最需要的是下决心多学习，只有练好了本领，成为真正艺术家了，到时候再去美国也不晚。”

小燕觉得父亲说得有道理，但是，她不知道艺术的海洋到底有多深，自己什么时候才算是艺术家。

其实，智慧的父亲，有他的思考和常人难以有的眼光及战略。那一天，父亲拍拍小燕的背，告诉她准备送她和弟弟天佑到意大利继续学习。意大利是美声唱法的发源地，是多少音乐人向往的地方啊！可是，小燕犹豫地回答：“大家都在抗战，

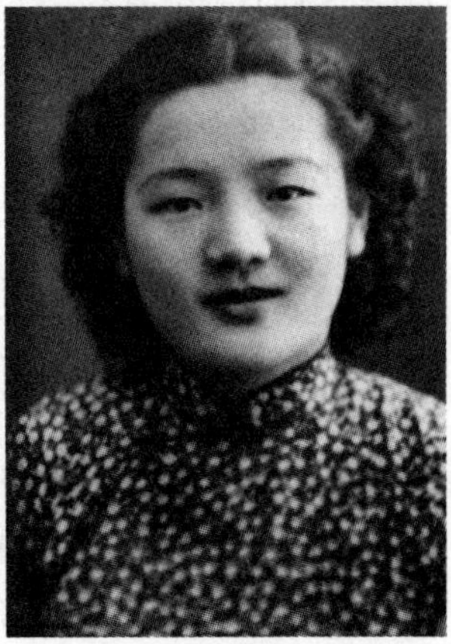

护照上的周小燕

我去意大利学习，这样好吗？”父亲说：“抗战总会结束，日本人早晚会滚出去的，到时候，国家要建设，要强起来，各方面都需要有真正学问的人才。你学成后回来，踏踏实实为国家做点事。”

小燕明白了父亲的心意，又一次被父亲折服，她决定不去美国演出，去意大利学习。小燕不能同行，合唱团的队员们感到惋惜，但是，他们知道，周苍柏的决定是具有战略意义的，无法改变。就在小燕和天佑突击补习意大利语、办好护照和签证、订好机票，等待出发日期时，传来了意大利悍然出兵进攻埃塞俄比亚的消息。周苍柏非常气愤，当即决定：不能让自己的子女去法西斯国家留学深造。怎么办呢？周苍柏经过反复思考和权衡，决定送小燕姐弟去巴黎学习。因为，那时的法国是欧洲乃至世界的艺术中心。

1938年7月，小燕和天佑走上了漫长而又艰难的法国求学路。

三　法国求学

历史常常被风尘湮没。在周小燕保存至今的一些旧照片中，那些远去的往事，又被拾起，鲜活起来。瞧这张照片：21岁的中国姑娘周小燕，身穿白底带点旗袍，脚蹬白色高跟凉鞋，坐在甲板上一米多高的护栏杆上，身后、足下，万顷碧浪，前呼后拥。小燕一只手挽着一根栏杆，另一只手搁在交叉着的腿上，一脸灿烂的笑容，没有一丝害怕，一点忧愁，真是少年不知愁滋味。去巴黎求学，怎样的一条道路在等待着她呢？她没有想到，也不会想到。父亲也没有料到。

一个多月的航程，客轮将小燕姐弟带到大洋彼岸的巴黎。在同船的一位法国大夫的带领下，他们在中国驻法国大使馆对面的一家宾馆住下，美美地睡了一觉。第二天，他们拿着父亲的朋友陈光甫写的介绍信去中国驻巴黎大使馆。顾维钧大使不在，去美国了。大使夫人出来见了姐弟俩，随后，一位叫刘汀业的使馆秘书，接待了他们。刘秘书告诉他们，昨晚他们住的是巴黎最高档的乔治五世大酒店，是招待国宾的，价格昂贵，姐弟俩赶紧回去收拾行李，搬出酒店。刘秘书帮他们联系好拉丁区一幢公寓楼的一个小套房，条件虽差，但价格便宜，拉丁区是各国留学生居住较为集中的地方。

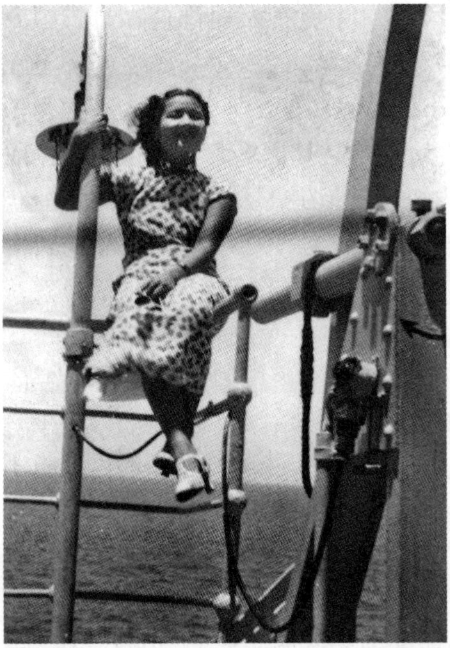

去巴黎求学的船上

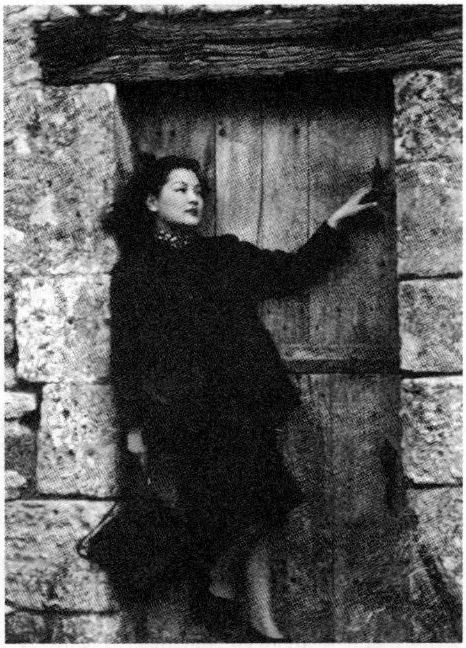

在法国乡村

几天后，小燕接到刘秘书打来的电话，通知她和天佑参加大使馆组织的一个义卖活动。以前，在家里，大事有父亲做主，把着关；生活上有母亲安排，不用愁，到了巴黎，人生地不熟，语言不通，没人交往，生活上不习惯，感觉一落千丈。虽有弟弟陪伴，小燕仍感到孤独，思念家乡。刘秘书的电话，给小燕姐弟带来温暖。在这个活动中，他们认识了好多有名气的中国人。在巴黎国际联盟工作的郭秉文，听说小燕姐弟是来学音乐的，便热心地说："好啊，那我可以给你们介绍一位音乐家。"小燕着急地问道："谁呀？"郭秉文却有点神秘地说道："到时你就知道了。"

9月的一天，中国大使顾维钧宴请法国总统勒布伦，小燕被邀请参加，并在宴会上演出。在这个盛大的招待会上，小燕又认识了许多中国人，其中就有钱学森夫妇。钱学森夫人蒋瑛也是学声乐的，当时在瑞士留学，那天，蒋瑛也上台表演了。小燕唱完了，获得了满堂掌声，她轻松地回到自己的座位上。这时，郭秉文笑嘻嘻地走来，招手道："小燕，过来，我给你介绍一位著名音乐家。""好啊！"小燕快活地站起身，跟在郭秉文后面。

来到一位长得高高大大的外国人面前，郭秉文用英语向小燕介绍道：

“这位是俄罗斯著名作曲家齐尔品先生。”齐尔品先生？是那位在母校国立上海音乐专科学校举办过“中国风味钢琴曲比赛”的齐尔品先生吗？正在惊愕中，齐尔品的一双大手已经握住了小燕的手。正是他，曾经为中国音乐发展与传播做出很大贡献的齐尔品先生！齐尔品是世界著名的俄罗斯作曲家、钢琴家。1925年，他的钢琴曲《室内协奏曲》在德国国际作曲比赛上获得大奖，声名鹊起，此后，他在世界各地旅行演奏。1934年，齐尔品来到中国，应邀在国立上海音乐专科学校举办他本人的钢琴作品演奏会，取得轰动效应。

来到中国后，齐尔品对中国文化和传统音乐产生了浓厚的兴趣，他致信国立上海音乐专科学校校长萧友梅，希望举办一个具有中国风味的钢琴作曲比赛。他在信中写道：“我希望因着这个比赛的结果，将有一首中国乐曲能让我有机会在其他各国演奏。我在学习与研究之中，对中国的音乐心怀无比地尊重。”不久，上海《音乐杂志》刊登了“齐尔品征集有中国风味钢琴曲”的启事，消息很快传开，许多人跃跃欲试。9月，比赛拉开帷幕，在齐尔品、萧友梅、黄自、查哈罗夫、亚萨可夫等五人组成的评委会的评选下，贺绿汀的《牧童短笛》获得一等奖，俞便民的《c小调变奏曲》、老志诚的《牧童之乐》、陈田鹤的《序曲》、江定仙的《摇篮曲》获得二等奖。齐尔品没有食言，从此，他将此次获奖的作品和收集的其他中国音乐作品，列入自己的演出节目单，在世界各国演出。

齐尔品身边站着一位始终在微笑着的东方女士，一袭旗袍，气度高雅。郭秉文赶忙介绍说：“这位是齐尔品先生的太太李献敏女士，也来自上海，著名钢琴家。”小燕真是喜出望外，两人聊起来，竟像亲姐妹似的。李献敏也是国立上海音专的高材生，是小燕的学姐。1928年，李献敏与冼星海、张曙、劳景贤、陈振铎等人同时考入国立上海音专专修班。献敏主修的是钢琴，师从俄罗斯著名钢琴家鲍里斯·查哈罗夫，献敏学业优秀，几乎每年获得最高奖学金。1934年，李献敏以优异成绩毕业，获得中比庚子赔款的奖学金，赴比利时留学深造。李献敏是国立上海音乐专科学校毕业的第一位钢琴专业本科生，更是第一位饮誉欧美舞台的中国钢琴演奏家。

齐尔品来到国立上海音专，见到李献敏，立即被她的气质吸引，并且爱上了这位中国姑娘，他专门为李献敏写了一首以琵琶为主题的钢琴曲《敬献与中华》。1937年，齐尔品离开上海，专程去比利时探望李献敏。1938年，他们在巴黎结婚。他们的美满婚姻，成为世界音乐史上的佳话。此时，齐尔品夫妇刚从比利时来巴黎定居。

一切都因着齐尔品夫妇的出现而得到改变。听说，小燕姐弟还没有找到合适的学校，齐尔品认为报考巴黎音乐师范学院比较合适，于是，带他们去报名。为了提高他们的考试水平，这位世界级的音乐大师还抽出时间给小燕和天佑补课。考试那天，齐尔品还陪着他们到学校。小燕那天演唱的是歌剧《蝴蝶夫人》中的咏叹调《晴朗的一天》，这首歌，是她自己根据家里收藏的一张唱片学的。那时，巴黎音乐师范学院，中国学生非常少，一位黑眼睛黑头发的中国姑娘将普契尼的经典名曲演唱得如此有滋有味，立即在学校中传开了，引起了师生们的好奇。小燕顺利考上了，入学后，同学们亲切地称她是“小蝴蝶”。从此，齐尔品夫妇成了他们在巴黎最亲的亲人，齐尔品夫妇的家成了他们的家，他们经常到齐尔品家度周末，和他们一起去音乐厅观赏节目等。小燕的脸上，又露出了灿烂的笑容。

一切有了改变，然而，一切都不会永远很顺。不久，小燕在主修课声乐方面又出现了问题：高音唱不上去，一唱就破。主课老师吉尔斯夫人会说一些英语，但是，小燕不能完全理解她的意思。比如：吉尔斯夫人说她唱歌喉音太重，小燕就想唱歌不用喉咙怎么唱？她苦下功夫，每天放学后，到琴房练习，揣摩和消化老师的教导，可是，仍无济于事，最后在唱古诺的《圣母颂》时，连音都唱不准了。她非常着急，忧心如焚，夜夜睡不好，一下消瘦了很多。

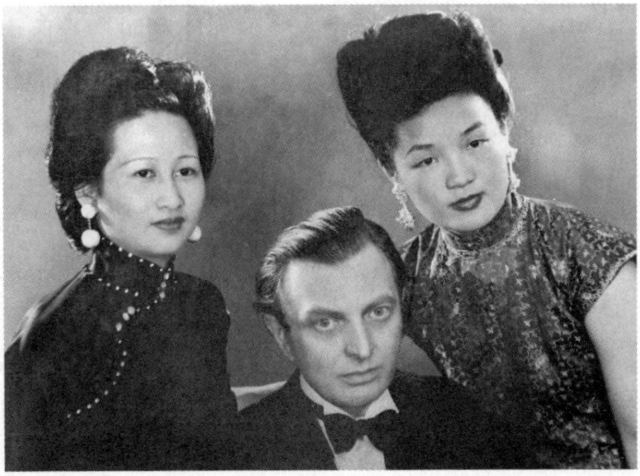

与齐尔品夫妇

周末，姐弟俩去齐尔品夫妇家。细心的齐尔品夫妇看出小燕的不快活，感觉她有心思，献敏连忙问道："最近学习和生活怎么样？碰到了什么问题吗？"听到亲人的问候，小燕忍不住泪水夺眶而出，她边哭边自责地说道，自己学不好了，对不起父母，对不起大家，无脸回去了等等。齐尔品夫妇明白了，小燕在主课上碰到了困难。怎么办？齐尔品想了想，说道："可能这位老师不适合你。巴黎的俄罗斯音乐学院有一位意大利老师，非常有经验，你愿不愿意转学到他那儿去？"李献敏又补充告诉小燕：巴黎俄罗斯音乐学院的创始人是齐尔品的父亲，之前，齐尔品因为考虑小燕是到巴黎来学习的，应该介绍她到法国的学校去，所以没有告诉她。小燕的脸上露出了笑容。小燕姐弟曾经随齐尔品夫妇去过他父母的家，这个家虽不大，但很温馨。齐尔品的父亲身材并不高，戴一副眼镜，脾气随和。母亲倒是身材高大，穿一件旧毛衣，披一条棕色的披肩，笑眯眯地给小燕姐弟端来茶水，一双眼睛慈祥地看着小燕姐弟。看到她，小燕想起曾经读过的高尔基小说《母亲》中的母亲，感到非常亲切。

小燕转学进入巴黎俄罗斯音乐学院，意大利老师名叫贝纳尔迪。他仔细听了小燕的情况，说道："你相信我，就要按我的要求去做。""好的。"小燕回答。每次上课，贝纳尔迪只是给小燕练声，不让她唱歌，还规定她在课后也不能唱歌。一节课又一节课过去了，小燕有点着急了，提出希望能唱些歌曲。贝纳尔迪说好的，但是让她唱的只是几首简单的意大利歌曲。一遍又一遍，总是唱这些简单的歌，小燕感到很没劲，但是，老师就是不让她唱有难度的歌。她很无奈，但只能听老师的，这样的状况持续了半年之久。

1940年4月，希特勒从法国和比利时边境闪电般地侵入法国北部，英法联军仓皇后撤，巴黎人心惶惶，街道上挤满逃难的人群和车辆。小燕姐弟那时住在天佑同学查利和他的姐姐妮娜家，妮娜一家是波兰籍犹太人，为防备法西斯对犹太人的迫害，他们决意逃难，去美国。怎么办？大敌当前，小燕姐弟决定回国。他们计划与妮娜家一起，先逃往法国南部，再由西班牙转道回国。小燕去和老师告别，贝纳尔迪还特意关照：索性把嗓子好好养养，不要再练唱了。

一辆破车，载着他们，走上逃亡之路。又惊、又怕，又困、又乏，又苦、又累，在车上颠簸了一个多星期后，他们到达一个叫比雅利茨的小镇，决定在这里休整几天，买船票上路。没想到，几天后，小燕和妮娜提上菜篮到镇上买

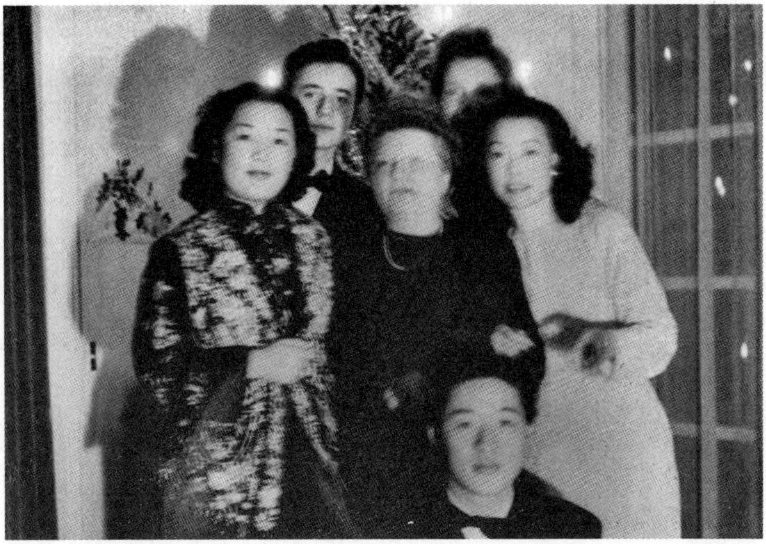
与妮娜一家

菜，忽然见到满街都是德国兵，两人赶紧回到借居的地方。途中，小燕顺手买了一张报纸和一份杂志，回到家一看才知道，法国人没有抵抗就缴了械，巴黎已成为不设防城市，著名的埃菲尔铁塔塔顶悬挂着德国国旗。比雅利茨小镇虽然离法国与西班牙边境不远，但是被德国兵把守着，他们寸步难行。几天后，德军挨家挨户查户口，发现小燕姐弟和妮娜一家的身份证属巴黎户口，便恶煞般地命令他们立即回巴黎。他们被押上一列装运牲口的火车，开往巴黎，大家紧挨在一起，小燕的心在哭泣。

从逃出巴黎到被押回巴黎，小燕姐弟经历了不堪回想的两个月的逃亡生活。回到巴黎，小燕首先想到的是学习，于是匆匆赶到老师贝纳尔迪家。贝纳尔迪看到小燕平安回来，非常高兴，他问小燕："这些日子没练过声、唱过歌吧？"小燕说："没有，兵荒马乱的，哪有心思和条件呀。""好，那么，我现在就帮你练练声。"贝纳尔迪走到钢琴边，轻轻地敲起了键，小燕随着琴声，练起声来。唱了几条练习曲后，贝纳尔迪起身到书柜里拿出一本歌谱，对小燕说："来，试试这个。"小燕一看，吃了一惊，是经典歌剧《弄臣》中的咏叹调《亲爱的名字》。过去，老师从来没有让她唱过这样高难度的歌曲。

贝纳尔迪只当没有看到小燕的惊讶，把歌谱放到钢琴上，俯身弹奏起来，随后，回过头来，用鼓励的眼光望着小燕，说："来吧，试试看。"小燕走到钢琴旁，看着歌谱轻声哼唱，唱着唱着，感觉嗓子很通畅、很舒服，不由得放开了声音。咦，这样一首难度极高的咏叹调，居然被她唱下来了，以往出现的高音问题，烟消云散，一点也不存在了。一曲下来，小燕自己激动得眼泪也流出来了。她明白了，老师是在用如同我们中医调理的方法，来治疗她受伤的嗓子，同时，科学地训练她准确的发声方法。

贝纳尔迪原是一位著名的钢琴家，对声乐曲目非常熟悉，经常与当时的一些世界著名歌唱家、指挥家合作，为他们伴奏。他能根据每个演员的声音特点，半度音、半度音地移调，达到随心所欲的地步。后来，他改行搞声乐。他的嗓音条件并不好，他硬是运用高度的科学技巧改造了自己的嗓子，成为一名出色的男中音歌唱家、歌剧演员。从此，贝纳尔迪加快了对小燕的教学进程，为她造就了一条音色清脆、珠圆玉润、声音灵巧、上下贯通的漂亮的花腔女高音嗓子。

意大利声乐学派是美声唱法的鼻祖，它注重音色的华丽，技巧的华丽。在贝纳尔迪的训导下，小燕掌握了意大利美声唱法的精髓，但是，她并没有满足，她还想获得法国声乐学派的真谛。法国声乐学派讲究歌唱的诗意和内涵的深邃。在齐尔品的介绍下，小燕认识了法国著名歌唱家佩鲁嘉夫人，拜她为师。佩鲁嘉夫人文化修养很高，法国许多声乐作品是根据法国一些著名诗人写的诗词谱曲的，她能深刻理解每一部作品的深刻含意和浪漫情调。她对音乐色彩的配色十分强调，也十分擅长对乐句的处理。在她的指导和培养下，小燕不仅学会了德彪西、拉威尔、福莱、肖松等人的法国艺术歌曲，更为重要的是能准确地诠释这些作品的内涵和风格。

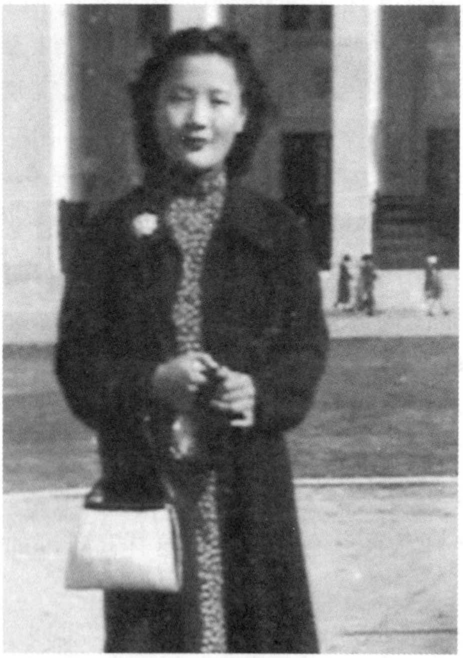
在法国

战争的硝烟散去，小燕的学业也已完成，她开始频繁出现在巴黎乃至欧洲各国的舞台上。

四　“中国之莺”

周小燕已经记不清第一次登台是哪一天，在哪里，然而，演出清唱剧《蚌壳》的情景还在眼前。那是1945年10月的一天，在巴黎国家大剧院。自逃难被押回巴黎后，妮娜一家前往瑞士，小燕没有了去处。困难时刻，旅法华人萧子昇、凌卓夫妇向她伸出了援助之手，小燕住进了他们的家。萧子昇是一位文人，凌卓是一位画家，他们家是当时旅居巴黎华人聚会的中心之一，一些文人雅士时常在这里吟诗作对，谈论文学主张等。看到小燕在法国舞台上获得成功，萧子昇心里很高兴，于是，拿起笔，用法文为小燕写了一部清唱剧《蚌壳》，故事取材于中国神话蚌壳仙女与青年农夫的故事。熟悉和热爱中国文化的齐尔品，看了后非常喜欢，立即为此剧写下曲谱。

演出这一天，巴黎国家大剧院座无虚席。虽然没有舞台布景、道具等，只有演员的清唱，但是小燕化妆成蚌壳仙女，穿上特意设计的带有蚌壳形状的仙女服，立即引起了巴黎人的好奇和兴奋。剧中出演青年农夫的则是一位法国歌唱家。中国的题材，西方的形式；中国的故事，西方的语言；中国的风味，中西组合的演绎，这样的精神美餐，在其时其地，还是第一次享受到，巴黎人为之倾倒了。当晚，剧场沸腾了，掌声经久不息。第二天，巴黎媒体热闹非凡，纷纷给予报道，法国当时最著名的音乐评论家杜费，也在报纸上刊文热烈赞赏。

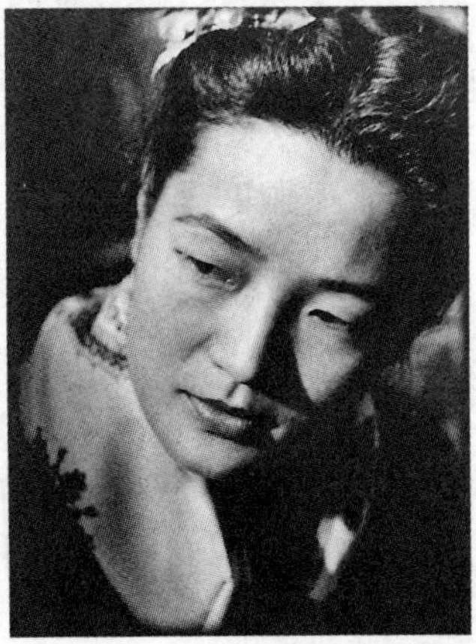
在法国演出时的剧照

1946年3月，英国“援华会”慕名来邀请周小燕和齐尔品、李献敏去伦敦举办音乐会，这场音乐会是为援华募捐而举办的，演出的均是中国作品。在伦敦举办中国作品专场音乐会，对于周小燕和李献敏来说，都是求之不得的大好事，三人立即准备起来。齐尔品将珍藏的从中国收集来的中国当代音乐家歌曲集拿出来，为小燕挑选曲子，这里有贺绿汀、江文也、刘雪庵等人的作品，正愁着没有什么歌可唱的周小燕看到后高兴地跳了起来。齐尔品又连夜突击，根据小燕的声部特点和花腔技巧，创作了两首新歌，一首是《美酒美人》，又名《桃花村杏花店》，根据云南民歌《过年》改编；一首是《春晓》，根据唐代大诗人孟浩然的同名诗改编，两首歌具有鲜明的中国民族风格。

3月30日，音乐会在伦敦白宫剧场举行，下午一场，晚上一场。上半场是小燕的独唱，她穿一件浅色绣花长旗袍，外罩一件缎子短外套，端庄华丽。下半场是李献敏的钢琴独奏，她是一袭白色的短袖长旗袍，旗袍下端绣着一只五彩的大孔雀，领口、袖口镶着宽宽的花边，雍容华贵。她们珠联璧合，高贵、典雅的仪表、仪态，精湛、娴熟的演唱、演奏技巧，博得了每一位观众的赞赏。著名的英国广播公司现场录制了这台音乐会，向全世界播放。第二天，伦敦一家报纸，以“小燕子的歌”为题，报道了这场音乐会。

载誉回到巴黎，中国驻法国大使馆前来祝贺，他们提出，这样一台风格独特、质量优异的音乐会，应该在巴黎也演一场，让巴黎观众欣赏和了解中国音乐。于是，这年5月9日，在巴黎大学城国际剧场举办了一场周小燕、李献敏合作的“中国作品音乐会”，法国观众又一次领略了周小燕和李献敏的风采，并被她们折服。

在大家的建议下，小燕决定开一场独唱音乐会，全面展示和检验自己留法学习八年的成绩。1946年7月31日，著名的卢森堡卡西诺剧场，第一次迎来一位中国女高音歌唱家的独唱音乐会。强烈的灯光下，一位娇小的东方女性，一袭旗袍，勾勒出娇好的身材。一支支美妙的歌曲，似行云流水般，荡漾在卢森堡上空。佩戈莱西、舒伯特、李斯特、威尔第、普契尼、普赛尔、德利布、杜帕克、肖松、齐尔品、贺绿汀、刘雪庵……意大利、法国、德国、奥地利、英国、中国……人们惊讶和敬佩的是：每一个作曲家的作品，每一个国家的语言，她都掌握得十分透彻，运用得十分娴熟，几乎挑不出任何一点毛病。第二天，卢森堡的报纸、电台，纷纷发表评论和报道，赞扬她“嗓音纯净，像水晶般坚实，如钻石般光彩”。

1946年10月，周小燕来到德国柏林，应邀举办两场独唱音乐会。德国人的严谨和挑剔，世界著名；德国人对文化的推崇和尊敬，也世界闻名。两场演出，所选的主要是德国和奥地利作曲家的作品，自然也有意大利、英国、法国作曲家的歌曲。作曲的、演唱的、搞评论的……德国音乐界一些有名望、有身份的人几乎都来了。小燕仍是一袭旗袍，雍容大方。一场音乐会下来，德国报纸毫不吝惜赞美的语言，写道："'中国的黄莺'歌唱德国舒伯特的歌曲，最充分地表现了舒伯特的情趣，花腔技术高超……"德国电台，特意把小燕请去电台，为她录了音。

从此，"中国之莺"的美称，伴着周小燕，飞翔在欧洲各国的上空，被人敬仰。

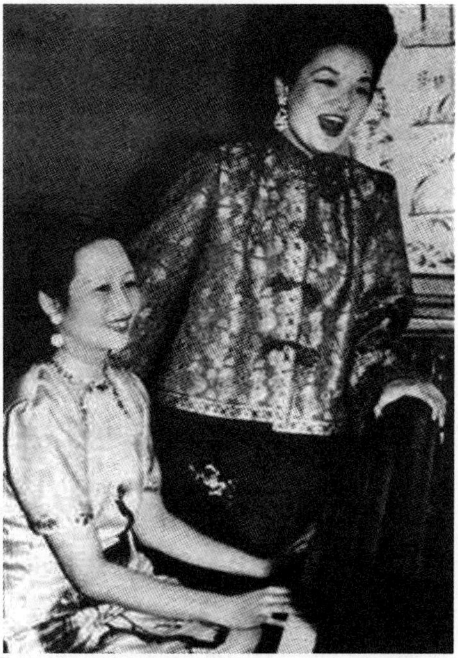

与李献敏

11月，为时一个月的联合国教科文组织的科学文教月活动在巴黎举行。小燕刚回到巴黎，被邀请与李献敏一起举办一场题为"中国之夜"的独唱独奏音乐会。12月9日，"中国之夜"巴黎化学会总会隆重举行，中国驻巴黎使馆大使钱泰和夫人以及出席联合国科学文教会的代表等都来了。中国代表中有赵元任、竺可桢、李书华、程文放四位博士，当时在法国的科学家钱三强，汪德昭和夫人、画家潘玉良，人文学家陈源教授和夫人等都来观看演出。

周小燕在上半场演出中演唱了《红豆词》《采莲谣》《叫我如何不想他》《美酒美人》等中国歌曲，下半场则用意大利语、法语、德语、英语等演唱了原文西方歌剧中的咏叹调和原文西方艺术歌曲。整场演出，使每一位在场的华人观众激情澎湃，涌起无尽的民族自豪感。上海《申报》驻巴黎记者强仁，当场写了一首七绝献给周小燕："时代黄金朝气足，咏歌红豆笑颜开。珠喉百啭忙于燕，声教宏宣仗此才。"当夜，他又奋笔写了一篇现场报道，发回报社。12月26日，上海《申报》刊登了这篇题为《海国扬威之女歌师周小燕，旅欧有年的女琴师李献敏》的报道。记者写道："鄂粤两姝功喉造诣均与欧美人才相匹敌，自非有十年上下金钱与时间之大量牺牲不可。"

转眼，1947年的钟声敲响了。周小燕这个名字，在法国乃至欧洲已经如日中天。

巴黎的加伏大厅，是当时世界顶尖的音乐厅，几乎世界一流的歌唱演员都想在这里试试锋芒，它的地位和影响，有点类似20世纪二三十年代的上海，但凡文化——音乐、美术、舞蹈、戏曲、杂耍……不管出自哪里，名气有多响，规模有多大，都想到上海来走一走，演一演。为什么？那就是因为上海的地位、上海的影响。一个剧种、一个戏班、一个演员，在当地走红不算红，只有在上海红了，那才是真正地红。加伏大厅正是这样，来这里演出，成功了，必能挤进一流音乐家的队伍；失败了，必会一蹶不振从此改变命运。倘无绝技，功力不深，加伏大厅只是一个梦想之地，任何演员都不会贸然前往演出。

1947年2月25日，30岁的中国姑娘周小燕，登上了加伏大厅耀眼而又被魔化了的舞台。聚光灯下，小燕从容自如，一袭白色的长旗袍，紫色的挂着串串葡萄花样的披肩一泻而下。舞台两旁摆满瑞士、比利时、中国、波斯等国家驻法国领事馆以及小燕的崇拜者和朋友们送来的花篮。场内高潮迭起，掌声一阵又一阵。演出结束后，小燕一次一次被掌声邀请，重回舞台，加演了好几首歌。这天，小燕演唱了19首法国、意大利、英国、德国、俄罗斯、中国的代表作品。任何一个国家的代表作品，小燕都咬字准确，吐字清晰，流畅委婉，音色透明，充分体现了每一部作品的精髓，并且融入中国诗意般的风格。巴黎各报争相报道，好评如潮。

《巴黎周刊》是一份发行量很大的英文周刊，它发表评论道："音乐会能使听众感到如此兴奋，是由于艺术家完美的歌唱能力和修养，以及对作品的表现……特别要指出她完美无瑕的声乐技巧，连音、跳音、轻音、半强音和强音，都很明亮，给人以不寻常的感受。"

在加伏大厅演出的成功，标志着周小燕已经进入世界一流歌唱家的行列。

中国之莺，自由地翱翔在欧洲的音乐天空。

1947年5月，捷克斯洛伐克举办首届"布拉格之春"国际音乐节，齐尔品接到了邀请，他兴奋地把这一消息告诉小燕："你和献敏都去，我们再次合作，到布拉格去介绍中国音乐作品。"这位对中国人民有着深厚感情的现代伟大的作曲家，立即废寝忘食，投入工作。几天后，他拿出一叠手稿，交到周小燕的手上。小燕一看，扉页上写着这样几个字："献给中国女歌唱家周小燕"。再一页一页往下看，小燕不禁热泪盈眶。这是齐尔品为周小燕特意创作的一组中国歌曲，共有七首，除《美酒美人》和《春晓》外，新创作的五首均取自中国唐诗，其中有据李白诗《将进酒》改编的《饮酒歌》等。

周小燕和李献敏飞到了布拉格。这是一场盛大的国际音乐家的聚会，各个国家的一流音乐家几乎都来了。从这张周小燕已经保存66年的照片上，我们可以看到：穿着黑色旗袍的小燕在歌唱，正在聚精会神听她唱的是英国小提琴演奏家梅纽因、俄罗斯作曲家肖斯塔科维奇、美国钢琴家伯恩斯坦等人，他们都是当代世界一流的音乐家。那天，是在国际俱乐部举行的首届“布拉格之春”晚会上，小燕应邀演唱中国歌曲，俱乐部的门外挤满了听众。

周小燕和李献敏合作的音乐会是“布拉格之春”的正式演出节目。精美的节目单上，用英文、法文、德文、俄文、捷克文书写着共同的标题：“中国现代音乐会”。节目单上还有一大段关于中国现代音乐的介绍，是齐尔品书写的，其中写道：“在中国，音乐是生活的一部分。丰富的民歌一代传一代，经过翻新，再创造而流传下来。在中国，无论是城市还是农村，从贩夫走卒到有着严谨美学观念的僧侣，从北平到广州，都存在着各有特色的音乐。外来的影响，特别是俄国、英国、意大利，也对中国带来影响，中国音乐家开始熟悉外国的音乐，中国作曲家开始以西洋乐器为表达工具，为这些乐器谱曲。今晚的

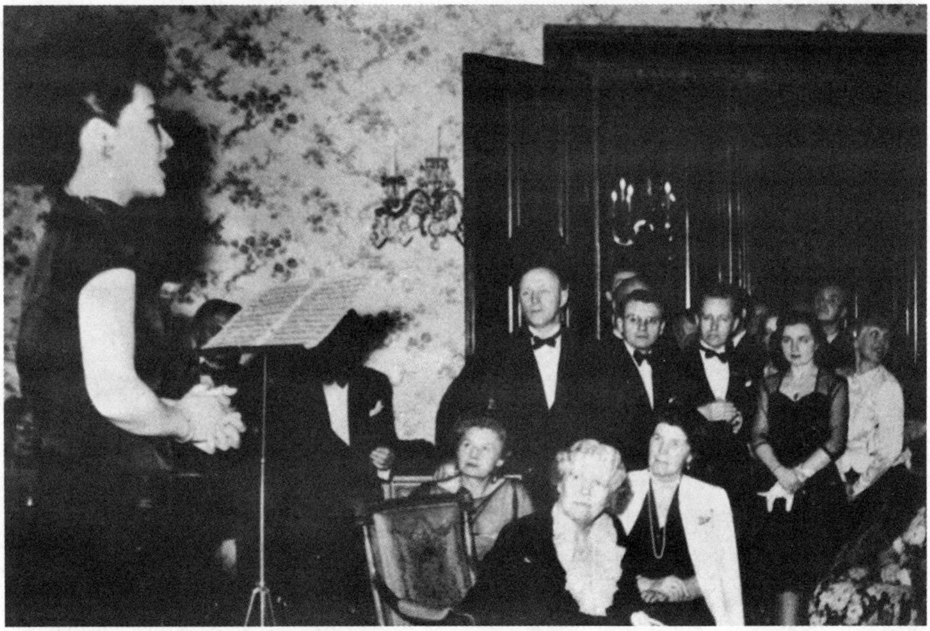

在“布拉格之春”国际俱乐部的演唱

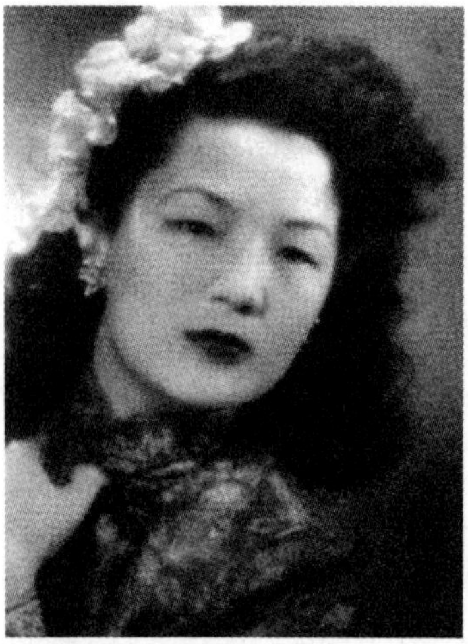
在德国的演出剧照

音乐，就是源自中国民间的、现代的中国作曲家的作品。中国音乐将人带入一个新的、遥远的、深入而又真实的世界。”

“中国现代音乐会”是整个“布拉格之春”国际音乐会上的大热门，票子在预售两个星期后就告罄。周小燕歌唱的剧目有江文也的*Love cail-in the fields*，贺绿汀的《神女》，刘雪庵的《红豆词》《长城谣》，齐尔品的《春晓》《饮酒歌》以及《蚌壳》片断等。为小燕伴奏的是捷克斯洛伐克著名钢琴家阿尔弗莱德·荷米克。李献敏的钢琴独奏有贺绿汀的《牧童短笛》、齐尔品的《五声音阶钢琴曲》以及刘雪庵、江文也的钢琴作品。演出获得了巨大成功，周小燕和李献敏成为“布拉格之春”国际音乐会上最美丽的鲜花，她们到处被歌迷包围，要求签名和合影。

“布拉格之春”国际音乐会还没有结束，她们就收到捷克斯洛伐克五城市巡回演出的邀请，紧接着又被邀请到波兰华沙、克拉科维等城市演出。从东欧演出回到巴黎，周小燕的桌上已堆满从美国、瑞典、挪威、丹麦等国飞来的演出邀请函。

上海音乐学院音乐史教授倪瑞霖，曾经概括欧洲报纸对周小燕演唱的评论，共有四点：“1. 嗓音纯净，像水晶般纯净，像钻石般光彩；2. 花腔技巧（颤音、断音、经过句、华彩段等）圆熟高超；3. 咬字清楚，演唱法国、英国、德国、意大利等国的歌曲，与这些国家的演唱家唱得一样好；4. 表演上富有个性，能融会中西艺术的特长，歌唱富于语调和抒情的表情。”

这时候，她也收到了千里之外的家信。捧读家信，往日的一幕又一幕出现在眼前。临行前，父亲的嘱咐在耳际回响：“你们虽然人到了外国，千万不要忘记自己是中国人，要替中国人争气。”“你到外国读书、学声乐，要超过外国人，让外国人知道中国人是有才能的。”小燕心想：“我已经学成了，已经证明，我不比外国人差。我应该回去了，为我的祖国效劳了。”想到这里，她立即拿起电话，托人买回去的船票。闻听小燕放弃美好的前景，准备回国，很多人为她惋惜，劝她还是留下来，小燕一点也不为所动，祖国、亲人在向她招手。

五　“从黑夜歌唱到黎明”

小燕归心似箭，但是回家的路，并不平坦。那时，巴黎还没有直达中国的邮轮，旅法华人萧子昇夫妇陪同小燕，从巴黎乘火车到荷兰的著名港口阿姆斯特丹，小燕再从那儿，坐船到上海。但是，邮轮走走停停，到新加坡后，不再往前开了。无奈，小燕只得下船，在新加坡停留几天，买去泰国的飞机票，再由泰国飞到香港。到香港后，又等待了几天，买到飞上海的机票。这一路，竟然走了有两个月。

1947年10月27日，一架银色的飞机载着小燕和其他乘客降落在上海龙华机场。父母和三个妹妹及周家的一些亲朋好友都来机场迎接了，一家人高高兴兴地在飞机旁合影，只是父母的脸上没有什么笑容。父亲在淮海路高安路附近向朋友租借了一套房，全家暂住在这里。

休整了几天后，小燕回家乡武汉看看。没两天，周家女公子法国学习九年，载誉归来的消息在武汉传开。一时间，上门来看望的、祝贺的，络绎不绝。这天，来了两位文质彬彬的青年人，他们说自己是武汉大学的，听说周小姐学成回来，十分渴望周小姐能为武汉大学的师生们演出一场。为家乡的父老兄弟演出，小燕认为这是自己应该做的事，自然高兴地应允了。当时，找不到钢琴伴奏者，父亲听说后，让在上海学习钢琴的小燕妹妹澂佑赶到武汉，为姐姐伴奏。除了中国歌曲，小燕演唱的还有许多西方经典歌曲，澂佑听都没听到过，小燕赶紧教她，澂佑终于能演奏了。

演出这天，珞珈山上的武汉大学，偌大的礼堂挤得水泄不通。第二天，武汉的报纸报道了这场音乐会，有一家报纸这样描述当时的现场情景：“在听她演唱活泼的曲子《早行乐》时，每个听众面上都露出轻松欲放的‘玫瑰花’，心儿随着她声波的高低、强弱而跳跃，到那热情奔放的时候，几乎都跳将起来。而在演唱深沉的曲子如《红豆词》《思乡曲》时，真是如泣如诉，哀婉凄苦，把千百双眉头锁得紧紧的……”

欲罢不能。在武汉，小燕又在汉口大光明电影院演出了一场，又与武汉雅咏合唱团合作，演出了两场，还到汉口电台演唱了一次。在回上海的途中，应南京五所高校的邀请，在南京演出了两场。

回到上海时，已近1948年的农历春节了。小燕准备在上海公开举办一次独唱音乐会，向母校和亲爱的同胞全面展示自己旅欧九年的学习成果。演出的地点选在陕西路茂名路口的兰心大戏院，这个戏院是当时上海最好的剧场，剧场不大，视听效果不错。小燕精心准备起来，在选择中国歌曲时，她不满足在欧洲演唱的这些，希望充实一些最新的中国作品。于是，她到母校听了作曲系同学的一场作品音乐会，选中当时还是作曲系学生，后来成为革命家、著名作曲家、上海音乐学院院长的桑桐的作品《林花谢了春红》。在美国新闻处举办的一个音乐会上，她发现犹太钢琴家卡尔斯坦尼的演奏艺术非常好，又邀请他为自己的专场音乐会伴奏。

没有时间也没有条件做一个调查。用现在的话说，小燕是一位20世纪40年代的"海归"。当然，国外学成后回来的在声乐界也许她还不是第一，但是，举办一场高质量、高水平的专场音乐会，介绍和展示当今国际、国内声乐现状和信息，小燕的这个音乐会也许是第一。因此，这场音乐会尚未开演，就迅速传开，引起轰动。5月21日，在人们的期待中，周小燕独唱音乐会在上海兰心大戏院举行。

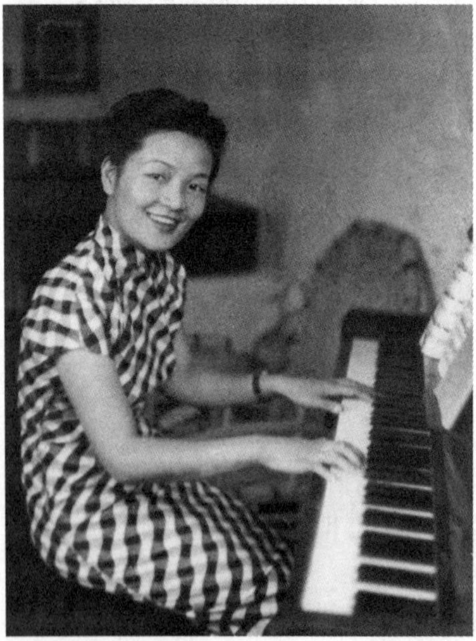

法国归来后在家中

培养出才旦卓玛等著名歌唱家的上海音乐学院教授王品素，那时在南京，听说周小燕回国办音乐会，特意从南京赶来。

20世纪80年代后期，王品素回忆当年的这一幕说："我久慕周先生的名，专程从南京过来，买到的是楼上后座的票。音乐会开始了，记得周先生穿的是一袭银白色旗袍，端庄高雅，台风好极了。大家屏息静听，场内安静得一根针掉下去的声音都能听到，虽然我在楼上后座，但是能清晰地听到她唱出的每一个字、每一个音，声音非常纯净、优美。她是用她整个心灵在歌唱，渐渐地，我觉得我

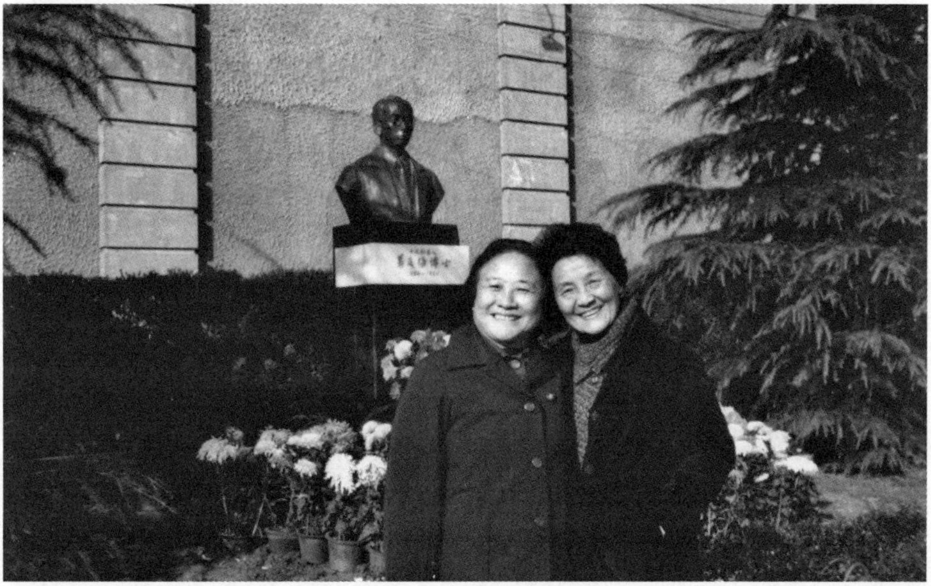

与王品素教授

坐得离她不远，越来越近了。她唱的什么歌，我至今都记得，比如勃拉姆斯的《我的呻吟更形低微》、歌剧《弄臣》中吉尔达的咏叹调《亲爱的名字》，还有一组法国浪漫派作曲家的作品和齐尔品据中国云南民歌改编的《美酒美人》等。这真是一场令人难以忘怀的音乐会！”

香港著名女高音歌唱家费明仪也是那场音乐会的听众。她后来撰文写道：“记得当时的情形是这样的：花腔女高音周小燕的身材不高，银色长旗袍配上同色的高跟鞋，淡施脂粉，仪态高雅地走出了台口。独唱会的曲目编排，格调高而多姿彩，包括中国歌曲《长城谣》（刘雪庵）、阿拉比耶夫根据俄罗斯民歌改编的《夜莺》等等，而最后压轴节目选自法国歌剧《曼侬》中仙女之王的咏叹调《我是悌塔妮娅》。演唱者以丰富的音乐修养和纯熟的歌唱技巧，使座上听众如痴如醉。中国著名花腔女高音周小燕的独唱会获得空前成功！”费明仪原是学钢琴的，听了这场音乐会后下决心转学声乐。后来，她还像周小燕一样，到巴黎求学。周小燕成为她内心一生敬仰的艺术家。

来邀请她去演出的地方越来越多，几乎应接不暇。这天，交通大学学生会的同学们来登门拜访，他们希望周小燕能去交大举办一场独唱音乐会，甚至说可以付点酬金。小燕说：“我肯定来演出，但我是尽义务的，钱肯定不会收的。”演出那天，交大师生们都到礼堂看演出，大礼堂爆满了，里里外外都是人。怎么办？学生会的学生们想了个办法，把喇叭接到大操场，请大家席地欣赏。演出结束，同学们纷纷站起来，热烈鼓掌。学生代表手持一面锦旗，走上台献给她，展开一看，上面书写着这样一行字：“献给周小燕小姐：唱破这阴湿的天！国立交通大学学生自治会敬赠”。

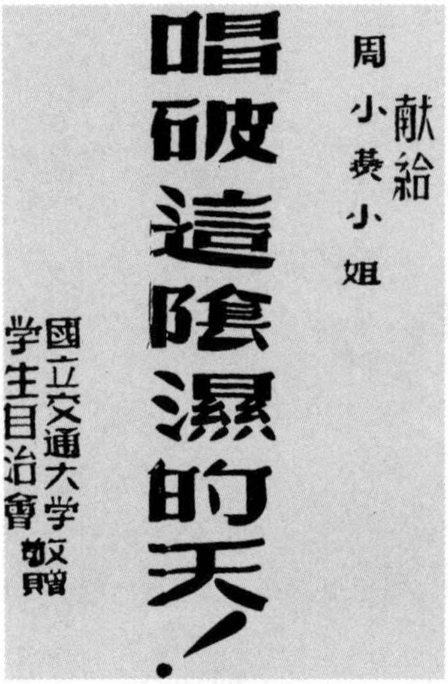

交大学生赠送的锦旗

“反饥饿、反内战！”黎明前的上海，学生运动风起云涌。小燕为交大学生演唱的消息，很快在上海高校传开，各校纷纷来请她去演唱。圣约翰大学特意为她的这场音乐会印制了一份节目单，上面印有这样一段话：“它与旧音乐不同，主要不是形式上，而是思想系统上，它接近大众，唱出大众心底的呼声。新中国的音乐，不是少数人的事，而是四万万颗心的事。”

复旦大学的学生歌咏活动，当时在上海很活跃。歌咏队队长是司徒汉，那时他是新闻系的学生，后来多年担任上海乐团团长，成为中国著名的指挥家。复旦歌咏队由司徒汉指挥的《黄河大合唱》巡演于各个高校，深受学生的喜欢。小燕来到他们中间，队员们都很感动。那天的晚会，前半场是小燕的独唱，后半场则是学生们的大合唱《祖国大合唱》。演出结束后，学生们围着小燕问这问那。学生们也送给小燕一面锦旗，上面写着：“从黑夜歌唱到黎明！”

“从黑夜歌唱到黎明！”说得多好啊，小燕很激动。她把这面锦旗和交通大学赠送的“唱破这阴湿的天”锦旗挂在家中的客厅里，仔细琢磨，勉励自己。黑暗总是不会太长，没有多久，在小燕忙碌的歌唱中，上海迎来了黎明。

六　为人民歌唱

那个黎明，小燕还在酣睡中，一夜没睡的父亲，按捺不住激动的心，推醒小燕：“小燕，快起床，好像解放军进城了。”小燕一跃而起，披上衣服就和父亲奔出家门。那时，他们住在华山路江苏路口，父女俩走走奔奔，奔奔走走，到了交通大学附近，看见街边坐着一排排穿着粗布军服，绑着裤腿的军人。一些市民端着水，请他们喝，他们却腼腆地笑着，摇了摇头。他们就是解放军！父女俩看着这一切，不禁眼睛湿润了。

黎明来了，上海解放了！

兴奋和激动的心情还没有平静下来，小燕收到了一份会议通知书。回国快两年了，她所受到的邀请都是去唱歌的，去开会还是第一次。到了会场，她惊讶了，出席会议的有郭沫若、巴金、梅兰芳等大家、名家。会议是由夏衍主持的，他兴奋地告诉大家：中华全国文学艺术工作者代表大会将在北京举行，今天这个会就是为这次大会做准备的，在座的都是出席这次大会的上海代表。回到家里，小燕立即将喜讯告诉父母。又觉得这事有点奇怪：自己对革命没有贡献，怎么会有资格参加这样重要的会议呢？那天，在宋庆龄主办的中国福利会工作的美国友人谭宁邦也在场，他笑着说："让你去，就是让你去学习，学习今后怎样为革命做贡献。"听了这话，小燕觉得有点道理，不安的心才有点定了下来。

首届中华全国文学艺术工作者代表大会于1949年7月2日至19日在北平举行，大会代表共有824人，上海代表97人。上海代表除少部分先期到达北平，大部分是坐火车一起去，小燕便是随着大部队去的。记得那天在火车上，一位个子不高，和蔼可亲大姐姐似的人对小燕关怀备至。小燕后来才知道，她就是有"东方第一老太"之称的著名电影演员吴茵。几十个小时的路程，大家一点都不觉得累，人人精神亢奋，欢声笑语溢满车厢。小燕还记得，赵丹最活跃，笑话不断，给小燕留下深刻印象。周小燕至今保存着这次大会的代表证，她的编号是00607。

到了北平，她每天都在新奇和激动中生活。开幕式上，朱德代表中央致贺词，周恩来作政治报告。茅盾作了国统区文艺运动的报告，周扬作了解放区文艺运动的报告。

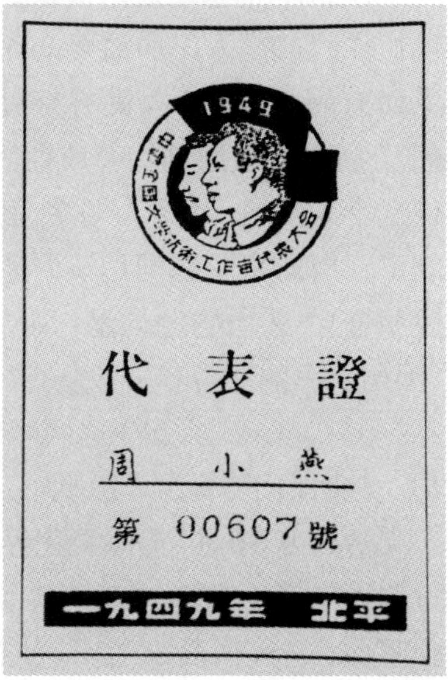

参加第一届文代会

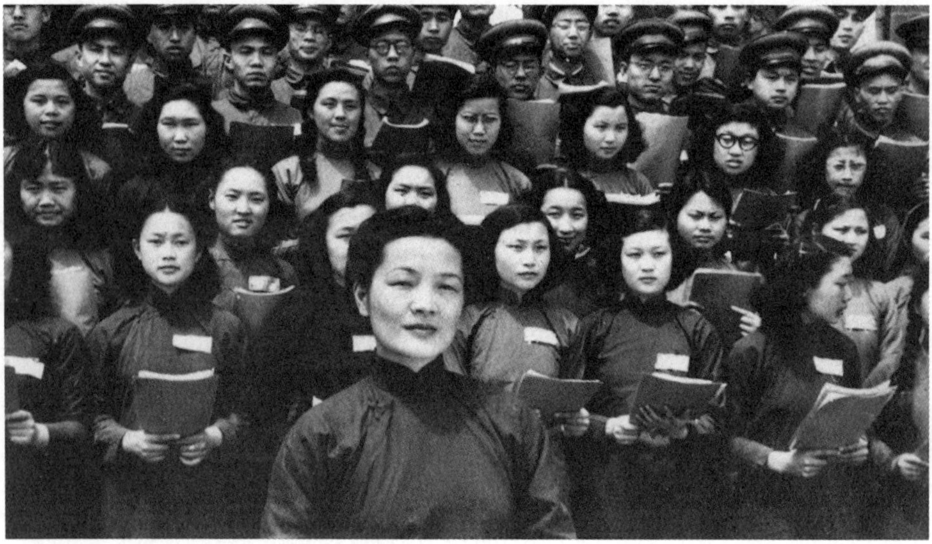

担任《黄河大合唱》的领唱

阳翰笙和袁牧之分别作了国统区戏剧电影和解放区电影工作的专题发言。会议期间，还有张庚关于解放区戏剧、艾青关于解放区艺术教育、李凌关于国统区新音乐等专题发言。

7月6日，会议迎来高潮，毛泽东出席大会并讲话。他在讲话中亲切地说："你们都是人民所需要的人，是人民的文学家，人民的艺术家。你们对于革命有好处，对于人民有好处。因为人民需要你们，我们就有理由欢迎你们。"周小燕很激动。会议期间，她看到有些代表拿着会议发的一个小本本，请这个人签名、那个人题字，她觉得很有意思，也学着拿着小本本请人签名、题字。周恩来的题词是："为建设人民音乐而努力！"郭沫若的题词是："为人民服务！"茅盾的题词是："为人民服务者，拜人民为老师！"田汉的题词是："唱出人民的声音！"……

怎么都有"人民"这两个字？这是她参加这次大会听到的最多的一个词。她明白了，要为人民歌唱。为人民歌唱，是自己终生努力的方向。

1949年10月，上海文化界在逸园，即今天的文化广场举办纪念冼星海逝世四周年音乐大会。《黄河怨》是冼星海《黄河大合唱》中唯一的一首女高音独唱曲，这首唱段以"怨"为主，自始至终笼罩在一种悲情之中。演唱这首歌，小燕的眼前出现当年在武汉的一幕又一幕，她深切感受和体会到，作者在这部作品中所融入的情感。她以娴熟的演唱技巧，以情带动嗓音，将黄河边一个遭受日寇蹂躏的普通中国妇女由哭诉到悲愤，最后投河自杀的悲剧形象层次分明地表达出来。

不多久，苏联拍摄一部反映中国人民新生活的纪录片《中国人民的胜利》，这部片子由苏联著名导演克拉西莫夫执导，其中有一组是上海音乐学院师生演唱《黄河大合唱》的镜头，周小燕在片中担任《黄河怨》的领唱。那天，是在上海电影制片厂摄影棚里录制的，拍摄条件很不好，马路上汽车经过的声音都听得到，因此，一遍又一遍，拍了一个晚上。小燕一点埋怨和厌烦的情绪都没有，始终处在角色中。她的一言一行，深深感染了全体师生。李家尧等当年参加拍摄的学生至今仍然记着这一幕。

她来到战火纷飞的抗美援朝战场。作为祖国派遣的慰问团成员之一，她用她的美妙歌声，在异国他乡，温暖每一个战士的心；

她站在安徽治淮工地上，顶着凛冽的寒风，深情地为工人演唱；

她不辞辛苦，走访山东老革命根据地，将歌声献给为新中国的建立做出巨大贡献的纯朴的人民；

她在上海的农村、工厂、广场、公园、学校演唱。

……

《玛依拉》《桂花开放幸福来》《不唱山歌心不爽》《百灵鸟，你这美妙的歌手》《西北人民歌唱毛主席》《啥人养活啥人》……20世纪50年代，很多歌曲，或由她首唱或因她演唱，而流传开来。

1959年，在举国欢庆建国十周年的日子里，周小燕演唱的《夜莺》被拍成电影，在各地放映。“我的夜莺小夜莺，歌声明亮的小夜莺，你往何处飞翔？整夜你在何处歌唱？”华夏的上空，传唱着这首美丽动听的歌曲。这是周小燕花腔女高音的代表作品，更是她的心的歌唱。

诚如著名作曲家、钢琴家、音乐教育家丁善德先生所言：“50年代是周小燕作为歌唱家的黄金时代。她演出频繁，深受欢迎。”

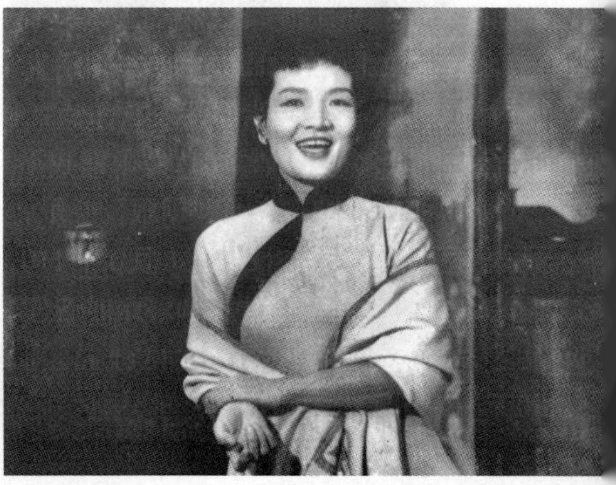

国庆十周年演唱《夜莺》

作为一个优秀的歌唱艺术家，周小燕的黄金时期还有这么两个阶段：一是以《长城谣》《歌八百壮士》《最后的胜利是我们的》《旗正飘飘》《船夫曲》等歌曲为代表的20世纪30年代。抗战初期，武汉是中国的抗日中心，周小燕在那里演唱了大量的抗战歌曲，不少歌曲首先由她唱出。二是20世纪40年代享有“中国之莺”称誉的法国和欧洲九年。艰辛的求学之路，成就了她很多人难以企及的技巧和风格，名扬欧洲舞台。三个时期的辉煌成就，奠定了她在声乐歌唱方面，国内外很多人难以超越的地位和影响。“中国之莺”将美丽的歌声，传遍祖国的山山水水，传遍世界的角角落落。

七　文化使者

在新中国成立的前十多年中，周小燕还有一个繁忙和重要的工作是：代表祖国出访，将站起来的中国人民的心声唱到世界五大洲。同时，作为一名文化使者，她的美妙歌声也让世界领略了中国声乐的独特魅力。

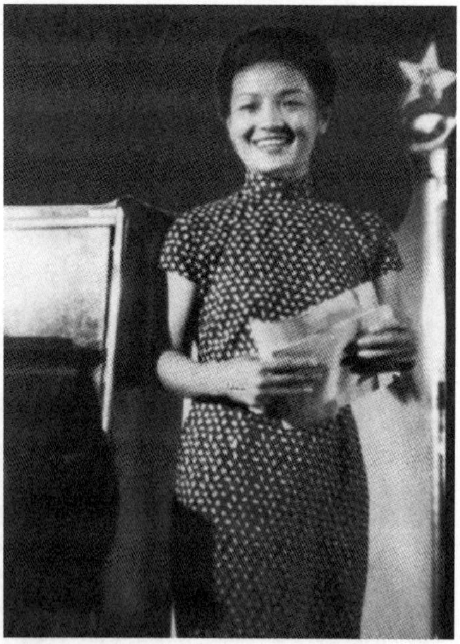

留学归来后为大学生演唱

1951年，中国派出第一个文化代表团出访印度和缅甸。虽然在欧洲生活了九年，但是代表国家出访还是第一次，小燕又自豪又激动。中央对这次出访也很重视，将代表团所有成员召到北京，集中学习了几天。代表团团长是丁西林，团员除小燕外，还有吴作人、季羡林、冯友兰、刘白羽、钱伟长、张骏祥、陈翰森等，他们都是中国美术、文学、电影、翻译、人文社科和科学界的佼佼者。到了印度，总统和总理都接见了中国文化代表团，代表团和印度文化界作了广泛的交流。

在难以数计的出访活动中，1954年4月的访问苏联，很值得记一笔。这

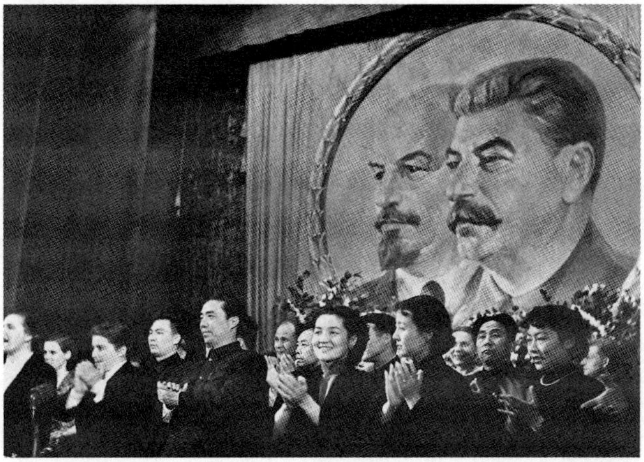

参加苏联五一劳动节联欢会

次出访，阵容非常强大，代表团团长是当时的文化部部长钱俊瑞，团员有张光年、黄佐临、柯仲平、王朝闻、陈伯华、李和曾和周小燕等人。中国文化代表团在莫斯科大剧院有一场演出，原定的节目是中国的一些戏曲，如京剧、川剧、汉剧等，没有周小燕的演出。然而，在演出的前天，代表团访问莫斯科音乐协会时，小燕应邀演唱了一首阿拉比耶夫的《夜莺》。这下，莫斯科音乐界传开了：中国文化代表团有一位花腔女高音，能演唱意大利、俄罗斯、法国、英国、德国等国家的歌曲，她对作品的理解和演唱，准确到位，风格鲜明。于是，他们强烈要求中国文化代表团在莫斯科大剧院的演出要有周小燕的演唱。没有钢琴伴奏，他们特地请来了一位女钢琴师。这个晚上，小燕的歌声，打动了观众，掌声经久不息。

热情的女钢琴师，感到能够为中国花腔女高音歌唱家周小燕伴奏非常荣幸和自豪。演出结束后，她把周小燕介绍到莫斯科电台，说："到电台录音吧，让更多的苏联人民听到你美丽的歌声。"原来说好在莫斯科电台只录两首歌的，可是，录好后仍不放小燕走，他们说，唱得太好了，还想录几首。这样，又加录了几首，其中包括中国歌曲《在那遥远的地方》、歌剧《白毛女》选段。

离开莫斯科，中国文化代表团到达阿塞拜疆。当天，阿塞拜疆的万人体育馆有一个盛大集会，中国文化代表团应邀参加，被安排坐在阶梯形的正座观众席上，主持这个盛会的是苏联著名男高音歌唱家贝布托夫。议程一项项举行下去，大约到一半时，贝布托夫满面笑容地告诉观众："今天在座的中国贵宾中，有一位是女高音歌唱家周小燕女士。"在全场热烈的掌声中，贝布托

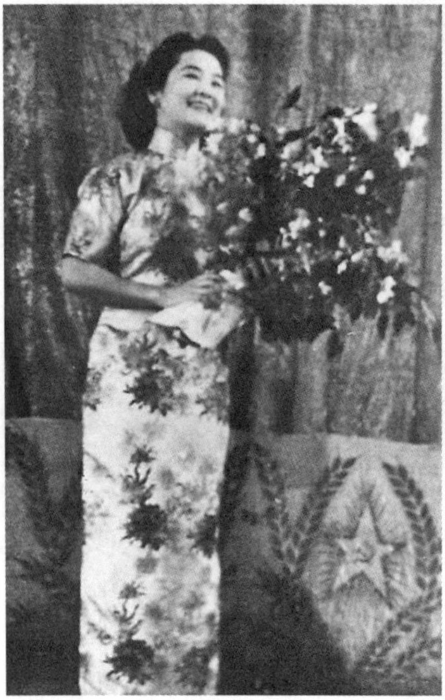

50年代在苏联大剧院演出

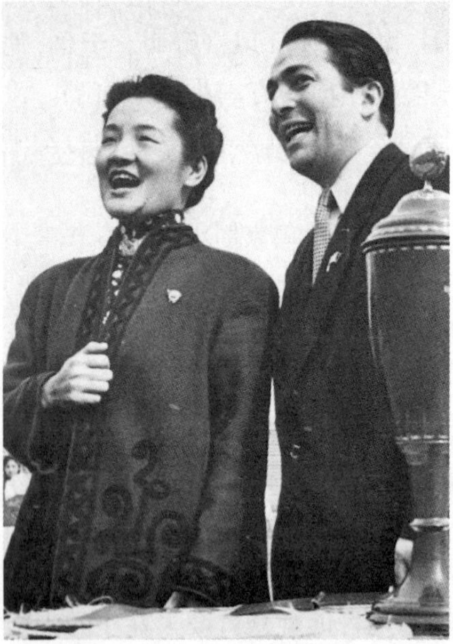

与贝布托夫演唱

夫走到观众席，来到周小燕面前，伸出手，把她请到舞台中央。周小燕和贝布托夫先合唱了一首中国歌曲《在那遥远的地方》，随后合唱了苏联歌曲《塞玛拉城》。偌大的体育馆欢腾了，爆发的观众掌声，由无节奏到有节奏，持续了五六分钟。

访问苏联结束以后，中国文化代表团一部分同志回国，一部分同志赴波兰访问。在法国留学时，周小燕曾到波兰演出过，波兰人民还记得这位“中国之莺”。第二天，波兰党中央总书记贝鲁特在总统府的花园里举行酒会，欢迎来自中国的贵宾。席间，贝鲁特举着酒杯，离开座位，为每一位客人敬酒。当场，他请周小燕演唱一首，在大家的期盼中，小燕演唱了一首波兰歌曲。

1956年，小燕随文化部中国民间艺术团赴香港和澳门访问演出。这次演出长达一个月，其庞大的演出阵容和精湛的演出内容成为每天香港市民茶余饭后谈论的话题。小燕演唱的是一些有着浓郁民间风味的中国歌曲，如《绣荷包》《玛依拉》《我的花儿》《百灵鸟，你这美妙的歌手》等，全部由钢琴伴奏。有一次演出，小燕正唱着，停电了，全场黑成一团，那时，香港的社会治安还不怎么好，传言很多，说是有人来破坏等。突然台下观众的手电筒亮了，齐刷刷地打向舞台上，原来有些紧张的周小燕，非常感动，立刻镇静下来，继续唱着。

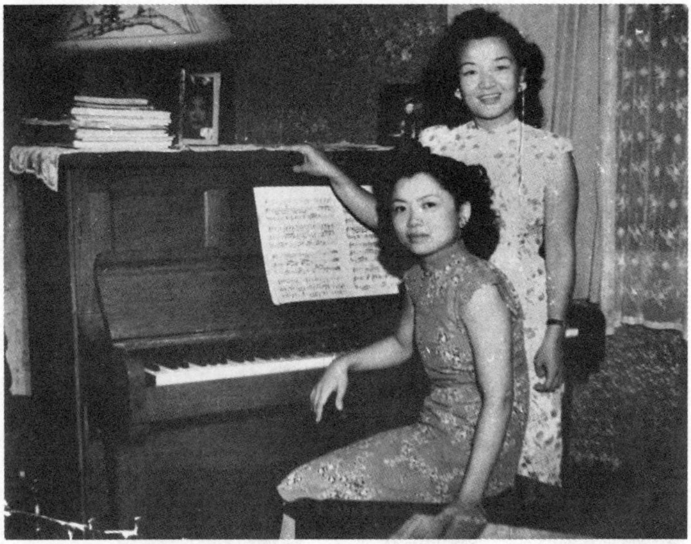
与吴乐懿

她良好的台风,受到了香港观众的热烈赞赏。

时间到了1958年1月,小燕又接到通知,和钢琴家吴乐懿赴南斯拉夫访问演出,上海音乐学院钢琴系老师李瑞星担任她的钢琴伴奏。在南斯拉夫,他们走访了14座城市,在剧院演出了13场,还搞了一次广播演出。每到一地,好评如潮,演出结束,观众起立,热烈鼓掌。

南斯拉夫的盛况,传到了邻国保加利亚。于是,南斯拉夫的演出刚结束,他们就接到中国驻南斯拉夫大使馆的通知,去保加利亚演出。上了火车,他们算了算时间,正是中国的除夕夜,互相笑了笑,匆匆吃了点面包和香肠,赶紧休息。住进保加利亚索菲亚旅馆,正是中国的农历初一早晨。没有什么悬念,他们的演出很成功,保加利亚报纸在评论中这样写道:“周小燕、吴乐懿的演出证明欧洲音乐文化在新中国被得到深刻细致地理解。新中国有很高水平的音乐家。”

熬过“十年动乱”以后,1977年文化部首次组织中国音乐家代表团出访西德,周小燕受命参加,与她同行的还有袁雪芬、郭淑珍、赵沨等艺术家。1978年,作为中国艺术团副团长,周小燕率队访问美国,时间长达一个半月。这两次出访,在向外国友人介绍中国艺术的同时,她更急迫地感到,很多方面尤其在声乐方面我们落后了,必须立即赶上。随后,她又率学生参加国际声乐大赛,率学生到美国、新加坡等国访问演出并举办讲座等。

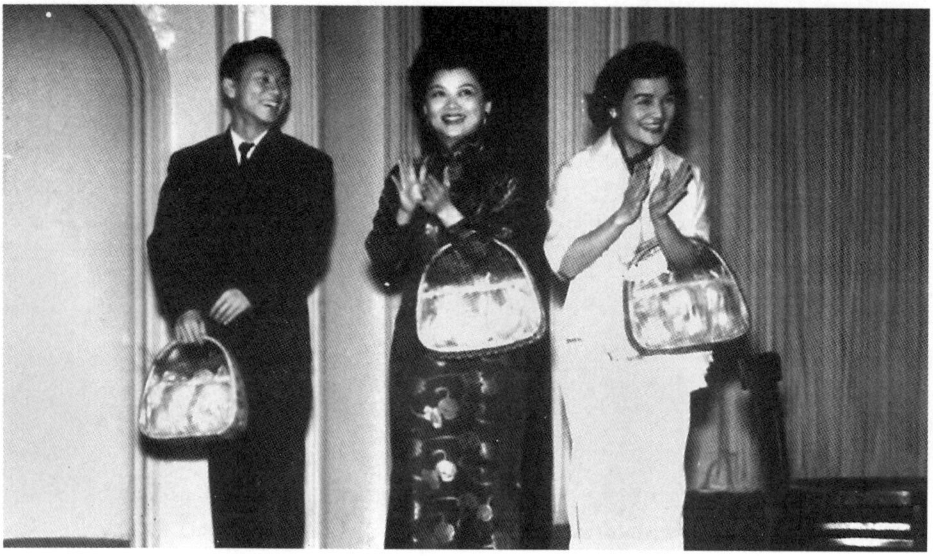

在南斯拉夫演出后谢幕

1986年，她应邀担任第十六届法国巴黎国际声乐比赛评委，在此届比赛中，她的学生顾欣获得了特别奖。1988年，又受邀担任第三十四届图卢兹国际声乐比赛评委。这两大赛事，都是国际声乐界最具广泛影响，最高演唱水平的声乐大赛。1997年，她又担任首届中法声乐比赛评委。

她以她优美的歌唱艺术，高雅的仪表、仪态，丰厚的文化知识……活跃在国际舞台上。中国因她而增添了美丽，因她而显现出了文明，因她而绽放出了高贵。

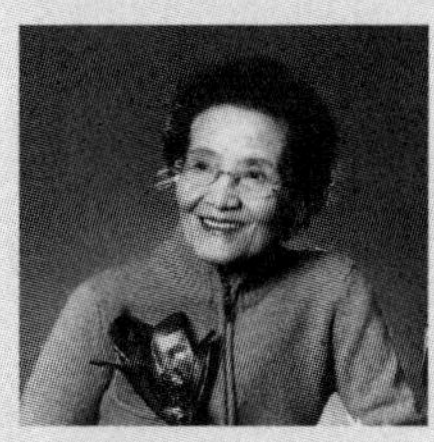

第二章 学生和她

一　老师改造了我们

1973年,“文革”在经历了惨烈的六年后,似乎平静了些许。“大学还是要办的”,毛泽东的指示,正在各地实施。许多被赶出校门,或下放劳动,或关进“牛棚”的知识分子,陆续被召回,参加教学工作。那天,从“五七干校”回到学校劳动的周小燕被唤到教学楼,正走在教学楼的楼道内,迎面走来四个人,两个是学校的“工宣队”队员,两个是穿着军装的解放军战士。正在不知如何是好时,两位帅气的年轻战士,恭恭敬敬地向她敬了个礼,她吃了一惊,原来,他们正是分配到她班上的“工农兵学员”,一个叫魏松,一个叫韩适。人生有许多因缘,那一年,周小燕56岁,魏松刚满18岁。从这一刻起,周小燕的教学生涯,揭开新的一章,魏松的命运,则转向一条崭新之路。

上海音乐学院是“文革”的重灾区,虽然恢复了教学工作,校园内飘来了丝丝艺术气息,但是仍弥漫着一股“左”的政治腥味,“上大学、管大学、改造大学”,校园内的墙上到处刷着这样的标语。

2005年6月12日,在上海歌剧院,魏松和笔者谈起这段往事,感慨地说道:“刚进校门时,工宣队就教育我们,要改造这些‘臭老九’,要警惕他们搞资产阶级复辟等等。其实,上面的这些路线呀、斗争呀,我们什么都不知道,都不懂,那时的想法就是:能够上大学非常不容易,进了学校,就是要好好学习,掌握本领,对得起送我们来的部队,对得起党和国家的培养。所以,我们一天也没批判过老师。最后,不是我们改造了老师,而是老师影响了我们,改造了我们。”

所谓政治斗争、路线斗争,在1973年至1976年“四人帮”被粉碎的这段时间里,仍一波接一波地进行着,“资产阶级学术权威”“臭老九”……回到教育战线的这些知识分子,头上的帽子,依旧一顶又一顶,谁都战战兢兢,如履薄冰。但是,只要站在三尺讲台上,有良心的知识分子就会抛弃一切,将自己的所思、所知、所能、所长,无私地传承给学生们。魏松在进大学前,已学过两年的中音,是一位男中音歌唱演员。进入上海音乐学院后,周小燕听了他的歌唱,认为他应该是一位戏剧男高音。

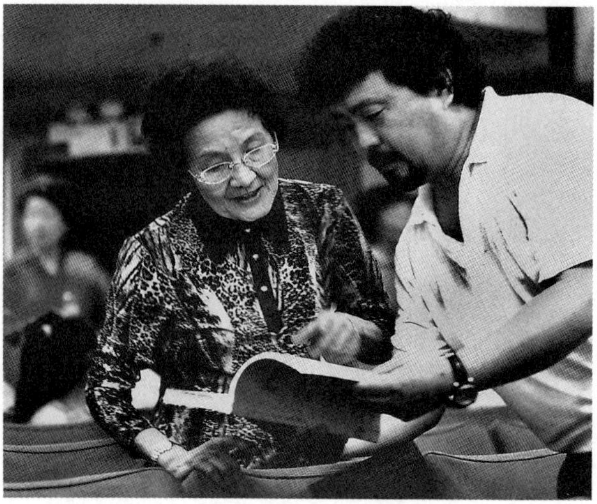

与魏松

歌唱艺术，因为人的生理条件不同，声带长短、宽窄、厚薄及共鸣腔体不同，发出的音质、音量，也就不同，其音域和性能也有差别，因此，男声、女声都有高音、中音、低音三个声部。男高音中又有抒情男高音、戏剧男高音、抒情兼戏剧男高音之分。男中音也有高男中音和低男中音之别。抒情男高音音色漂亮、柔和，抒情性强；戏剧男高音，声音厚实、雄壮，有威力，是演歌剧的好料子。但是，确定一个歌唱演员的声部是一件非常细致，难以判断，专业性极强的工作。由于有的男女高音声音宽厚，色彩与中音差不多，有的男女中音也能唱到高音的高度，因此在确定声部时会出现差错。一旦声部定错，将会损坏歌唱者的嗓音，甚至毁了一个人的歌唱前途。

确定魏松是男高音不是男中音，是对魏松歌唱艺术的一次推翻。做出这样的决定，对于周小燕，需要高超的专业艺术，同样需要做人的勇气和责任担当。其实，她没有多想，只是感到停课六七年，这么长的时间被浪费了，好不容易复课了，就得把学生教好，对他们负责。她反复听魏松的演唱，在中声区训练时，观察他常用音域在向上和向下扩展时，向哪一方伸展更容易些，同时，看他的换声点出现在哪个音上。这样，在其他几位老师的认同下，魏松被认定为男高音，而且是戏剧男高音。

从中音改为高音，对魏松是一次“革命”。起初，在训练时，他感到自己不会唱歌了，非常苦恼，这时，也有人建议他改学指挥。周小燕对他讲述当年自己在法国的经历，鼓励道：“你悟性好，也有乐感，只要努力，肯定会练出来的。”在训练时，周先生首先让魏松放松情绪，不要紧张，同时给予他许多启发式教育。这样，半年后，魏松实现了从中音到高音的成功转型。

1974年，又一名“工农兵学员”罗魏来到周小燕的门下。罗魏在进校前是唱京剧的，有高音c，但是，常常一张口，喉头就往上跑，声音很高，发尖还带喊，长此下去，嗓音肯定会坏掉。怎样解决他的问题呢？周小燕首先想办法摆正他的喉头位置，解决喉形问题。她让罗魏练母音o，让喉头降下一些，但是，又发现罗魏发出的o，不是“哦”，而是“欧”的声音。后来，她发现罗魏在读自己的姓氏“罗”时，喉头的位置是正确的，于是，她大胆地抛弃声乐教学中普遍用的意大利的a.e.i.o.u练声方法，让罗魏用“罗”字来练声，由此，逐步稳定他的喉头位置。尔后，再按照这个喉头位置练其他音。这样，解决了罗魏因为唱京剧带来的喉头偏高的问题。

那个时期，整个环境还是在“四人帮”的高压下，文化上除了“样板戏”和一些“革命歌曲”，什么都没有。如魏松、韩适、罗魏这样的学员，从来就没

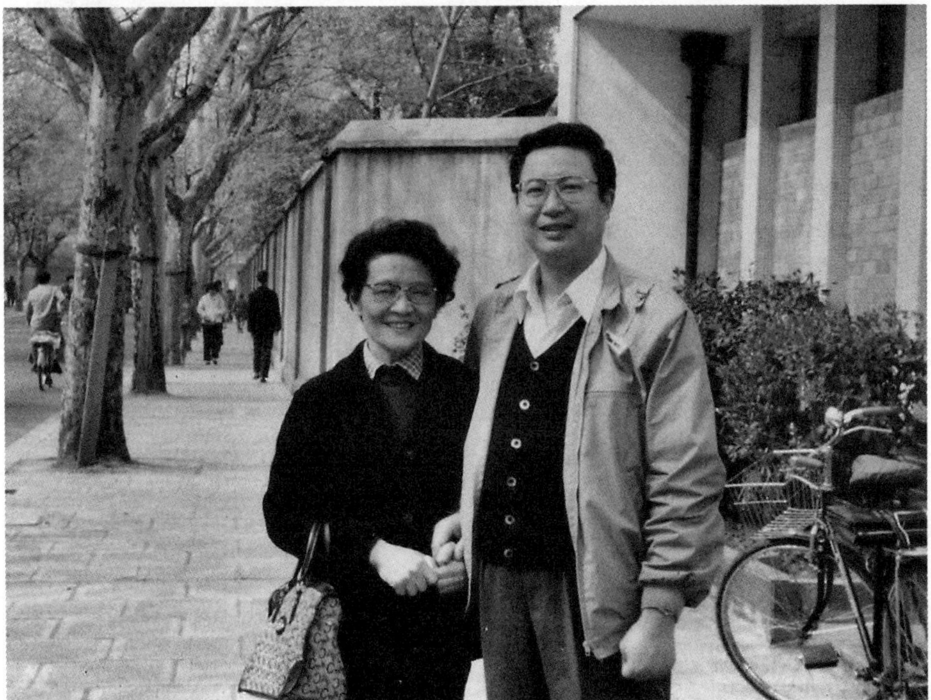

与罗魏

听说过咏叹调、宣叙调这样的名字，更从来没听到过什么世界经典歌曲。一个学声乐的大学生，连这些起码的基础性东西都不知道，都没有听到过，岂不是教学上的一种滑稽和悲哀？但是，周小燕们也无奈，因为，当时这些都被认为是“封、资、修”的东西，谁教了，就有被批斗、批判，被逐出教师队伍的可能。周小燕可顾不上这些，她偷偷把魏松他们带到自己的家，把门反锁上，把窗帘拉紧，翻出好不容易保存下来的几张老唱片，把留声机的音量调到最小。就这样，魏松和韩适趴着身子把耳朵贴在留声机上听，周小燕在一旁做着解释。以后，每到周末，他们就来到老师的家，享受这独有的“晚餐”。魏松后来对笔者说：“我们正是在周先生的无畏之下，以‘地下工作’的方式，获得了世界音乐经典艺术的熏陶和启蒙。”

今天的魏松已主演了20多部中外歌剧，是活跃于世界舞台上的著名中国男高音歌唱艺术家，任上海歌剧院院长、上海歌剧团团长。1979年，日本著名指挥家小泽征尔访华，有机会听到罗魏的演唱，惊叹道：“没有想到，中国竟有这样好的男高音。”1981年，罗魏参加意大利第三十一届维沃蒂国际声乐比赛，荣获第二名，他是我国第二位在国际乐坛获奖的男歌唱家。韩适毕业后，成为沈阳军区前进歌舞团独唱演员。后来被选拔为毛泽东的特型演员，曾在长春电影制片厂拍摄的电影《大渡河》中饰演毛泽东。

二　德艺兼备

中国历史在经历了一段曲折航程后，终于走向了正道。1978年，教育战线，全面恢复高考。

那天，上海音乐学院声乐系考场来了一位身心疲惫的考生，他叫刘捷，是东北铁路局的一名工人，坐了近50个小时的火车，上午到了上海。因为第一次到上海，人生地不熟，还没有找到落脚处，下午就赶到考场，参加初试，一亮嗓子，自然是沙哑的。他明白，今天自己不在状态，没唱好，肯定会被刷下来。怎么办呢？走出校门，他徘徊在马路上，想找一个地方住下，又找不到。那个时候的上海，服务业落后，不用说找大饭店，找一个小旅馆住都很难。他在马路上走啊走，看到路边停着一辆车，就爬上去躺了一会儿，被司机发现了，又被赶下来，只好再在马路上走，实在太累了，就靠在电线杆上闭一会儿眼睛。天一亮，他想不能就这样放弃，又赶到学校，找到招考老师，把自己的情况说了一遍，希望再给他一次机会。

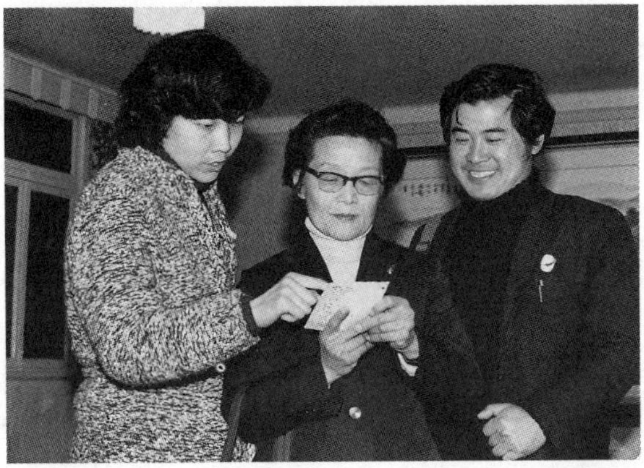

与学生刘捷、高曼华

老师们被他的精神感动，破例再给他一次机会。又是一夜没睡，疲惫加疲惫，他当然还是没有唱好。初试时，招考老师就认为，这个小伙子个子不高，演唱又一般，缺乏方法，没有通过，现在，自然又出现了不同意见。周小燕从他艰辛的赶考经历中看到了他的坚毅和执着，从他疲惫的嗓音中听到了他具有良好的乐感和音乐素质，于是，建议给他一个机会。最后，东北铁路上的小工人刘捷走进了上海音乐学院这所艺术殿堂，被分配在周小燕的班上。

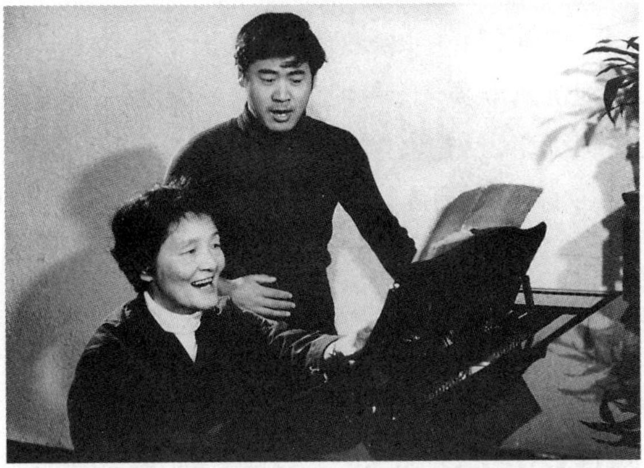

为刘捷上课

1980年11月，全国高等院校学生声乐比赛在上海举行。中央音乐学院女高音叶英获得一等奖，上海音乐学院男高音刘捷和女高音高曼华同获二等奖。高曼华原是天津的一名人民警察，由东方歌舞团推荐到周小燕的班上学习。1981年6月，刘捷和叶英参加巴西第十届里约热内卢国际声乐比赛，这是中国在阔别世界乐坛20多年后首次派员参加的国际性声乐大赛。经过31个小时的飞行，他们才到达里约热内卢，疲劳、时差、气候、饮食等众多原因使首次出国的刘捷一下病倒了。初赛那天，他还在输液，晚上的比赛，他只能虚弱地将手靠在钢琴上，可是，当琴声响起时，他一下进入角色，什么病都没有了。最后，刘捷获得了三等奖，是这次比赛中获奖的唯一男歌唱家，也是我国在“文革”动乱后在国际音乐大赛中获得的第一个奖项。

这一年的秋天，周小燕班上来了一位新生，他叫张建一。这个身材高壮的小伙子是浙江湖州平板玻璃厂的一名司炉工。因为父亲早年毕业于黄埔军校，在“文革”中不断遭到批斗，少年张建一随哥哥插队去了。15岁时回到湖州，在工厂做短工，挖下水道、搬砖、挑水，累得不得了，后来做了一名司炉工。每天，从大炉上干完活下来，一身汗水，一身灰尘，他都要到浴室洗澡。这时候，他觉得这是一天中最开心的时候，喜欢唱歌的他，边洗边拉开嗓门高唱。一位曾经在文工团待过的老师傅称赞他唱得好，消息传到市工人文化宫，他被请去唱了几次。这样，他才知道自己有一副好嗓子，萌发了报考杭州歌舞团的念头。他找到歌舞团，但机会没有给他。他又北上报考中央音乐学院，初试就被刷了下来。

然而，在杭州歌舞团他认识了一位名叫杨卫平的女歌唱演员。那天，他找到杭州歌舞团，看到钢琴旁一位女歌唱演员在练声，便贸然上前，要求给他也练练声，这位女歌唱演员就是杨卫平。杨卫平想难难他，便按原调弹琴，没想到他把高音唱上去了。杨卫平的老师是中央歌舞团的男高音歌唱家李家尧，李家尧是周小燕教的第一位男高音学生。经李家尧的引荐，杨卫平和张

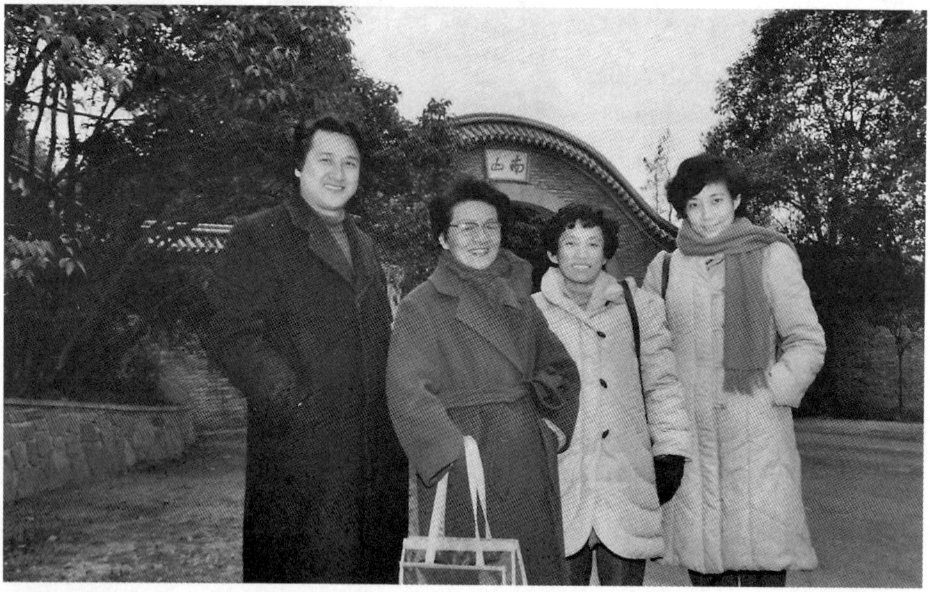

与学生张建一（左一）等

建一敲开了周小燕的家门。

命运从这里开始扭转。周小燕听了张建一的唱，感到他的嗓子条件很好，再看小伙子高高大大，可又腼腆得像个姑娘似的，是一个不那么张扬、蛮纯朴的孩子，于是，立刻答应帮助他应考上海音乐学院。每天，张建一来到周小燕家，周小燕帮他练习，纠正他的许多不足。在周小燕的指导下，张建一能准确地唱好意大利歌曲《我的太阳》、舒伯特作品《小夜曲》、中国歌曲《八十抒怀》等。终于，在1981年的夏天，张建一考进了上海音乐学院，成为周小燕班上的学员。

不出周小燕所料，张建一是班里最刻苦的学生，他每天将自己关在小琴房里，除了声乐，还有乐理知识、外语、钢琴等，他定下计划，一项一项去攻克。1982年夏天，一年的学习结束，放暑假了。听说意大利著名男中音歌唱家基诺贝基正在中央音乐学院举办声乐讲座，他只身来到北京，前往听课。没亲戚朋友，也没钱住旅馆，就在中央音乐学院教学楼的水泥地上，铺一张草席过夜，早晚洗漱就在公共厕所里。

1984年，文化部决定组织一个参赛团参加第三届维也纳国际青年歌剧演员歌唱比赛。之前，在全国进行了选拔赛，张建一等四名选手入选，将代表国家参赛。6月，来自40多个国家和地区的247名选手云集世界音乐之都维也纳。中国四名选手由周小燕先生担任领队兼教练。当时，中国参赛团是抱着出去看看，开开眼界，了解了解当前国外水平的想法去维也纳的。一轮又一轮的角逐，张建一终于站在了决赛台上，一曲选自歌剧《波西米亚人》中的《冰凉的小手》，张建一将其演绎得深情动人，赢得全场长时间的热烈掌声。评论说，他的演唱不仅有意大利的感情，还富有中国的诗意，在高音处有抒情的温柔。评委会主席汉斯·卡波尔甚至惊叹道："要不了20年，西方歌剧舞台将被中国人占领。"他还认为：中国不仅有好嗓子，声乐教学更是取得了一套好的经验，好的训声方法。

没有太多的悬念，张建一和上海音乐学院女中音詹曼华同获第一名。鲜花与掌声后动人的一幕出现了：走下舞台的张建一，情不自禁，突然冲到周小燕面前，抱着她，激动地说："老师，谢谢你！这是学生对你的最好回报。"两行热泪滚在周小燕的衣服上。以后，张建一又在帕瓦罗蒂等多项国际歌唱比赛中，拿到第一名的大奖。

今天的张建一，是世界顶尖的男高音之一。他活跃在世界歌剧舞台上，

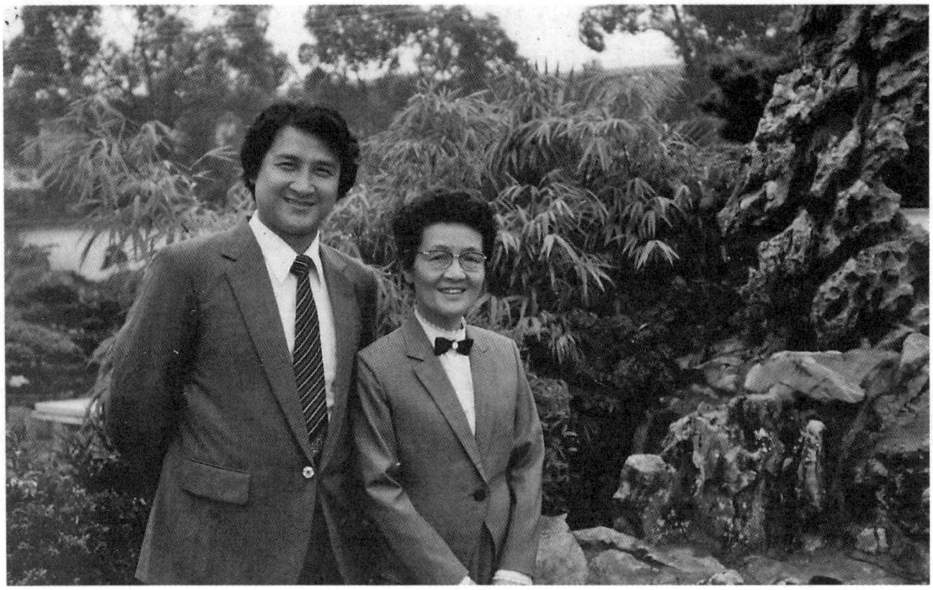

与学生张建一

在美国、法国、意大利、德国、芬兰、西班牙等国家的大剧院，主演了40多部世界经典歌剧，并且，与英国伦敦爱乐乐团、法国国家爱乐乐团、德国柏林广播交响乐团、美国国家交响乐团合作，演唱威尔第、莫扎特、柏辽兹、贝多芬等人的经典作品。在欧美，一些剧院安排角色首先考虑的是欧美演员，亚裔演员要想有所作为非常难，而在张建一这里，欧美许多国家排演一些难度大的歌剧，首先想到的就是他。这种荣誉和待遇，看遍世界乐坛，没有几个人能够享有。

一个铁路工人，一个司炉工，在他们遇到周小燕以前，顶多是喜爱唱歌的小青年，没有什么乐理知识，不会钢琴等任何乐器，更不懂意大利语、法语等，可如今，他们都是世界乐坛的风云人物。他们的成功，在于个人的努力和悟性，更在于，他们幸运地遇上了周小燕这样的好老师。

在周小燕的优秀学生中，其实多是没有什么家庭背景的学生，他们中有的出身工人家庭，有的出身军人家庭，有的出身农民家庭。在选择学生的课题上，周小燕有自己的“标准”：首先是德，其次是艺。一个学生如果是冲着大奖来的，那么她是不会教的，她欣赏的是那些真正热爱艺术的人，那些能够为艺术不懈奋斗和吃苦耐劳的人。她喜欢追求艺术的过程而不是结果。

三　“听您的”

岁月在周小燕繁忙而又累累硕果的工作中“溜”走。1989年岁末，留校任教的周小燕的学生罗魏将去意大利深造。临行前，他班上的学生都被安排到其他老师那儿，只剩下一个叫廖昌永的学生，不知道安排到哪儿好。最后，罗魏硬着头皮，找到自己的老师周小燕，说：“我这儿有个小孩，蛮聪明的，反应也很快，想交给老师，麻烦老师，请你带带他。”老师说：“那就带过来，我听听。”廖昌永就这样被带到了周先生的家。

刚入二年级的学生廖昌永，那时又瘦又小，又腼腆又胆小。周先生优雅地坐下，十指在钢琴上飞快又柔和地跳动，廖昌永却紧张得手不知道放哪儿，脚也不知道放哪儿，居然，唱都唱不动了。只见周小燕微笑着，鼓励地说道：“你不要紧张，好吗？放松一点，再来一遍。”见老师那样随和，一点也没有责怪的意思，廖昌永轻松了许多，可是高音仍没唱上去。周先生会不会要我？正在诚惶诚恐时，廖昌永听到周先生笑着对罗老师说：“好吧，我替你带。教完儿子，要教孙子啰。”这句有点玩笑的话一下子让廖昌永感到亲切，没有了距离感。他知道，周先生收下他了，心里乐开了花。

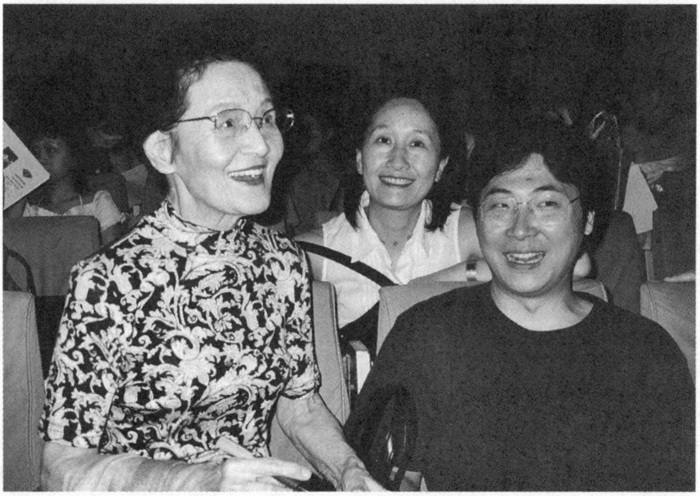

与学生廖昌永

廖昌永出生四川郫县一户农家，7岁那年，父亲和祖父先后去世，他成了母亲的左右手，什么农活、家务活都干过。1988年，山里孩子廖昌永来报考上海音乐学院。那一天，正下着大雨，妈妈特意买的一双鞋子，他舍不得穿，便拎在手里，赤着双脚，走到上海音乐学院。次日，他参加了考试。招考老师当时认为，这孩子嗓音及形象虽不太好，但乐感好，唱歌的感觉好，自然、朴实。他被录取了，分配到罗魏的班上。这年10月，入学两个月的廖昌永，从老师罗魏家上课回来，快到学院时，看到周小燕先生正迎面走过来，他的血一下子涌上来，非常激动，很想上前去叫她，但又害怕，老师不认识自己，如果问你是谁呀，自己怎么回答，说什么呢？结果，在这种既兴奋又紧张的情绪中，他竟然"逃"到了马路对面，眼睁睁地看着自己最崇拜的老师从自己眼前走过。

20世纪80年代，解放思想，以经济建设为中心，中国大地正发生翻天覆地的变化。周小燕的教学，取得了尤为突出的骄人成就，张建一、刘捷、罗魏、顾欣、高曼华等一批学生，连连在国内外重大歌唱比赛中获大奖。南有周小燕，北有沈湘，全国声乐界有口皆碑，周小燕这三个字，如日中天。因此，如廖昌永这样刚走进音乐校门的学生，第一次见到自己心目中最崇敬最仰慕的老师时，有这种既兴奋又紧张的心态很普遍，很正常。

山里孩子廖昌永，进校前连钢琴都没摸过，乐理知识不多，外语更没接触过，而且一口四川话，对英语中的"n"和"l"读不清，把中文中的"牛奶"读成"留来"，"娘"读作"梁"，周小燕根据他的特点制订了学习计划。廖昌永非常勤奋，老师今天向他指出什么问题，回去后必照着老师说的去练，直到练熟为止。第二天来上课，老师一听就知道这个孩子已经把老师的话听进去，并且理解了。

廖昌永在与笔者回忆这段生活时说："先生特别容易亲近，在她那儿无拘无束。我那时最小，班里的一些学姐学哥，当时许多已经出名了，这一点，也给我带来了压力。每次，周先生给他们上课，乌压压一片人，我躲在最角落里，听他们唱，听周先生评点，真是一次免费的艺术享受。每次周先生对他们讲的，对我来说都非常新鲜，要求他们做到的，对我也很有启发。有人说我进步很快，这是一个重要因素。"

1987年，美国旧金山与上海建立姊妹城市关系，旧金山歌剧院院长麦克安（Macwen）带队到上海访问。麦克安与周小燕一接触，就对她很敬佩，主动提出一个十年合作的计划。1988年，周小燕歌剧中心成立。两家密切往来，在歌剧演出、培养人才等方面合作了许多项目。1989年的《弄臣》是双方合作的第一部歌剧。1991年11月，旧金山歌剧中心与周小燕歌剧中心合作举办四场音乐会。在美方演员到来之前，三年级学生廖昌永作为他们的“替身”，陪中方演员排演。周小燕关照他：“小廖，你要好好练，以后会有机会唱的。”廖昌永记住老师的话，不放走一分钟，天天苦练。合排时，别人都还在看谱子唱，廖昌永已不用看谱，每一个字都熟稔心中。周小燕看到后非常高兴，当着大伙的面说：“你们看看，廖昌永还是个学生，是陪练，都不看谱子了。你们更要加紧练。”第一次受到先生的表扬，廖昌永心里美滋滋的。果然，上海演出后，美方演员回国，剧组去香港、新加坡演出，男中音就由廖昌永顶上了。那个时期，学生能够上台演出，机会很少很少，但廖昌永抓住了。

1995年夏天，全国声乐选拔赛在北京举行。这个选拔赛是为今后参加国际性声乐大赛做准备的，凡进入前六名的，便有机会代表国家参加国际性大赛。这时候的廖昌永，五年本科已毕业，考上了周小燕的研究生。过五关、斩六将，第一次参加选拔赛的廖昌永，获得了第一名。但是，这次比赛成绩没有向外公布。那天，在周小燕北京妹妹周宝佑家，一起去的钢琴老师彭雪琼为廖昌永抱不平，说：“为什么小廖这次得第一，就不公布？”周小燕听到后说：“不公布好。干嘛给他增加压力？当年，张建一、詹曼华出去比赛时，呼声高的不是他们，是另一位女高音，结果，落差很大，她非常难过，觉得回校没面子。不公布名次，替你把包袱卸掉了，有什么不好呢？这样，轻装上阵，到国际大赛的舞台上拿奖去。”接着，周先生严肃地说：“再说，学生参加比赛，不应该光为拿奖，是为了展示和检验自己的学习成果，为了开眼界，与外界交流。”

翌年6月的一天，廖昌永来向周先生请假，说明天不来了，有一个演出活动。这时候的廖昌永，已多次在国际国内声乐比赛中获奖，声名鹊起。先生说：“你怎么不早点告诉我？唱什么？先唱给我听听。”廖昌永随意地说了一句：“去一个小地方，不用怎么准备。”听到这里，先生立刻说：“那你就把准备唱的几首歌，唱给我听听。”听后，周先生说：“你就准备这样去唱？”显然，先生有意见，不满意了。平静了一会儿，先生语重心长地说：“一个艺术家，每一次上台，都要对很多人负责。人家尊重你，邀请你去演出，你得对邀请你的人负责。观众买了票，花了时间来看你的演出，你要对观众负责。作曲家辛辛苦苦创作了曲目，你要唱好它，对作曲家负责。你寒窗苦读十年，要对自己负责，对培养你的上海音乐学院负责。所以，任何一场演出，都很重要，没有大

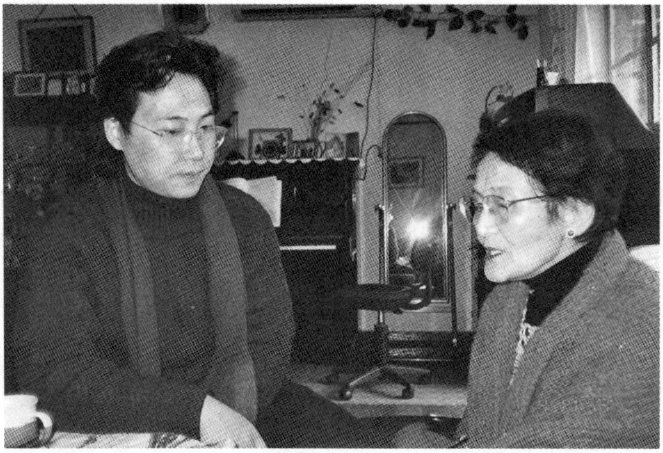

与廖昌永

小之分，高低之别，即便在社区，那也不是小舞台，是演出大厅。你一百场音乐会唱好了，是应该的，但是，只要有一场不认真唱，就是不负责。对不起，听众就有权指责你，让你惭愧。”

一席话，说得廖昌永后背脊都凉了。后来，他对笔者说：“我刚有点翘尾巴的苗头，就被先生掐掉了。这个故事一直在我心里，陪伴着我成长。”

三个月后，廖昌永踏上了角逐法国第十一届图鲁兹国际声乐比赛的征程。法国图鲁兹国际声乐比赛是欧洲最有影响的传统声乐大赛之一。此届比赛，云集了美国、法国、俄罗斯、西班牙、乌克兰、中国、韩国等30多个国家和地区的150余名歌唱好手。廖昌永顺利通过初赛。长途跋涉，到了图鲁兹后，即投入比赛，每天只能入睡四个小时，廖昌永感到很疲劳。复赛开始了，他在地下室候场了两个多小时，上场后，没唱上几句，就昏倒在台上。醒来后，他想这下完了，回去后怎么向祖国、学校、周先生交代？正在左思右想时，评委会主任向他走来，说评委们经讨论决定再给他一次机会，问他晚上能参加比赛吗？廖昌永兴奋地点了下头。当晚，他被安排在最后一个上场，演唱的是法国歌剧《浮士德》中的《隐衷》一曲，地道的法语，自如的表演，浑厚的声音，最后一个休止符还没完全停止，虽然比赛规定场上不得鼓掌，可是观众情不自禁热烈地、长时间地鼓掌。廖昌永进入了决赛。

决赛中参赛者唱什么歌，是由评委们指定的，廖昌永的决赛歌曲是意大利歌剧《唐·卡洛》中的咏叹调和一首法国现代艺术歌曲。廖昌永有点奇怪，《唐·卡洛》中的咏叹调是他在初赛中演唱的，决赛怎么会让他再唱这首歌呢？按比赛章程的规定，不是不允许重复唱过的曲目吗？赛后才知道，有一位评委提出，他的这首咏叹调唱得太好了，还想再听一遍。紧张的时刻到了，谁将摘得今天的皇冠？评委会主席宣布：经评委会全体委员一致通过，中国廖昌永获得第一名。听众狂热鼓掌、跺脚，长达十多分钟。大赛设立的听众投票奖，第一名也是廖昌永。

散场后，一些听众围着廖昌永，表示祝贺。一位法国听众说："我在图鲁兹住了25年，每次比赛都来听，像今天这样评委会一致通过的还是第一次，场面这样热烈也是第一次。"有位意大利听众说："你的《唐·卡洛》的咏叹调唱得实在太好了，我掉眼泪了。"在招待晚宴上，有人问廖昌永，你是在哪个国家学的，老师是谁？他骄傲地说："我是在中国学的，我的老师是周小燕。"

廖昌永满心喜悦回到上海，马不停蹄地去看周先生。没有想到，周先生第一句话就是："回来了？有些话我要对你说，这些话也曾经对张建一说过。"随后，她说道："现在，你从无名小卒变成名人了。越到这时候，越要学会谦虚，夹着尾巴做人。以前，你走过去，不和人打招呼，不会有什么；现在，你走过去，不和人打招呼，就有什么了。别人会说，看神气的，有什么了不起。架子大了，尾巴翘到天上去了等。越是有成绩，越要谦虚，越要尊重他人。一个

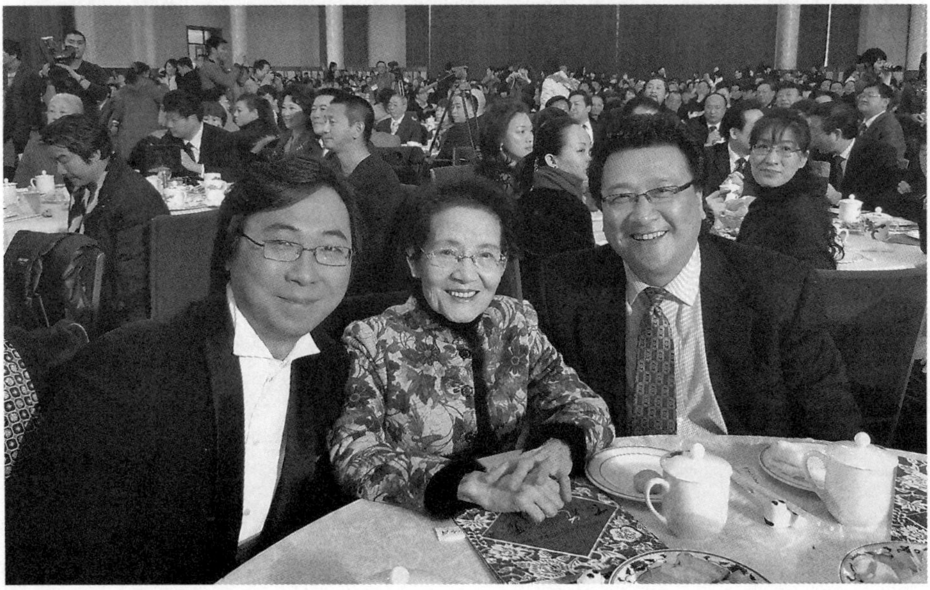

与张建一、廖昌永

人时时处处要懂礼貌，有修养。你出去参加活动，住旅馆，门童给你开门，你都要发自内心地说声：谢谢。”

沧海桑田。今天的廖昌永已是上海音乐学院副院长、声乐歌剧系主任、中国音乐家协会副主席。2011年4月20日，在上海音乐学院声乐歌剧系办公室，回忆往事，廖昌永由衷地对笔者说：“先生不仅教你唱歌，更教你怎样做人。她的修养是从骨子里流淌出来的。有一次周先生说，人家要我总结教学方法，我认为小廖你最有资格说了。你总结总结，对你自己有好处，对你的师弟师妹们也有好处，从中，他们会知道一个声乐学生该怎样自学的。我对她说，我也想过，但是想来想去，就三个字：听您的。先生哈哈笑起来。真的就这三个字，只要照先生说的去做，你就成功了。她的为人、为艺，我们能学到十分之一就不错了。”

四　哥俩好

20世纪80年代初，江苏省歌剧院男高音歌唱家顾欣，来到周小燕班上进修。1983年夏季，在他的建议下，弟弟顾平也考进上海音乐学院声乐系本科，分到周小燕班上。这样，兄弟俩同在周小燕门下，都是男高音。

入学两年后，顾欣参加第二届全国青年歌手电视大奖赛，获得专业组美声唱法第一名。这年，他参加第十六届巴黎国际声乐大赛，获得特别奖。毕业后，顾欣回到南京，先后主演了《弄臣》《波西米亚人》《托斯卡》《木棉花开》《孙武》等中外歌剧，获得文化部“文华表演奖”、全国戏剧“梅花奖”等。

1989年初春，顾欣到上海，看望周先生。聊天中，他告诉周先生：“今年中国艺术节华东片将在南京举办，江苏省歌舞剧院很想排一部西洋歌剧，但是还没有这个实力。”周先生听到这一信息，眼睛都发亮了，她立即说道：“是否可以让周小燕歌剧中心和江苏省歌舞剧院合作？”怎么合作呢？周小燕的脑子比在场的人转得都快，说道：“江苏省歌舞剧院有乐队、合唱队、舞蹈队、舞美人员等等。如果江苏方面愿意合作，我们中心与旧金山歌剧中心是合作单位，可以派指挥帮助排练。主要演员由歌剧中心提供，中心同时负责全部的演出质量，江苏省歌舞剧院负责经费。”顾欣认为这个办法行得通，很兴奋，

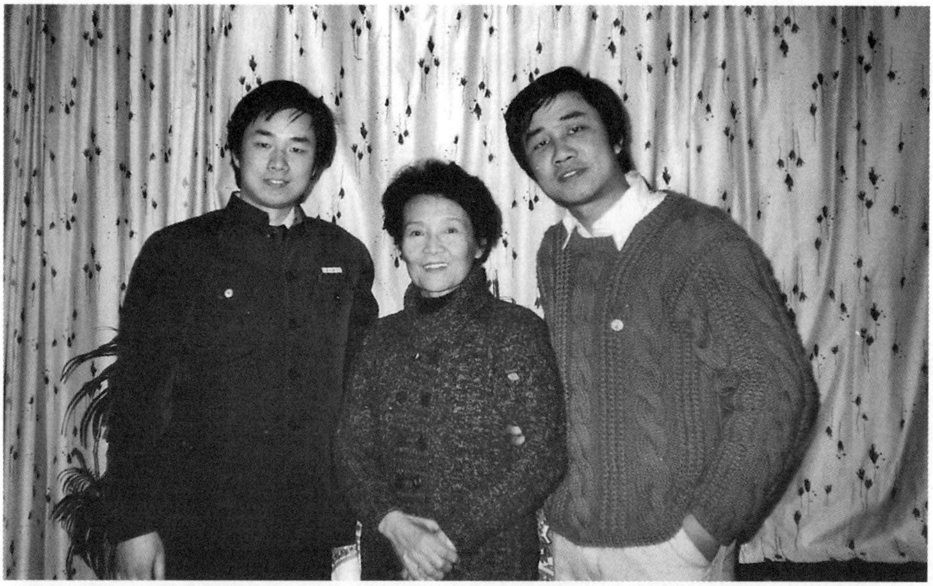

与学生顾欣(右)、顾平(左)

回去后把周先生的意思向院领导汇报了。领导们觉得好,求之不得,这个办法,不仅能排出一部世界经典歌剧,还可提高管弦乐团和歌舞团的艺术水平。这样,比送几个人出去学习,或者调几个人进来,要好。他们立即拍板与周小燕歌剧中心合作。

周先生左思右想,反复比较,决意排演意大利著名作曲家威尔第的《弄臣》。《弄臣》又名《里戈莱特》,剧本改自法国作家雨果的《给国王逗乐的人》。故事说的是:年轻的公爵风流成性,朝臣们敢怒不敢言。宫廷弄臣里戈莱特为讨好公爵,对那些妻女受公爵诱骗,遭遗弃的大臣们讽刺挖苦,百般嘲笑。大臣们诅咒他会遭上帝惩罚。为防备公爵,弄臣将年轻貌美的女儿吉尔达藏在郊外的住宅里,每晚偷偷去看望。他不知,女儿已经爱上在教堂里认识的年轻人——谎称穷学生的公爵。那一晚,跟踪而来的大臣们,将吉尔达当里戈莱特的情人绑架到宫廷,里戈莱特知道女儿已经落入公爵之手,决意雇人杀死公爵。不意,他的计划被女儿偷听到,女儿决定女扮男装,代公爵而死。当杀手将装着女儿尸体的麻袋交给里戈莱特,里戈莱特暗自高兴时,传来公爵与杀手妹妹的调情歌声。他急忙解开麻袋,奄奄一息的正是自己的女儿,他惨叫一声,倒在女儿的尸体上。

《弄臣》1851年3月11日首演于威尼斯。这部作品是与《茶花女》齐名的世界歌剧经典，整部歌剧结构宏伟，情节曲折，音乐辉煌，场面壮观，主题深刻。100多年来，《弄臣》在世界歌剧舞台上经久不衰，但是，在亚洲还没有一个国家有能力将它搬上舞台。之所以选择这部歌剧，周小燕先生首先是从现有演员的情况来定的，同时还认为这部歌剧在世界歌剧之林有着永恒的地位，是歌剧艺术中的典范作品。

周小燕歌剧中心和江苏省歌舞剧院能否顺利把《弄臣》"弄成"，搬上舞台？很多人都心存担心。周小燕也有这份担心，毕竟是第一次，但更多的是信心，她认为我们的学员已经具备了这个能力。剧组分A、B两个组，A组主要演员由周小燕歌剧中心选定，B组主要演员则由江苏省歌舞剧院演员担任。如此，即便以后周小燕歌剧中心退出，江苏方面也能独立上演这台剧目。A组主要演员男中音里戈莱特，由周小燕歌剧中心雷岩饰演，男高音曼图亚公爵由顾欣担任，周小燕歌剧中心的王虹饰演女高音吉尔达，导演是李稻川，乐队指挥是上海歌舞剧院的年轻指挥家张国勇。旧金山歌剧中心的布林女士带来了一位年轻的指挥家桑莫斯。桑莫斯帮助张国勇规范剧中的每一个细节，包括节奏、风格等，使得整部戏的意大利风味更为纯真、更为浓厚。

不论A组B组，主要演员先在周小燕歌剧中心接受培训。周小燕先生给大家上课，交代时代背景，阐述剧情发展，分析人物性格。演员的一句唱词，一个眼神，一个姿势，她都要求准确到位，要符合人物的身份、性格和剧情发展。排练时，一遍不行，两遍、三遍，甚至更多。在分析里戈莱特这个人物时，周先生说，在宫廷里，为了迎合和讨好公爵，他是一个小丑，对他人说话很尖刻，对别人的困难幸灾乐祸，所以人见人嫌。但是，回到家里，在女儿面前，他却是一个慈祥的父亲。演员一定要将他的这种复杂的心理和感情表现出来。

4月，全体演员汇聚南京，进行集训式排练。那个时期，KTV正盛行，歌星一个晚上就能赚上千，甚至上万的钱，而他们住在歌舞剧院的招待所，用点热水都很困难。晚上排练到深夜，非但没有分文报酬，连吃点夜宵都要自己掏钱。但是，从周小燕身上，他们看到了许多，一个年逾古稀的老人，本该在家里享清福，还如此拼命，天天泡在排练场，她为了什么？他们清楚，在这个世界上，很多东西是用钱买不到的，他们正在攀登的是一个高峰，不是谁都有这样的机会的。所以，谁也没有怨言，全身心投入排练。

7月的一天，江苏省领导孙家正来剧院看合排，非常满意。本来，这出戏只是艺术节的展演剧目，不是参演剧目，孙家正当场拍板，这出戏作为正式参演节目，参加中国艺术节华东片的演出。晚上，在走出排练厅的大门时，周小燕兴奋地和大家边说着戏边后退，没有想到，一脚踩空，摔倒了。钻心的疼，她强忍着，还不用人扶，单脚跳着上了回宿舍的面包车。可是，坐下后，她站不起来了，大家七手八脚把她送到宿舍。次日到医院，诊断下来，大腿股骨骨折！这下，她着急起来，不是自己的腿，是戏，用上海话说："《弄臣》要弄勿成了。"是回上海治疗，还是留在南京？再怎么，伤筋动骨要一百天呢。她想，回上海后再要来南京就难了，《弄臣》怎么办？《弄臣》要弄成，不能弄勿成。她决定留在南京治疗。医生用一根长达九寸的钢针，打入她的腿里，把骨头固定住。医生关照她不能动，可是没有几天，她就在床上开始锻炼，更让人敬佩的是她将病房当成了教室，只要有演员来看她，她就给人家说戏，纠正他们不准确的地方。

很快，收获的秋天来了。在中华人民共和国诞生40周年的喜庆日子里，第二届中国艺术节开幕，《弄臣》登上耀眼的舞台。这一天，待灯光暗下后，周小燕摇着轮椅来到剧场，悄悄地在过道上看着，她屏息静气，淡定自如，内心却翻腾得厉害。舞台上，一幕幕过去了。雷岩饰演的宫廷小丑里戈莱特，非常传神，揭示了这个人物复杂的内心世界。顾欣的高音很华丽，表演很有激情，饰演公爵这一人物，惟妙惟肖。女高音王虹饰演的小丑女儿吉尔达，将少女对爱情的渴望与幽怨，表现得很有层次和感染力。整个演出非常成功，紫红色的帷幕徐徐拉上，观众的掌声仍一阵又一阵，经久不息。《弄臣》到底"弄成"了，获得了中国第二届艺术节优秀剧目奖。

江苏省歌舞剧院歌剧团团长朱军兴奋地说："在周小燕教授的指导和双方领导、演员的合作下，通过对《弄臣》的排演，开创了我省西洋歌剧登台演出的先河。而且，管弦乐和歌舞团也全面提高了艺术质量。这比过去送几个人出去或请几个人进来，效果强多了。"

随后，《弄臣》南下，移师上海演出。在上海的演出，同样非常成功。那一晚，可以说是上海音乐界最为隆重的大事，但凡上海滩有点名气的指挥家、歌唱家、作曲家、声乐教育家等几乎都来了。第一次将西洋经典歌剧《弄臣》搬上舞台，究竟怎样？谁都想看个明白，看个稀奇，也都想从中学到什么，悟到什么。灯光暗下，整个剧场顷刻安静下来。过道的边上，周小燕坐在轮椅上，这一回，她的耳朵在倾听演员们唱出的每一个音符，眼睛却不时朝观众席上观察着。她想看看观众有什么反应，他们听懂了吗？他们喜欢吗？她看到有人在擦着眼泪，噢，他们听懂了、理解了。她看到，几乎所有的人都伸长脖子，十分专注，噢，他们被吸引，进入剧情了。演出结束，演员们被一次又一次的热烈掌声请出，一次又一次真诚谢幕。一位盲人，在别人的引导下，来到周小燕面前，热切地握着她的手说："谢谢，谢谢！今晚我们有十多位盲人朋友来看，我们虽然看不见，但是听懂了。唱得太好了，真是一次艺术享受！"

《弄臣》第一次由中国演员用中文演唱，外国人是否接受呢？一位外国行家在看了演出后说："这是一出不折不扣的威尔第风格的演出。"

顾欣在《弄臣》中，饰演公爵一角。他的演唱华丽明亮，表演潇洒自如，赢得了大家的赞赏。从酝酿到演出，顾欣感同身受周先生的品格，心灵得到净化。2005年6月，他对笔者说："周先生这个人，就是为事业而生，为事业而活的，她从来都把事业置于一切之上。她的品格、她的精神，一直感染着我、影响着我。"今天的顾欣，任中国东方演艺集团董事长、总经理，江苏省演艺集团有限公司董事长，中国音乐家协会副主席，已是一名中国文化繁荣和发展的领导者、管理者。顾欣说："周先生为中国声乐事业鞠躬尽瘁，我要像先

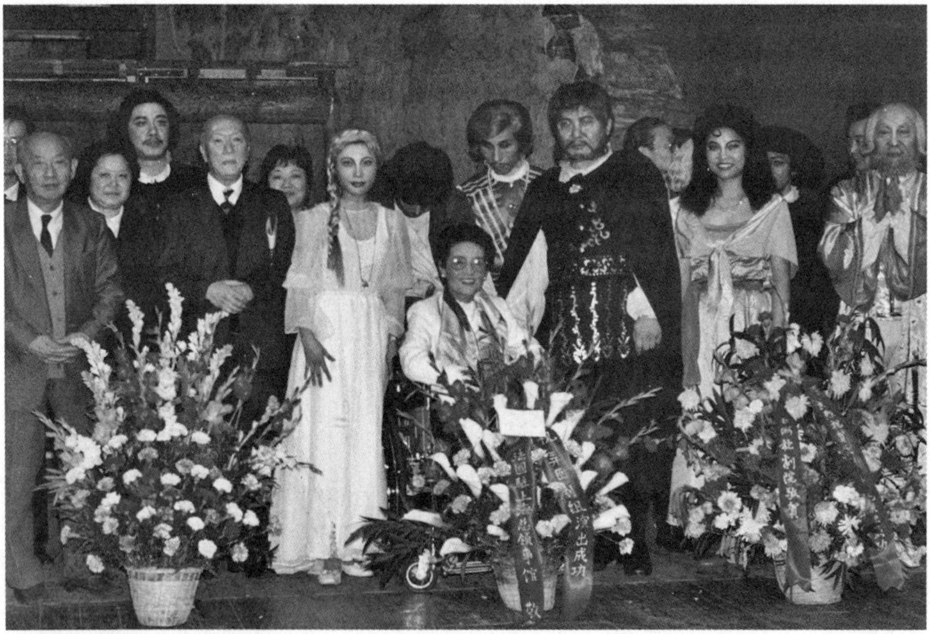

《弄臣》"弄成"了

生那样，为中国声乐和文化事业发展，做一块铺路的石子。”

2011年7月6日，顾欣南下上海，参加中国音乐家协会主办的《光荣——中国共产党建党九十周年——中国男高音纪念音乐会》演出。男高音纪念音乐会是世界通行的只在有重大时刻才举办，以示庆贺的一种高层次文化活动。中国当下最活跃的三大男高音顾欣、魏松、戴玉强同台高歌。95岁的周小燕先生早早来到了剧场。《毛主席的话儿记心上》《松花江上》《黄鹤楼》《七律·长征》《延安颂》《把一切献给党》《祖国，慈祥的母亲》……一曲又一曲，三大男高音越唱越起劲，台下掌声一浪超一浪，观众情不自禁地与演员同声合唱。台上台下交融，歌声在一起，情感在一起，整个剧场，如沸腾的水，热烈的火。散场后，周小燕先生在旁人的陪同下离开座位，走至门口，三大男高音大汗淋漓，疾步从后面追来，高叫着：“老师，老师！谢谢老师！”他们将手上的鲜花，一把把塞到老师的怀里。周先生感慨地说：“顾欣很不容易，肩上的责任不轻，还坚持唱。”

弟弟顾平本科毕业后，幸运地留校当老师，1995年起任声乐系副主任。从一名学生到教师，再到学科领导者、管理者，近30年来，顾平一直追随着周先生。初当教师时，对自己的教学，顾平心里没有底。有一天，他对周先生说：“我那几个学生，想请先生听听，看看他们怎么样？”先生爽快地说：“好啊。”那天晚上，顾平带他的学生来到周先生的家，周先生弹起钢琴，认真地听每一个人唱，时不时指出他们的一些问题。最后，当着学生的面，周先生笑着对顾平说：“教得不错。”

第二天早晨，七点刚过一点，顾平家的电话响了，是周先生打来的。电话中，周先生指出他在教学中存在的一些问题，告诉他应该怎么解决。听着电话中老师诚恳又中肯的话语，顾平禁不住流泪了，他想，老师这一夜肯定没睡好，在想着我的问题。她当场肯定看出了我在教学中的问题，但是当着学生的面，她不说，她是为了保护我的面子，保护我在学生面前的地位和影响。她的这种修养，我一定要记住，今后学生如果有问题，绝对不能劈头盖脸对他们就是一顿训斥。

2005年，顾平的学生沈洋参加意大利维罗纳联合国教科文组织举办的莫扎特歌剧《唐璜》主要角色选拔比赛，获得MASETTO一角的第一名。2007年5月，又获得了卡第夫国际声乐大赛第一名。

兄弟俩一南一北，活跃在中国声乐演出和教学舞台上。

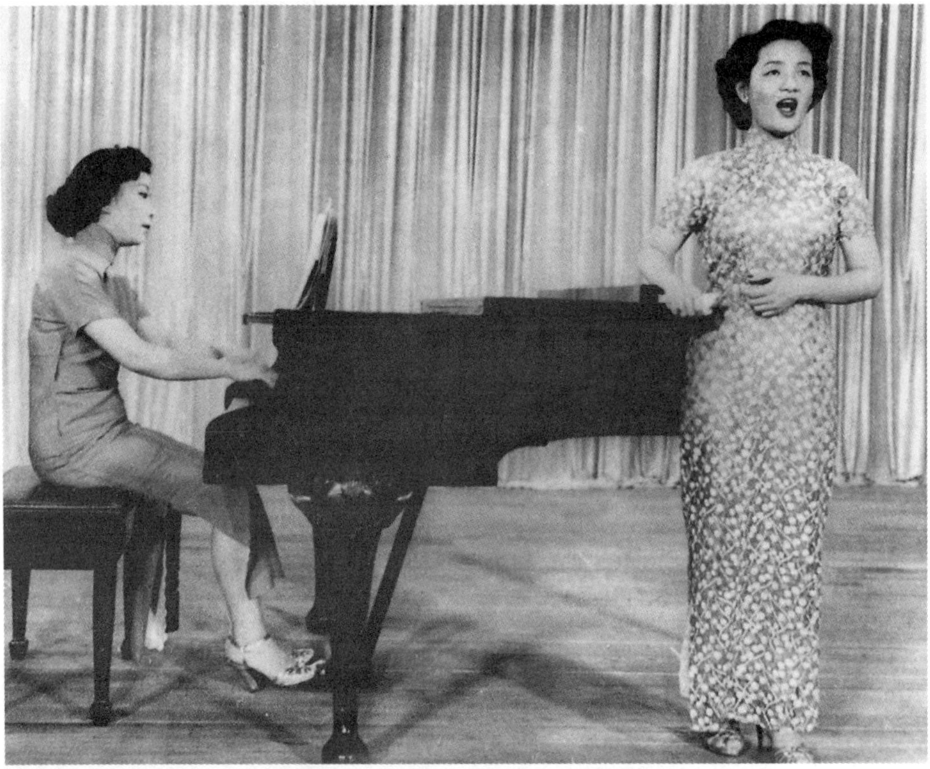

1948年5月回国后，在兰心大剧院举办独唱音乐会

在周小燕先生早期学生中，也有一对兄弟，他们叫李家尧、李家骅。1947年10月，周小燕法国载誉归来。翌年5月，在上海兰心大剧院举办独唱音乐会。李家尧那时是山东农学院的学生，正休学在上海。李家尧喜欢唱歌，曾利用寒暑假随国立上海音专的意大利籍老师学了六年。听说有一位在法国学了九年的女高音回来举办音乐会，他觉得很新奇，那时，还没有一位在海外学成回来的人，举办过音乐会。她唱些什么？唱得水平怎么样？带着一系列问题，他走进了剧场。2011年6月3日，63年过去了，李家尧对周小燕当年唱的歌记得清清楚楚，对笔者如数家珍：中国歌曲《红豆词》《长城谣》《花非花》《康定情歌》《在那遥远的地方》，俄罗斯著名歌曲家齐尔品在法国根据中国云南民歌《过年》改编的《美酒美人》，阿拉比耶夫的《夜莺》，法国歌剧《曼侬》中的咏叹调《我是悌塔妮娅》，意大利威尔第歌剧《弄臣》中的著名咏叹调《亲爱的名字》，勃拉姆斯的《我的呻吟更形低微》等。

那晚，兰心大剧院前车水马龙，长乐路、茂名路上停满了各色车辆。周小燕身穿银白色的旗袍，披着一条缀着紫藤花片的披肩，足蹬一双银色的高跟鞋，仪态万方，典雅高贵。歌声响起，全场静如秋水，只有那清脆美妙的歌声。没有任何扩音设备，但周小燕将每一个字每一个音每一份情，清晰地传进了每一个人的耳朵，渗入了每一个人的心灵。观众屏息静听，如痴如醉。演出结束，观众禁不住站起身，热烈鼓掌。

散场了，别人都走了，李家尧一个人坐在位子上，沉浸在歌声里。他感到她的唱，以声传情，把声音的自然美与作品的艺术美，融合在一起。他又想，一个在法国学了九年西洋唱法的歌唱家，天籁般的声音，回国举办音乐会，还唱了那么多的中国歌曲，难得呀，难得！他被感动了，决定放弃农学院的学习，专门学声乐。在剧院门口，恰巧碰上中央音乐学院作曲系的段平泰，两人聊起来。段先生说，周小姐真不简单，唱得真好，太不容易了。李家尧说，他跟意大利老师学过美声，那人回国了，现在，他非常想跟周小燕专门学声乐。段先生说，你有这个决心很好，我帮你介绍。原来，段平泰是周小燕大妹周宝佑的同学。他立即掏出纸和笔，给李家尧写了封介绍信。那时，周小燕一家

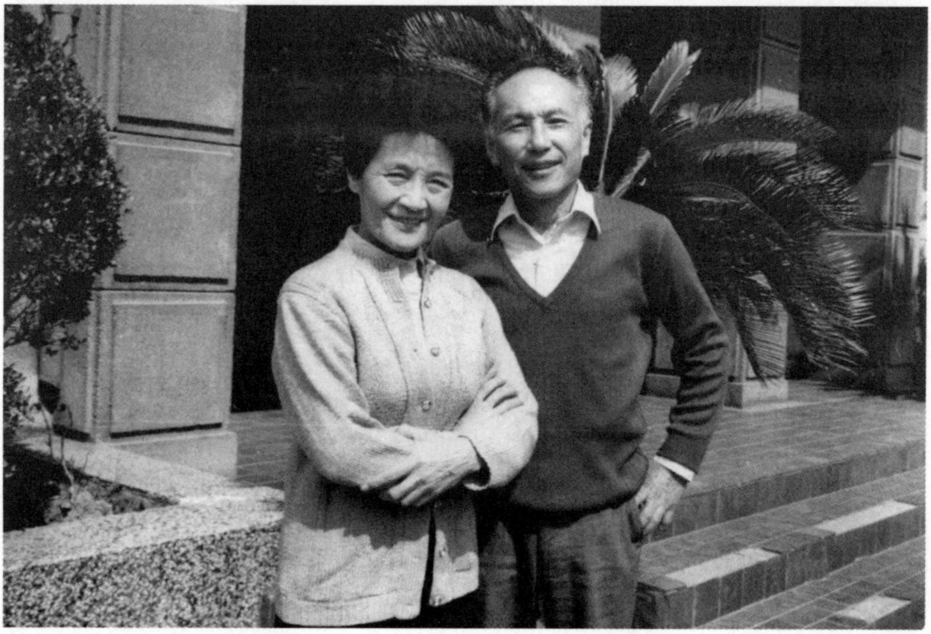

与学生李家尧

住在高安路，李家尧找到门上，小燕听他唱了唱，说道："好吧，我可以教你。"从此，李家尧成了周小燕私人教学的第一位男高音。

1949年5月，贺绿汀担任解放后的上海音乐学院首任院长，当时叫国立音乐学院上海分院，周小燕先生被聘为声乐系主任。10月，李家尧以第一名的成绩考入国立音乐学院上海分院，成为周小燕班上的唯一男高音学生。1953年，苏联声乐专家梅德维捷夫访问上海，他听到李家尧的演唱，惊异上海还有这样好的男高音，于是把他选入北京中央音乐学院专家班。三年后，苏联专家走了，尚没学完的李家尧又回到上海音乐学院周小燕班上。毕业后被分配到中央歌剧院，多年来，李家尧一直是中央歌剧院的主要演员。"文革"中，探索京剧交响乐，第九场李玉和的一段唱便是李家尧担任的。他也教出了一些优秀学生，张建一的妻子、上海歌剧院女高音杨卫平就是他的学生。也因为他的推荐，张建一才有机会成为周小燕的学生，从而名震世界乐坛。

李家骅是李家尧的小弟，60年代初考入上海音乐学院声乐系，师从周小燕。毕业没多久，遭遇"文革"，根本没有演唱的机会。后来，李家骅在上海市文化局工作，成了一名文化管理工作者。90年代中期，已从工作岗位上退下来的李家骅来到周小燕歌剧中心，帮助中心做了许多有益的工作。

李家尧说："周先生这个人真，从来不讲什么大道理，都是以身作则。我们看在眼里，记在心里，愿意跟她学，多做工作，不计较名利，做一个品德高尚的人。"

五　山东大妞

1991年，以周小燕名字命名的上海音乐学院周小燕歌剧中心在与江苏省歌舞剧院、美国旧金山歌剧中心成功合作演出歌剧《弄臣》《骗婚记》后，北上与山东省歌舞剧院合作，演出由曹禺名著改编的中国歌剧《原野》。雷岩饰演虎子，李彩琴饰演金子。消息很快在齐鲁大地传开。

那时，山东姑娘李秀英还是山东师范大学艺术系的学生。彩排那天，她苦苦求一位参加演出的师哥将她带进剧场。她早早到了剧场，躲在一个角落里，只见一个瘦弱但精神矍铄、气质不凡的小老太进来了，坐在了观众席中。

她不禁心狂跳起来：这就是周老师！在她的心中，周老师就是一座神！座位上的周老师聚精会神，两眼放光，直盯着舞台。排演时不时地被她叫停下来，周老师起身向大家阐述着此间音乐与剧情的关系等等。排演休息时，演员们簇拥着她，问这问那。躲在角落里的李秀英，看着这一切，羡慕得口水都流出来了，心想，演歌剧真带劲，哪怕在里面跑龙套也好啊。回到学校，她对老师说："当一名歌剧演员真幸福。"老师说："那你就朝着你的梦想前进吧。"

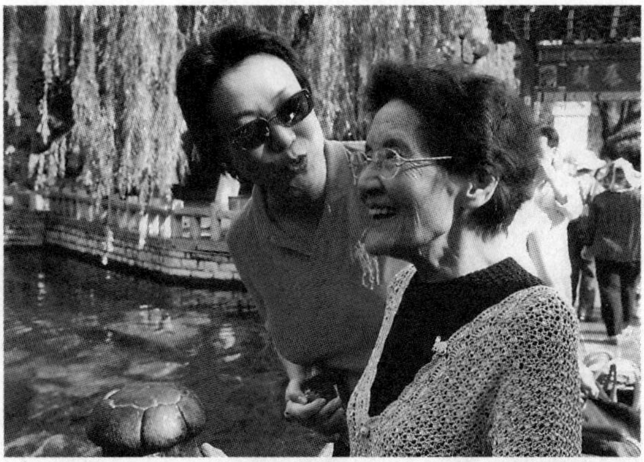

与学生李秀英

山东姑娘李秀英，不顾一切朝着梦想飞奔了。1994年，她已毕业留校，当了一名人人羡慕的大学老师。这一年，周小燕歌剧中心对外招收学员，闻讯后的李秀英立马报名应考。别人说："你疯了，放着这么好的工作不做。"她说："不管了，什么都不要了，一心一意，就是要做她的学生。"

秀英长得高挑，一双富有表情的大眼里透着机灵、聪慧，乐感很好，表演欲很强，这些都是做歌剧演员不可多得的条件和潜质。但是，那时秀英的声音比较尖、窄，入学后，有很长一段时间，对声音的概念总是不清晰，找不到感觉。她很着急，有点失去信心。周先生对她说："不要着急。这不是说行就行的事，需要一点一滴积累。不是说'台上十分钟，台下十年功'吗？这样吧，只要你需要，可以随时到我家里来，我给你再补补课。"这样，除了课堂上的课以外，秀英经常到老师家里再上课。

时间在师生愉快的教与学中很快过去。1997年，已经学了三年的秀英，在生活上遇到了一点困难：父母都退休了，在经济上没有能力支援她了。她犹豫了，是继续学下去，还是回去工作？老师看到了她的难处，对她说："秀英，要不要住到我家里来？你在外面租房子住，经济紧张，也不方便。"这样，山东姑娘李秀英住进了老师周小燕的家，这一住就是两年。得天独厚的条件，李秀英在这两年中成长很快。平时练声时，老师随时给她指出问题，老师给其他同学上课，她在一旁听，等于又上了一堂声乐课。

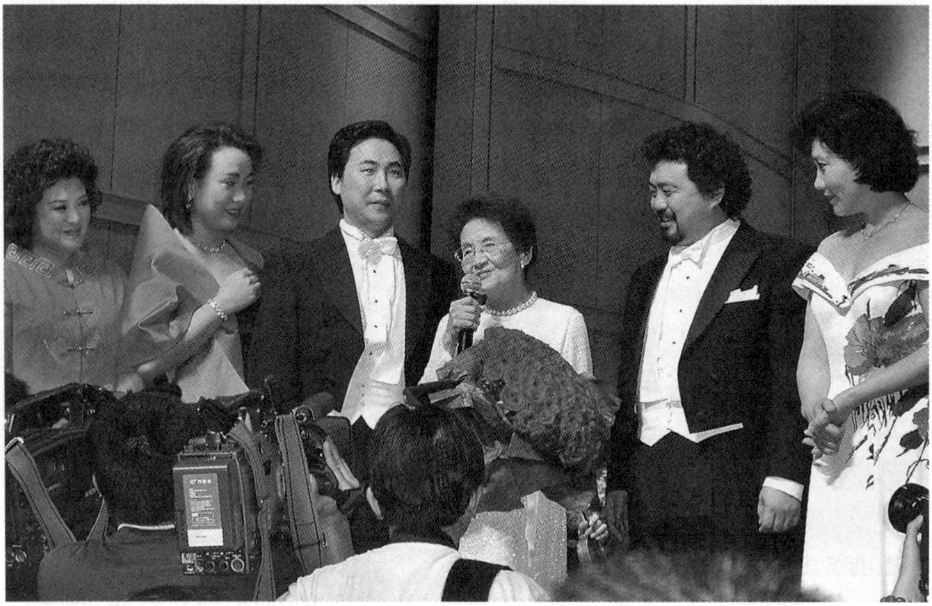

2005年6月，"周小燕优秀学生音乐会"。左二李秀英，左三廖昌永，右三周小燕，右二魏松，右一高曼华

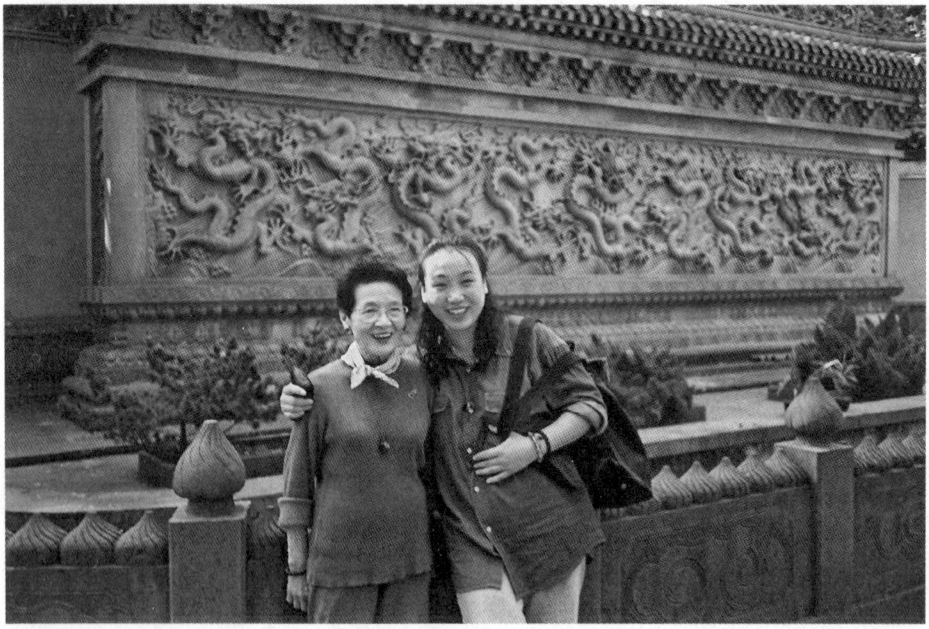

1997年，李秀英与周小燕住在一起的生活照

走进老师家门的第二天，早晨，洗完脸后，秀英端起脸盆，想把水倒掉。老师看到后连忙说："我来，我来。"说完端起脸盆朝厕所间走去，然后，把水倒入一个盛水的容器里。她对秀英说："节约用水。洗脸水可以用来冲马桶。"随后，她拎起容器，做着示范，说："倒的时候不能直接倒，从两边倒，这样马桶才能冲洗得干净。"这一老一少，整天乐呵呵的。她们挽着手一同上街购物，她们搭着肩一同去学校上课，她们拎着包一同出门参加比赛……八十多岁的老师顽皮地用山东话唤她"山东大妞"，她则学着老师的家乡湖北话，与她嬉闹。有一天她学说上海话，那僵硬的舌音，让老师笑得在沙发里爬不起来。

2005年6月的一天，李秀英对笔者回忆在老师家的生活，说道："这是我一生中最为特别、最重要、最难忘，也最幸福的时刻。老师的一言一行，一举一动，悄无声息地浸透在我的血液里。这里，奠定了我的艺术成就；这里，教会了我怎样做人。"

1998年，也就是秀英住进老师家的一年后，她在全国国际声乐选拔中获得第一名，参加第四届国际布达佩斯歌剧比赛。一天，老师拿着一个信封递给秀英，说道："拿去，做一件漂亮的演出服。"秀英一看是2 000元钱，不肯要，说道："我穿旧的演出服也可以。"老师一字一句说道："你出国比赛，代表的不是你李秀英一个人，而是上海音乐学院，是歌剧中心，是中国。"听到这里，秀英的眼泪哗哗地流了下来。老师想得是那样仔细，又是那样宽广，这样的胸怀够自己学一辈子。

在这个世界性高级别的声乐大赛上，李秀英获得了二等奖。随后，她参加意大利维沃蒂国际声乐比赛，又获得了银奖。

又一年过去，李秀英以优异成绩获得美国纽约曼因斯音乐学院全额奖学金的学习资格。要远行了，她舍不得老师，老师更舍不得她。一天，老师说："秀英，我们出去吃顿饭吧。""好的。"她跟着老师来到上海一家饭店。秀英抬头看了看，这是一家蛮高档的宾馆，过去，和老师出来吃饭，不太会到这种地方来。坐下后，秀英看到，桌上只有刀叉，就问道："怎么没有筷子？"老师说："今天不用筷子，我们吃西餐。"秀英还从来没有正儿八经地吃过西餐，笨拙地拿起了刀叉。老师说："你要学会一些西方礼仪，不然到了国外后不知所措，会被人家看不起。"然后，手把手地教她怎样使用。秀英这才恍然大悟：老师带她来这里，是为了向她传授一些西方礼仪知识，帮助她"练兵"。自己想不到，父母做不到的事，老师想到了，做到了。老师真是处处为她着想，时时为她好啊。这样好的老师，真是前世修来的。

从此，中国姑娘李秀英的名字，在国际歌剧舞台，如雷贯耳。她与纽约歌剧院、波特兰歌剧院、圣塔巴巴拉歌剧院、康乃狄克歌剧院、哥伦布歌剧院、坦帕歌剧院、奥斯汀歌剧院、夏威夷歌剧院、里昂歌剧院、帕尔玛歌剧院等世界著名院团合作，主演《蝴蝶夫人》《波西米亚人》《浮士德》《爱的甘醇》《艺术家的生涯》等世界经典歌剧。她在国际歌剧舞台，享有“第一蝴蝶夫人”之美誉。她获有美国政府颁发的表演艺术家的证书，是美国纽约大剧院的第一女主角。她被邀巡回演出于世界各大剧院……

拿什么献给你，我最敬爱的老师？2001年，秀英到香港主演《蝴蝶夫人》，她感到，她能够献给老师的就是艺术，于是，她买好机票，打电话给老师，希望来看她的演出。老师来了，这是老师第一次看她主演完整的一部歌剧。演出结束后，周小燕兴奋地说：“山东大妞‘洋气’了。我闭着眼听，完全是意大利风味，不感觉是中国人在唱。”李秀英出国后，老师关注的目光，一直没有离开过。她在什么地方主演了《浮士德》，在什么时候主演《图兰朵》……周小燕都清清楚楚。

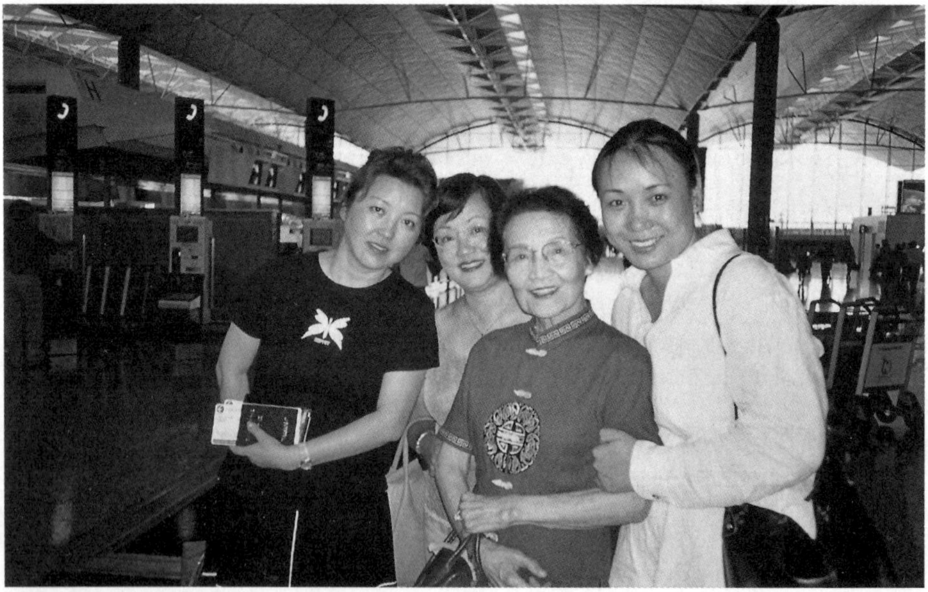

周小燕和韩莉平（左一）到香港看《蝴蝶夫人》，李秀英（右一）和廖英华去机场迎接

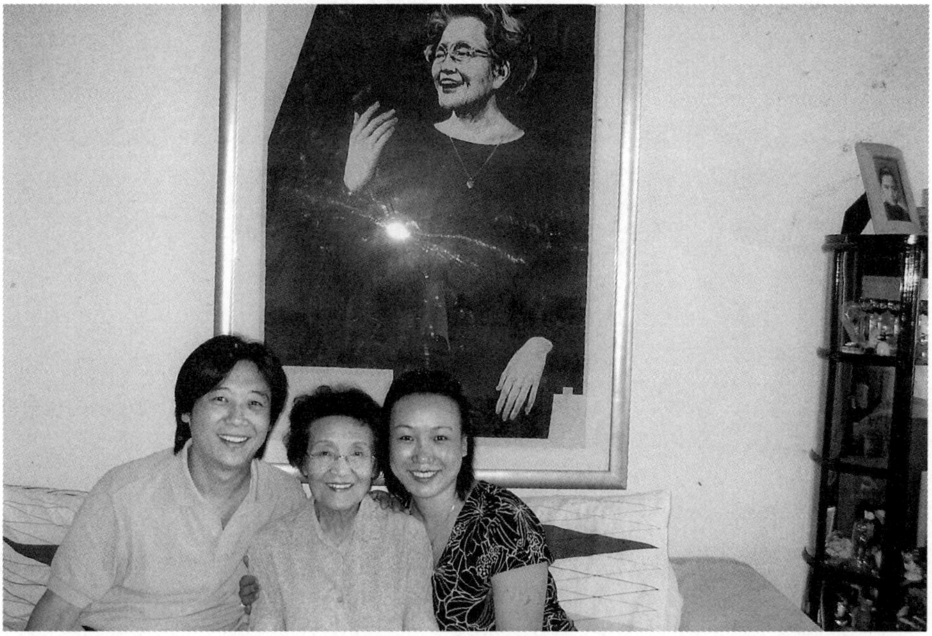

2005年回国开第一场独唱音乐会，李秀英与先生刘红一起看望周小燕

2005年5月，秀英从日本巡演后回到母校举办声乐讲座。那天，学院的贺绿汀音乐厅，坐的、站的，挤满了人。从下午两点开始，没有停顿，一直讲到五点。临了，学生还要求她再唱一首。清脆、飘逸，自如、传神，秀英的演唱赢得了师生雷鸣般的掌声。观众席中的周小燕，又高兴又心疼，自语般地说："连续讲三个小时，还能唱，这是需要真功夫的呀！"吃完晚饭，秀英和老师相扶着回家。周小燕爱抚地拍着秀英的手臂说："结实多了。"秀英说："整天跑来跑去，都是拎箱子拎的。"这时，周小燕像孩子似的挽起自己的手臂，说道："看看我的肌肉，结实不？"接着，她又说："来，秀英，我们比掰手腕，看谁的力气大？"学生有出息了，周小燕高兴啊。

"她永远想着别人，她是世界上最可爱的人。"李秀英在笔者面前，抹着泪说。2002年，她曾回来探望老师，老师见到她，第一句话就说："好啊，山东大妞回来了。"没几天，老师病了，住进医院，秀英将父母从山东老家接来一起去看望老师。没有想到，一推门就见老师衰弱地躺在病床上，她的心像被刀扎了一下疼，泪水哗哗地掉下来，父母不知所措，也流泪了。周小燕见状，马上克制自己，笑着说："讲一个笑话。昨天我摔了一跤，忧心忡忡，对我们家

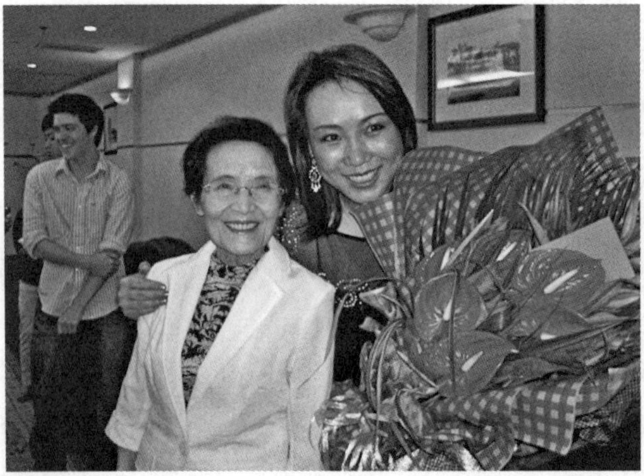

2007年,在上海大剧院后台与李秀英合影

保姆说:小张啊,等我老了以后怎么办啊?小张说,周老师,你还不老啊?你都86岁了。你不老,我们怎么办呀。”憨厚的父母对秀英说:“秀英啊,你这辈子烧了高香,碰到这样好的老师。你今后对我们不好不要紧,可千万不能对不起老师啊。”

“洋气”了的山东大妞,对笔者说:“老师经常说她是幸运的。我现在要拍着胸脯大声说,我是最幸运的。我一直想着能不能为老师做点什么,我想,我一定要像老师那样,在艺术上积累了更多的经验以后,把它们传授给更多的年轻人。这是最直接最重要的。”

她们是师生,却情同母女;她们是两代人,却平等如朋友;她们没有血缘,却胜过一家人。这样的景色,在周小燕这里,年年、月月,时时、处处都盛开着,每一朵都有不同的芳香,不同的风姿。

六　她有一种大爱

也是在1994年,一位名叫方琼的年轻姑娘走进了周小燕的视野。这一年,周小燕歌剧中心筹办少年合唱团,上海乐团青年民族歌唱演员方琼来到这里担任副团长,组织、策划、招生、上课、演出,一切进行得顺顺当当。转眼,时光飞去快一年了,有一天,周先生有点可惜地对方琼说:“你看,你光顾着弄孩子，自己都不唱了，为什么不唱呀？”上海乐团是上海的专业合唱团，方琼那时还不那么出挑。她老老实实地说：“自己对自己失去信心了，唱不好了。”周先生说：“你唱给我听听。”方琼清了清嗓，唱了首湖南小调《拾戒指》。周先生听了后，感到声音紧了点，在传达情感方面有些困难，但还是有味道的，有民族唱法的基础。周先生谦和地说道：“我来教你。我教了那么多学生，他们唱了很多西洋歌曲，得了很多大奖。但是，在民族歌曲方面，做得还很不够。我们不妨尝试一下，用西方科学的、规范的发声和唱法，看看，怎样能把中国歌唱得更好？”

正是对他人、对事业的一种大爱，方琼成了周小燕长长学生队伍中的一分子。有了适宜的土壤和气候，有了充分的阳光和雨露，不经意间，这粒种子发芽、开花、结果了。

1996年，中央电视台举办全国青年歌手大赛，上海电视台到上海音乐学院选拔参赛歌手。周小燕对电视台工作人员说：“方琼在这儿唱，有变化、有进步。你们先听听，看看怎么样？”周先生先让方琼练了几句，尔后让她唱了一首中国歌曲《苗岭的早晨》。歌毕，大家都觉得好，声音舒展甜润，中国风味浓郁。方琼代表上海去北京参加全国青年歌手大奖赛了，一路过五关斩六将，进入了决赛。

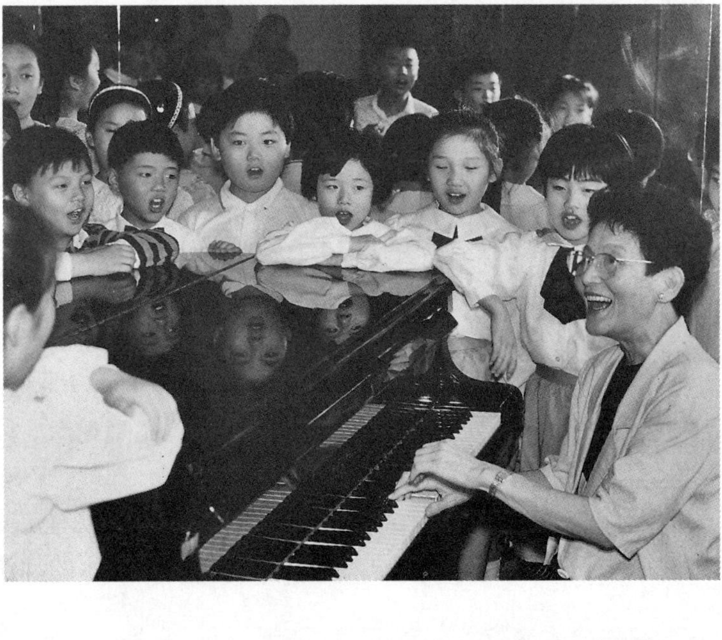

与少年合唱团一起

那天，方琼给老师打电话，报告这一喜讯。决赛的曲目是《春江花月夜》，这首曲子是徐景新改编创作的，加上了许多华彩唱段，花腔性很强。在跟着周先生学习时，周先生为了尝试中西结合，让方琼练习这首歌中的花腔。周先生让她在电话中唱一遍给她听听，随后说："你不要多想什么，正常发挥就是。我们在乎的是这个过程，不是结果。"终于，决赛的大幕落下，心态保持良好的方琼，获得了民族歌曲的金奖，这是全国青年歌手大奖赛举办七届以来，上海获得的第一个民族歌曲演唱第一名。

鲜花、掌声，小姑娘方琼有点飘飘然了。一天，她拿着一摞媒体报道她的报纸来见老师。老师没有夸她，却批评道："一次成功，不要就华而不实，要胜不骄，败不馁，你不知道吗？歌唱艺术的天地很宽，你只不过会唱几首歌，有了一次机会。赶快回来，老老实实继续学。"这样，方琼又跟着周先生，踏踏实实在民族声乐这块肥沃的土壤上辛勤耕耘。机会又一次降临：美国有一家艺术学校，请方琼去当访问学者。这时候，方琼倒是犹豫了：去还是不去？自己是唱民歌的，到美国能学到什么？她把矛盾说给周先生听，周先生却鼓励道："去呀，为什么不去？出去看看，开开视野，对你有好处。唱中国歌曲和唱西洋歌曲，不是对立的。学了，知识丰富了，你才会知道哪些是相通的，哪些能为我所用。"

学成归来后，方琼举办了一场音乐会，展示这几年学的东西，在上海引起很大反响。上海歌剧院为之举办"方琼声乐艺术研讨会"。会上，周先生第一个发言，以玩笑般的语气说："这么年轻就开研讨会，似乎不合适。不应该过多地表扬她、赞扬她，要向她提意见。所以，应该叫声讨会，不叫研讨会。"随后，周先生又说道："音乐会上，方琼展示的东西很多，也很新。说明，她去美国是真正学到了些东西。"

在适当时候，以适当方法，给予适当指点，周小燕在漫长的教学生涯中，从来如是，对任何一个学生都是。

从一个名不见经传的合唱演员，到今天声誉乐坛的优秀民族歌唱家、上海音乐学院声乐系民乐教研室主任，在这个过程中，方琼从周小燕那儿获得了什么？ 2011年4月25日，方琼对笔者说，首先是观念。过去唱民歌，总是在模仿他人，跟着周先生，建立起一个审美观念，那就是：民歌是诞生于民族土壤中由劳动人民在生活中创造的。因此，民歌可以有娇美，但更多的是真挚朴实。以前唱《小河淌水》，音乐还没起，那个淌水的动作就来了，非常做作。唱好一首歌，首先要准确理解作品的内容。中国五十六个民族，每个民族有每个民族的歌唱特点和文化背景、社会风俗等等，作为歌唱演员只有了解和基本掌握了这些知识之后，才能唱好它。除了声乐技巧外，周先生会有意无意中不断打开你的思路，增强你的求知欲望，让你知道天外有天，山外有山，艺术无止境。以前听她说，当一名歌唱家要有思想准备，耐得住清贫、寂寞，很不理解，心想，歌唱家天天在鲜花和掌声中，怎么会寂寞？出去演出，出场费也不低，怎么会清贫？进入这个领域后，越来越理解周先生这句话的道理了。她让你知道怎样对待荣誉、对待挫折。她的内心很宽广，有一种大爱，很难学到。

2012 年 4 月 20 日晚，方琼在东方艺术中心举办"花样年华 · 多媒体演唱会"，演唱上海的一些老歌，周小燕到场看了演出。在此以前，方琼几次来周先生家里，请周先生上课，周先生还不辞辛劳，到排练现场进行指导。

4 月 23 日，原声乐歌剧系主任卞敬祖对笔者说："演出第二天，周先生给我打电话，问我看了没有，觉得怎么样？周先生说，方琼不容易，这说明她还在追求，有内在的东西了。上海一些老歌很好，需要继承，但是，怎样继承？

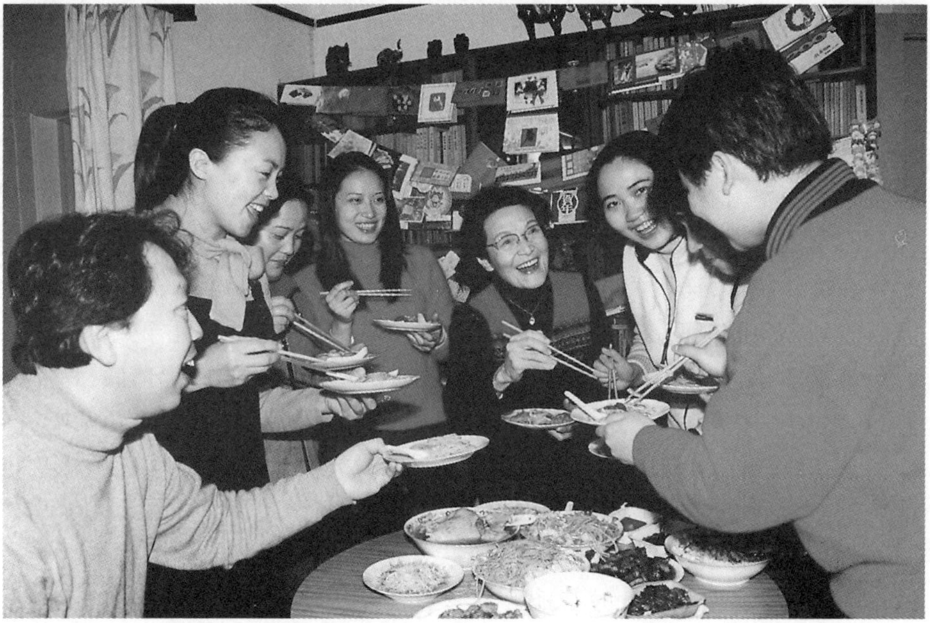

和学生一起在家过年

不是去模仿当年一些歌星的演唱姿态，而是要跟着作曲家的思路走，更好地表现作曲家想要表现的思想。”卞敬祖说：“听了这些话，我真是服了周先生了，她就是有想法，有观点。怎样继承老歌？周先生给出了方法：要跟着作曲家的思想走。这说明，96岁的周先生，自己也跨出了美声唱法、民歌唱法的界线，思路在拓展，曲目在拓展。”

陈剑波是周先生的第一个民族声乐专业的研究生。当年在上海音乐学院念本科时，他和廖昌永是同学，上下铺，师从不同老师。1993年毕业后，陈剑波成为四川音乐学院的一名声乐教师。执教后，陈剑波感到自己的高音问题仍没有解决，把握不好。几年后，一个偶然的机会，他和廖昌永说了心中的苦闷，小廖说，要不你回来，让周先生给你听听？来到先生家，先生说：“虽然我在外面有所谓的名气，但对民族声乐不那么有把握。我们还是一起来研究研究吧。”虽然从教多年了，但在自己仰慕的大师面前，陈剑波也有点紧张。先生的这番话，说得陈剑波心里暖暖的，感到先生特别和蔼可亲，像自己的亲人，精神一下子放松了。

从此，先生的家成了他最放松、最愿意去的地方。有时感觉累，到了那儿，唱唱就精神好了；有时感冒了，到了那儿，唱唱就舒服了。到了后来，大家都知道他的这个“招数”了。比如，有人问，陈剑波哪儿去了？答：到先生那儿去了。那人就笑：噢，他又感冒了。

这样，陈剑波在先生家进进出出五年，以后考上了她的研究生，又是三年。八年中，他从未见先生发过脾气。练习时，有时唱不好，心里着急，越着急就越唱不好，这时候，先生就会和他说些专业以外的事，比如问问家里的情况，兄弟姐妹怎么样等等。等他放松了，再唱，就唱好了。2009年春节，周先生发高烧住院了，学校关照每一个学生不要去打扰先生。可是，没几天，陈剑波就收到先生的电话，让他赶快来上课。原来，先生着急，没几个月陈剑波研究生就毕业了，可是毕业演出的曲目还没有准备好。她向医生请假，医生不同意，她就偷着跑回来了。这一天，从练声开始，一个曲子接一个曲子唱，一个符点、一个节奏都不放过。93岁的先生始终激情昂扬，像年轻人，三十来岁的陈剑波，倒有点受不住了。

2011年4月26日，沉浸在往事中，陈剑波对笔者说：“先生用一种大爱，对待自己的学生、自己的事业。她就是一个为教学事业而生的人，她的整个生命被学生填满了。但是，她的这种大爱不是说出来的，更不是高调唱出来的，是做出来的。”有一天，陈剑波到老师家上课，保姆开了门，只见老师无力地蜷缩在沙发里，身上盖了条毯子，他的鼻子一下子酸了，眼泪流了下来。先生说：“要是给你打电话，你肯定不来了。现在，我坐在沙发里，看能不能给你上课。如果坚持不下去，也就没办法，只能抱歉了。”陈剑波说：“什么时候，她都为别人着想。在我的内心，她真是一尊神，点点滴滴，都有号召力。”

七　人间最美的歌

2005年6月18日，傍晚，落日悄悄躲进了云层，城市似乎安静了许多。上海人民广场西侧的上海大剧院，红色地毯铺满高高的台阶。周小燕满脸微笑，轻轻提起白色衣裙的下摆，在众人的簇拥下，拾级而上。场内，却难有的热闹，坐的坐，站的站，从一楼到三楼，满满堂堂，人们相互打着招呼，激动和喜悦都写在脸上。

今晚的演出，注定不属于上海大剧院，而是属于上海，属于中国，属于世界乐坛，更属于历史。吐满鲜花的舞台，帷幕上方横挂着这样一行字：“周小燕教授优秀学生音乐会”。她款款而进，露着她那特有的自然微笑，从容、淡定。人们热烈鼓起掌来，喧闹的剧场，顿时安静下来，很多人站了起来。她向四周打着招呼，目光望着她所能看到的每一个人，亲切、随和。尔后，在观众席中落座。

拿什么感谢你，亲爱的老师？她的学生们最清楚：那就是他们的成长、成才。能够安安静静地坐在观众席中，看学生们的演出，是她最幸福、最舒心、最陶醉的时候。因此，在庆贺抗战胜利六十周年，在迎接她八十八岁生日的时候，她的学生们组织了这场别开生面的充满人间真情的“周小燕教授优秀学生音乐会”。

掌声响起来，有节奏地经久不息。廖昌永、魏松、李秀英、高曼华、万山红、杨小勇、李建林、郭森、顾平、张峰、孙健、易思衡、朱秋玲、王作欣、李棠等17名她的优秀学生，依次走上舞台，欢快、喜悦，阳光、朝气。他们都曾在国际、国内重要比赛中获金、银等奖项，他们都是当今国际国内声乐界著名的演员或声乐教师。

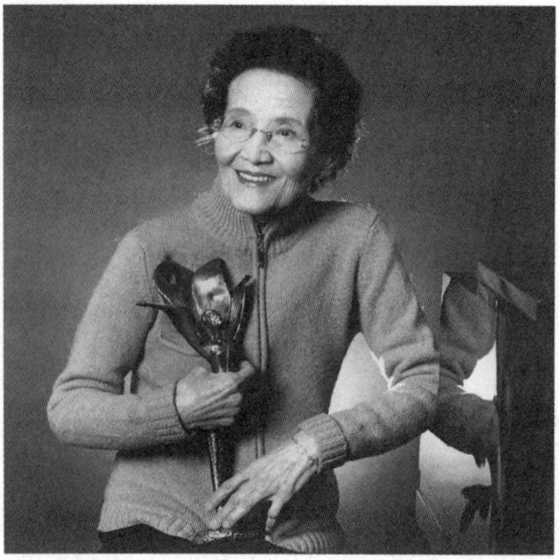
2004年获白玉兰戏剧育人奖

意大利伟大歌剧作曲家威尔第的《饮酒歌》旋律响起。“大家同祝贺这欢乐的宴会，请举起精美的酒杯……”廖昌永首先放喉。紧接着，魏松、高曼华、李秀英……依次接唱。“它让我们多陶醉……笑声和歌声让这里变成天堂……让夜夜充满欢乐到天亮。”不同声部、男女混唱，17名学生将这首《饮酒歌》演绎得酣畅流利，欢乐激情。也许，这首被世界各国艺术家演唱了150多年的经典歌曲，今天，由这么多同出一个师门的国际、国内享有盛誉的中国声乐家同台演唱，还是第一次。今后，也难以再现。

掌声响起来，一波接一波。走上舞台的是魏松，金属般的嗓音，浑厚圆润，一曲列昂卡瓦蒂名剧《丑角》中的《穿上戏装》，轻松流畅。易思衡、杨小勇男女混声唱，将莫扎特《唐璜》中的《把你的小手给我》演唱得极为流畅。普契尼《图兰朵》中的《你这颗冷酷的心》是一首著名的女高音咏叹调，李秀英的演唱荡气回肠，极具震撼力。高曼华选自《茶花女》中《他也是我渴望见到的人》的演唱，层次分明，音色甜美明亮。莫扎特《魔笛》中的《复仇的痛苦》是世界歌剧中最具代表性的女高音咏叹调。青年女高音歌唱家郭森极其华丽和表现力的演唱，征服了全场观众。万山红、孙健选自歌剧《原野》中的《你中有我，我中有你》，如诉如泣，感天动地。廖昌永演唱的是罗西尼《塞维利亚理发师》中的《快给忙人让路》，轻快愉悦，诙谐风趣。

掌声响起来，一浪胜一浪。17位她的优秀学生，再次登上舞台。全体演唱《今夜无人入睡》：“今夜无人入睡，不许睡觉，不许睡觉，公主你也是一样，等黎明……”这时，只见廖昌永左手抬起，做了一个有力的手势。忽然，全场，从各个方向，传来浑厚的齐唱：“消失吧黑夜，星星沉落下去，黎明时得胜利。”只见一排排观众，从座位上站起来，高声合唱。这时，台上、台下交融在一起，偌大的剧场，被激情和歌声点燃，沸腾了。

“亲爱的观众，欢迎你们参加今天的音乐会。我的这些师兄师姐、学弟学妹，从世界各地、全国各地赶来，共同为老师开这个音乐会。想和老师说的话很多，就用一首歌《老师，我总想起你》，表达我们对老师的爱吧。”廖昌永拿起话筒，动情地说。“亲爱的老师，我怎能忘记你，你时刻在我的心中。每当我有了创造得到奖励，啊，老师我总是想起了你，想起了你。想起你慈母的心肠，想起你和蔼的话语，啊，从心里默默地向你致意，向你致意。”廖昌永深情地领唱后，全体演员合唱：“我怎能忘记你，小苗儿结出硕果怎能忘春风春雨。啊，老师我怎能忘记你，你时时刻刻在我心里，常在我心里。”每一个字、每一个音，都从他们的心中唱出。台下，观众也一起击拍、合唱，掌声如雷鸣，歌声似海浪，这一切，汇合成人间最动人的一幕。

她，坐不住了，站了起来，转身，向观众深深地鞠躬、致意。

这时，廖昌永边唱边从舞台上走下，与老师热切拥抱和亲吻。随后，牵着老师的手，在人们热切的目光和真诚的祝福中，走上舞台。“老师今年88岁了。我们这些学生送给老师88朵玫瑰，祝老师健康长寿。”廖昌永代表学生如是说。“我还要向大家透露一个秘密：70年前，在抗战的烽火中，有一个小姑娘唱响了《长城谣》，今天她就在我们身边，我们请她再唱一次。”“好！”台下又一次沸腾了。她笑了笑，接过话筒，幽默地说：“这是学生将我的军。”随之，充满激情地说：“首唱时，我是个19岁的小姑娘，现在向90岁进军了。当年的音色没有了，不过当年的爱国热情、抗战激情还是有的，今年又是反法西斯战争胜利六十周年，我稍微唱几句，请大家一起唱。”

“万里长城万里长，长城外面是故乡……”她唱了起来。这样的精神，这样的音色，人间几回有？“哦”——“好”的惊叫声，随着掌声，响彻剧场。“高粱肥，大豆壮，遍地黄金少灾难……四万万同胞心一样，新的长城万里长……”全场高歌。每一个人的血都是热的，每一个人的情都是真挚的，每一个人的眼都盈满泪，每一个人的手掌都拍红了……

“凡音之起，由人心生也。人心之动，物使之然也。”（《礼记·乐记》）一千多年前，中国的先辈就给出这样精辟的哲理。一个瘦弱的耄耋老人，一群风华正茂的学生，正用他们共同绘出的这幅人间能有几回见的动人风景，阐释这一玩味无穷的哲理。

感心动耳，荡气回肠。今晚，飘荡在上海大剧院上空的，当是人间最美的歌。

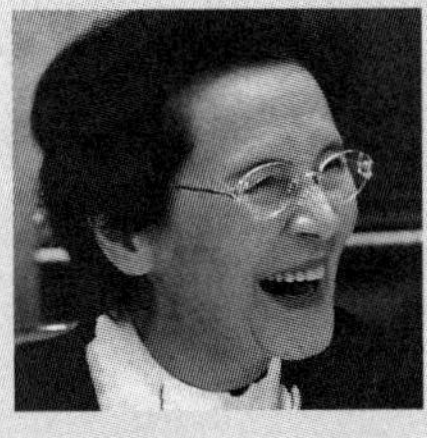

第三章

教学中的她

一　走向讲台

1947年10月，誉满欧洲的“中国之莺”，飞回日思夜想的祖国。毅然回国，她不是如人们所想象的那样，已经设计或策划好回国后的方向和前程，小燕归国后先去武汉老家探访，回上海时在南京停了几天。南京五所高校正联合演出《弥赛尔》，邀请周小燕担任女高音领唱，与她同台担任女低音领唱的是国立上海音乐专科学校的一位校友，叫洪达琦。1948年5月，在兰心大戏院，周小燕举办独唱音乐会，洪达琦前往观看。就是这位洪达琦，影响了周小燕以后的人生旅程。

洪达琦其时已留校任教，并在南京兼课。有一日，洪达琦登门探望，对小燕说：“你在国外学了那么多年，掌握了欧洲先进的声乐演唱技巧，又具备全面的音乐修养和知识，为什么不到母校去兼点课，把它教给更多的年轻人呢？”小燕觉得洪达琦说得很有道理，但是，母校是国内最高音乐学府，自己在国外学的是唱，不是教，能够胜任吗？她有这个顾虑。父亲周苍柏知道了，对她说：“不会教，就边教边学嘛。我叫你学成了回来效劳，也不只是自己唱，也要你把自己所学的再教给别人啊！再说，你只有到学校去了，才能知道现在国内的水平，以后再到国外去学，就晓得需要学什么了。”听了父亲的一席话，周小燕爽快地答应了。

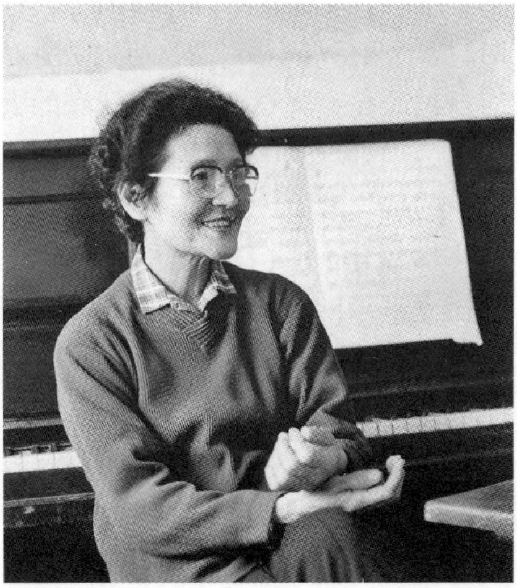

课余休息

其实，这时候，周小燕已经在育才学校义务教学了。在周小燕回国后没几天，育才学校派人来请她去。育才学校？周小燕在欧洲时就从妈妈的信里读到了这所学校，她知道，这是教育家陶行知先生举办的一所新型的特殊学校，学生多是在抗战中失去亲人的孤儿，1939年在四川合县创办，抗战胜利后迁到上海宝山大场镇。1946年7月，陶行知先生积劳成疾，突发脑溢血在上海逝世。周小燕对来人说："我非常敬仰陶行知先生，我一定去。"

来到位于上海东北角的育才学校，周小燕在校长的陪同下参观校舍。这是一所怎样的学校啊！泥土中有几排小屋子，四面透风。所谓的教室，里面放着几张四方的八仙桌，那就是他们的教桌，大约也是学生的饭桌。宿舍里，学生的床是用木架搭起来的上下铺，吱吱嘎嘎响，已是冬天了，没看到有什么取暖设备。学校也没有什么教学仪器和图书，只有两架破旧的钢琴，弹下去，有的音不准，有的琴键跳不起来。小燕看得心里直发酸，但是，小燕看到了学生们一张张渴望知识，渴望歌唱的稚气的脸。回到家后，她把在育才学校看到的一切说给父母听，并且表示自己很想为他们做些什么。

没几天，育才学校一位老师上门来了，说校长问她是否愿意到育才教孩子们的声乐，小燕马上答应下来，并说：她不要薪酬，义务教学。

过了一段时间，父亲问小燕，去欧洲和美国什么时候启程？原来，小燕回来后，父亲见国内形势还是这样混乱，决定再送小燕去欧洲和美国深造，小燕也答应了，并且在做些准备。此时，她却摇了摇头说："不想去了，这里需要我，等我把学到的东西掏完再说吧。"

她留了下来。

那时，交通不便，去宝山的育才学校，路上的一个单程时间就要两个小时，周小燕不辞辛劳，每次准时到达。在育才的教学时间虽不长，但是孩子们对这位漂亮、洋气，又亲切、随和的大姐姐非常喜欢。60年后，当年的育才学生聚会仍难忘老师，而周小燕至今不忘，育才孩子们那一张张渴望学习、渴望知识的稚气的脸。

1949年9月1日，经华东军政委员会决定：国立上海音乐专科学校改名为国立音乐院上海分院。翌日，召开第一届校务委员会会议，贺绿汀当选为院长。校务委员会是学校的最高权力机构。9月5日，贺绿汀将庄重的聘书交到周小燕手上，她被聘为学院声乐系教授。20天后，周小燕被宣布任命为声乐系主任，洪达琦为她的副手——声乐系副主任。

10月1日，毛泽东主席在天安门城楼庄严宣告：中华人民共和国中央人民政府今天成立了。12日，国立音乐院上海分院建国后的第一个学年开学。"中国之莺"周小燕，走上新中国的讲台，成为一位人民教师，从此，她的生命

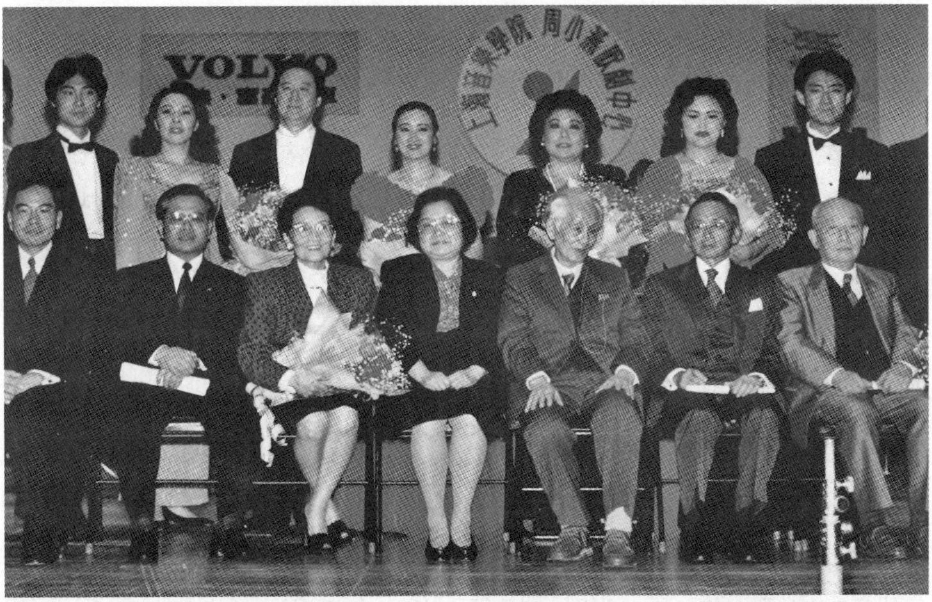

周小燕歌剧中心成立。前排左二龚学平、左三周小燕、左四陈铁迪、左五贺绿汀

旅程开始了新的航向。在这个讲台上，她导演了一部又一部令人叫好，世界刮目的大作、力作、巨作。

二　探索中前进

声乐艺术，演唱和教学是两个独立的专业，它们之间既有密切的关系，但也有更多的不同。并不是，是一位优秀的歌唱家就能当好声乐教师；也并不是，是一位优秀的声乐教师就是好歌唱家。从家庭儿童歌舞团，到国立上海音专学生、武汉合唱团独唱演员，到法国求学，誉满欧洲，以周小燕歌唱艺术达到的成就和影响，称她是一位声乐艺术家，丝毫不为过。但是，要将自己所学的，将自己对声乐艺术的理解和感悟，以及声乐艺术的实践和经验等，传授给他人，成为一种带有规律性的、系统性的、循序渐进性的教学方法，又是一回事。而且要适合每一个学生，那就太难了。

初为人师，面对来自不同地方、不同文化背景，不同声乐基础、不同生理条件，不同性格脾气、不同生活习俗的学生，周小燕听出了他们的一些问题，但是很苦恼，拿不出更多的办法。起初，她只能"范唱"，即自己是怎样唱的，就让学生跟着唱。"范唱"的好处是，学生在较短时间内就能准确地唱好一首歌，但是，这种"描摹"式的方法，最后人人都是"周氏"唱法，尤其是女高音都成了"周小燕"，失去了个性。久而久之，学生没有自己的独立思想，没有创新能力，只能成为一个歌唱的"工匠"，而不是"声乐艺术家"。这使得周小燕进一步思考，歌唱家的自身演唱能力代替不了声乐教学能力，"范唱"只能解决学生的一时问题，而声乐教学要注意不同受众的特点，用明确的科学的方法有步骤有计划地进行训练，这样才可造就富有个性的声乐人才，对其他问题，只能作提示和启发。

李家尧是周小燕教授的第一位男高音学生，他的嗓音条件很好，在此之前跟一位意大利老师学过声乐。那个时候，她刚从法国回来，没有教学经验。中音区是一位歌唱者嗓音发展的基础，对于男高音来说，建立一个流畅的音色优美的中音区很重要。当时，周小燕对这一点认识还不太清楚，因此，一开始，因为李家尧有高音，周小燕就给他唱难度很高的《托斯卡》中的一段咏叹调，结果，有点拔苗助长，李家尧的学习反而提高不快。以后，李家尧被苏联专家看中，调到北京学习，后来分配到中央歌剧院成了一位优秀的男高音。多年后，周小燕见到李家尧，抱歉地说："我那时候教学办法不多。如果是今天，可能会把你教得更好些。"因此，周小燕常常对人说：李家尧是她的第一个学生，但是她没有教好他。他的成才，主要是苏联专家的功劳。

1950年夏天，一位十四五岁的姑娘，唱着周小燕唱红的《青年参军》考进上海音乐学院。报到后，在注册时，她领到了一张表格，老师对她说，你可以自主选择主科老师。结果，她在可以选择的三个志愿中全都填写了周小燕的名字。可是，周小燕班上的名额已经满了，系里安排她到苏联专家苏石林的班上去。一个学期下来，不懂英语的小姑娘无法和老师交流。结果，一个学期始终在练唱孔空的《五十首练声曲》，最后，临时找了一首中国歌曲才把考试应付过去。她对系里说，她一定要跟周老师学。原来，小小年纪的她，在进校前早已闻知周小燕的大名了，非常仰慕她。进了学校后，不在她的班上，可是看到她亲切的笑容、得体的穿着、矫健的身影，尤其是看她的演出，听她的歌声，更加崇拜她了。

学校终于同意她转到周小燕的班上，周小燕却犯难了。那天，见到贺绿汀院长，小燕说："她是苏州姑娘，唱评弹的，我怎么教她呀？"贺院长看了看周小燕，说："你过去怎么学的，现在就怎么教她。"简简单单的一句话，却让周小燕拨开了云雾。她仔细分析了小姑娘的情况：她受母亲影响，自小喜欢京剧和民歌，跟着收音机"揣摩"式地学习，习惯用小嗓子唱，进入学校后，接受欧洲传统的花腔唱法训练，因此，在校内，人们说她的唱"真不真，假不假，土不土，洋不洋，不符合声乐系表演规格"。而在校外，人们又认为她是"假嗓子、洋嗓子，没有民族特点"。这使学生很苦恼。

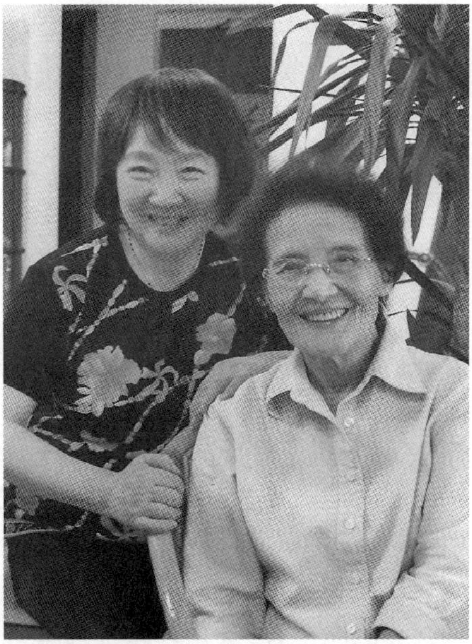

与学生鞠秀芳

怎样解决她的问题呢？周小燕也很苦恼，一边冥思苦想，一边鼓励她："你的民歌唱得蛮有味的，要坚持下去。但是，光顾风格、感情，不顾声音也不行，要在唱法上想点办法，走出自己的路子来。"周小燕让她把要唱的民歌带到课堂上来，一字一句地改正她不良的演唱习惯。这时，学校聘请陕西民歌手丁喜才到学校上课，教榆林小调。民间歌曲，很多没有谱子，学校就让她去帮助丁喜才记谱子，周小燕还让她向丁喜才学习榆林小调。后来，干脆打破常规，周小燕上课时把丁喜才请过来，一起给她上课，一个把她的发声关，一个把她的风格关。这样，他们在学校开创了一个"三人教学"的模式。她唱苏州民歌时，周小燕又将苏州籍老师朱慧珍请过来，一起给她把关。除技巧锻炼外，周小燕又根据她嗓音和发声、吐字的情况，专门编了很多带字的中国旋律让她练唱。比如，她是苏州人，在唱陕北民歌《五哥放羊》时，总是把大红灯的"红"唱成"混"，周小燕就让她做吐字练习，不停地说"大红花大黄花"，就是用这样的方法，让她改变了发音。

经过几年的努力，欧洲唱法中的科学部分，如气息流畅、喉头稳定、共鸣效应等，她逐渐掌握了；中国民间歌曲，戏曲曲艺中的吐字、行腔、韵味等，她也能发挥了。1957年，在世界青年联欢节声乐比赛中，她获得了金质奖。这位姑娘名叫鞠秀芳，是上海音乐学院培养出来的第一位民歌手。鞠秀芳毕业后，追随周先生，留校当了一名老师，后来成为上海音乐学院声乐系民族专业教研室主任，为我国的民歌教育和人才培养，做出了一定贡献。

经验在实践中逐步积累。1958年，印尼华侨林祥园考入上海音乐学院声乐系。很快，这位活泼好动的小伙子在专业上成了系里最棘手和最难教的困难户。到了二年级，他被转到周小燕班上。小伙子高兴极了，还在印尼念小学时他就知道了周小燕，以后从唱片中听她的歌，感到她唱得细腻动听，声情并茂，非常喜欢。第一次上课，周小燕对他说："跟我学习，可要约法三章噢。第一，要完全照我的方法去做，做不到或者做不好，不要着急，有不明白的地方一定要问清楚；第二，绝对不允许私下用其他方法乱唱；第三，也不准私下跟着唱片乱学。我们彼此间要相互信任、合作。我也希望能把你教出一点成绩来。"林祥园忙不迭地点头，说："好，好。"心想：这样一个有名气的大教授能收我这样的差生已经不得了了，不要说约法三章，就是约法几十章，我也会答应啊。

头三个月，周小燕不让他练高音，也不给他歌唱，只让他练习简单的"A"母音。第四个月，才给些稍难的练习，偶尔碰碰高音A^2或降B^2。她让他把要唱的中国歌曲，每一个字都注上汉语拼音，读准每一个字，她还让他当上声乐班的班长，分配和安排班上同学们的上课时间等。所有这一切，都是针对林祥园这个"材料"的。

入校前，林祥园喜欢唱歌，但没有什么乐理知识，用他自己的话说："唱歌嘛，只要有好嗓子就有本钱了，拉开喉咙唱不就得了。"所以，头三个月，不让他练高音，是为了让他养好嗓子。林祥园是印尼华侨，汉语的四声掌握不好，唇音、齿音、舌音也分不清楚，唱起歌来发音不可能准确，吐字不可能清晰。所以，让他把每一句歌词注上汉语拼音就是为了解决他的这个问题，让他当班长，是为了培养他的集体精神。林祥园入学不久，曾参加学校的慰问团，去浙江海防前线为部队战士演出一个月，慰问团的团长就是周小燕。林祥园好表现自己，为吸引人常常在表演时加上许多不必要的动作。周小燕清楚他的这个毛病，对他说：这个毛病，不仅有违艺术规律，也影响一个人的品格塑造，一定要改掉。林祥园没有辜负老师的心意，后来，在安排上课时间时，总是把自己放在最后一节课。为什么呢？最后一节课总要上到中午十二点，年轻人很容易肚子饿，再要唱歌就唱不动了，因此，大家都不愿意上最后一节课。林祥园这样做了，老师非常高兴，她就把这节课放到她家里去上。这又为什么呢？林祥园唱不动了，老师就马上停下来，让保姆开饭，等林祥园饱吃一顿有了力气后再继续上下去。

周小燕对林祥园说："作为一个声乐学生，应努力追求高格调、有个性的演唱和自己独特的风格，而不是人云亦云地去一味模仿别人的样式，更不是出'花头'，以夸张的动作和表情，来代替演唱的基本目标。"30年后，林祥园回忆自己的学生生活，动情地说："周老师的教导，言简意深，是我一辈子的座右铭。她不仅教我唱歌，也教我做人。"林祥园后来成为在东南亚一带非常有名的吐字清晰的男高音歌唱家。如今，也是海外声名显著的声乐教授。

在周小燕保存的一本紫色织锦缎记事本上，笔者读到这样一页："10月8日（1953年），星期一。从今日开始给高沛军补课，补课的计划是一星期上三次课，练声为主（因为我觉得她用一个母音唱，不能使她将颈部的肌肉分（放）松，换用许多字混在一起唱，可能会好些，并且，这样练，容易使练声和唱歌结合起来）。歌曲的量方面，要一星期唱一首外文歌曲，一首中文歌曲，外文以意大利古典歌曲为主，慢的和快的配合着唱，中文也是慢的与轻松愉快的轮流着唱。李家尧今天也来上课，他的声音有些干，我想这现象是由于两个原因造成的：一是疲劳，二是方法不对。他现在完全掀着气唱，并且发出来的音不是一个男高音的音色，而是一个男中音，他以为这样才是有力量的声音。我也将au re hu do的练声法给他试了一下，结果很好，声音马上松得多了。我叫他设

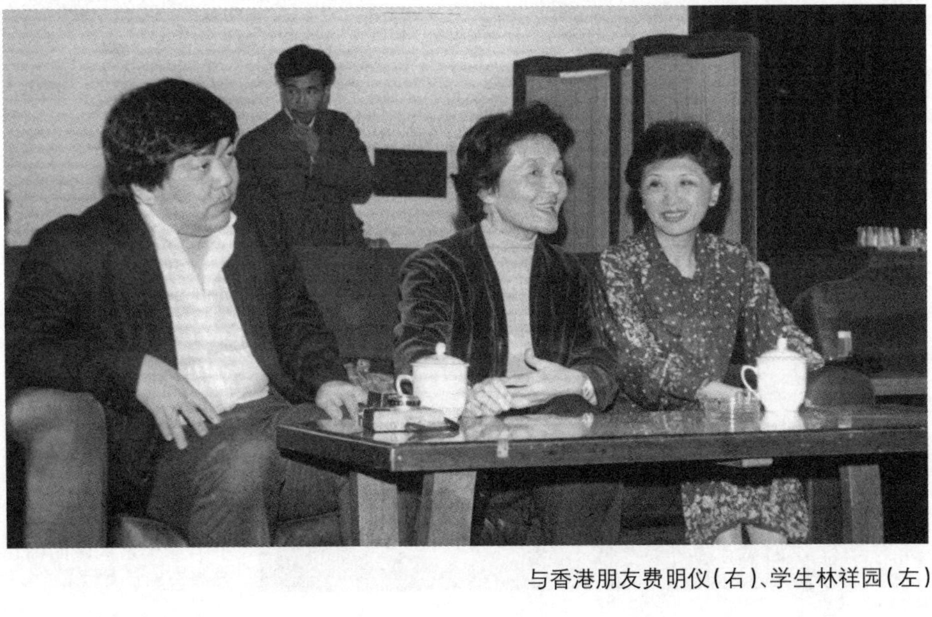

与香港朋友费明仪（右）、学生林祥园（左）

法每日来，我帮他这样搞一两个星期，我相信，他的声音会完全两样。”

20世纪50年代，声乐教学，尤其是花腔艺术，在我国一直没有形成一套比较完整而又行之有效的教学章法。从歌唱转向教学，周小燕不断在这条路上探索、摸索，寻找着科学的、正确的、合适的教学方法，这篇珍贵的日记，是一份难得的佐证。

三　盖房打基础

“十年动乱”，剥夺了周小燕的歌唱和教学权，但是阻挡不了她对教学的思索权。1977年和1978年的两次出访更使周小燕在思想和教学上有了深刻认识。1977年冬天，周小燕随“文革”后第一个中国音乐家代表团，出访西德。30年前，“中国之莺”周小燕曾经在德国演出过，那是第二次世界大战结束不久，很多城市还处于一片废墟中。30年后，波恩、科隆、汉堡、慕尼黑、埃森、汉诺城、斯图加特，代表团所到的每一座城市都焕然一新，整洁漂亮，周小燕不禁为之一惊。他们参观了贝多芬故居、埃森歌剧院、国立鲁尔音乐学院，访问了科隆大学音乐研究所、巴伐利亚国家剧院，观摩了贝多芬的歌剧《菲岱里奥》等。

回国后不久，周小燕又参加了中国艺术团访问美国，这是1972年美国总统尼克松访问中国后，中国向美国首次派出的大型艺术访问团。中国艺术团

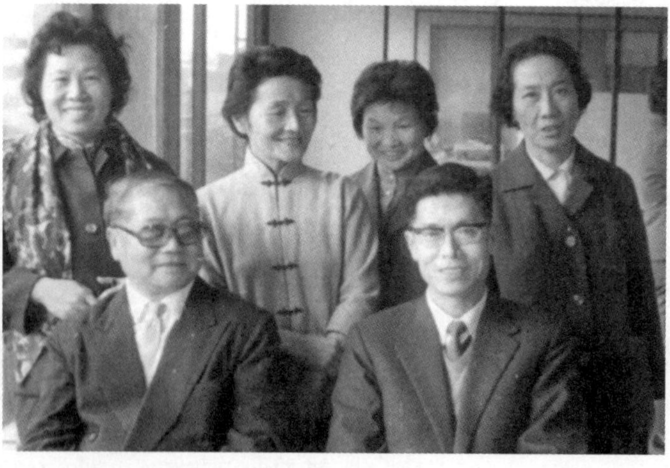

中国音乐家代表团出访西德合影（1977）

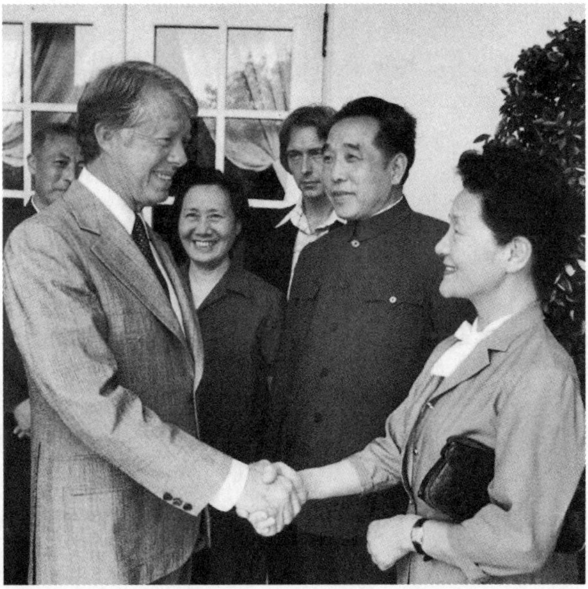

卡特在白宫玫瑰园与周小燕握手

一行149人，团长赵启扬，周小燕是副团长之一。中国艺术团演出的首站是纽约，在著名的林肯中心大都会歌剧院连续演出了12场，3 000多座位，每场座无虚席，纽约报纸纷纷给予报道，盛赞中国艺术优美而富有诗意。纽约演出结束后，中国艺术团到达华盛顿，在著名的沃尔夫特拉普艺术中心演出。首场演出，白宫不少官员都来了，并和观众一起鼓掌、欢呼。

7月20日，在白宫玫瑰园，卡特总统接见了中国艺术团。《华盛顿星报》在报道中这样写道：中国艺术团来美访问，反映了过去20多年来西方人士对东方最伟大的文化在认识上存在着很深的鸿沟，在现在有了开放希望的新岁月中，我们必须迎头赶上。随后，中国艺术团来到美国中西部的明尼阿波利斯和旧金山、洛杉矶演出。所到之地，都受到了热烈的欢迎和赞赏。

透过鲜花和掌声，周小燕又看到了什么？回国后，在上海音乐学院举行的关于教学的大会上，她急迫地说："出访德国和美国，使我深切感到西洋声乐已经发生很大变化，与五六十年代不同，与三四十年代我在法国学的更有差异。西洋声乐在发展，给我印象最深的是当代西洋声乐，更讲究声音通畅、自如、丰满，音质优美、悦耳、动听，音域既宽广强弱幅度又很大。唱歌更严格，功夫更扎实。当前，我们要把基本功训练恢复起来，把应该强调的技术规格强调起来。同时，我们也不能保守，守着老一套。我们的声乐教学要改变，要发展,要跟上世界声乐艺术发展的步伐。”

1978年,上海音乐学院成立了“男高音攻关小组”,周小燕任组长。这个声部的教学当时在国内一直是比较薄弱的环节,有“男高音,高音难”之说。男高音的训练确实是一个较复杂的工程,就发声而言,男高音声部的声区及声区的转换是个非常重要而又细致的工作。当时国际上对声区问题就有不同看法,有人认为,一个歌唱者不可能在同一种操作状态下,唱出高音、低音两个音色统一的,或更宽的音域来,有人则不同意这样的观点。

周小燕认为,声区学说的确立是声乐史上的一件大事。歌唱者在发声结构上,有低声区、中声区、高声区之分。在长期的教学中,周小燕认为中声区是基础,学习歌唱的人,需要先打好这个基础,中声区的基础搞好了,再向高、低声区发展,正如拉提琴的人,需要换把位一样。往往有些学生急于唱响、唱亮、唱高,对中声区的训练不够重视,下的功夫不大,由此,到了唱高音时,就感觉困难,不是唱破就是直着嗓子喊上去。如此,即便高音唱出来了,也没有什么艺术表现力,而且歌唱者的演唱寿命也不会长。一位歌唱者,尤其是男高音,建立一个流畅而又轻松的,优美而又颤动正常的中声区非常重要,否则,只要中声区稍微出现一点滞重,或者气息、喉头共鸣腔之间配合不当,不协调,就难以做到向高声区的良好过渡。

怎样解决学生的这个问题?一方面是严格训练,决不马虎,一方面是晓之以理,阐明它的道理。在对学生中声区进行训练时,周小燕常常用造房子先要将基础打好的道理,来说服学生。中声区没有建好,高声区就如盖房子基础没打好,就会发生渗漏、摇晃,甚至倒塌。这样的比喻,浅显易懂,学生很容易接受。

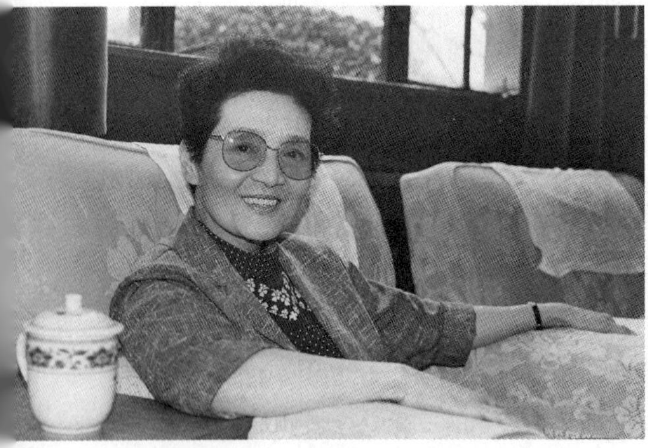

会议期间

那么,一个男高音怎样才算打好了中声区的基础?周小燕曾经总结道:“总的说来,就是呼吸、发声、共鸣、吐字的各部分器官能协调地工作,做到呼气均匀,喉头位置基本稳定、发音体的状态积极而富于弹性。口咽管道能调节成获得优异共鸣效果的状态。胸部、肩部、颈部都没有肌肉逼紧的情况。声音流畅、圆润，力度适当。吐字器官能灵活自如地根据需要操作。一句话，做到起音准确，自如地吐字和传情，能在每个声区得到优美的男高音的音质和音量。”

高音唱不好，不是高音的问题，是中声区没有做好准备，基础没打好。这是周小燕经常在教学时对学生强调的，也是被无数事实所证明的科学之理。

在周小燕和她的同仁的摸索和培养下，20世纪七八十年代，上海音乐学院就走出了魏松、罗魏、刘捷、张建一、顾欣、李建林等一批优秀的男高音歌唱家。以至于人们以为她是专门培养男高音歌唱家的教师，许多男高音来向她求教。

四　因材施教

声乐教学不同于其他学科，因材施教、循序渐进，是重要的教学原则。每一个学生因性别、年龄、性格、生理、心理、文化、习惯、生活、智力等方面的不同，实施的教学方法就不同。声乐教学更是一个教与学互动的过程。学生要理解老师提出的一切要求和提示，并准确运用到实践中去。教师要避免纯粹主观的思维方式，要仔细观察和分析学生的情况，找准学生存在的问题，提出解决的方法。这是一个无止境的大课题，这也是一个令很多老师生畏的课题。且看，周小燕是如何做的：

周小燕班里有这样一个学生，老师说一他决不说二。老师要求他歌唱时，音与音之间不要呈颗粒状，须将它们连成一条旋律线，像一串珍珠穿在一根线上，他照着去做了。但是为什么要连？他不明白，也不提问。因此，唱出来的歌，平淡无味，到不了那个“份儿”，听不出声音的表情价值，也就是说不知道他的歌表达什么样的内容。这样的学生，一首新歌曲拿到他这里，都是按一个方法去表现，没有独特的个性处理。

对这样的学生，周小燕的方法是首先提高他们的思维积极性，激发他们表现自我情感的歌唱欲望。她先从自己的仪态、表情、语调、精神上去感染和影响他们，拉近师生之间的距离，唤起他们的自信。同时，指导他们去看一些书，学习一些姊妹艺术，拓展他们的戏路子。这样，渐渐地，学生由被动地跟

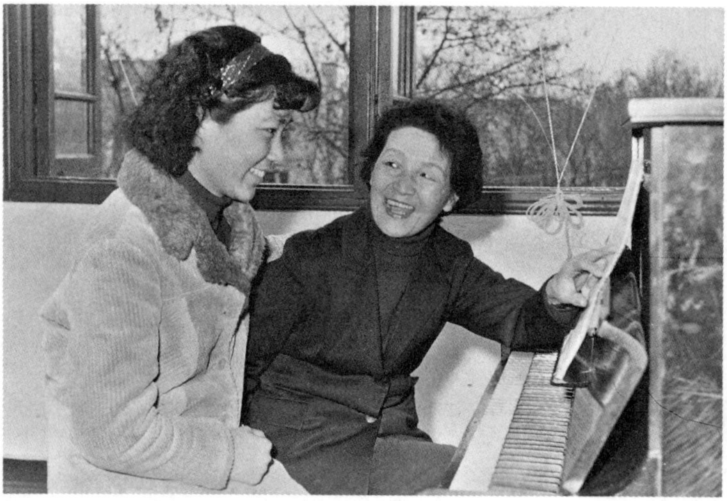

给学生高曼华上课

着老师走，变成在老师的指导下摸索着走，胆儿也大了，有不懂的地方就敢问了，想清楚了再唱。这样，师生间的感情也融洽了，教与学彼此间默契配合。学生的学习主动性、思辨能力提高了，对歌唱的追求深度也逐渐增加了。

有些学生外语基础很差，怎样唱好西洋歌曲？如果这首歌有翻译好的中文，周小燕干脆就让他唱中文版的，用大家都听得懂的语言演唱，听众容易接受，容易被感染，效果较好。如果是唱原文版，她就一定要学生把各国不同语言的逻辑重音弄清楚，准确地读出来，将它的语气、语调、语势念出来，更要把歌词内容搞清楚了，尔后再唱。这样，可以使学生对歌曲的情感处理比较到位，合乎逻辑，也就不会盲目唱外文拼音了。

一般来说，歌唱的a、e、i、o、u五个元音中，声乐教师大多喜欢选择a让学生练唱，并要求将这个a唱得“圆”些。但是，怎么个“圆”？学生弄不懂。在教学中，有些学生受某种环境或生理影响，总是唱得被老师认为太“白”、太“开”。对这样的学生，周小燕不主张一定要选择a，可以因人而异，根据学生的嗓音发展状况和说话、歌唱的习惯，区别对待。哪个元音更合乎训练的要求，就从哪个开始唱，唱好了就以它为准则去带其他元音唱，每个音都要唱准、唱稳，唱得干净，逐步由轻到响，由响到轻。在前文中，我们叙述过，周小燕的学生罗魏，因为唱过一段时间的京剧，只要一开口，喉头就往上跑，低音下不来。周小燕发现他在说自己的姓“罗”字时，喉头位置较低，较正确，就让他用“罗”字来练声，保持稳定后，再唱其他的元音。她将这种方法用在其他学生身上，同样收到了效果。

笔者曾经多次听她给学生上课，这里，不妨公布一次笔者的记录：

时间：2011年4月22日上午九时许。地点：周小燕先生复兴中路的家。叩开周先生的家门，就见她站在钢琴旁，拍着手、跺着脚，又舞又蹈，随着学生的歌唱，做着各种提示。“啊，啊，飞天。”学生唱着。“你这个‘啊’唱得太响太重了，‘飞天’飞不上去了，没有表情，无缘无故。应该柔软些，生活在这个梦里，非常快乐，表情要放松。每个字唱出来要表述什么思想感情，事先要考虑好，一开口就要表达出来。‘飞天’要飘得像朵行云，你唱重了就笨拙得飞不上去了，是不是这样？”一曲下来，她比学生还要累。这是一个朝鲜族的女学生。

门铃响了，进来了一个男生，手里拎着豆浆、馒头之类，无精打采。学生说：“还没吃早饭，嗓子哑了。”钢琴老师有点不悦，朝周小燕看了看。周小燕平缓地但很有分量地说：“嗓子哑了，没情趣，就别唱了。老师兴高采烈等着你来上课，你却没精神，没情绪，把老师的情绪也破坏了。唱歌是要高高兴兴的有情绪的，否则是唱不好的。”

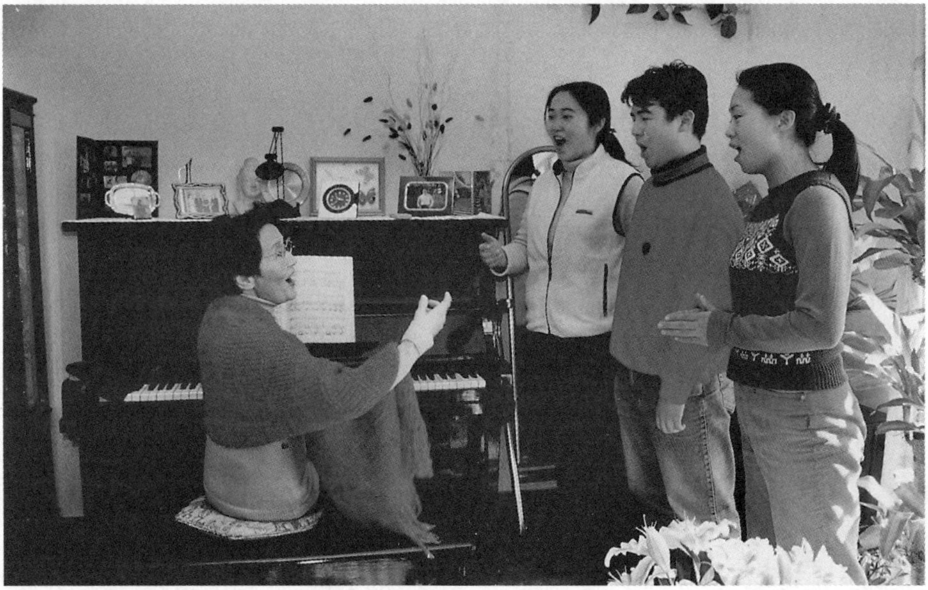

在家上课

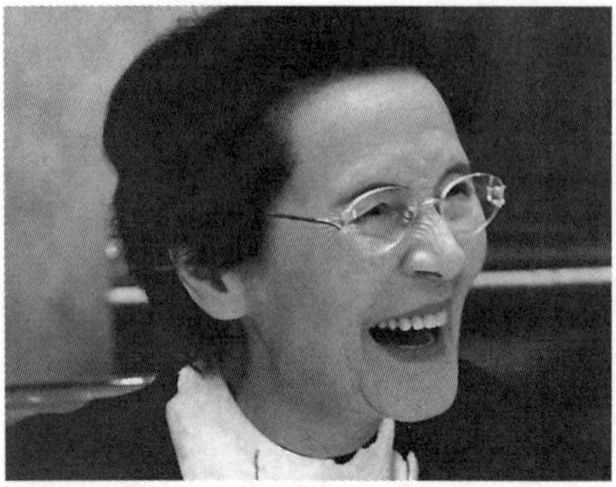
笑谈音乐的美

这时候，电话响了，保姆说是她妹妹打来的，她拿起话筒。那边问："今天下午在吗？"她说："不在。下午学院有一个金钟奖选拔赛，要去那儿。"那边有点责怪地说："总是约不到你，和亲人断绝关系了。"这边笑着说："4月份不行了，下个月吧。"那边有点埋怨地说："总是下个月下个月，每次都是忙。"她们之间，说的都是武汉话，周先生一直笑着，感受着亲情。

学生吃完了早点，开始练声，周小燕自己弹琴，站着。"咪—伊—伊"后，练"你—我—你"。周先生不断用手势和面部表情，纠正学生的发音。"头不要低下来，你要看着我唱'你'，声音的方向朝着我。""后面那个'你'，不是收，是放出去。""不要想肌肉怎样动，气息要动。"周先生右手弹琴，左手绕着圈子，做气动的手势。反复练了十多遍后，学生练"你—我—他"。"你看，你脑中没有'你我他'。一定要嘴中唱什么，脑中想什么，唱'你'，要想着你，看着你；唱'他'要想着他，看着他。"周先生说，停下钢琴，她让学生说"你我他"三个字。"要把三个字的不同口气说出来，再把效果唱出来。'乐器'就在你的身上，把效果调整出来。"学生再练"你呀，我呀，他呀"，周先生边弹边沉浸在倾听中。"他呀的'呀'不要低，不要缩回去。""要像写毛笔字那样，收笔时要提一下，'他'这个字虽然音停了，力和气还在。""思想是指挥部，要多想想为什么？""唱'你'字时不能唱成'我'的状态，'我'字不能唱成'他'的状态，三个字各有各的语调、语气。"

这位学生是她学生的学生，后来说道：昨晚，他的一包演出服在吃夜宵时被人偷了，心里烦躁，也没睡好，影响情绪了。周小燕关照说："人们常说，害人之心不可有，防人之心不可无，以后要警惕，要当心。唱歌，人的心态很重要，当你需要演唱时碰到这种倒霉事，不能不唱吧？还是要调整好自己的情绪，照唱。"

又进来了两个电话。一个是在河南的一位学生打来的。这位叫李静的学生高兴地告诉老师，他们在排练歌剧《爱的甘醇》，25日来上海，5月1日在浦东东方艺术中心演出，主角由三个人演，她是之一。来了后，她想来看周先生，并请周先生去看演出。周小燕翻了翻时间表，回答道："好吧，只有周四下午有点时间。”第二个电话是学校打来的，通知她中央电视台要拍纪念黄自的纪录片，要采访她。黄自是我国现代音乐奠基人之一。1929年，他从美国欧柏林音乐学院文学专业和耶鲁大学音乐学院音乐专业毕业后回国，应聘为沪江大学音乐教授和国立上海音乐专科学校理论作曲系教师。1930年9月，黄自被聘为国立上海音乐专科学校的教务主任，兼作曲、和声、曲式等门课的教学。1938年5月9日，黄自不幸英年早逝。黄自先生是周小燕最敬佩的人之一。1938年5月23日，武汉在青年会大礼堂举行悼念黄自先生逝世大会，小燕参加了。黄自先生作曲的《旗正飘飘》《点绛唇·赋登楼》《思乡》《春思曲》等，都是周小燕在抗战和旅欧期间经常演唱的歌曲。这些歌曲，至今都是中国高等音乐学院必唱的教学歌曲。

又一名学生来了。他叫郁华，是一名研究生。下午要参加学院的“金钟奖”选拔赛，心里没有底，想请老师把把关。他先唱了一首中国歌曲，又唱了一首意大利歌曲。周先生击掌、拍腿，不断提示：“注意，宣叙调不是这样子的。”“‘我死了，你快活’，两种情绪都要表现出来。”“起音太重了，柔和点。上去、上去，有一个过程，一级、一级地上去，不是一步跳上去。”“符点要强调，这样才会有戏剧效果。”“音不准了，每个字要唱准确。”周先生马上叫钢琴停下来，纠正他的发音。

快十二点了，又来了一位学生。小伙子胖胖的，笑嘻嘻地说：“下午一点半上课，现在有点空，来看看老师。”他叫汪任酩，本科毕业后，到德国留学。学成后归来，在学院教意大利语和外国音乐史。

这是周小燕95岁高龄时，一个普通的上午。她对每一位学生，都有不同的施教方法，非常地投入。她认为：声乐教学不能生搬硬套，而要非常灵活。发展学生的嗓音，如果违背了合乎自然的、科学的规律，哪怕是百分之一地采用机械的、强迫的、僵硬的做法，就绝不会有好的效果。

五　引桥和穿针引线

1979年1月，在结束了“十年动乱”，恢复教育秩序不久，上海音乐学院

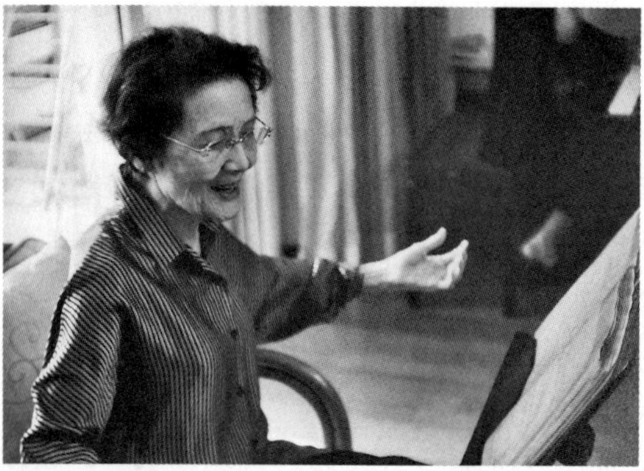
在家中授课

革命委员会被取消，新的领导班子诞生，周小燕被任命为副院长和院艺术委员会副主任，直到1984年，67岁的她才卸去行政职务。在繁忙的行政事务性工作中，她始终没有脱离教学第一线，刘捷、张建一等学生，都是在这时候走进她的班里，由此成长、成才的。卸任后，她专心教学工作，教学经验和教学方法，越来越丰富和成熟。

形象化，是她教学的一大特点。

这一天，周小燕正在对学生进行换声区的训练。换声区指的不是歌唱者的声区结构，而是不同声区在转换时的技术训练，就音域而言，它一般出现在声区的后半部分。周先生形象地告诉学生，任何一座桥都有引桥，你要过桥，先要一步一步走过引桥，才能到桥上。换声区就是这个引桥，一个歌唱者从低声区到高声区，要像上桥那样，先走过引桥，也就是换声，逐步上桥，到高声区。

她以自己为例，对学生们说，她是一位花腔女高音，过去，高音可以唱得轻松自如，能放能松，但到低音时就变得虚弱无力了。还有的歌唱演员，低音很结实，但是高音不是唱出来的，是喊出来的，为什么呢？都是因为没有掌握好换声区的手法，也就是"引桥"——换声区没有训练好。一个歌唱演员，不会转换声区就不可能轻松自如地唱好各个声区来。各个声区，从低到中，从中到高，什么时候换声？有不同的换声点。一般来说，各声部之间相差一个小三度。声区的转换不应该是突然的，它是一个上"引桥"的有准备的渐变的过程。她要求学生：顺着音的阶梯，让声音在舌面和硬腭之间自然地发送，这就是上了"引桥"。这样的高音能唱得流畅自如，与中声区统一，有表现力。

有学生问周先生："到底什么才是'关闭唱法'？怎样掌握'关闭唱法'的技巧？"周先生对学生说："'关闭'这个词是从英语close译过来的，这个词译得不够准确，应该是'靠拢'的意思。其实，也就是说唱高音时，不要加劲，尤其到换声区处，就要像将线穿过针眼一样，先把线捻尖、捻细，穿过针孔后，赶快拉出来。如果不把线捻尖、捻细，很粗的，堵在那儿，再使劲也穿不过去。”周先生边说边做“穿针引线”的动作。她继续说：“也就是唱到换声区时，不将元音变窄，如同不把线捻尖，穿不进针眼，也就不可能顺利地通到高声区。然后，敏捷地在高声区的位置上，把声音发送出去。元音又怎样变窄呢？将口盖部分上唇的肌肉收拢，不要用喉头，如果用喉头去做，声音会粗糙、难听。换声时，不管哪个声部，粗线穿不过针眼时，都不要加力气，一加劲，声音就重，如同线变粗了，更穿不过去了。如果把close真的理解成‘关闭’，在歌唱时将任何需要发声的部分都关闭，那就唱不出声音来了。”

这就是周小燕“穿针引线”的教学方法。这个教学方法，在周小燕丰富的教学方法中，很有代表性。

使用“穿针引线”，换声，便成了一个渐变的过程，而不是突变。一个歌唱者的自然、中声、高声三个声区，这时候不是分，而是合了，不管唱到哪个声区，音色都不会发生突然变化。作为一名歌唱演员，唱出一个高音不稀奇，再唱出一个高音也不稀奇，重要的是，它必须与底下的音统一，在一根线上。“穿针引线”达到的就是这个目的。

六　放风筝与抛绳子

现在是一位女中音在练声，一个声区、一个声区、一个声区练完后，三个声区一起练。周小燕边弹琴边听，到了高声区，说道：“大家听，这里出现‘刺、刺’的声音了。是气没有供应上，与声音脱节了。”这一段练完后，周先生边说边做着手势：“唱歌的气息要一直跟着声音走，就像放风筝一样，风筝在迎着风向上飘，你要跟着赶快放线，跟着走。你若是拽着线，不松动，风筝就会掉下来了。风筝飞得是高还是低，是向东还是向西，这根线都在你的手上，由你控制着。跟着风筝走，就是歌唱的气息是为歌声服务的，声音到哪里，气息到哪里，气息始终不与声音脱节。”

放风筝，是周小燕先生声乐教学中又一形象教学法。

2011年5月4日，上午10点，笔者到周先生家，她正在给一位男高音上课。

她站在钢琴旁，一只手弹琴，一只手做各种手势，嘴里在不停地讲解着。“唱歌要舒服，不要憋气。”“气是被动的，不要主动。”“要自然。科学是自然规律的总结，不自然就不是科学。”“声音唱下来了，气不能放掉，仍要支持住，托住它。”“气息是连动的，不要停。”“从下丹田到中丹田，气要将声音送上去。”“声音要像行云一样在天上游。”……

这是从沈阳音乐学院来的一名青年声乐教师，姓朱。小朱以前在乌克兰、俄罗斯学过六年声乐。到沈阳音乐学院任教后，碰到的问题越来越多，深感自己都不会唱，更不会教了。因此，利用“五一”假期，南下上海，请周先生帮他听听。这是周先生第二次给他上课。练完声，周先生说：“你唱一首中国歌曲，从中也许会体会到你的问题。”小朱选择了一首《岁月悠悠》。周先生坐下，钢琴奏出11个小节的抒情的引子，小朱展开歌喉：“岁月悠悠，旧情付水流。”“‘水’字不要太咧开，口型先撮着点，然后很快归韵到e。”周先生边说，边用嘴做出动作。“唱中国歌曲与美声发声一样的，不要打乱了，要一条线。”“声音不要下降到喉咙里头。”“发声靠声带，但声音不能停在声带上，在共鸣腔里要听到有泛音。”“声音不匀，颤动得忽快忽慢了。”“不管唱什么歌，要明确在一条线上唱，正如我们民族戏剧大师程砚秋说的那样，‘唱要一条线，不要一大片。’”周先生边指出问题，边提出要点，边做着相应的手势。几遍下来后，小朱说：“现在舒服多了，过去唱得太重，气憋得难受。”

“憋住了，原因还是在于气没有随声音走，声音没有带气行，正如风筝飘在天上，你不松线，线被拉住了。你把线要放松了，一下就会舒服了。”周先生这样说，小朱更明白了。唱歌一定要“松”，要自然，要舒服，这是周先生所强调的。看周先生给学生上课，你会发现，她经常问学生的一句话就是：“这样舒服些了吗？”一个歌唱演员，自己唱得不舒服，其实观众听得也不舒服，也难受。

周先生继续给小朱上课。“岁月悠悠，旧情付水流。忆去年今日，送你上归舟，江风拂杨柳，一日不见如三秋。岁月悠悠，旧情不可留。临江空惆怅，胜地忆旧游，江风逐水流，旧情不堪重回首。”周先生问小朱：“你觉得这首歌应该用什么样的感情唱？”他回答：“用忧郁的、悲的感情。”周先生让他照着调子把歌词念一遍，尔后再问他：“你是觉得用忧郁的、悲的感情唱吗？”这回，他摇了摇头，回答：“不是，应该是回忆。”“对了，我认为是回忆的成分多了些。

这首歌写出了主人公一年后的今天，踱步江边，回忆往事，空自惆怅的情景。”

笔者多次在周先生家中看到，学生在唱了一部分后，她停下钢琴，问学生这句歌词的意思是什么，重点是哪个字？比如《我爱你，中国》这首歌。“我爱你，中国，我爱你，中国”，从字面上看，两句是重复的，没有什么两样，但是，歌谱上字的重点不一样。第一句的重点是“爱”这个字，第二句的重点是“你”这个字，两句连起来分析：我爱你，中国，爱谁呢？爱你呀，中国。这样，对歌词的价值中心就抓住了，表达的重心自然也有了。

还比如《铁蹄下的歌女》，“我们到处卖唱”这句，应该强调哪个字？是“到”这个字。这句歌词中，“我们”是主语，“卖唱”是谓语，把“到处”这两个字抽掉，“我们卖唱”，是一句独立的句子。加了“到处”这个词，“到处”是状语，是修饰“卖唱”这个词的，强调卖唱的艰辛、卖唱的漂泊、卖唱的孤独，等等，这就给了歌唱者很多的想象。因此，演唱这句，要把声和情用在“到”这个词上。周先生对学生说：“其实，要这样处理歌词，不是我的意思，是作曲家这样写的。只要你们仔细看歌谱，按照他写的谱唱，就符合歌曲要表达的感情了。”

歌词的意义理解错了，歌唱的表情自然也就不会到位。唱歌就像抛绳子。一根绳子抛出去，不可能笔直的，总是弯弯扭扭的，但是，都不可能离开抓在你手里的绳子的头。绳子的头，就是作品的主题思想。一首歌，先要明白它的主题是什么，抓住它，唱下去，会有起伏，会有跌宕，会有色彩等等，但是都不会偏离、游离主题。

这就是周先生“抛绳子”的教学方法，非常形象，它让人有一种顿悟的感觉。好比一个人，面对一个难题，正在冥思苦想，百思不得其解时，一个动作、一句话、一个方法等，让你有所感悟，有所启迪，豁然开朗，不禁双手在大腿上一拍：“对呀，有道理。”懂得了这个道理，学生无论唱哪一首歌，都能准确地将作品的含义表达出来。

七　大黄球

无论取得了多大成功，在教学上，周小燕从来没有停顿过思考，总是在摸索着，新的方法不断涌现。

2000年夏天，上海大境中学高三学生汪任酩，考入上海音乐学院声乐系，成为周小燕班上的学生。新生入学，第一件大事是军训，在动员大会上，学校通知，学生没有重大事情，一律不许回校、回家。全体新生被拉到上海松江的佘山脚下。没有想到，仅隔了一天，院长来了，对小汪说："你先回去，周先生那儿有急事，要你回去一下。"

那么多学生，怎么会让汪任酩回去呢？原来，杨澜采访周先生，需要有人做示范。高中二年级时，经表哥的介绍，喜欢歌唱的汪任酩，有机会跟周先生学习过。第一次到周先生家时，廖昌永正在练唱，旁边还有李秀英、陈小群等学生，第一次不是在报纸和电视上看到他们，汪任酩激动得不得了。廖昌永唱的是歌剧《塞维利亚理发师》中《快给忙人让步》，这首歌的速度很快，周先生为了训练他把每个声音唱到位，让他用三分之一原速度唱。廖昌永的歌声极有穿透力，整个房间都在颤动，汪任酩被感动和震撼了。他们走后，周先生让他先唱给她听听，他唱了首《祖国，慈祥的母亲》，结果高音没唱上去。先生让他放松，再唱一遍。以后，汪任酩经常有机会到周先生这里来请教。

那时，周小燕歌剧中心办起歌剧大师班，大师班有一位专家送给周先生一个大大的黄颜色的球，是健身用的。这只球直径大约有60厘米，再重的分量坐下去也不会爆裂，弹性非常好，可以弹跳。周先生看着这只球，居然琢磨出一个教学方法来：在皮球上弹跳练唱，可以让学生放松紧张的情绪，调整歌唱时的气息问题。

小汪曾经被先生用这个方法练唱过，所以被叫回来做示范。

开始时，小汪坐在球上，一颠一颠的，不知怎样好。先生拉开他，自己坐到球上，就像顽皮的孩子，边弹跳、边歌唱，很放松、很开心。小汪学着老师的样子，逐渐忘掉了一切杂念。老师在一旁打着拍子，他跟着弹、跟着唱。如果没跟上节拍，球就坐不稳，球没坐稳，气息就乱，气息一乱，就无法唱了。初时，他的气息和节奏都很乱，但是，练下来后，效果就出来了，气息与律动再也不会各顾各，而是很好地结合起来了。

周先生说："从技术上来讲，呼吸是很重要的，但不能孤立起来练，每个音都要认真地唱，要准确地唱在音上，不能滑上滑下，逐步做到由轻到响，由响到轻。气息不稳，有时音会偏低，气太多或者不到位，音又会偏高。坐在大黄球上，上下弹唱，用这个方法，多次练下来，呼吸会逐步协调起来。歌唱者在任何情况下，都能很好地使用气息，保持气息的畅通。同时，声音的位置摆好了，也会得到应有的共鸣。”

上海音乐学院声乐系年轻教师涂怡岚，后来在分析周小燕成功利用大黄球解决学生气息问题的原因时，认为：“它能够通过外力作用使得学生感受本来虚无缥缈的声音的支点。由于大黄球是圆的，坐在上面弹跳的时候会前后移位，为了保持身体的平衡，学生自然就会上胸微抬，胃部突起，吸气的时候两肋张开，横膈膜下降，腰部绷紧，在一种不自觉的状态下，气息的吸与呼产生对抗，形成支点。这是声音的动力。气息支点支持得越好，气息控制得越好，声音越有弹性，穿透力就越强。”

一个简单的用以健身和玩乐的球，在周小燕这里成了教学的一个工具，一个独有的方法。今天，到周小燕家中，黑色的钢琴下，放着这只黄色的大皮球。一批又一批学生，在这只球上练唱。他们获得的不仅是业务的锤炼，更感受先生精心教学的赤诚之心。

八　烧卖和顶缸

生活中的种种现象和物品，吃的、穿的、住的、用的、玩的等等，都常常被周小燕用到教学中，成为开启学生智慧的一把把钥匙。

还没有入校前，汪任酩到周小燕那儿上课，唱了一首传统的意大利歌曲。这是意大利历史上第一位著名男高音卡鲁素演唱的歌，其中有一句非常难唱，汪任酩唱了几次都没唱好。先生对他说：“你试试往咽腔里唱。”哎，用这个方法就唱出来了，喉咙打开了，而且还有点卡鲁素的“味儿”。师生两人都很高兴。这时候，先生对他说了一句形象也很有意思的话：“唱歌时的嘴要像烧卖一样，口子不要张得很大，但是里面要开得深、开得宽。”烧卖是南方的一种点心，皮很薄，口子很小，里面的东西很多，有糯米、精肉、香菇、竹笋、虾干、豆腐干等，很受大众的喜欢。周先生这样一说，汪任酩就明白了。

在声乐术语中，经常有一个词：“三类共鸣”。三类指的是：硬腭以上的头腔共鸣，喉头以下的胸腔共鸣，及中间部分的口腔共鸣。口腔是“可调节的共鸣腔”，它的容积大小，可根据活动情况改变。而胸腔、气管和头部各腔体均属固定腔体，不可改变，称为“不可调节的腔体”。因此，歌唱时，嘴要张

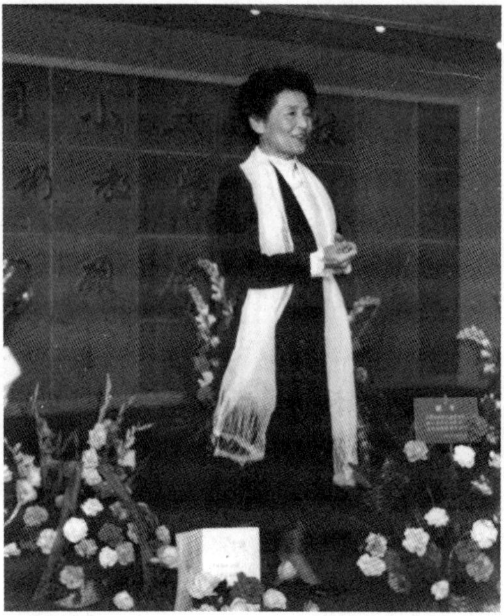

在教学回顾展上

得小，咽腔要大，唱出来的声音就厚重、宽泛。

“顶缸”，也是周小燕的一个形象教学法。很多学生喜欢唱歌，考入上海音乐学院，进入正规训练后，往往高音问题解决不好。每个学生有每个人的原因，但是大多数还是气息没有掌握和运用好。这时候，周先生站在学生面前，问道：“马戏团的顶缸节目看过没有？就是把一个大缸甩到前额上，顶着走动。”学生点了点头，说道：“看过。”周先生说：“那就好。你看，马戏演员在表演这个节目时，总是在跟着上面的那东西走，不然，你不跟着，失去平衡，东西就会掉下来，表演就失败了。唱歌，也要像马戏演员‘顶缸’那样，要保持平衡。当我们在唱延长的高音时，尤其要掌握这种保持平衡的本领。”周先生边说，边两手叉在腰上，头昂起，不断走着小碎步，身体跟着晃动，仿佛有个缸顶在她的头上。果然，声音可以很稳地延长好几个小节。

学生看着先生的表演，琢磨着先生的话，能较容易明白。当一个歌唱演员还不成熟时，唱高音时往往用足力气直着嗓子喊，出现这个情况，每个学生会有不同原因。音乐是一种最看不见的艺术，很难用语言表述得非常清楚，让人接受，周小燕先生辅以形象的教学方式，学生一听就清楚，心里明白了，训练起来才会有方向，知道怎么去做。

九 书画和云彩

1999年，她不幸中风。学校给她的学生打电话，叫他们不要到医院去，她打电话来也不能去，要保证她的休息，好好养病。没有学生的日子是她最难熬的日子，没有办法，她叫保姆买来字帖和笔、墨、纸，她开始练习书法。那只中风的右手没力气，抖得厉害，没办法写，她就照着字帖一点一画地描摹。

周小燕一直认为，声乐和书法有许多相通之处。晋代书圣王羲之在《王右军题卫夫人笔阵图后》一文中说："意在笔前，然后作字。"唱歌也要如此，先要将歌曲意思弄清楚了，思想准备好了再歌唱，这样的歌唱才准确，才会有情感。宋人晁补之说："学书在法，而其妙在人。法可以人人而传，而妙必其胸中之所独得。"歌唱何尝不如此？只需将这个"书"字改为"歌"字，就是歌唱的奥妙或者说理论了。学习歌唱要在规格里，而融会贯通，别出心裁在于个人。规格技巧人人可以传，但是妙，也就是别出心裁，在每个人的心里是独有的。书法是视觉艺术，看得见摸得着，周小燕在教学中，经常以书法之道理，形象地解释音乐之道理，学生很容易接受，深受学生喜欢。

笔者在采访周小燕的学生、上海音乐学院声乐系民族专业教师陈剑波时，在他的办公室看到案桌上摊着他写的书法。"善为书者以真楷为难，而真楷以小楷为难。"宋人欧阳修曾经这样论述书法。但见，陈剑波练的正是小楷。只见点线画已有筋骨，字体亦自然圆润了。对书法已有一定熟谙的陈剑波说道："做学生时，周先生经常用书法的道理和我们讲声乐的道理。她说：艺术与艺术之间其实是相通的。比如声乐与书法，看似一个是动的，一个是静的；一个是听觉艺术，一个是视觉艺术。但是，它们中有许多相似点。比如，写毛笔字，要运气，握笔、下笔，都要在气中，一笔下去，不能歪歪扭扭，不能一样粗细；提上来，笔是轻的，力不是轻的，笔断意连。唱歌也是这样，要有轻重起伏，有抑扬顿挫，但必须在一条线上，最后，声断意连。声断意连和笔断意连，是同一个意思。我现在越来越体会到，周老师以书法比喻声乐，非常形象，很有道理。"

周小燕对笔者说："解决学生的问题，就是要想办法把那些看不见、摸不着的东西，使他们看得见、听得到、抓得住。"

有一位学生，在唱宣叙调时，宣叙的音符、节奏、强弱总是掌握不好。那天，周小燕针对他的这一问题上课。周先生说："宣叙调是音乐的讲话，在它规定的旋律和节奏里说话，演唱时心里要有板有眼。"随后问道："你练过书法，写过毛笔字吗？"学生点头。周先生说："其实，书法的点线条就是我们的

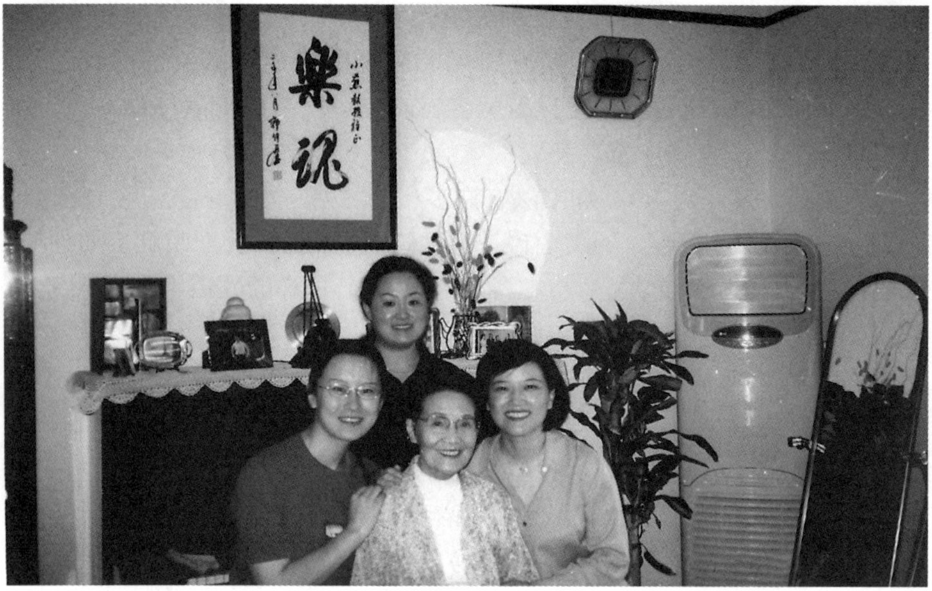

与学生王作欣（右一）、郭森（后中）

音符、节奏、强弱。”学生有点不解，说很难找到这样的感觉。

周先生进一步启发他：“你写过毛笔字就应该知道，写毛笔字，意在笔前。音乐的前奏就是让你准备下笔，下笔也就是歌唱开始以后，你就在规定的情景中了。然后，顺着气息，根据书法的轻重、粗细、大小，也就是音乐的音符、节奏、强弱唱下去。”周先生继续说道：“你要掌握好意大利语言的节奏，找到作品中所要表现的这个人物的特点和节奏，表现出当时的情景，自己要在角色中，不要游离在外。”学生依据周先生的提示，把这首歌唱了一遍。周先生再一次点拨道：“你要把握好这段意大利语的逻辑重音，把握好强弱、语气。”

她让学生再朗诵一遍这首歌的意大利歌词，尔后对他说：“你要顺着气息，不要有硬生生读意大利语的感觉，后面的八分休止符，也不要断得很生硬。这是一首莫扎特的作品，对于莫扎特的音乐来说，他的休止符比其他音符还要重要，正像我们说的‘此时无声胜有声’，‘道是无情却有情。’这首歌曲，在这个地方是一种边说边想的感觉，所以一定要音断气不断，也就是书法中的‘笔断意连’的意思。写毛笔字，一笔下去，收笔后，笔画是断了，但是你看，它和下面的那一笔仍有千丝万缕的关系。有时候尽管实质上没有关系，但是看上去仍然是连在一起的，是完美的。”

在一次演出中，学生李秀英演唱《黄河怨》，周小燕到现场观看。演出结束，李秀英问老师：“怎么样？”老师高兴地拍了拍她，说：“好，很好。但是，还是有点缺憾。”“噢，在什么地方？”李秀英认真地问道。周先生说：“歌唱要有画面感。我在听你唱了以后，感觉到你的眼前有了画面，但是，在你从舞台侧面走出来时的那一瞬间，我没有看到。”

周先生继续说：“艺术创作，在落笔前总要先立意。意在笔先，书法如此，绘画如此，歌唱也应该如此。你在舞台侧边候场时，眼前就要有画面：一个云骤风紧的夜晚，一个遭蹂躏的妇女，在滔滔黄河岸边，满腔怨恨哭诉日寇的残暴罪行，决心以死来抗争。你一出场，就已经进入角色，是一个‘怨妇’的形象。过去许多表演艺术大家，像梅兰芳、袁雪芬等都是这样，总是在演出前一个多小时就做好了准备，不允许别人打搅，进入规定戏景，进入角色。只有这样，你的演唱才算完美了。”

绘画的视觉冲击力是最直接的。周小燕在教学中就常常以绘画来提示学生、启发学生。她说：“一幅画，有线条，有色彩，有布局，有补白，更有意境等。唱歌也是有线条、有色彩、有布局，有意境的。唱歌不能断断续续，要有连贯性，在一条线上；唱歌要有色彩，那就是说要有变化，要有轻重强弱；唱歌更要有意境，要有丰富的想象力。1984年，张建一、詹曼华之所以能获得奥地利维也纳国际声乐的大奖，就是他们在这些方面做好了充分准备。所以，评委们认为，他们演唱的意大利歌曲，既有意大利的感情，又有中国人的诗意。”

李秀英曾经有两年的时间住在老师家里，在这方面体会很深。老师告诉她：小时候，父亲请来了家庭教师，给她和弟妹们上古文和诗词课，她那时念过的有《论语》《古文观止》和唐诗宋词等。有时候背课文，背得累了，她就常常望着天空发呆，看到蓝天上，云彩在翻滚，在变化，一会儿像花朵，一会儿像大象，一会儿又像一座仙山……不禁浮想联翩，心驰神往，直到听到老师的咳嗽声，才惊醒过来。这个过程，虽然没有让她背下太多的古文诗词，却锻炼了她的形象思维能力。声乐艺术是看不见的艺术，因此，更需要演员的思维能力、想象能力，通过自己的演唱，将画面表达给观众。因此，老师非常希望他们能培养自己的想象力，拿到本子后先在脑子里把每一句歌词转换成一幅画，全部画出来。

书画和云彩，都是周小燕形象教学的一种手段，它带给学生的不仅是学生对声乐艺术的理解、感悟和掌握，触类旁通，更将学生领进其他艺术的大门，增加文化知识，提高文化修养。

十　千斤念白四两唱

又是一堂课开始了，学生练完了声，准备唱中国歌曲《岁月悠悠》。周先生拿起谱子，对学生说："先不唱，你把歌词念给我听听。" 学生念了一遍。周先生说："让你念歌词，一方面是把歌词的含义搞清楚，另一方面，把歌词的调、歌词的腔念出来。比如，《蝶恋花》有评弹的味道，就得念出苏州腔；《西北人民歌唱毛主席》就得念出陕北的腔出来；《岁月悠悠》是诞生于20世纪30年代的一首艺术歌曲，歌词具有古典诗词风格，曲调非常抒情，民族味很浓。要把这些特点念出来。"

歌唱的语言问题，周小燕在教学中决不含糊，在训练学生的发声时，就强调这个问题，必须得在"规格"里，人人都得过这个关。她的学生来自祖国各地，南方、北方，东部、西部，中原、边陲，沿海、山区，什么地方的都有，而且很多是从农村来的，他们的普通话一般都不标准，夹杂着浓浓的乡音。平时说话，有那么一点家乡口音没关系，但是唱歌时可不行，一定要准确。周小燕让带有家乡口音的学生先把歌词的每个字注上汉语拼音，反复练习。字读准了后，再朗诵歌词。歌词的语调、语势、语气，主谓关系、词字属性、逻辑重点等等，都要搞清楚。一首歌的声，往哪儿着色；字，往哪儿着力；情，往哪儿倾注，都要厘清，方向明白。否则，就不要唱。

廖昌永对笔者说："在这方面老师对我们没少花力气。我来自四川农村，开始时普通话中夹有家乡口音。周先生每教一首新歌，总是关照回去后先把歌词念准、念通。我就赶快做'功课'，念不准的地方就翻《汉语拼音字典》，把拼音注在字上，反复念。下回去老师那儿上课，自己心里也有了底气。念给她听。她一听念得不错，很高兴，继而叫我吟诵，把其中的'份儿'，也就是腔、调，吟诵出来了，才让唱。'功课' 做得到位，学的东西也就多些，进步会快些。"

所以，今天人们在评论周小燕的学生时几乎是一致的意见，她的学生具有这样的特点：不论唱中国歌曲还是外国歌曲，都咬字准确、吐字清晰、音色自然、感情到位、台风端庄。

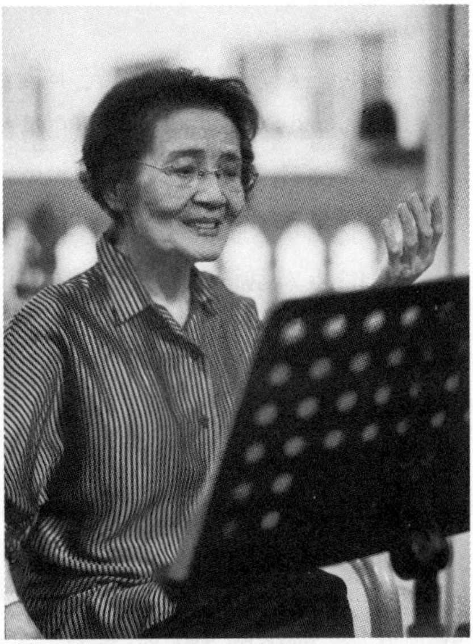

俗话说，千斤念白四两唱。戏曲艺术非常讲究这一点，声乐艺术也是这样。但是，我们往往不注意，倒过来，千斤唱四两念白，这就不对了。声乐艺术是音乐化的语言，只有把歌词念通、念熟、念顺了，唱起来就会很快上口，才有味儿。再有，一首歌曲，最后是通过歌唱来体现的，但是，它是先有歌词作者产生了感情写下优美的歌词，作曲家看到后被感动了，有了创作灵感才写下了谱子。每一首歌曲，词曲作者都有自己的创作意图，并且寄托了他们的情感。歌唱者是“三度创作”，必须深刻领会词作者、曲作者的创作意图，尔后又有自己的理解和体会，把它传递给观众。“我不主张学生一拿到歌谱就唱。有的学生以为能背下来就是唱好了。其实，差得远哩！他们必须先要把这首歌理解透了，吟诵到位了，有了充分准备，再去演唱，这样才能唱出味道，唱出自己的风格。”周先生这样说。

十一　情景提示

还是当学生时，廖昌永练唱《可爱的一朵玫瑰花》。周先生在一旁提示道：“马上要有感觉，自己是一个快活的新疆小伙子，在唱一首抒情的歌。啊呀，生活这样美好，多愉快啊！不要认为是钢琴在伴奏，要感觉是自己在弹冬不拉。”周先生边说边做弹唱冬不拉的姿势，演示给廖昌永看。以后，廖昌永把这首歌唱得很活。

几乎每一个学生，练唱每一首歌，周先生都会讲解歌曲内容，做各种情景式的提示。

学生唱《绣荷包》，周先生提示："要朴实些，想象自己是一个山西农村姑娘，不是一个美人、一个高贵的歌唱家。心里想着郎，羞答答地与郎对话，通过歌声把这种感情表达出来。"

学生唱《思乡曲》，周先生提示："这首歌的题材内容是望月思乡，表达海外爱国华侨对故乡、亲人，尤其是慈祥母亲的怀念之情。要唱得情深、意远，怀念中又有几分惆怅，一定要把旋律的线条勾勒得像是大提琴奏出的那样柔和匀称，速度要稳，不要时快时慢。"

学生唱《想亲娘》，周先生提示："唱一首歌先要剖析，词曲为什么这样写？想象画面，进入其中。这是一首丁善德先生根据云南民歌加工、改编的艺术歌曲，曲调情真意切、朴实感人。丁先生编配的钢琴伴奏，委婉柔和，深化了此曲的意境。第一、第二分节，要唱得像弦乐器上拉出来的深情长句一样。此后，情绪渐渐激动，渴望见到母亲的心情越来越迫切。然而，想见亲娘又见不到亲娘，因为'船到江心不拢岸'。这一戏剧性的变化，歌唱者的情绪也随之有一百八十度的转变。她顿首、无奈、垂泪，所以要唱得特别深情、特别动人，把这种情绪唱出来。歌唱前，最好把这首歌的钢琴伴奏、间奏都能背下来，这样，始终在情景中，歌唱就连贯了。"

学生唱《走西口》，还未开口就悲伤了，刚唱了一句就哽咽了。周先生为她分析，提示道："歌曲写的是山西大旱后，新婚丈夫太春要到口外谋生，妻子

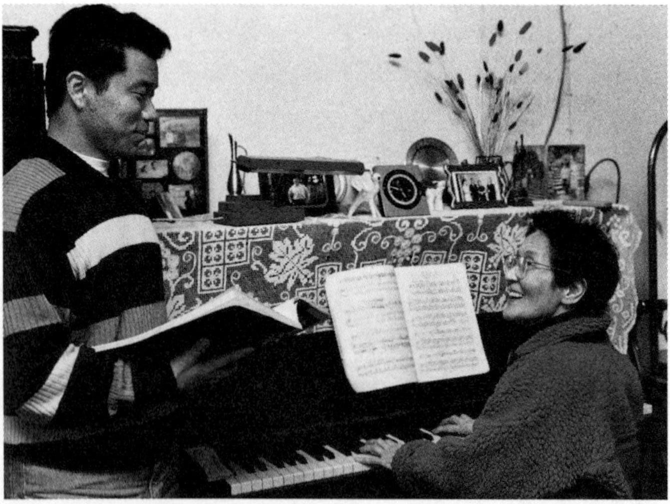

给学生上课

玉莲相送，叮嘱他：吃饭要吃热，走路要走大路，住店要住大店等等。这时候的玉莲，是千万个不放心，担心的情绪多于分离。如果一开始就哭成泪人儿，这些话怎么讲得出来？你是歌里的玉莲，不是你自己，你要想，如果玉莲从头哭到底，哭成泪人儿，这些话怎么讲得出来？而且，这么一来，这首歌的层次也没有了。应该是太春走远了，她才会真的哭出来。你应该给观众的是一个纯朴多情、温柔细致的农村妇女的形象。她在当时那种情形下，和亲人告别的心情，她拉着哥哥的手，依依不舍，她千叮咛万嘱咐，出门要走大路，坐船要坐当中，说明她不放心，心情是复杂的。要从忍到别，一点一点表达出来，歌曲就有层次了。”

学生唱《铁蹄下的歌女》，一开口声音就很华丽。周先生提示说：“声音是为歌曲内容服务的，唱这首歌，你先要体会到解放前歌女的苦痛。‘谁甘心做人的奴隶？谁愿意让乡土沦丧？可怜是铁蹄下的歌女，被鞭挞得遍体鳞伤！’‘沦丧’和‘可怜’，不能用同样的感情唱。可怜是说自己，带有悲情。为什么可怜？因为乡土的沦丧，这里要带恨。这样歌唱，就动人了。”

学生唱《大江东去》，周先生提示：“唱这首歌先要了解创作背景。词是苏东坡最具有英雄气概的代表作品。当时，他被贬谪到黄州，在游览赤壁矶时写下的。唱时要想到我就是苏东坡，不是一个小伙子。因此，一开始是庄严、慢板。‘大江东去，浪淘尽，千古风流人物。’第二句，‘故垒西边’，是周瑜赤壁大战的地方，要感觉是在战场上，气氛强烈。‘乱石崩云，惊涛裂岸，卷起千堆雪。’气势磅礴。‘江山如画，一时多少豪杰！’一声感叹，却又雄浑高调。这首歌，必须唱得很庄严，唱得有气势、有气概。”

学生唱《恨似高山仇似海》，非常悲伤，唱到“我吃的是山上的野果庙里的供献”时，声音开始颤抖，气息也连贯不起来了。周先生提示道：“这段唱里，喜儿的情绪不是悲伤，是悲愤，一字之差，表达的意义不一样。悲伤只是一种无助，可怜自己。‘我吃的是山上的野果庙里的供献’，喜儿是有点悲伤，但是，这个悲伤是为后面的愤怒做渲染的。整个歌的基本情绪是悲愤，要有愤怒的情绪。”学生说：“我一想我在山洞里的那种生活，就控制不住，觉得应该是字字泪声声泪的控诉，对命运不公平的控诉。”周先生说：“你表达控诉没有错，但是，你表达得都成‘悲痛欲绝’了。她唱‘老天爷睁眼，我要报仇！’你看，她没有悲愤得想去死，她要活下去，她要报仇。只有把握好作品的总体基调，才能准确表达好作品的内容。”

学生唱《天下黄河十八湾》，周先生提示："全曲表现的是黄河船夫不畏艰难险阻，勇往直前，迎接光明的意志和决心。船夫的劳动号子声，要给人以自远而近的感觉，不要显示和炫耀演唱技巧。歌词的主体部分抒唱后，船夫的劳动号子声又响起，但这个时候的号子声更强劲、更急迫、更坚定。然后是宽广、有力，唱得要饱满、乐观。要学会领会哪里重哪里轻，重不是叫喊，轻也要给人一股劲。要刚，先柔才刚；要强，先弱再强。"

……

行笔至此，笔者想起指挥家陈传熙的一句话："听来听去，周小燕的演唱是最准确最到位最有度的。"陈传熙，1944年毕业于国立上海音乐专科学校钢琴系，1946年任上海市府交响乐队演奏员。建国后任上海交响乐团指挥、上海音乐学院教授。1958年后，任上海电影乐团首席指挥。先后任《聂耳》《红色娘子军》《红日》《老兵新传》《舞台姐妹》《天云山传奇》等500余部故事片、美术片、译制片、科教片的配乐指挥。为中国著名指挥家。

十二　肢体语言

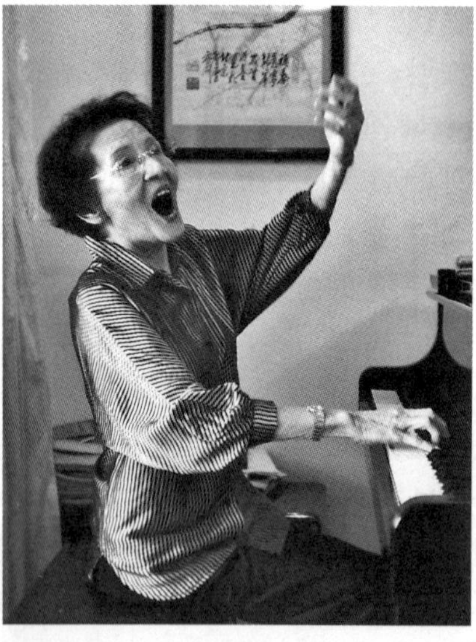

肢体语言

周小燕在巴黎俄罗斯音乐学院求学时，老师贝纳尔迪是一位优秀的歌剧演员和钢琴家。这位意大利籍教授，上起课来非常幽默风趣，灵活机动。他常常在给学生伴奏时，还为学生配唱。有时，做各种动作和表情，提示学生应该怎样。比如，歌剧《弄臣》中有一段父女二重唱，他让小燕唱女儿吉尔达，自己唱宫廷小丑父亲里戈莱特。他一边弹琴一边唱，还做着里戈莱特的怪样，启示小燕，这样，小燕如同进入歌剧的规定环境中，别无旁骛，轻松自如。

也许受贝纳尔迪先生的影响，周先

生上课从来不生搬教条，积极与学生互动，非常生动。在长达60余年的教学生涯中，她摸索和创作了许多以肢体语言辅助教学的方法，很受学生欢迎。然而，遗憾的是，在这方面周先生自己没有总结，学校也没有做过总结。笔者据学生所叙和数次看她上课，略微整理出几点，以飨读者。

周先生给学生上课，一般钢琴伴奏有专门的老师，但是，在很多时候，她会替换钢琴老师，自己弹奏。更有常常慕名而不带伴奏的学生，这时候，钢琴伴奏也就全是她的事了。她弹琴时，眼睛基本上不看手指不看谱，因为太熟悉了，那些曲、那些调，都从她心里自然而然地流淌出来。有时候坐着弹，有时候站着弹，眼睛专注地看着学生，耳朵竖着，捕捉学生唱出的每一个音，嘴里不停地说着看到和听到的问题，还要讲解歌词大意和需要注意的要点。这时，她的脸部，眉毛、眼睛、嘴巴、鼻子都在动，配合做着各种相应的表情，喜悦、悲哀、激情、忧伤、抒怀、痛苦、欢乐、愤怒、高兴、心酸、爽快、迟疑等。这种由形体表达的语言，非常有感染力，音乐中常常难以表达的情绪和话语，不仅让人看明白了，而且有顿悟力。常常，她一只手弹琴，一只手做着各种手势；一只脚踩踏板，一只脚跺着，踩出各种节奏；身子则前俯后仰，左歪右扭，做出各种姿态。一堂课下来，学的人倒没什么，她是累得不行。看她上课，是一次艺术的享受和获取，更是一次心灵的震撼和感动。

2001年，应华中师范大学邀请，周小燕在那儿举办“声乐教育公开课”。首先由几位华中的老师和学生演唱，周先生作辅导和点评。她微笑着，专注地听师生们演唱，每听完一曲就热烈鼓掌。这是她的一贯作风，教师的亲切和认真，给予学生的是轻松、自信。尔后，她一一指出他们在演唱中的不足，予以改进。说到气息时，她让学生把手放在她的腹部上，体会如何运气，让学生感受正确的运气方法；说到唱歌要平衡时，她随手把话筒放在鼻梁上，做杂技演员“顶竹竿”的动作。生动活泼的讲课，在华中师范大学引起了震动，人们热烈赞叹这位瘦小的老人。这年，她已85岁了。

2003年12月，在天津音乐学院“大师公开课”上，周先生谈到唱歌要“真”，以真为美，做人也是这样，她说：“一个演员是不是真诚朴实，一上台就能看出来。”这时，她走到钢琴旁，做了一个傲慢的姿态，说道：“我有个学生出国回来后唱给我听，走到钢琴旁，就这样站着。我说，你干吗要这种姿势？他说，莫那科就是这个样子的。我说，他是他，你是你。不要装腔作势，自然才可爱。”

接着，一位男低音学生上台来了。他歌唱时，嘴张得很大，声音散了，全无男低音的音色。指出他的问题后，周先生伸出拇指和食指，压住上下嘴唇，对他说："你用这个方法，限制自己的口，外部不要张得这么大，逼迫内部张口，也不要低头，平着向外唱。"学生接着唱。她走上前，把手放在学生的腹上，慢慢推动，帮助放气。哎，奇迹发生了：当学生再唱时，很明显地出现了头声和共鸣集中的效果。台下，爆发出热烈的掌声。周先生说："我让你用手指限制口型，是强迫你把内部张开。唱歌，口不要开得很大，但是内部要张，气要深。每个人都会有一些毛病，不是改不了，只要坚持和方法对头，是改得了的。多明戈原来唱歌时，舌头有些向上翘，现在他也改过来了。"

再看周先生教学时的其他肢体语言：

"起音不要重，要留有余地。高音不是靠肌肉使劲出来的，只要底下的气流动，托着声音走，声音就会出来了。"她边说边做了一个拉风箱的动作，接着说："稍微几下就可以。"尔后把左手放在丹田部位，右手伸起向空中划了一下，说："气吸下去，气的支持点不要移动、改变，高音自然就出来了。高音要唱出来，不要喊出来。唱高音不要像摘天上的星星那样去唱，而要像拾地上的东西那样去唱，也就是'高音低唱，低音高唱'。"

"声音靠前了，往后拉。"她举起双手臂，一只手指向前方，一只手超过肩部，竖起拇指，做往后拉的动作，但身体不动。

"科学是合乎自然规律的总结，合乎生理规律就科学，违反了，你说美声唱法科学，也不科学了。气息有时要快吸慢呼，你要想象，突然见到一位久未见的朋友，啊，非常吃惊，倒抽了一口气那样。有时要慢吸慢呼，脑子里也要形象，想象朋友送花来了，你高兴地捧着，轻闻，陶醉在花香里，真香啊，慢慢吸进去。"说时，周先生做吃惊和闻花香的体语动作。

"上台要大方、端庄、自然，面带微笑，眼睛看着观众。"周先生做上台，双眼向观众看的姿态。她接着说："审美姿态是习惯养成的，更要养成满腔热情歌唱的习惯，自然了，感情就容易带出来。"

"唱高音时，肩耸起来是不好的姿态。"她站在学生旁，边做姿势，边说："正确的是：两腿稍微分开，松开点，但腿要伸直，不要僵硬。面部肌肉放松，绝对不要僵，下巴收着点。腰要固定，但又不能铁板一块。背脊骨向上要提住，如相框，后面有个角架撑住。双肩向后带着点，放松。胸廓保持向上，向前提起，并保持自然，如芭蕾舞演员开始起舞时那样。正确的歌唱姿态很重要，与发声有联系，所以，在发声训练时，就要培养。”

“气，要像两个轮子一直在滚动样，就顺畅了。”周先生用手比划，做轮子转动的姿势。

学生在进行高声区训练。周先生在一旁指点：“不要唱响，不要加劲。”只见她，伸手像抓了一个东西似的扔到嘴里，示范性地开唱。然后，说道：“要这样唱。”

“无论男女高音，都要有头腔共鸣、胸腔共鸣、喉咽腔共鸣，三个都要打开，等机器转动熟练后，只要下面加气，音量就大了。”周先生做在煤炉前扇火的动作，说：“上海人过去每天早晨起来，第一件事是生炉子，就是在炉膛里先放些纸和木柴，然后用扇子在炉门前扇，火旺起来后，放煤，再扇几下，等煤烧着了，就好了。唱高音、唱响音，要有用气扇动的感觉，就像扇炉子一样。”

“字头要吐得利索、轻巧、清晰、快。如小孩打弹皮弓，一只手在前拿弓不动，一只手把皮筋拉出来，马上放出去。”她也像一个孩子似的，左手用手指做成弹弓的样子，右手两个手指做拉的手势，说：“‘啪’地一声放出，很有穿透力。但是，有时要慢，将字头、字腹、字尾分开点吐出来。这一切要按照歌曲内容的需要来处理。”

丰富多变的手势，是周小燕在教学中的重要手段和方法。“气息向下。”她手心朝下，轻轻往下摆。“声音起来。”她手心翻上来，往上抬。“少一拍，是节奏感不对了。”她合着节拍，双手击掌。“高音要像天上的行云。”她手指呈兰花状，柔和地在头上翻动。“声音要有力。”她手握成拳头。“声音往后靠。”她手松动地朝后扇动。“气要托住，声音要放出去。”她手向后向下摆动……她的五个手指，非常灵活，翘起来，翘多高；低下去，低几分；往左撇，撇到哪；往右挪，挪到哪，都有讲究，都有含义，且变化十分快。学生李秀英说：“我现在也当老师了，更能体会先生的手势，非常独到而又精彩。我认为，她的手势，已经形成一套科学的教学体系了，需要赶快总结、推广。”

60多年了，周小燕教过的学生不计其数，来到这里，每个学生有每个学生的“腔调”，如何改正他们？她有一套套“路数”，给予的手法不一样。站在钢琴旁，有的学生背脊有点前倾，她就让他站在墙壁前，脚跟靠着墙，背贴着墙，头也靠着墙；有的学生的肩，一个高一个低，先生就在他高的肩上挂一个书包；有的学生手不知道放哪儿，老是动，她就让他手上拿一件东西；有的学生很紧张，放不开，她就和他聊家常；有的学生唱不好，信心不足，她总是微笑着，以眼神、手势、话语等给予鼓励……学生们说："周先生上课，像在打太极拳。她始终处在一种松弛的动态中。"

可以说，在教学时，她全身的每一个细胞，都被调动，为学生服务。几乎所有的学生说，上周小燕先生的课，是一种期待。

十三　灵敏的耳朵

或者教师或者学生，外出演出和回乡省亲，回来后去看她，她总会关切地问："怎么样？有没有发现好苗子？"当听说有，她就会像得了宝似的开心地笑着说："好啊，什么时候我也听听。"当其他院团演员或学生想前来求教时，她也会对推荐人说："好啊，什么时候我也听听。"

"我也听听。"这个"听听"可不是随随便便的两个字，这里面学问大着哩。

当年，魏松进入上海音乐学院，由男中音改学男高音，便是周小燕最后的一"听"改变了魏松的人生。从此，中国音乐舞台上出现一位不可多得的优秀男高音。

与其他艺术相比，音乐最为神秘，很多时候，只能意会而不能言传，更难以用文字来总结。笔者在撰写这部书以前，曾经问声乐系的党总支书记李明明："系里有没有对周先生教学经验进行过总结，有没有保存这份资料？"李老师说："没有。"为什么呢？笔者深感遗憾，也觉得奇怪，这样一位教学成果卓越，教学经验丰富的老师，怎么会没有一点总结呢？随着采访的深入，笔者才明白：声乐教学是一门极抽象的听觉艺术。每一个学生的情况不一样，其教学手法就不能一样，即便是同一个学生，手法还要随着学生的变化而变化。

如果发现不了学生存在的问题，教学手法不当，学生没法提高，严重的会毁了学生的前途。声乐艺术主要靠"听"来发现问题，再用不同的手法解决问题。因此，周小燕认为，声乐教师的一副耳朵要十分灵敏，要能够听出任何细小的问题。

"我也听听。"这一"听"，她就大抵能分清楚这个孩子是南方人还是北方人；这一听，她能听清楚这个孩子存在什么样的问题，有没有潜质，是不是一棵好苗子。

“周先生的耳朵厉害着哩。”几乎她的学生都有这样的感受；因为他们感同身受，都被周先生“抓”到过问题，并且不放过，一定要改了。有些学生或青年演员，学唱一首新歌，往往先是到处找唱片或磁带，然后跟着唱。周先生一听就知道，他或她是在听谁的碟片，摹仿谁的唱，很反对这样做。她说，摹仿是初学者必经的过程，就像初学写字和绘画，都得描摹一样，但决不能一味描摹，靠摹仿他人学习，久而久之，就没有自己的特点了。一部作品，没有自己对其的理解，不可能有自己的特点，即便唱得不错，那也是嚼别人的馍。再则别人表达错了，你也跟着错了，甚至不知道错在哪里，错一辈子。

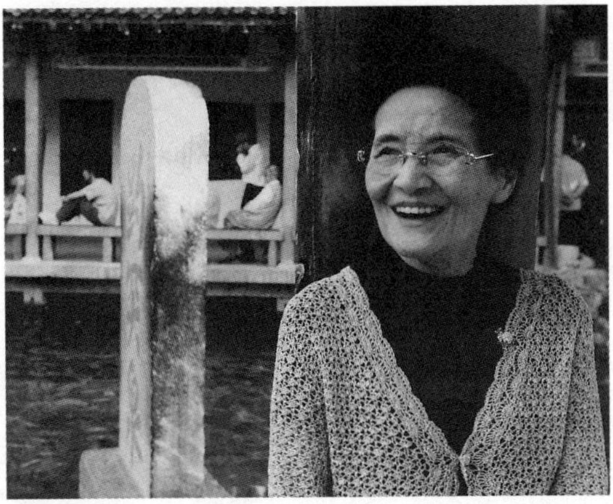

在济南

周先生上课，学生在练唱时，她会同时进入音乐所要表达的境地，常常会以手势让停下来，这时候，她“听”出问题来了。她拿着谱子，对学生说：“你看，这里有一个装饰音，是短倚音，它不占本音的时值，需要迅速地唱在本音前的一刹那，重音再落在本音上。但是，这个短倚音你没有表现出来。”“断音必须在发出本音后立即将气息断住，要断得干净利索，不可有余音。”“但是，声断了，情不能断。你这里，气息断得不干净，没有那种‘此时无声胜有声’的感觉。”“这里是诙谐的，不是欢快的，诙谐要带有点调皮、幽默。”……任何一点细微之处，周先生都能“听”出来，在她面前，你休想蒙混过关，休想偷懒。

周先生主张，年轻人学习新歌一定要看谱，跟着谱子学。谱上有各种音乐术语和表情记号等，一定要搞清楚并且牢牢记住，再通过自己的理解和歌唱，把它表达出来。

“听”，是一个声乐教师的“看家本领”。这个“听”，是听力，更是对专业知识的熟稔，如果没有这一点，听不出问题，听不出道道，那就不仅教不了学生，还会贻害学生。

声乐教师一定要练就好一副灵敏的耳朵！

周小燕的教学方法真是一本厚厚的大书，写不尽，看不够，思不完。

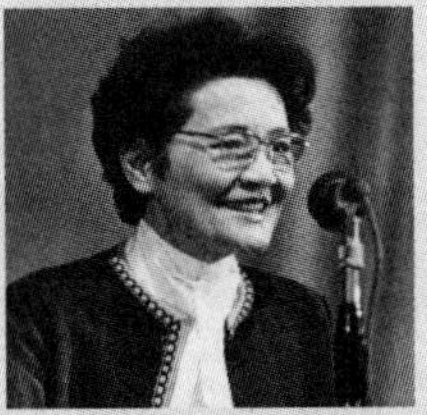

第四章

教研中的她

一　为人民教育

1949年9月，迎着新中国的黎明，中国人民解放军接管后的国立上海音乐专科学校，更名为国立音乐院上海分院，恢复教学秩序，周小燕被聘请为声乐系教授、系主任。虽然已是一位誉满国内外的花腔女高音艺术家了，从舞台走向讲台，周小燕并没有做好准备，没有一套完整的教学思想或者教学想法。

这是一个全新的社会，此时的周小燕，全身心想的是怎样适应，怎样跟上，怎样真正成为其中的一员。两个月前的全国文代会，出席会议的周小燕最深感受到的是"人民"这两个字。会议使她明白，作为一个歌唱家，就要满腔热情地"为人民歌唱"。如今，她已是一位人民的教师，人民教师就要为人民培养人民喜欢的歌唱家。60余年后，在回忆这一刻时，她说："当时我就想，那么，就让我为人民教育吧。"这正是她那个时候的唯一教学思想。

建国初期的国立音乐院上海分院即上海音乐学院坐落在远离市区的江湾，怎样使这座以西洋古典音乐为主的高等音乐学府走出"象牙塔"，去为人民大众服务呢？贺绿汀院长提议成立一个音乐工作团，作为学院和社会联系的桥梁与窗口。1950年9月，音乐工作团宣告成立，任命周小燕为团长，工作室放在市中心的东湖路。音乐工作团的组成人员，有学院的一些中青年教师，还有一些在读学生，著名的民族声乐教育家、才旦卓玛的老师王品素是音乐工作团的指导员。工作团以创作和演出为主，团员们学戏曲、学民歌，都有一种迫切为时代服务的使命感和责任感，工作热情非常高涨。他们举办多场为工农演出的音乐会，为配合婚姻法，他们改编了一个小歌剧《新条件》，创作了反映社会新风的折子戏《夸女婿》《双看相》等。

周小燕招收的第一位男高音学生李家尧，入学一年后也被调入音乐工作团。他回忆说："周先生调了十几个学生到音乐工作团，她的两个妹妹周澂佑、周彬佑那时也都是上音的学生，也都进了音乐工作团，她还从社会上招收了一些业余文艺爱好者和中学生，所以，工作团的规模还是蛮大的，吹、拉、弹、唱，乃至剧本、曲谱创作，样样都有人才。周先生和我们一起到工农中去锻炼，我们到国棉一厂、十七厂，与工人同吃、同住、同劳动。在工厂大食堂，桌子一拼，凳子一搭，就上去演出了。工人是里三层外三层，挤得水泄不通，窗口上都坐满了人，看我们演出。我们还到松江，参加农民协会成立大会，周先生唱了好多首歌，有《西北人民歌唱毛主席》《南泥湾》《数九寒天》等。后来，在参加土改时，周先生又学会了上海民歌《啥人养活啥人》。《啥人养活啥人》用上海话唱，听说，周先生回到城里后，特意请著名沪剧演员丁是娥帮助她纠正上海话的发音。周恩来总理知道后很高兴，每当周先生到北京参加一些会议时都要点名让她唱这首歌。"

1953年，音乐工作团解散，成立上海音乐团。周小燕回学校教书，李家尧留下来担任合唱队队长。上海音乐团下面有交响、管弦、民乐、合唱等五个部门。李家尧说："我在音乐工作团两年多，时间虽然不长，但对我的人生观、价值观影响非常大。一个有满腔热情的学生，到了沸腾的生活中去，碰撞出的火花，肯定是热烈的、长久的。我知道了，文艺要为工农服务，我认为这句话不应该过时，文艺不能都为了钱，文艺是滋润人的心灵的。上海音乐学院音乐工作团的历史不能被忘记，音乐工作团的经验值得总结、发扬。周先生给我印象最深的是：她从欧洲回来，给予人的不是嘴里说什么，而是做什么。不论是歌唱演员，还是教师，每一个人都应该这样，脚踏实地地去做，用行动来表达。"

在第一次文代会上，《白毛女》《小二黑结婚》《南泥湾》……看了来自解放区的文艺工作者演出的歌剧，听了他们演唱的歌曲，周小燕又吃惊、又喜欢、又羡慕，她没有想到解放区有那么多而且又那么好听的歌剧和歌曲。会议期间，她抓紧时间向他们学习了《南泥湾》《桂花开放幸福来》《西北人民歌唱毛主席》《绣金匾》等歌曲，从这里，她感受到民歌的优美和魅力。她爱听郭兰英的唱，羡慕她已是一位"人民的歌唱家"，甚至都有点后悔自己，去法国九年，学了人民不喜欢的东西。她又想，为什么郭兰英那么受大众的欢迎？是因为她与工农的距离近，工农就喜欢她，而自己，好像与工农还有距离感。这是一个感情问题，要好好克服。那时，上海音协有一位同志对她说：周小燕，你的那个HIC无产阶级是不要的。她听了后，想也不想，就不练HIC了。

50年代初期的上海音乐学院，在贺绿汀院长的领导下洋溢着一股学习民间音乐的热潮。贺院长那时规定，每个教师和学生必须会背唱三首民歌，在此基础上，学校开设了民间音乐课，每个学生必须学。他亲自教学生唱陕北民歌《信天游》，拉二胡为学生伴奏。周小燕投身其中，积极向民间歌曲学习，还花了很大精力研究民间歌曲。那时，音乐界掀起了“土嗓子”“洋嗓子”之争。所谓“土嗓子”就是民族唱法，“洋嗓子”就是美声唱法。“土嗓子”说“洋嗓子”唱歌就像“含橄榄”“打摆子”，牛叫似的难听；“洋嗓子”说“土嗓子”“捏着嗓子唱”，“又喊又叫”，声音又扁又裂又紧等。但是，在整个政治环境下，“洋嗓子”的人有一种无形的压力，日子不那么好过。因为“洋”，很容易被人说成“崇洋媚外”，与工农兵感情“冷”，声音“虚”。

周小燕当然被认为是“洋”的代表，但是，她自己不这么认为，她想：自己从小就热爱自己的国家，在法国学习时也从来没有忘记自己是中国人，也喜欢中国歌曲。在法国学的虽是意大利美声，但是也唱中国歌啊。我是中国人，也唱中国歌，怎么能被说成是“洋嗓子”代表呢？她想不通，也弄不明白。美声学派在发音上是有它的特点和科学性的，如果能够“洋为中用”，是有利于中国民族音乐发展的。

但是，这一思想怎么落实到教学中去？周小燕并没有多少招数，有时还很矛盾、很痛苦。社会主义高等学院培养出来的学生，思想感情一定要与人民相亲近，这是她认定的一个理，所以，她愿意让她的学生到工农中去，到基层去演出，但是，这样势必影响课堂教育，学生不能系统地、有计划地、完整地学习基础知识。常常学生在课上刚学了点，又来了任务，要下去参加各种社会活动或者演出。下去了一段时间，再上来，先前学的又忘了，再重新学。学校教学的一套，工农兵不欢迎；工农兵欢迎的，往往又失去了学校的意义。半年在学校上课，半年到工农中去，正常的教学和社会实践，就成了拉锯战。这样，学生的社会生活丰富了，但基本功打得不扎实，甚至丢了；学生的特长也难以被发现，更谈不上发扬。

鞠秀芳来到周小燕班上后，周小燕一直在思考这些问题：鞠秀芳的现象是前进中的过程还是本来方向就不对？究竟“洋唱法”能否用在民族声乐上？声音好了后是否风格会丢弃？是鞠秀芳的问题还是我的问题？等等。一系列摸索后，1957年，鞠秀芳有机会参加在莫斯科举行的“第六届国际青年联欢节声乐比赛”，获得了民族声乐演唱的金质奖章。紧接着，鞠秀芳录制的山西民歌《走西口》、苏州民歌《九连环》等唱片，非常畅销，大受欢迎。这是对周小燕教学思想和教学方法的一次肯定。周小燕特别高兴和欣慰：美声学派和民族声乐结合的尝试，终于结出了些许果实。

这一年，上海音乐学院首次招来几位新疆维吾尔族的学生。学生们汉语不通，生活不习惯，学院设置专门教师关心他们的学习和生活。从学习汉语、学习文化开始，到学习声乐基础知识，接受专业训练，作为声乐系主任，周小燕无时无刻不在关注他们。一位叫热比娅的16岁姑娘，在民族声乐老师那儿学了两年后，大家觉得她应该是花腔女高音，于是转到周小燕班上，周先生就边向她学习新疆民歌，边教她。数年后，热比娅毕业，回到乌鲁木齐，一直是新疆歌舞团的主要独唱演员和副团长。这是周小燕带教的第一个少数民族学员。

1958年，受文化部和中央民委委托，上海音乐学院正式成立了民族班。这一年，周小燕还在系里开设“民歌手训练班”。1960年，声乐系首次招收“民族民间演唱专业”的本科生。1963年上海音乐学院声乐系一分为二，“民族民间专业”独立为声乐一系，“美声唱法”为声乐二系。

为人民教育，不是一句空话。在没有任何经验的前提下，只有实践、探索；再实践、再探索。在建国后的17年中，上海音乐学院声乐系民族班、美声专业、民歌专业……先后为国家培养出了许多优秀人才。比如：才旦卓玛、

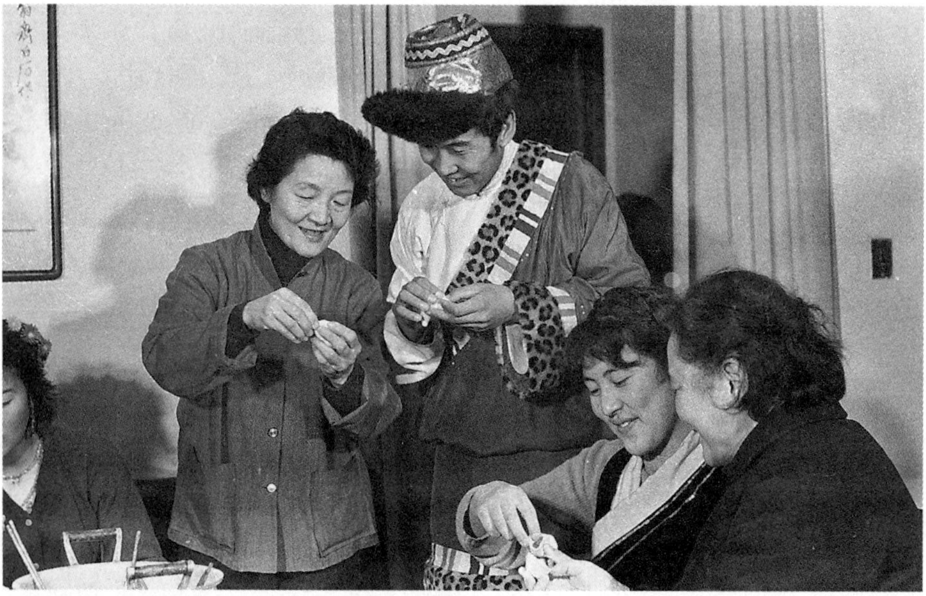

和民族班学员一起

鞠秀芳、热比娅、李家尧、刘若娥、张祖武、钱慧娜、施鸿鄂、周碧珍、阿旺、何继光等等。当然，这是全系教师通力合作的结果。作为系主任，一直在教学第一线，并且在那个偏执的年代，有这样的果实，周小燕的心灵得到了安慰，她觉得她没有虚度，她为上海音乐学院声乐系感到骄傲。

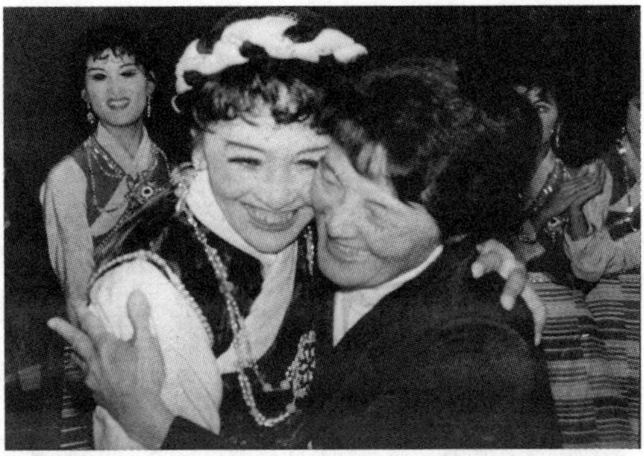

与才旦卓玛

二　美好的歌唱

“文革”开始，这位从欧洲学成回来的“海归”，又是专家、教授，又是“走资派”，周小燕难逃厄运。她被关进“牛棚”，隔离审查，后来又下放到奉贤“五七”干校。不能上课，也不能唱歌，连做一个正常人的资格都没有。但是，什么都可以剥夺，一个人的思维任何人都难以剥夺。在这个非常时刻，周小燕想的倒不是自己的安危，而是声乐教学，她就像过电影似的把过去走过的路审视了又审视。十七年风风雨雨，运动一个接一个，忙得不可开交，一些弄不清楚、搞不明白的声乐问题，没有时间认认真真思考。现在，突然离开了这个圈子，以一个局外人来看这一切，她似乎明了、清醒了许多。

她想，她和郭兰英的差别，不完全是思想感情问题，首先由于自己过去所处的环境使自己接触自己民族的音乐不全，不了解它的特色以及它们之间不同的风格、声音的色彩、吐字咬字的方法等，所以，在发声的方法上、歌曲的处理上都不到位。至于争论不休的“土嗓子”“洋嗓子”，其实双方都缺少冷静，停留在指责上，对自己，对对方的历史、现状、专业特点、技术体系等都不了解，也没有掌握好，更没有仔细、认真、科学地分析与研究过，这样的争论，是争不出结果来的，倒是搞乱了思想。她认为：“土嗓子”和“洋嗓子”是因为不同的生理控制、不同的语言和不同的审美习惯，形成的两种不同的嗓音。它们都有自己的歌唱特点，相互取代不了，都需要生存、发展。声乐工作者，

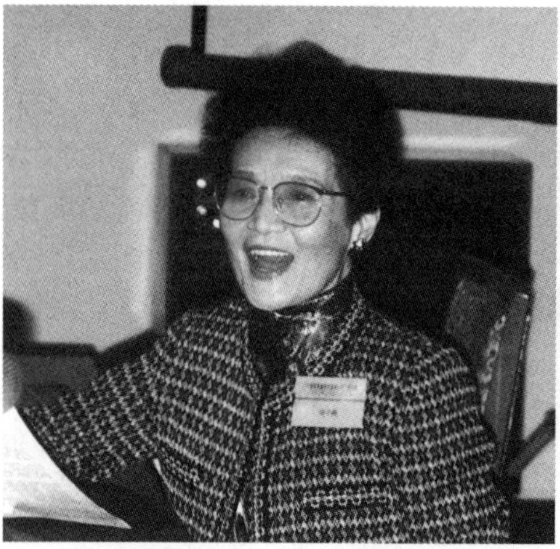
在香港作学术演讲

无论是美声的还是民族的，应该先互相学习，取长补短，而不是指责和争议，这样才能都发展。

1980年全国高等音乐学院举办学生声乐比赛，周小燕作了《当代世界声乐发展趋势给我们的启示》的报告，这是她在粉碎“四人帮”后首次在全国性的专业会议上，发表自己的看法。她说：“在欧美，过去并没有以国界或语言来划分声乐学派的做法，也不强调声乐艺术上的民族区别，只有各国不同语言和风格上的区别，特别是歌唱的具体方法，更是统一而无严格的区分。今天的BEI CANTO已被全世界所接受，它已不是意大利人专有的唱法，而是属于全人类共同的财富。这是一整套如何控制和支配嗓音器官，包括呼吸、发声、共鸣、咬字出音等器官的方式方法。一个歌唱者学会和掌握了它，就有了尽情进行艺术创作的‘乐器’。按这样的工序制造成的‘乐器’，效率高超、性能优异，完全符合歌唱的自然规律，并能使歌唱和功能得到充分的发挥，达到真正的宽厚亮。如今，世界各国的歌唱家都在用它，我们中国的歌唱家为什么不设法把它拿过来呢？这岂不是同一个钢琴家不要一架最好的钢琴一样，是一件令人难以理解的事吗？”

她还痛惜地指出：“一次又一次的折腾，使得很多声乐工作者的‘乐器’改形走样，使发声时不该紧张的肌肉出现了逼紧的情况，使气息与共鸣的作用遭到削弱而大大加强了声带的负担，造成严重的喉音和唱高音时的喊叫。多少人嗓音器官为此而遭到了损害，多少人因此而不得不脱离舞台！”

正因为有了这些清晰的认识，看到了这些惨痛的教训，当有机会重返教学舞台后，周小燕心里就有了底气，有了方向。即便在魏松、罗魏上学的那个时代，“四人帮”还没有倒台，“左”的思想还很严重的时候，她只要一有机会，便冒着风险，把他们带回家，偷偷给他们“吃小灶”。一旦粉碎了“四人帮”，思想解放，教育回归教育之路，此时的她，虽然也到了花甲之年，但她埋藏已久的热情、激情，如火山似的喷发出来。重新行走在教学第一线，她从容自如,游刃有余。"文革"中思索清楚的一些声乐教学上的问题,她都一一应用于教学中。由此,她的学生一个接一个"冒"出来,震惊世人,美名国际。

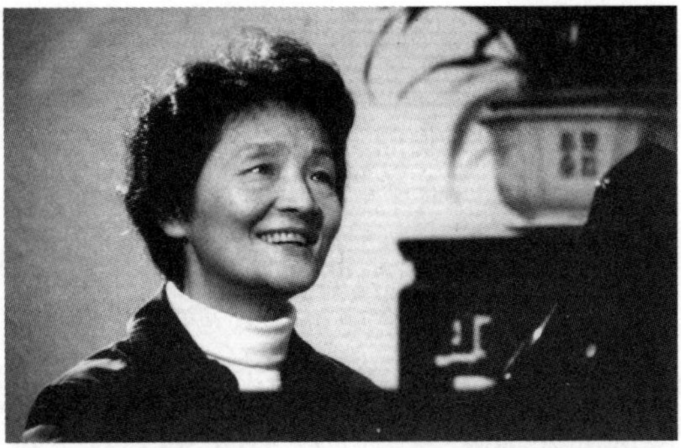

"文革"结束,重回讲台

BEI CANTO,美好的歌唱,它不再是西方声乐艺术的专用词。任何一个国家、一个民族的歌唱,都应当是美好的歌唱。唱中国民族歌曲,做到了声情并茂,就是美好的歌唱。美好的歌唱,不仅是一种科学的发声方法,它更是一门综合艺术,包括歌唱者的文化修养、表达能力等。

三　唱好中国歌

如今已是东方演艺集团董事长、总经理的顾欣,回忆说:"在一次音乐会上,我唱的节目都是西方歌曲,只是在观众要求加唱时唱了一首中国歌曲《长江之歌》。周先生很生气,问道:为什么不在正式节目中唱这首中国歌曲?中国人不唱中国歌曲,这算什么呀?"几乎所有的学生,都碰到过类似顾欣的经历。

当周小燕在巴黎寒窗七年,登上欧洲舞台后,每一次演出,无论在哪个国家、哪个场合,她都是一身中国旗袍,都要唱中国歌曲。那时,她从国内带来的中国歌曲的谱子不多,正在为没有多少中国歌曲可唱发愁时,齐尔品先生拿出了他带来的一些中国歌曲谱子,周小燕看到后,虽然薄薄几本,仍高兴得跳了起来。后来,齐尔品先生特意为她创作了近10首中国风格的中国歌曲。在英国伦敦,她和钢琴家李献敏女士,共同举办了一场"中国作品音乐会"。她第一次登上巴黎国家大剧院,演出的是旅法华人萧子昇用法文创作,齐尔品先生谱曲的中国歌剧《蚌壳》。可惜的是,当时不具备演出歌剧的条件,只能以清唱剧的形式演出。1947年5月,周小燕和李献敏参加首届"布拉格之春”国际音乐节，她们的专场中国作品音乐会是音乐节的正式节目，其标题就是：“中国现代音乐会”。

唱好中国歌曲，把中国歌曲介绍到世界舞台。上升到一个比较高的层面，这是一个中国人流淌于血液中的中国情结，深深的爱国之情。从歌唱本身来说，中国歌曲是世界声乐艺术中不可或缺的一部分，有自己的艺术特点。周小燕曾经不客气地说：“我要求学生从来都是要唱好中国歌的。一个中国人唱好中国歌是起码的要求。学习美声，到外国唱中国歌，外国人听不懂，在中国唱外国歌，中国人听不懂，这算什么本事呀，这不是对着蒙人嘛？有本事就要唱中国歌让中国人喜欢，唱外国歌让外国人喜欢。”

中国民族歌曲是一座丰富的宝库，深不可测。自古以来，中国歌曲强调和呈现的“字正腔圆”“声乐并茂”“以情带声”“情由心声”等特点，在世界声乐舞台上被推崇。1984年，张建一获得维也纳国际声乐大奖，重要的一条是他的演唱“在最高音仍有抒情的温柔”，表现出“中国人的诗意”。

让我们把视觉转回1927年。那一年，留德博士、北京大学附设音乐传习所教务主任萧友梅南下，向南京国民政府提请筹建国立音乐院的计划。10月，时任南京国民政府大学院院长的蔡元培先生，以大学院提倡科学艺术之宗旨为由，批准萧友梅的申请。财政部即拨款2600元，租赁上海陶尔斐斯路（今南昌路）56号为院址。11月2日开始报名招生，16日即开始授课，27日在学院演奏厅举行开学典礼。这一日，被定为国立音乐院的校庆日。由此，我国第一所高等专业音乐学院正式成立。半年后，以“输入世界音乐，整理我国国乐”为宗旨的《国立音乐院院刊》出版。这便是上海音乐学院的诞生史。

吸纳世界优秀艺术，传承和发扬民族音乐。中国现代高等音乐教育从诞生的第一天起，就奉承这样的宗旨。就美声专业而言，不是为了教学生会唱一些外国歌曲，张口就全是，是要将世界上已总结出来的先进的科学唱法，为我所用，唱好中国歌，培养出更多更优秀的我们自己的歌唱家。可以说，从走向讲台的第一天起，随着教学的深入，周小燕越来越坚定这一点。她认为：不论哪一种唱法，民族性是断不可丢的。

然而，并不是每一个人都有这样的认识，尤其是青年学生。有些学生，是冲着到国际上拿大奖这个目标来的。他们对民族声乐传统缺乏了解，缺乏感受，缺乏求知意识。甚至以为民族歌曲唱法与美声唱法，是两种路子，唱中国歌会打乱美声的路子。因此，在学习美声唱法时，不碰中国歌曲。还有些学生认为自己是中国人，中国歌曲总归会唱的，没有必要下功夫学习。因此，作为教师的周小燕，总要耐心地一再提醒学生："我们学习美声，唱外国歌曲，不是目的，是手段。我们应该根据各个国家不同的语言，各国人民的审美习惯，用本已掌握的科学的发声技巧，将不同民族的特性表达出来。我们的目的是唱好中国歌。"

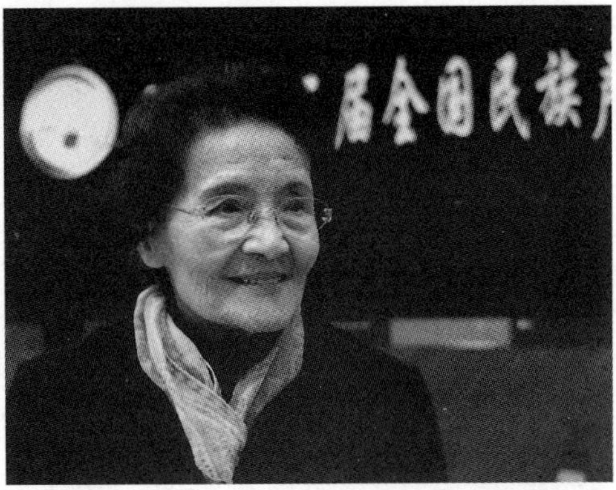

参加第三届全国民族声乐研讨会

廖昌永深有感触地说："每次演唱会必须唱中国歌曲，这是周先生定的班规。她说，一个中国歌唱演员唱不好自己的歌，到世界上去，外国歌曲唱得再好，也不会被别人尊重。"

所以，当今天她的学生廖昌永、魏松、顾欣、李秀英等在各种舞台，将一首首中国歌曲别样地传递给听众，那样字正腔圆，那样声情并茂，那样悦耳动听，也就知其所以然，不会奇怪了。

四　心儿在歌唱

"用心歌唱的声音才是最美的。"在教学中，周小燕经常对学生说这句话。她认为，声乐是人类语言心声的艺术化表现形态，它的形成与发展，与一定民族的生活劳动、地理环境、语言声调、情感表现方式等，都有关系。远古先人在共同的劳动中，发出"杭育、杭育"的声调和节奏。传说中的原始氏族葛天氏，由三人执牛尾，以脚步踏节拍，唱赞美大地、敬颂天帝、祈祷谷物繁盛为内容的歌曲。儒家经典之作之一《礼记》，是秦汉以前各种礼仪论著的结集，共有49篇。其中的《乐记》，是中国较早的音乐理论著作，也是儒家重要的美学著作之一。全篇以"礼乐"思想为中心，对音乐等艺术的本质、特征、功能和艺术创作中的主客观关系等，作了系统论述。开篇之句："凡音之起，由人心生也。人心之动，物使之自然也。”一语中的，道出了音乐的本源。

1994年，上海博物馆从香港文物市场获得一批竹简，经过六年的整理研究，发现这是一批战国时期的竹简，共有1 200支。随着这一新闻的公布，令世人震惊的是：这批竹简上书有81篇先秦古籍，且大多数是佚文！其中，有七支竹简上书写了40支歌曲的名字，和它们在演唱时所用的音调，即我们今天知道的“四声九调”。而在此以前，先秦时期的音乐曲调是怎样的？还没有看到任何文字记载和考古发现。七支书简上，不仅书有歌名，如《硕人》《子奴思》《野有英》《思之》等，每支歌名上还写有宫、商、羽、徵“四声”。每个“声”下，有不同的“调”，如“宫穆”“宫和”“商讦”等。从这些歌名来看，内容都应该是反映爱情的，为当时的流行歌曲。试将一些歌名译为今天的话，便十分清楚，如《子奴思我》——“子奴思念我”，“野有英”——“野地上的花”，“良人亡不宜也”——“美人的一切都是可爱的”，“奚言不从”——“为何忘了我的话”，“思之”——“相思”等。

在新发现的这批先秦竹简古籍中，有一篇题为《孔子论诗》的，上书：“诗毋离志，乐毋离情，文毋离言。”在今天，我们所看到的任何古籍善本中，还未见到孔子有这样的论述。换言之，孔子这句话的意思是：诗言志，歌言情，文言物。先秦时期，诗是公卿大夫的必修课。《左传》中便记有隐、桓、庄、闵、宣等人的赋诗论诗时的情景。在古时，诗本来就是用来唱的，诗篇皆能入乐。因而，歌唱是人的内心的表达，是言志传情的。歌唱的人倘若不用心歌唱，那就不可能唱好歌。

周小燕是在汉口最好的学校读完小学的，这所学校是一位名叫陈洪仪的留美硕士创办的。她的中学，则是在意大利天主教会办的圣玛利亚学校读的，这所学校，全是外籍教师，学生基本上是外国孩子，上课用的全是英语。父亲为了不让她忘了母语，提高她的中文水平，特意请了一位国文教师到家里，为她补习古文。“四书五经”、唐诗宋词、《古文观止》，她在年少时就熟读并能背诵出许多。良好的中西文化底蕴，为她日后成为驰名中外的歌唱家和声乐教育家，打下了基础。

第一次来拜见周先生，让汪任酩记住一辈子并履行于行动的是周先生的这句话：“文化课不能放掉，英语一定要好。很多人进来，嗓子蛮好的，但是文化课不行，最后进步不大。”那年汪任酩是高二学生，想报考音乐学院，当一名歌唱家。今天，研究生毕业，在上海音乐学院任教的汪任酩更体会周老师这些话的重要性。

周小燕十分清楚，一般初进学校的学生，对怎样唱好歌并没有完全的准确的理解，往往把精力放在发声方法上，轻视文化课。作为老师、过来人，要从一开始就培养他们一些好的习惯，除了加强音乐修养，更要重视文化学习，包括作为一位歌唱演员应有的站相、谈吐、台风、情感等。有的学生在看了一场音乐会后，议论的不是演员唱得怎样而是他们的服饰。周先生告诉他们："穿着得体就可以了，频繁地换衣服，分散了观众的注意力。观众是来听你唱的，不是来看服装表演的，这种风气不要'发扬'。一个歌唱演员，一旦站在舞台上，就要很快沉浸在歌唱中，不能有二心。"她还说："歌要唱得好，不仅要有好嗓子，还要有好的头脑，要学会动脑子，善于学习。更重要的是还要有感情，就是唱歌的心。"好嗓子，好脑子，有情感的心，三缺一，都不行。这是周先生关于怎样唱好歌的一个重要观点。

廖昌永清楚地记得，1997年他一连拿了三个国际声乐大奖，回来后有一个单位请他去演出，周先生问他到什么地方去，唱什么歌，让他唱给她听听。廖昌永唱了。周先生听后，严肃地对他说："你就准备这样去吗？你要记住，一个歌唱者，不论你站在什么样的舞台上，都要发自内心地把歌曲的内涵传递给观众。不要想我是得过国际大奖的人。摆一副架子，没有意思，摆一次、二次人家原谅你，摆得多了，人家会对你反感。重要的是用心唱好每一首歌。这是最美的也是最长久的。"

80年代中期，周先生在回顾35年教学之路时，用"纯、准、实"三个字概括自己的教学思想和教学要求。

她认为一个歌唱者发出来的声音，首先要纯真、悦耳、统一。因此，在教学中，她非常注意听学生的声音的音质，如果发现有摩擦、颤抖、摇晃等声音，她就会想为什么？是不是紧张了，用力太多，呼吸憋得厉害？是不是就像拉小提琴那样，弓下得太重，声音出现摩擦了？是不是喉头没打开，没摆稳，出现颤抖了？摇晃可能是喉头没摆稳了等等。周先生上课时，当给学生指出一个"毛病"，给出"方向"，学生照着去改后，她会经常问："怎么样，是不是舒服些？"在掌握了科学的演唱技巧后，由内而外的声音，必是纯真、悦耳、统一的。

准，就是音要准。歌唱者要准确地唱好每一个音阶，唱在点上。节奏要准，唱歌要像戏曲演员那样，唱得有板有眼，否则就像瘸子一样走路不稳扎。

表演尺度要准。什么时候悲，什么时候怨，什么时候抬手等都要合着歌唱内容，非常准确。吐字要准。声乐是通过字来表达感情的，吐字不准，唱了半天，人家都不知道你唱了什么。

实，就是真实、朴实。唱歌和其他艺术一样，不可造作，不可炫耀，情感要真实，表演要朴实。艺术的真正价值就在于实，只有真实、朴实，才会感动人。

纯、准、实，所达到的最后境界，就是心儿在歌唱。周先生说："对一个歌唱者来说，即使了解了曲情，有了意境，那还只是理性的歌唱。只有当他有了真实的感情，他的声音的色彩，语言的抑、扬、顿、挫，节奏的缓急，人物的形象，以及动作的分寸，都会随之准确自然地表现出来，这样的歌唱也就感人了。"由心而生的歌唱，是最美的。

五　歌唱的整体美

卞敬祖是1958年考入上海音乐学院声乐系的，毕业后留校任教，担任过声乐系的副主任、主任。退休后，又在周小燕歌剧中心主持工作多年。那一天，他和笔者谈论周小燕："周先生年长我20岁。刚入校时，周先生是系主任，社会活动很多，很忙，在学校里难以见到她。大概是1959年的夏天，学校组织师生下工厂慰问演出，我也去了。那天，在上钢五厂的广场上，有点闹哄哄的。她出场了，露着笑容，眼睛随着脚步，向观众打着招呼，全场一下被镇住了。她一开口唱，掌声如雷。不是她的声音怎样好，也不是她长得如何漂亮，是她的台风、气质，吸引了大家。我至今记得，那天，风很大，吹得她的头发有点凌乱，她没有顾及，全身心都在歌唱中。她唱了两首完全不同的歌，一首是《百灵鸟》，一首是《咱们工人有力量》。"

香港歌唱家费明仪女士，是因为年轻时崇拜周小燕才走上歌唱这条路的。那是周小燕回国后在兰心大戏院举办的独唱音乐会上，初中生的费明仪，被周小燕迷住了，原本学钢琴的她，后来就改学声乐了。事隔半个世纪后，费明仪还清楚地记得，那一天，周小燕穿一件银白色的长旗袍，配一双也是银色的高跟鞋，略施脂粉。她个子不高，但是仪态高雅。唱的歌曲格调也很高，有中国歌曲《长城谣》、法国歌剧《曼侬》中的咏叹调《我是悌塔妮娅》

等。1977年，“中国音乐家代表团”访美演出回来时经过香港，香港文化界和音乐家代表团举行了一次集体见面会。九年后，费明仪参加上海音乐学院60年校庆时，对卞敬祖等人回忆说：“那天我穿得非常漂亮，花枝招展，周小燕老师穿了一件列宁装式的棉袄，两人站在一起很不相配，吸引眼球的应该是我。但是，我总是感觉，大家的注意力都在她那儿，她比我高大多了，她气质太好了。这个印象，一直存在我心里，抹也抹不掉。”

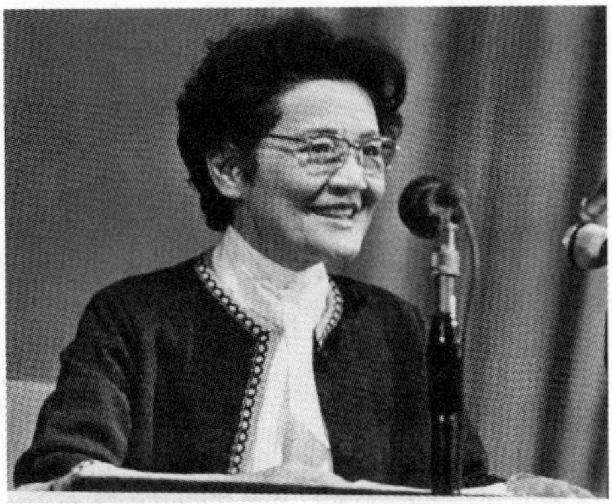

在山东讲学

周小燕在教学中很强调歌唱的整体美。也就是说，歌唱不仅要有好的声音，还要对作品有准确的理解、传神的表情等。卞敬祖、费明仪他们所谈到的周先生亲和的台风、高雅的仪态、良好的气质等，也都是整体美的组成部分。

她认为，声乐教师要从训练学生声音开始就要注重整体美，让学生懂得声音只是一种手段，是为内容即为表现歌曲服务的。一个好的歌唱家，应该给以人由声音美、语言美、思想美、情感美、形体美等“聚集”和“化合”而成的综合的美。

歌唱的整体美，始终贯串在她的教学中。她主张，在训练学生发声的阶段，就要培养学生的感情。让我们再回到周小燕的教学课堂。学生在练声时，当他们能够自如地练完一首练习曲后，周先生就会在旁边提醒：“注意，要有感情，要带着感情练。”她说：“有乐感的人，哪怕是练声也是有感情的。我们要培养有思想，有感情的声音。”

20世纪80年代初，中国音乐家协会的李凌去福建参加“武夷之春”音乐活动。周小燕先生正率领学生参加福建省举办的全省中小学“学校音乐周”活动。李凌先生年长周小燕三岁，他们属于同龄人，那时都奔“七”了。在福建巧遇，两人有说不完的话，在外出的面包车上，在会议的间隙，所谈都离不开声乐教学。1978年，党的十一届三中全会以后，安定团结的政治局面及由此带来的稳定的文艺政策，使文艺的各个领域出现从来没有的好局面。周小燕感到再也不会像过去那样缩手缩脚，无所适从，可以全力以赴教学生了。也可以说是厚积薄发吧，此时的她，在教学上有很多想法。碰到多年未见的朋友，便一股脑儿端出。关于声乐教学中的整体美学观，是她谈得最多的一个话题。

她从有些已经毕业的学生在舞台上的表现，看到了声乐教学中存在的一些问题。比如，有些学生在台上唱起歌来身体僵硬，两眼无神，手势无目的，甚至吐字不清，唱词无语气；有些学生光顾嗓子，不顾感情，不顾内容；有些学生连音准、节奏、语言问题都没搞清楚，就在台上借助与歌曲毫不相干的外部动作，甚至一些媚俗、噱头的东西，来博取观众的掌声。她很难受，也很自责。自责，是周先生作为教师对自己教学的态度。她从不责怪学生在台上没唱好，而是省思自己在教学过程中为何没有注意到这些问题。她觉得自己作为一名声乐教师，没有教好学生，负有一定责任。同时，她也呼吁："我们不能熟视无睹学生在舞台上出现的问题。在声乐教学中，我们应该提倡整体美学观。"

周先生说："为了给学生'铸造'一个应付自如的'乐器'，声乐教师们不知经历了多少焦虑烦心的日子。经过学习、研究、实践、交流，近年来，在这方面取得了一些成就，但是，如果我们还是重'声'，轻'乐'，以为有了声，必然会有乐的话，我们就会受到因这种片面认识所带来的惩罚。因为声音即歌喉，只是歌唱者的乐器。凡是好的演唱都应该给人以由声音的美、语言的美、思想的美、情感的美、形体的美，凝聚和化合而成的综合的美。因此，声乐教师不能天天抓技术，要对学生不论是在发声、咬字、吐字、体会词意曲情，把握乐曲结构，进行情感着色，甚至对学生的生活、爱好、思想作风等方面，都应该提出合理的有见地的意见来。为了达到这个目的，我们在教学中要有整体美的教学观，一开始就给学生这方面的训练和熏陶。"

声乐教学，不单是训练歌唱技巧的，更是一门综合艺术教育学科。

六　中国新声乐

追寻周小燕的教学观，展现在我们眼前的是这样一条路：初执教鞭，缺少教学手段，更谈不上有教学想法。五六十年代，在新生活的感召下，只有一个信念：为人民教育。只要党和国家号召的，尽量去靠拢，去实践。"文革"后，对以前的教学之路有了思考和总结。1978年后，随着时代的发展与变化，她的教学思想不断在发展、变化，完善。

在结束“十年动乱”后的两次出访，使周小燕深切感受到我们在声乐教学上与西方国家的差距，70年代的西洋声乐与她在欧洲的三四十年代比，已经大不相同了。就说花腔女高音，早期是以甜美、轻巧见长，现在不仅清丽流畅，而且悦耳动听如银铃般，气息运用似山泉般。在音乐的处理、感情的表达等方面，也都比过去细腻多了。她在各种场合高声疾呼：我们再折腾不起了，必须从“规格”抓起，搞好基本功训练。

1979年，周小燕在第一期的《音乐艺术》杂志上发表了学术论文《男高音中声区和换声区的训练》。她认为中声区是歌唱家嗓音发展的基础，必须切实训练好。但是，青年学生往往忽视中声区的训练。男高音的起音要十分柔和，不要滞重，也不要漂浮。接下去的音，要保持力度，不可使劲，唱下行式时，最后一个音不能降低部位，必须保持在与起音相同的位置上。这样，不仅能很好调节呼吸，使气息输送均匀，稳定喉头位置，而且为下一步转换声区做准备。要注意换声区的渐变过程。在训练中声区的过程中，一定要同时教会学生清晰地吐字。有些人认为，这样要求会影响学生的嗓子训练。其实，当

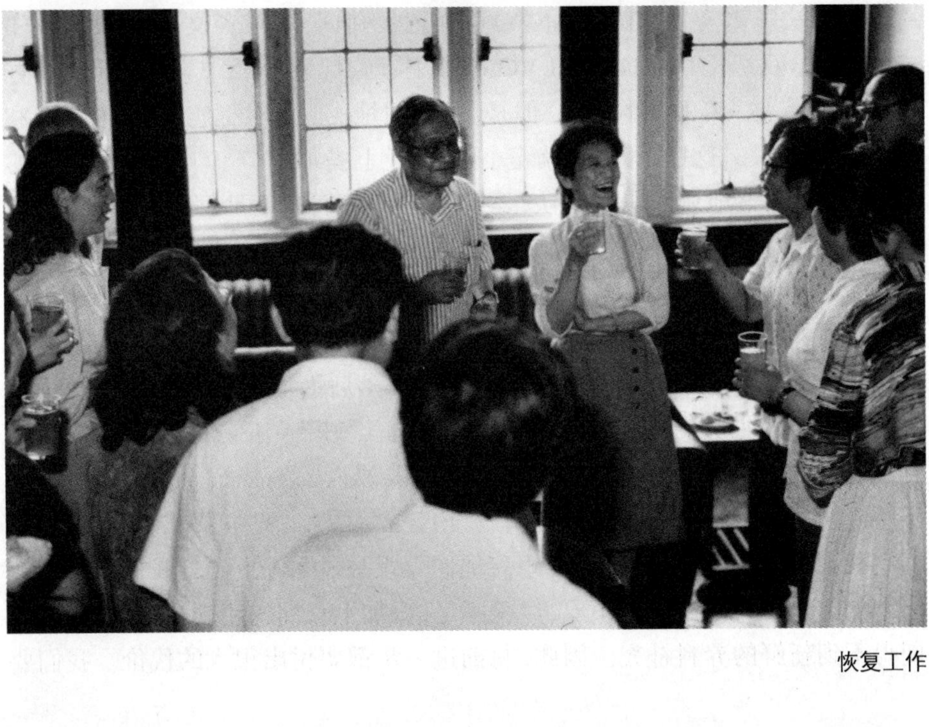

恢复工作

一个歌手在正确的呼吸支持下发声时，总是通过一定的字音来进行的，从来没有什么脱离语言的"纯粹"的发声。汉语与英语、法语等不同，一字一音，有字头、字腹、字尾。因此，歌唱者的喉咽部必须稳定，而吐字器官必须灵活。这二者必须统一，否则，过分强调前者就会嘴皮松垮，吐字含糊，过分强调后者则又不能保持歌唱时的"喉型"，从而影响嗓音的质量。所以，学生在打中声区的基础时就明确吐字的位置，是统一两者的有效方法。

这篇学术论文，周先生所强调的仍是声乐的基础训练，及与其相关的一些思想认识问题和解决方法。由此也可看出，在男高音的训练上，周小燕已经有了自己的观点和办法，并且积累了一定的经验。

1981年，在全国高等音乐学院学生声乐比赛大会上，周小燕作了题为《当代世界声乐发展趋势给我们的启示——对声乐界若干问题的再认识》的发言。这个发言，对解放30年来声乐界出现的一些"左"的问题作了反思。她对当代国外声乐状况作了明晰介绍，对"美声唱法"提出一己之见。她说："在西方，从不把语言的不同和音乐风格的不同，划为学派。同时也不把BEI CANTO单单看作是17世纪随着正歌剧的兴起而出现的一种演唱风格。BEI CANTO这个名词的含义，已得到扩大而泛指一种优越的、美好的、科学的歌唱方法。事实上，BEI CANTO这个意大利词，译成英文是BEAUTIFUI SINGING，而不是BEAUTIFUI VOICE。因此，把它译成中文应该是'美好的歌唱'，或是'美丽的歌唱'。但是，可惜的是我们已经把它译成'美声'和'美声唱法'了。这样，其意义就缩小到'声'上去了。"

正确、完整地认识美声唱法，看到和承认我们的不足，学深学透西洋唱法，为我所用，更是她的发言中心。她说："西洋唱法传入中国虽然已有半个多世纪了，但真正能把握它的精髓，把它的优点真正学到手的人却不多。有人不承认这种落后的状况，我看落后就是落后。当然，正如小平同志说的，我们不是一切方面都落后，同时我们也不要因落后而泄气，相反要急起直追。我们是搞西洋唱法的，就应该把西洋唱法真正学好，弄清它的来龙去脉，消化它的全部内容。不先虚心学习而一上来就要改人家的什么，化人家的什么，实践证明后果是不好的。30年的折腾，内耗太大了，一些脱离实际的瞎指挥，也使我们有力使不出，或不得不跟着他们今天刮风明天下雨。我们搞的是一门'进口'科学，由于底子不厚，经验不足，再加上长期的闭锁政策，使我们长期得不到新鲜的养料补充。因此，每前进一步都要付出很大的代价。我们要准备艰苦奋斗十几年、几十年，像海绵般地吸收，然后再创造革新。”

三年后，在奥地利维也纳贝尔佛岱莱国际声乐比赛中，中国选手张建一、詹曼华并列获得了第一名。这样的优异成绩震惊了国际声乐界。带队参加比赛的周小燕，为我们的选手第一次在重大国际声乐大赛中获大奖而兴奋。但是，她更清醒地看到了我们存在的差距。

回国后，她撰写了《声乐人才培养中应注意的几个问题——从维也纳国际声乐比赛获奖说起》一文，发表在《音乐艺术》1984年第4期上。周先生分析道：“分析此次获奖的原因，循着西方评委的眼光观察，他们感到中国选手都有叫人‘惊讶’的好嗓子。也就是，他们每个人的‘乐器’或‘表现工具’，都是优质的。这表明，在训练他们的嗓音方面，我们今天的教学方法、教学路子是合理的、得法的、科学的。俗话说‘工欲善其事，必先利其器’。对作为歌唱表现手段的‘器’，数十年来，我们中国的一代又一代声乐工作者，无论处在什么样的境遇下，都没有放松过对它的钻研和琢磨，对它的重要性也从来没有怀疑和动摇过。我们的‘训声法’已经引起国际上的惊奇和敬佩，获得了国际认可。”她随后写道：“我们应该把这次获奖看作是一个起点而不是终点。今后的路程会更长、更艰巨。我们更应该让我们的青年选手认识到：今天我们在发声技巧上已具世界一流水平，但在语言、风格的掌握上，在对人物、剧情的理解上，还相当不完满。一句话，就是他们的文化、艺术修养还不够。他们所唱的外语歌词，大都是现学、硬拼的，因而语气、语感、语调都不地道。再由于受到母语单音节的影响，唱起来总存在颗粒性强而线条性差的问题。至于对语言的感情和内涵，更做不到从一字一句到整段整篇都渗入自己的身心，做不到融会贯通了。这就必然影响我们在更高水平上深入细致地表现乐曲的内容和音乐的完整性。如果歌者只会‘按图索骥’‘死记硬背’，就绝不可能进入艺术表现的自由王国。”

周小燕列举在赛场上出现的遗憾又有点尴尬的一幕：按照规定，凡进入决赛的选手都有资格参加组委会主办的前往匈牙利、意大利的巡回演出。本来，这次巡演的压台戏，是获一等奖的中国男高音张建一、女中音詹曼华和进入决赛的中国女高音高曼华、获二等奖的英国男中音，演唱意大利歌剧《弄臣》中四重唱。可惜的是，在排练时，我们的男高音和女中音竟然拿不下这首四重唱，只能换成其他国家的选手参加。周先生说：“对我们选手唱过的曲目不多，手头的东西不够，我是深有感触的。所以，当有人夸奖张建一比卡莱拉斯还要唱得好时，我就对他说：'你可不要真以为这样，就以唱过的曲目数量来看，你只是卡莱拉斯的一个零头。'"

"当然，这也不能全怪他们。"周先生话题一转，"现在，令人不安的是，就是这些为数不多的在国际上获奖的人才，回国后，也少有他们锻炼和发挥才能的舞台。在北京、上海这样的大城市，上演外国歌剧都阻力重重，被认为'崇洋媚外'。这很不正常。我们不能明白，为什么唯独歌剧就不需要借鉴别人的先进经验，就不汲取人类歌剧宝库中有益的养料？西洋歌剧要适当地上演，优秀的民族歌剧更要宣传推广，不断地上演。"

中国声乐已被国际认可，但存在差距，青年歌剧演员需要实践的舞台，西洋歌剧、民族歌剧都需要不断地上演和宣传推广。这是在经历了维也纳国际声乐大赛后，周小燕的认识与想法。

时间到了1992年，也就是维也纳国际声乐大赛八年后，香港大学亚洲研究中心、香港民族音乐学会联合主办"中国声乐艺术的发展方向"研讨会。大会上，周小燕作了题为《中国声乐艺术的发展轨迹》的学术报告。在报告中，她提出了建立和发展中国新声乐的思想和观点。

周先生从中国声乐的起源谈起，论述了远古时期尚处于自然人声状态的歌唱；夏商时期民族音乐和占卜进入宫廷，五声音阶概念的逐渐形成；周代宫廷专门音乐舞蹈教育机构的出现，六声、七声音阶和换调手法丰富声乐艺术的表现力；秦代在中原地区形成以汉民族为主的音乐中心以及佛教、道教音乐的传播；隋唐两代辉煌的歌舞艺术；宋元时期民族民间歌舞艺术的多元格局和演唱技术的进一步发展；明清时代，声乐理论影响后代等概貌和特点。周先生还将民族传统声乐与美声唱法作了比较。在此基础上，周先生提出了是以民族唱法，还是以美声唱法为基础，发展现代中国声乐这一命题。

她认为："民族唱法和美声唱法已成为中国现代声乐发展的两大标志。中国民族声乐，作为中国文化传统和文化精神的一种生动体现，有着深厚的历史根基和广泛的艺术影响。它在咬字吐音、气息运腔、真假声运用、风格表现等方面的独特个性，是美声演唱所不可替代的。但是，由于民族唱法的乐种、曲种、歌种和它们的发声方法繁多，又缺乏系统科学的总结，难以成为发展中国现代声乐的基础，美声唱法是世界公认的科学方法，中国人也完全可以掌握好这种唱法。但是，以此为基础，那么民族声乐的特色又难以发扬光大。因此，以哪一种唱法为发展现代中国声乐的基础，都是不现实，不可能的。"

为之，周先生提出："中国的歌唱家和声乐教师应当共同努力，无论是学习中国传统演唱的还是学习美声演唱的，都需学深学透，并深入研究各民族历史、文化、习俗、心理等，认真学会一二种外国语，广泛接触了解当代声乐发展动态和最新成果，不断积累经验，包括生活经验，善于总结，树立榜样，增强理论与实践的说服力……在民族唱法和美声唱法并行发展的过程，探索更为理想的声乐发展途径：它既不同于原有民歌、曲艺、戏曲唱法，又不同于一般意义上的美声唱法，它是在深入研究、学习、吸收各种唱法的优点的基础上，综合发展而成的一个新的演唱体系——中国的新声乐艺术。它随时代的进步和中国声乐水平的提高而逐渐形成。它使中国人听来不觉洋腔洋调，外国人听来别有异国风味。它是现代的、中国的、科学的，可以立于世界声乐之林的新声乐。"

什么是中国的新声乐学派？学术界至今尚没有定论。但是，在周小燕心中，它一定是具有中华民族文化特质的、科学发声方法的、鲜明民族特性又被世界认同的。在长达60余年的教学中，她为之实践、探索。事实也已经表明，中国新声乐学派不仅存在，而且在成长。周小燕以她卓越的歌唱成就和杰出的教学成就，是当之无愧的创建者、开拓者、代表者。

七　走出"三门"

声乐教学，是一门"小众"学科，除了公共文化课，都是教师与学生"一对一"上课，这是声乐这门学科的特性所决定的。回望周小燕的教学之路，走出"三门"，在她滔滔的教学之河中，却如同三条水湾，十分特别，十分清澈。"三门"，是怎样的"三门"，又是如何走出的，结果怎样呢？

走出师门。师门，即教师与教师之间的"门"。这条水湾，可以说是在20世纪50年代不经意间流淌出来的。为人民教育，培养新中国人民喜欢的歌唱家，在这样的环境和理想中，周小燕满腔热情，也很单纯，整天想的就是怎样教好学生。她是声乐系的主任，又从欧洲学成归来，誉满海内外，她可以端着这个架子，盛气凌人，不可一世。然而，恰恰相反，她的心里从来没有自己的身份和地位，只有学生，怎样教好学生是第一也是唯一的。所以，她才会把民间艺人丁喜才请到自己班上，和自己一起教学生。这令丁喜才大为感动和感慨，说她没有架子。所以，她才会经常去向其他老师讨教、商量，也让自己的学生去向其他老师学习。鞠秀芳出名后，她从来不以为是自己的功劳，总是说是她自己的努力和大家的功劳。

这是一篇周小燕记于1953年8月7日的日记，其中写道："今天我将我这几天来对工作考虑的结果记下来，这是我的工作计划草案。1. 关于集体课。目的是要通过这形式，发挥集体力量，解决同学的学习问题和教员的教学问题。过去，在进行的方式方面不够成熟，因此造成教员与同学对集体课的要求不一致的现象。现在建议改为以教员的一个作为单位，在学期的后半段中排队开教员学生学习演唱会。这样比较集中的演出，容易观察出教员在教学方法上的优缺点。然后，其他教员以负责的态度向演出的那些学生的教员提意见，帮助他改进教学方法，巩固他的优点。教员教学方法改进也就解决了同学们学习的问题。这样，就达到了上集体课的目的。2. 学习演唱会！"早在20世纪50年代初，周小燕就在探索和提倡上集体课，以集体的智慧和力量，解决学生在学习中碰到的问题。

随着教学时间的流长，这种不经意间地走出"师门"，成为她的一种由衷的迫切，她的一种教学思想。2007年世界杯足球赛举行，中国的转播时间场场都在半夜。2月9日，在她的家中，我们在聊天时，她笑着说，世界杯足球赛她场场都看，有一天看到凌晨5点，天都快亮了。如此"痴迷"，一般年轻球迷也难以做到，那年，她整整90岁了。惊愕和敬佩中，笔者问她："你怎么会喜欢足球的？"她说："我喜欢看足球，因为足球是一项集体运动，与我们的工作相似。足球场上11位队员，首先要单兵过硬，再要齐心协力，密切配合，决不能只顾自己，在场上个人表现，必须你传给我，我传给你。你看那次巴西队，个个都很强，单兵过硬，但是缺乏团队精神，就没有取胜。我常常拿足球和我们声乐教学比。声乐教学也要有集体精神，要交流，要互动。足球场上，如果你只管你，他只管他，这样是踢不进世界杯的。我们教声乐也一样，要有团队精神，这样才能把我国的声乐事业推向世界。"

继而，她说："其实，任何一件事都要靠团队精神。比如，演歌剧也是这样。每个人要唱得好、演得好。但是如果配合不好，就会影响全剧。声乐课，老师之间、学生之间要相互听课。因为每位歌者自己听自己的演唱是不客观的，教师对自己的教学有时也不客观。如果你去看别人演唱或上课，你就会收到意想不到的效果。互相听可以互相学习，互相提高。”

“一个教师是教不出一个天才来的，但是，学生的问题，主要是老师的问题。教与学，是水涨船高的关系，在培养人才上，在艺术上，大家能团结合作，齐心协力。”她非常强调这一点。

在她的带动和影响下，上海音乐学院歌剧声乐系，至今设有不定期的“集体课”，即哪位学生出现了难以解决的问题，就请其他老师一起来“会诊”，集思广益，分析原因，找出问题，开出“方子”。这种团结协作的精神，使不少学生受益，克服困难，健康成长。

廖昌永读研究生时，有一位歌唱家从意大利回来，周小燕知道后，立即对他说：“你应该到他那儿学习，他的意大利味是纯正的。”廖昌永后来说：“先生心地坦荡，没有门户之见，从来不以为她的学生就是她的。她从来都是为我们好，希望我们能够多学点。”

走出校门。这条水湾出现在1981年2月，学生放寒假时期。那时，周小燕的学生罗魏、刘捷、高曼华等频频在国内外声乐大赛中得奖，经常有全国各地的学生跑来，上门求教，也有各省市的音乐院校和团体，邀请去讲学和辅导。但是，这里的学生离不开她，她也离不开学生。于是，她想了一个两全其美的方法，称之为“讲学音乐会”，到各地巡讲并演出。一方面带着自己的学生去，让他们有更多的舞台实践机会，另一方面公开讲学，让受众面更为广大。第一站，他们来到福建。学生们演出，她当报幕员和讲解员，逐一介绍每一位上台演出的学生，属于哪一个声部，特长是什么，演唱的中外歌曲内容是什么，有什么历史背景等。起初周小燕心里并没有底，不知道外地听众喜欢听什么？演员都是学生是不是有吸引力？演出不用扩音器多半又是外国歌曲，听众能不能接受？周小燕的心里装了无数个问号。她准备失败，去碰钉子。然而，效果出奇的好。所到之处，场场爆满，观众非常热情，非常喜欢，说：“通过周先生的讲解，再听唱，我们都听懂了。”

1982年10月，周小燕的“讲学音乐会”办到了浙江省杭州市。四天中，周小燕公开讲了三次课，每次四个小时。她边讲，边让自己的学生做示范。现场的听众，有的是音乐专业团体的演员，有的是音乐院校的学生，有的是群众艺术馆文化馆的音乐干部，有的是大、中、小学的音乐教师，还有一些歌迷和特地从宁波、温州、嘉兴等地赶来的音乐家协会的工作人员。谁都想抓住机会，能得到她的指点。于是，争先恐后要求上台当“范例”，非常热闹。四

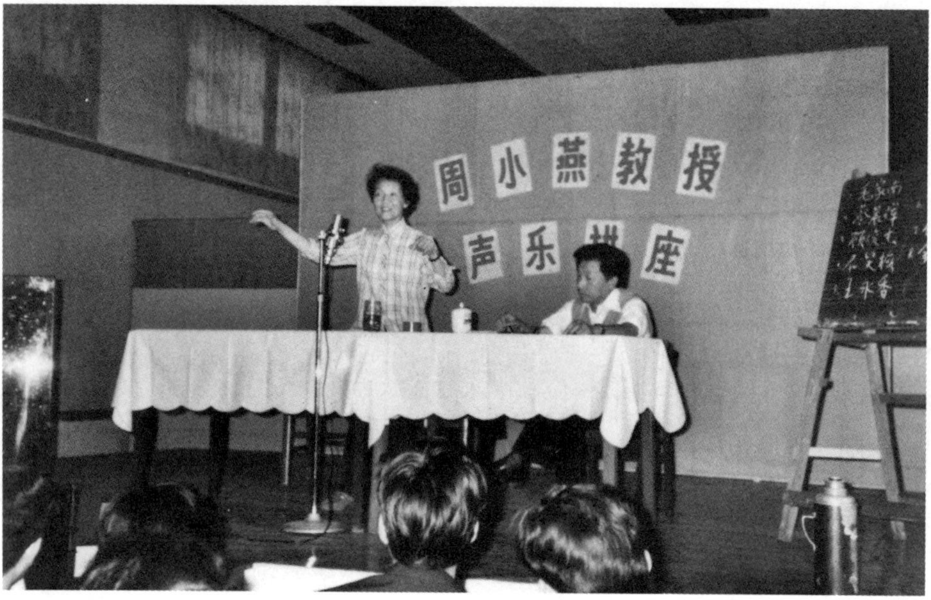

在浙江讲学

个小时的课程，没有人觉得长，觉得累，觉得烦，个个兴致勃勃，全神贯注，如获一顿美餐，更没有人中途离场。在浙江大学讲学时，学生的热情达到沸点。周小燕介绍了每一位学生的特点、成就后，就声乐技巧如何塑造音乐形象等问题，作了详细介绍。最后一个节目是一首混合四重唱，台上台下齐声合唱。65岁的周小燕，激情也被点燃，和学生一起高唱。这可是自1966年以来，她第一次在舞台上亮开自己的嗓子。讲学结束，一群学生还不愿离开，偷偷跟着他们到了吃夜宵的地方。看到周先生坐了下来，学生们"呼啦"一下涌上去，又是提问题，又是要求签名，又是挨在她身旁拍照。看着这个场面，陪同的浙江大学团委的一名干部，感慨地说："浙大校园里，讲学、演出是常有的事。但像今天这样热烈的场面还是很少见的。周先生的讲学太好了，生动活泼，很有感染力。"

不需要做什么宣传，周小燕的"讲学音乐会"很快在全国声乐界传开了，解放军，四川、云南、贵州、山东、天津、沈阳等地艺术院校和艺术院团纷纷来邀请她去讲学。1983年春节，周小燕和钢琴老师彭雪琼率学生们去成都军区，重庆、成都、昆明、贵阳等地巡回讲学。白天，周小燕将平时给学生在教室里的"一对一"上课，放大到舞台上公开上，下面的听众是当地的音乐教师、

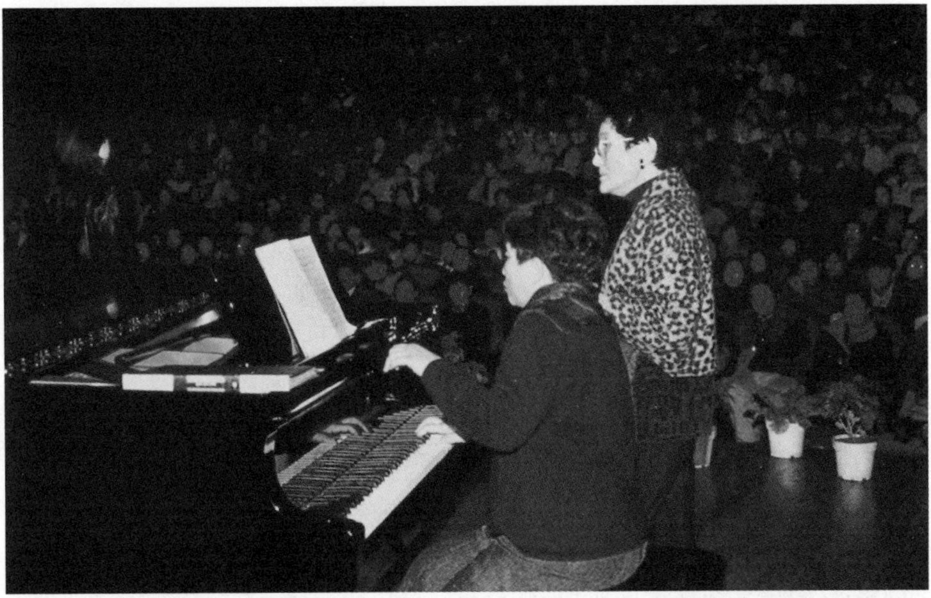

在四川讲学

声乐学生、独唱演员。晚上，举行公开的“讲学音乐会”，学生们演出，她在一旁讲解。这样的形式，大受当地音乐工作者欢迎。又有理论又有实践，又有讲学又有示范，从理论中提高，从实践中学习，从讲学中思考，从示范中顿悟，送上门来的这样的机会，多少年才能等一回？！

走出校门，对于周小燕和她的学生们又获得了什么？“讲学音乐会”不仅是讲，还有听。那就是与当地音乐部门联合召开座谈会，当地的音乐工作者对周小燕的教学和学生们的演唱说说心里话，提出宝贵意见和建议。“讲学音乐会”不仅是演，还有学习。那就是向当地演员和民间艺人学习。每次外出讲学前，周小燕都要让学生们唱好几首当地民歌。比如，去四川时，她让张建一唱了一首《人家的船儿桨成双》，这首歌词里有一句“喽喽哐”，周小燕觉得整个歌曲听来都很顺溜、优美，突然叫上这么一句，觉得挺别扭，为什么会这样呢？在成都，他们找到两名原作者，作者介绍说，“喽喽哐”，这一句是模仿川剧的伴奏乐器小糖锣的“喽喽”和大锣的“哐”的声音，表明歌唱者越唱越兴奋，连伴奏也唱了出来。作者还当场示范，热情辅导张建一怎样唱好这首歌。高曼华准备的是《槐花几时开》、龚冬健准备的是《好久没到这方来》，他们都很认真，花了不少力气，但总觉得不够味儿，不太满意。到了四川后，他们对四川人说话的语气、语调有了熟悉，当地歌舞团的同志又热情地具体指点，这样，他们越唱越有味儿，越唱越有劲儿。学生们由此懂得，要唱好当地民歌，一定要下工夫掌握好当地语言的风格，熟悉和了解当地民俗民风和当地人民的生活习惯等。

周小燕的“讲学音乐会”，坚持了十多年的时间。其间，她的学生一个个在国内外重大比赛中获奖，但是，回来后都老老实实、心甘情愿地跟着老师去讲学，不惜做“示范”，而且不止一次，而是多次。比如，1985年去山东讲学，张建一已在维也纳国际声乐大赛上拿了第一名。更早几年，刘捷在巴西第十届里约热内卢国际声乐比赛上拿了第三名，罗魏在意大利第三十一届维沃梯国际声乐比赛上拿了第二名，等等。他们的到来，在山东掀起了一股股热浪。当地媒体热情报道，赞扬张建一的演唱到了“舞台风云任我呼唤的境界”。评论高曼华的演唱：“花腔部分轻盈灵巧，跳音行进宛如一串玲珑剔透的明珠。由轻入柔时，全场屏息凝神，高亢处嘹亮酣畅，如行云流水。”认为刘捷“在把握美声唱法和民族风格上非常完美”。赞扬罗魏演唱《周总理，你在哪里》时，“结尾唱段，加大气量的倾诉，撕心裂肺的哭腔，使观众受到强烈的震撼，人人泪下”。

对于这一“现象”，周小燕说：“舞台没有大小，演唱者没有身份地位，只有对作品的理解和演绎。我希望我的学生，不仅有高超的演唱技术，还要有深厚的文化、修养和良好的品行。”

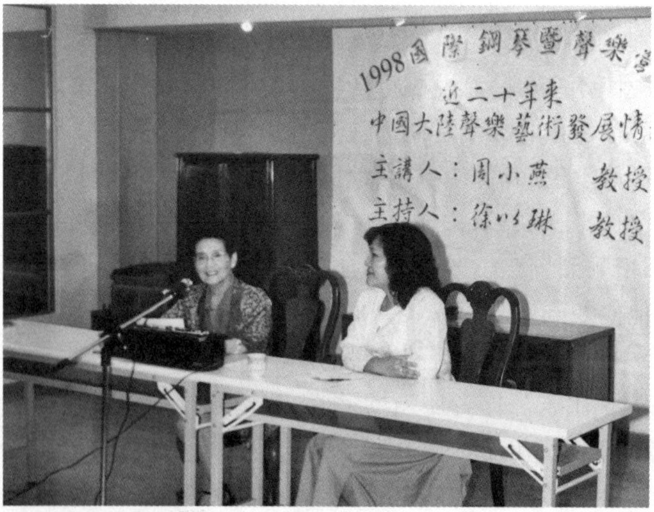

在台湾讲学

走出国门。1987年秋天，周小燕率学生去天津、沈阳讲学回来。正是收获季节，上海音乐学院迎来建院60周年，周小燕则积累了40年的教学生涯，在人生的舞台上，也度过了70个春秋。学院向她颁发了教学最高奖"金钟奖"，并且举办了一场周小燕学生演唱会。

这一年，上海市与美国旧金山市结为姊妹城市。周小燕学生频频在国际声乐大赛上获奖，如同连发了几颗炮弹，震惊了国际声乐界，随同来沪的旧金山歌剧院院长麦克安特意拜访了周小燕。麦克安希望加强与上海的合作，提出一个10年的合作计划，周小燕欣然接受。由此，在周小燕的教学长河中，流淌出走出国门这一汪河湾。

布林是美国旧金山歌剧中心的总经理，旧金山歌剧院与上海的合作，主要由她与周小燕定板。1991年7月，周小燕应邀访美，住在布林家里。在此以前，布林多次来上海，与周小燕商议，成功组织了上海音乐学院声乐系青年教师张光华、顾平、陈尚明等赴美国旧金山歌剧中心接受歌剧业务培训，旧金山歌剧中心演员赴上海，与周小燕歌剧中心联合演出，美国著名指挥家桑莫斯来上海指挥等文化交流活动。这回，两位对声乐艺术充满感情的女士，朝夕相处，更是无话不说。布林提出，可否搞些太平洋地区的国际歌剧交流活动？周小燕认为这个主意好。她进一步提出，我们搞活动的目的，不是为钱为名，也不搞花架子，要有利于歌剧人才的培养和交流。如果搞比赛，不容易做到公平、公正，还不如搞一个太平洋地区的大型演唱交流活动，凡太平洋地区的国家或地区均可选出一定名额的优秀歌剧演员，先集中到旧金山接受培训，最后作大型汇报演出。两人商定，这项活动，定名为"太平洋之声"。

1992年5月，"太平洋之声"在旧金山唱响。北京、上海、天津、广州、旧金山、东京、香港、台北等城市和美国、澳大利亚、新西兰、墨西哥、韩国等国家的22位演员，参加了这项史无前例的太平洋地区的歌剧艺术交流活动。旧金山市市长艾格罗斯不仅观看演出，还出席了记者招待会。艾格罗斯认为，太平洋地区的国际歌剧交流活动非常有意思，也很有意义，这是旧金山市民文化生活中的一件大事。其间，周小燕应邀到旧金山电视台作演讲和示范教学，旧金山主要媒体刊发了周小燕的照片和记者的访问文章。6月7日晚，在旧金山大剧院举办的"太平洋之声"国际交流演唱会上，22位演员，手拉手合唱美国著名作曲家伯恩斯坦的《让我的花园鲜花盛开》。

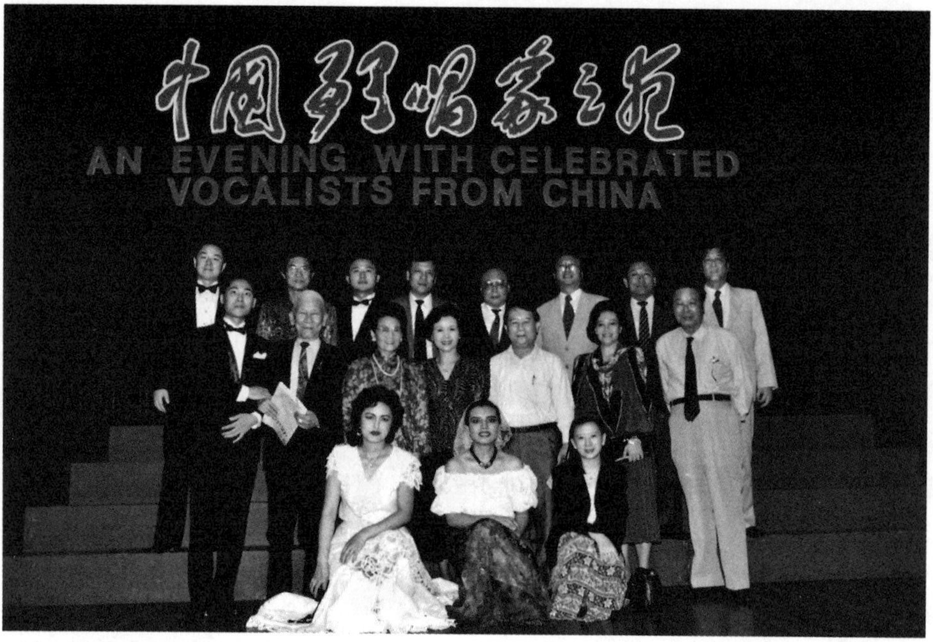

率学生在新加坡演出

美国旧金山歌剧院和周小燕歌剧中心的合作持续了七年，因布林女士离开旧金山歌剧中心，去了法国而中断。这项合作，不仅周小燕把教学搬出国门，而且学生有机会去旧金山培训，在国际舞台上得到锻炼，泛太平洋地区的声乐歌唱家也有了一个很好的交流舞台。

八　周小燕歌剧中心

度过了1987年的辉煌以后，周小燕已进入古稀之年，生命在这个年龄段，按照常规，是颐养天年的时候了。周小燕却压根没想到自己的年龄，更没有意识到应该享受生活了，她觉得她的事业还刚开了个头，还有很多事情要做。尤其看到国内歌剧正处于低谷时期，全国各地歌剧院团几乎都因为缺乏经费而难以生存，像上海歌剧院这样好的专业歌剧院，也很少有戏上演，更谈不上创作新剧目了。还有，我们自己千辛万苦培养出来的一个个在国际上获大奖的学生，回来后因为没有歌剧舞台而去了他国，歌剧演员流失现象很严重。没有人才，哪有事业？眼前的一切，使她非常痛心、非常焦虑。

歌剧是一门综合性艺术，是戏剧艺术中最为雍容华贵的一员。它是集歌唱、表演、舞蹈、话剧、交响乐、灯光等为一身的艺术。它以高雅别致的文化品位、曲折跌宕的故事情节、真挚动人的情感表达、委婉动人的歌唱咏调、华丽漂亮的舞台呈现等，几百年来受到世界各国人民的喜爱和追捧。因此，一个好的声乐专业学生，光有好的嗓子还不行，还应该在歌剧的舞台上得到锻炼，才能全面成长。周小燕一直在思考：一部音乐作品，不像绘画或文学作品，一经作者创作后就与读者直接见面，音乐作品还必须经过演奏、演唱者的二度创作，才与观众见面，因此，一部音乐作品的演员很重要。如果有一个机构，能够团结和凝聚一批又一批有志于歌剧事业的青年演员或学生，对他们进行严格培训，使他们获得舞台实践的锻炼机会，逐步成长为能胜任任何歌剧演出的优秀的歌剧人才。同时，通过舞台实践，还可以培养出一批歌剧编写、导演、指挥、舞美、音响等其他方面的专业人才。

她把这个想法和系里的张光华老师说了，张老师非常支持。这是一个什么样的机构呢？他们设想在学校搞一个实验歌剧院，但是当时国家有规定高等院校不能设立歌剧团，肯定不批准。又设想在学校设一个歌剧班，可其时文化部正在要求艺术院校精简机构，也行不通。怎么办呢？那就搞一个经费自理的歌剧中心，挂学院的牌子，但是这样一来上海音乐学院就得负责，给人、给地、给钱等等，这还是多了一个机构，也行不通。那么，索性就自己办吧，张光华老师提出，就叫周小燕歌剧中心。周小燕可有点犹豫了，她不是怕负责任，而是认为以自己的名字命名不好，这样是不是会给人一种出风头的感觉，会不会把自己孤立起来？大家劝她，既然要办，胆子就要大些，不挂周小燕的牌子，怎么去拉赞助？没有钱，任何事都办不了。好吧，为了歌剧事业，不再瞻前顾后了，她同意了。

1988年5月，在上海音乐学院的支持下，周小燕歌剧中心宣告成立。在蛮长的一段时间里，中心没有经费，没有地方，只有几位志同道合的“同志”和满腔热情。很多人打电话给她，或是在路上碰到她，问道：“周小燕歌剧中心在哪里呀？”她笑笑道：“在我口袋里呀。”中心成立时，在“宣言”中写道：“它要成为一个分期分批培训歌剧人才，并提供多元的歌剧艺术实践的基地；一个有凝聚力，能吸引海外学子回国施展才能并为中国歌剧事业做贡献的基地；一个可供外国歌剧演员、导演、指挥来华作艺术交流的基地。”这一切的目的，便是：培养新一代高水平的歌剧英才；组织创作当代中国歌剧；推广、传播世界歌剧名作；促进上海与全国各地和世界各国歌剧艺术的交流和合作。

从教学、演出、交流，到各项活动，周小燕没有一件事不亲力所为。

与美国旧金山歌剧中心的合作，因为周小燕歌剧中心的出现，一切就显得顺理成章，合作进一步展开。1990年5月，上海艺术节在春天的芳香中隆重开幕，周小燕歌剧中心和旧金山歌剧中心合作的意大利经典歌剧《骗婚记》，隆重上演。这部歌剧，由中美演员同台演出，中方演员用中文演唱，美方演员用意大利语演唱。虽然语言不通，但通过音乐，双方配合默契，一点儿也看不出痕缝。美方演员善于交流和松弛的表现能力，对向来比较拘束的中方演员不啻是一次学习机会。这样的风景，在上海乃至世界舞台上，都难以出现。

将西方经典歌剧搬上中国舞台，在周小燕的心中，不是目的，只是一个手段。她是想由此筑起一个舞台，让更多的学生和歌唱家有用武之地，吸引更

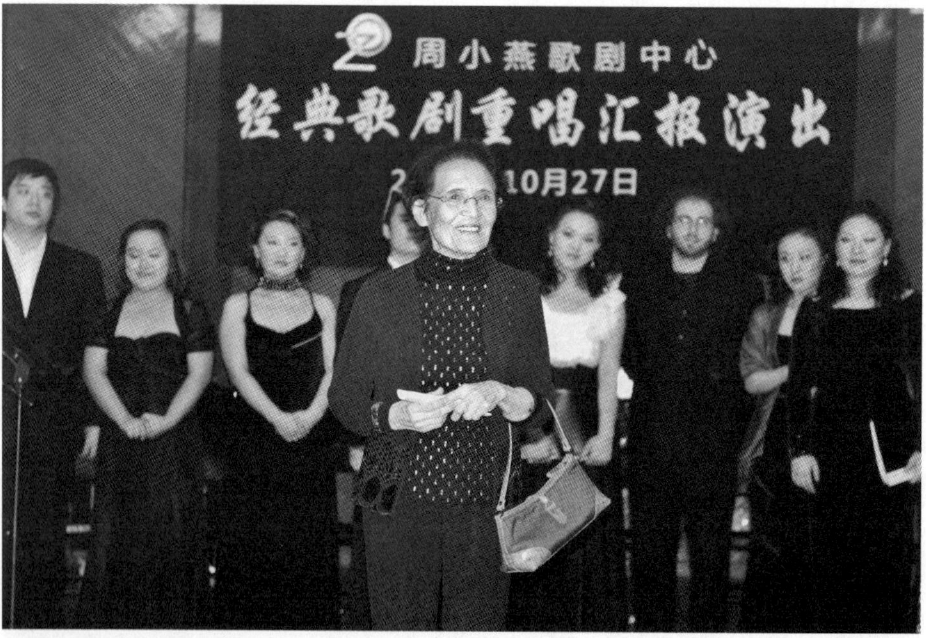

2009年周小燕歌剧中心经典歌剧重唱汇报演出

多的人才回国。有了歌剧中心，便有了一个深入学习和实践西方优秀艺术的平台，只有学深学透，掌握精华，才会为我所用，创造优秀的中国歌剧。因此，目的只有一个：演出和创作中国优秀歌剧。

在歌剧《弄臣》中，饰演男主角里戈莱特的雷岩，是山东省歌舞剧院的演员，当时是周小燕歌剧中心的学员。《弄臣》取得成功后，山东省歌舞剧院通过雷岩向周小燕表示，希望与中心合作演出威尔第的另一部经典名剧《假面舞会》。周先生认真考虑了山东省歌舞剧院现有演员的情况，建议演出由曹禺话剧改编的歌剧《原野》，男主角仇虎由雷岩担任，女主角金子则由山东省歌舞剧院的李彩琴饰演，李彩琴也是周小燕歌剧中心的学员。周先生从上海来山东进行辅导。李彩琴当时没有演出过歌剧，第一次演歌剧，又担任主角，压力很大。周先生手把手地教她，并从精神上给予很多鼓励。

歌剧《原野》，由曹禺女儿万方改编，金湘作曲，金湘夫人李稻川导演，李稻川也是《弄臣》的导演。这样的创作班子，对理解和阐释原作和作曲精髓，有了更大的把握。在这部作品中，金湘多次运用了现代的多调性手法，使得整部作品在演唱上增加了很大的难度，这对每一个演员都是一次考验。雷岩

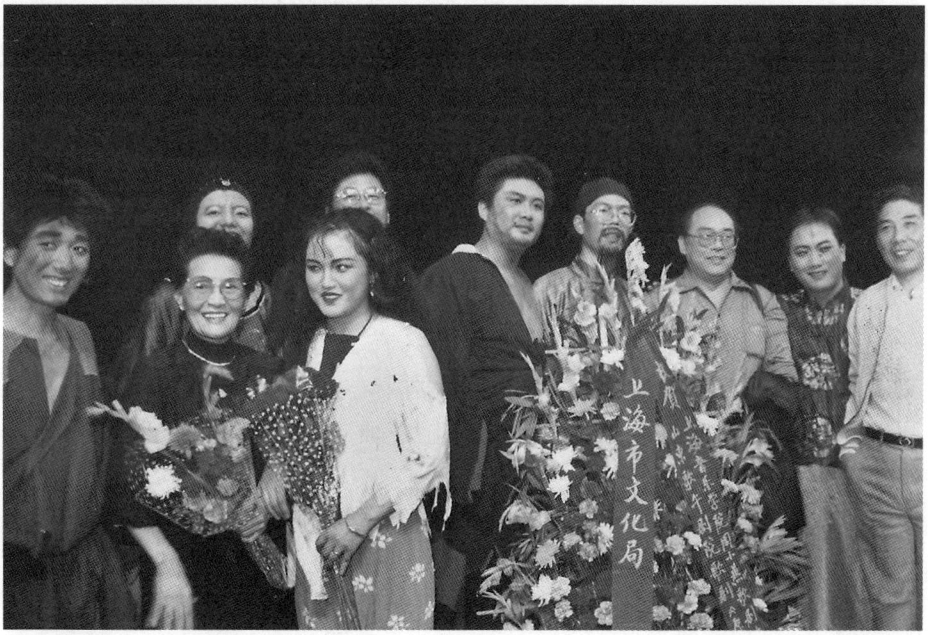

《原野》演出获得成功

虽然成功主演了《弄臣》，并由此获得上海市白玉兰艺术奖，但是，仍感觉仇虎这个人物很难演，唱段的音域跨度很大。一部戏排演下来，他整整掉了24斤肉。李彩琴的金子演得蛮有张力，性格鲜明，花腔部分很亮丽。6月，《原野》在山东济南连演三场，获得好评。随即受到上海市国际艺术节的邀请，参加10月份举办的上海国际艺术节演出。接着，北京举办曹禺戏剧生活60周年活动，《原野》又受邀赴北京演出。演出结束后，周先生有点玩笑地问一旁的贺敬之："你有没有觉得洋腔洋调，不伦不类呀？"贺敬之老老实实地说："没有啊，他们唱的我都听懂了。"曹禺先生因病没有去看演出，周小燕去医院探望他，曹禺说："玉茹和万方把情况都对我说了，你们演得很好，真要感谢你们。"一路征求意见下来，大家都觉得很好，不错，周小燕那颗提着的心，才有点放下来，内心有了一种充裕感。

周小燕歌剧中心成立后，至1994年，共排演了《弄臣》《骗婚记》《原野》《乡村骑士》《茶花女》等五部歌剧，平均一年一部。那几年，正是中国歌剧最为低迷的时候，全国上下几乎看不到一部歌剧的演出，正因为周小燕歌剧中心的坚持和努力，清冷的歌剧舞台有了些许暖意，一时，有了"看歌剧到上海"之说。

随着一部部歌剧和音乐会的成功演出，随着一个个学生在国内外声乐大赛中拿奖，周小燕这个名字，如雷贯耳，在很多声乐青年心中简直如"神"一样，周小燕歌剧中心也声誉日隆，名扬海内外。每天来电来函求教者多得难以应付，更有搞突然"袭击"的，不远万里，找到门上。周小燕忙得双脚朝天，回到家里，就像一条虫，累得连饭都不想吃一口。怎么办呢？周小燕深知，声乐这一行，尤其是美声，渴望指点、深造者太多太多。一个想法油然而生：办一个培训班，通过自己的关系，从国外请一些大师级声乐艺术家来上课，让更多的人有学习和深造的机会。2000年8月，在上海音乐学院、上海市政府的支持下，经文化部批准和授权，周小燕歌剧中心第一届国际歌剧大师班顺利开学。随后，几乎每年一届，除2003年因"非典"和2008年北京举办奥运会，迄今已举办八届。

向来低调的周小燕，为何将这个培训班称为大师班？不仅因为能有资格到这里来教授的都是国际上有名望的音乐艺术家，她更希望从这里得到训练的学生，不仅在专业知识上在各个方面全面发展，而且要成为大师级的声乐艺术家。

每一届大师班，招收30名左右学员，但是满足不了需求，中心再招收100多位旁听生，与学员一起倾听大师们的讲座，他们来自全国各地，差不多都是当地的声乐专业工作者、教师和声乐系学生。在一届又一届学生名单中，我们读到了很多如今活跃在国内外声乐舞台上的佼佼者的名字，诸如李秀英、吴碧霞、郭森、易思衡、张峰、雷岩、杨勇、葛涵、韩蓬、沈洋、于冠群、梁召今、伍艾、杨阳、张文巍、陈勇、王韵晶、陈苏威、董芳、刘恋、费琪芳、朱秋玲、殷桂兰等。你可以想象，从2000年以来，几乎每年的暑假，当学生们已经放假，上海音乐学院美丽的校园内聚集起中华声乐界一批优秀青年和一批来自海内外的声乐大师，这是一道怎样的风景？那些匆匆一过的身影，虽然短暂，却从这里汲取了智慧和力量，找到了通往前程的最合适的一把钥匙。

不必介绍每一届的盛况，就让刚过去的第八届大师班，重回我们的眼前。第八届大师班于2011年8月8日开学，聘请的外籍教师是：

意大利著名钢琴演奏家、指挥家Marco Boemi。他是当今国际音乐舞台最为活跃的指挥家和钢琴演奏家，曾在伦敦指挥过著名的爱乐乐团，到过德国柏林、奥地利维也纳指挥并演出，在俄罗斯喀山夏里亚宾音乐节指挥过歌剧《弄臣》，在荷兰阿姆斯特丹音乐厅指挥了《安魂曲》。他也是和世界著名

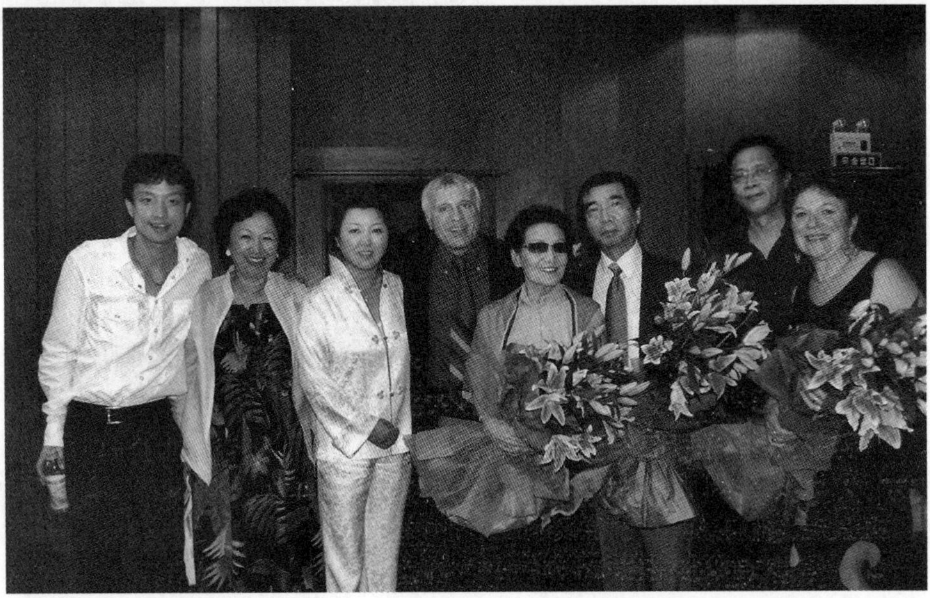

与周小燕歌剧中心国际歌剧大师班教师

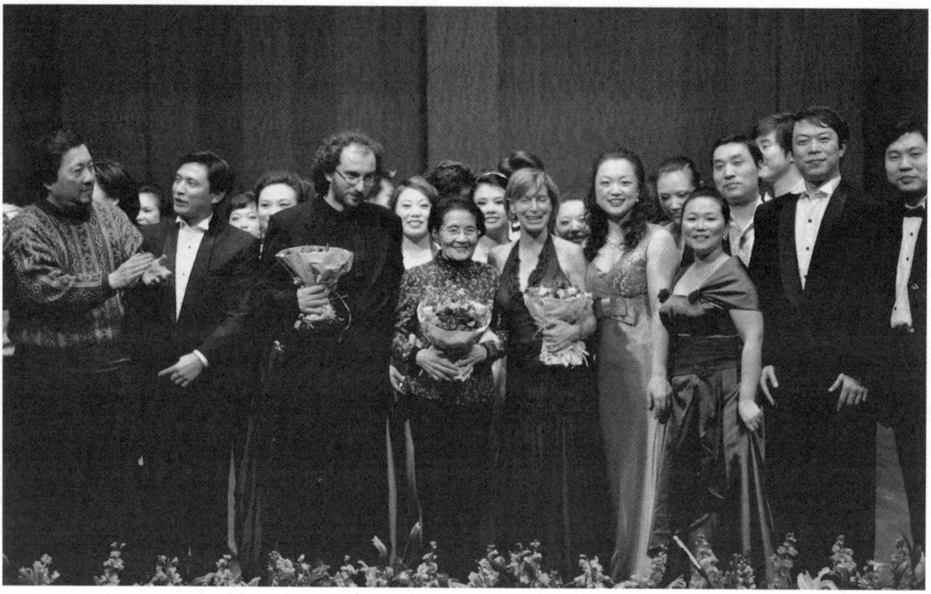

与周小燕歌剧中心国际歌剧大师班学员

歌唱家合作最多的钢琴家和指挥家。

意大利著名女高音歌唱家和声乐指导Michela Sburlati。她是个非常全面的声乐艺术家，能演唱不同时期的歌剧，从巴赫的《康塔塔》、莫扎特的《唐·乔瓦尼》、罗西尼的《圣母哀悼》、威尔第的《海盗》、普契尼的《蝴蝶夫人》到瓦格纳的《崔斯坦与伊索德》、理查·施特劳斯的《随想曲》等，出版了多张歌剧唱片。她还曾与美国、德国、奥地利、西班牙、英国、法国等世界著名剧院合作，演出了一系列优秀作品。

Louise-Andree Baril是加拿大著名的钢琴独奏家和室内乐演奏家。她曾在"蒙特利尔马提内斯交响乐比赛""加拿大音乐比赛"中获得金奖。她是一位出色的音乐教育家，曾任加拿大蒙特利尔音乐学院院长，现在仍担任蒙特利尔歌剧院、蒙特利尔音乐学院的音乐指导。

中国专家除周小燕外，有廖昌永、顾平、葛毅、周正、陈星等，他们都是上海音乐学院的声乐系教授、硕士生导师，有多年从教经验并在国内外声乐重大比赛中拿过奖。

可以看出，歌剧大师班解决的不仅是学员的演唱技巧，更有表演、语言、钢琴伴奏、指挥等其他方面的知识，是一次综合性全面指导。

8月，正是周小燕的出生之月，1917年出生的她，其时已过了94周岁。在大师班两周的学习时间中，她上了三次大课。

一大批学生，在经历了歌剧大师班的历练以后，在国内外重大声乐比赛中获得金奖或者银奖，如李秀英、黄英、郭森、吴碧霞、陈勇、于冠群、王韵晶、张峰等等。不能说，他们的获奖或成名是大师班的全部功劳，但是，可以说，大师班是他们成长中的一个重要节点，或者说是一个助推器。

事实表明，周小燕歌剧中心国际大师班已成为培养歌剧人才的重要高地。

从1988年到2011年，周小燕歌剧中心从周小燕的"口袋"里跳出，进入世界大舞台，23年风雨之路，成功的经验又在哪里？可以列举很多：周小燕的声名和影响，这是最为重要的，每一个学生都是冲着这一点来的。她高超而又全面的专业知识，使人敬仰，让人佩服；她生动有趣的讲座，开启每个人的心灵，使人受益无穷；她忙碌的身影，使每一个人感动，从中获取力量，等等。

高质量的师资队伍，每一届无论是外籍还是中国老师，都十分有经验且相当负责。周小燕曾经叙述过关于廖昌永的一个故事："课堂上我教他手不

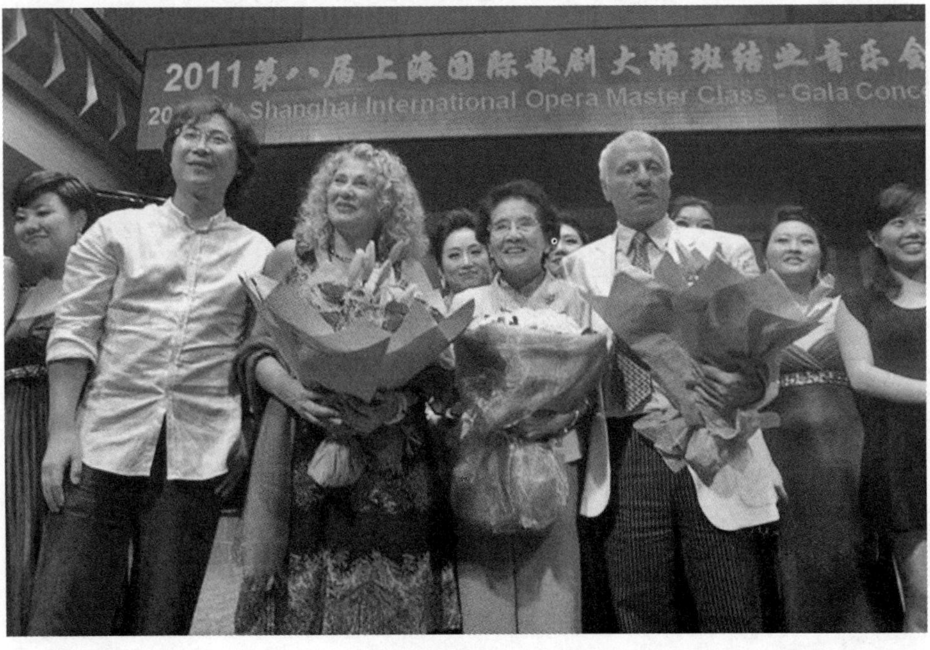

2011年第八届周小燕歌剧中心国际歌剧大师班结业音乐会

要乱动，眼睛里要有东西，这些基本的表演的东西是我教给他的，但是，他在台上，走路常常走不到点上。这是怎么回事呢？我们的学生实践的机会太少了，我没有办法解决。歌剧中心请来了美国专家，我对他们说，你们看这个孩子，他很有乐感，但是一上台就不会走路。美国专家说，好，交给我吧。人家有很多办法，把他给教出来了。现在，他的舞台实践机会多了，在台上行动很自如了。所以说，廖昌永在这些方面的才能，不是我的功劳。”

由此，又可以知道，周小燕歌剧中心和她的国际声乐大师班，不是走过场搞搞形式，而是真正解决学生的问题，帮助他们成长、成才。

我们看到，周小燕歌剧中心和山东省歌舞剧院合作排演《原野》时，他们的女高音李彩琴还没有演出过歌剧，显然，金子一角的饰演，使她的艺术生涯掀起新的篇章。接下来，周小燕歌剧中心和旧金山歌剧中心合作，排演意大利作曲家玛斯卡尼的独幕歌剧《乡村骑士》，李彩琴又幸运地被选拔饰演女主角桑杜查。这部歌剧还是第一次被搬上中国舞台，在上海演出获得成功。在周小燕率领七名学生和钢琴老师彭雪琼赴新加坡访问演出和公开讲学时，李彩琴又有幸参与，一系列的学习和实践，使李彩琴成长很快。李彩琴在中心毕业后，到厦门歌剧院工作，获得过中国戏剧最高奖梅花奖。

江苏省歌舞剧院的殷桂兰与李彩琴有异曲同工之经历。周小燕歌剧中心与江苏省歌舞剧院排演《弄臣》时，殷桂兰是B组的女高音饰演者。合作结束后，她考到周小燕的班上进修，周小燕率学生去新加坡演出和讲学，她也是成员之一。1993年，江苏省歌舞剧院和周小燕歌剧中心再度合作，演出世界著名歌剧《茶花女》，其中的女一号薇奥丽泰，饰演者就是殷桂兰。殷桂兰现在是江苏省歌剧院副院长，经常应邀出国演出。

八届国际歌剧大师班、九部歌剧，赴美国、新加坡、印度尼西亚演出，“太平洋之声”“中国歌唱家之夜”“歌剧精品之夜”“岁月悠悠·中国艺术歌曲荟萃”“春华秋实·歌剧精品荟萃”“经典音乐剧金曲”等一系列音乐会、演唱会，周小燕歌剧中心以一项项高、精、尖的工作，让人赞叹，让人可望而不可即。

从歌剧中心组建的第一天起，周小燕就是中心的艺术总监，中心的每一个项目，都需要她去策划、定板、运作、辅导、把关等，但是，在大方向定了之后，很多事需要人去做。

当年的毛头小伙子卞敬祖，80年代中后期已是声乐歌剧系的党总支书记和副主任，他兼任了周小燕歌剧中心总经理一职，帮助周先生策划和解决了很多问题，使她“口袋”里的周小燕歌剧中心有了“居所”。一些敬佩周小燕，热爱歌剧事业的学生和“周迷”，走进了歌剧中心，志愿为中心服务，这些都是周小燕歌剧中心成果累累的原因之一。

周先生的学生李家骅，从上海市文化局演出处处长的岗位上退下后就来到歌剧中心，帮助工作。

2002年，一位女性走进歌剧中心。她是一位美籍华人、管理学硕士，喜欢唱歌的她，原想拜在周先生的门下，学习唱歌，没有想到，接触下来却被周小燕的精神和事迹感动，决意留下来帮助周先生打理中心日常工作。这位名叫韩莉平的女士，性格开朗，风风火火，办事能力很强。她的丈夫周天平是一位出色的律师，上海律师学会的副会长。周天平义务担任了歌剧中心的常年法律顾问。10年来，夫妇俩忙前跑后，热情为中心策划了许多项目，还自掏腰包，帮助周先生成立优秀学生教育基金。周先生心里有什么想不通的，搞不懂的，都喜欢找周天平说说、聊聊，请他帮助拿个主意。韩莉平现为周小燕歌剧中心的执行主任和艺术总监助理，廖昌永为中心主任。

声乐教育，从来都讲究教与学、相互适应、相互理解的关系。一届又一届学生，从周小燕歌剧中心走出，获得锻炼和提高，学生们的成才成名，又为

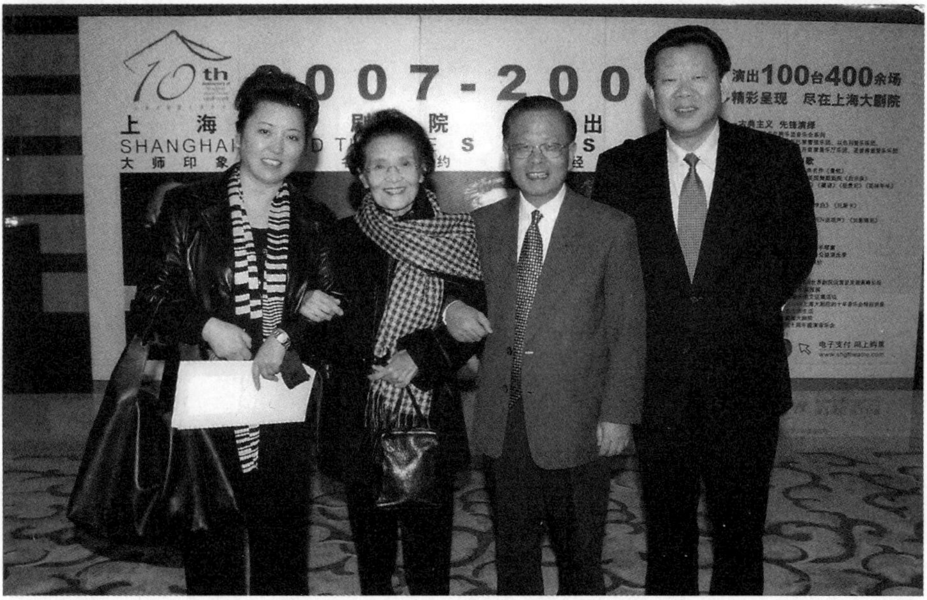

与龚学平（左三）、周天平（左四）、韩莉平（左一）

周小燕歌剧中心增添了荣誉，这就形成了良好的教学关系。万山红是中国歌剧院民族歌剧演员，1989年，她专程来上海，拜周小燕为师。听了她的唱，周先生感到她具备通过美声唱法的训练，扩展音域空间的条件，于是给予指导。万山红特别认真，不厌其烦，一遍又一遍练声。学习结束后，她在上海开了一个独唱音乐会，在传统歌曲《小二黑结婚》《江河水》中，加用了美声技巧，使歌曲显得厚重了许多。她还演唱了中国歌剧《原野》和西方经典歌剧《艺术家的生涯》中的独唱和二重唱。两部不同歌剧，观众听起来都有各自的民族风味。她的"唱贯中西"，兼容并蓄，使观众如沐春风，非常认可。1990年，万山红参加全国青年歌手电视大奖赛，获得了民族唱法第一名。在历届全国青年歌手电视大赛中，夺冠的还有刘捷、顾欣、李秀英、方琼、于冠群等周小燕的学生。

周小燕歌剧中心，是晚年的周小燕实现教学思想的重要平台，这个平台为中国声乐教育、歌剧事业做出了无比辉煌的贡献。

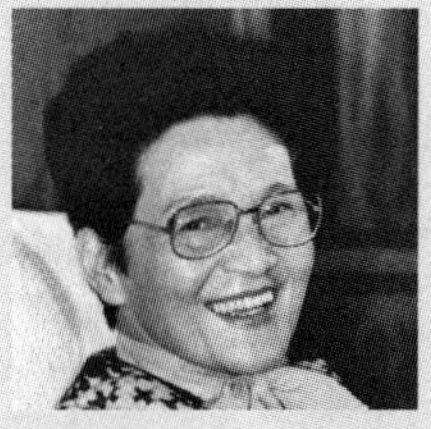

第五章

矻矻学习的她

一 《我的学习》

生活中常常会碰到很多惊喜。2011年4月21日，迎着春天的阳光，笔者来到东平路上海音乐学院附中教学大楼。从学院退休后，卞敬祖其实一直在为音乐教育事业忙碌着，先是在周小燕歌剧中心，后来又到了附中，这年，他已经74岁了，仍热情如火。刚坐定，他从一只文件袋里，小心翼翼地取出一叠已经发黄的书页纸，说道："这是我在整理钱仁康先生的材料时发现的，也许对你有用。"笔者一看，心里乐开了花。太珍贵了，这里有两期1948年出版的《音乐评论》，虽不完整，纸页都散落了，但主要内容都在，字迹很清楚。还有两份1947年的关于周小燕音乐会的外语节目单，及一份1955年的歌谱。真是意外收获！笔者赶紧说："太好了。我一定好好保存。"

这是历史，真真切切的历史。这几份文字，不仅记录和反映了周小燕在归国后初期的一些活动及思想，也记录和反映了当时全国音乐界的一些现状和潮流。《音乐评论》是在上海编辑出版面向全国的一份音乐批评类小刊物，由音乐教育协进会主办，钱仁康先生任主编，在当时的中国音乐界，仅有这一份音乐评论类媒介。这份小刊物原来类似报纸样一大张，免费赠送，后来，读者纷纷来电来信要求扩版，刊登更多的信息和不同的声音，因此，在出版了31期后，改为小刊物，页数不定，两周一期。

改刊后，编者有一篇《致读者》的文章，读来令人热血沸腾，犹似写今天。其中写道："当一个社会发生变革的时候，最容易疏忽的就是文化。人们忙着为安全与衣食奔走之际，谁有闲情逸致去注意不急之务？可是历史昭示我们，在春秋战国的并吞杀伐，而后先秦诸子的文化蔚为大观；有五胡十国南北朝的大混乱，而后孕育了唐代文化。灿烂史乘，影响之广而且远，因之树立了我国在世界文化史上的卓越地位。我们处此动荡不安的时代，何可自暴自弃，失去了理智，不择手段去求个人的生存与安全。个体的生命有限，整个的文化却是永恒的。愈在人类的自由遭受威胁的时候，愈觉保护和培植文化工作的重要。因为，若是文化被毁灭，我们就失去生存的信心了。"

出版于1948年12月30日的《音乐评论》，系改刊后的第二期，即总第33

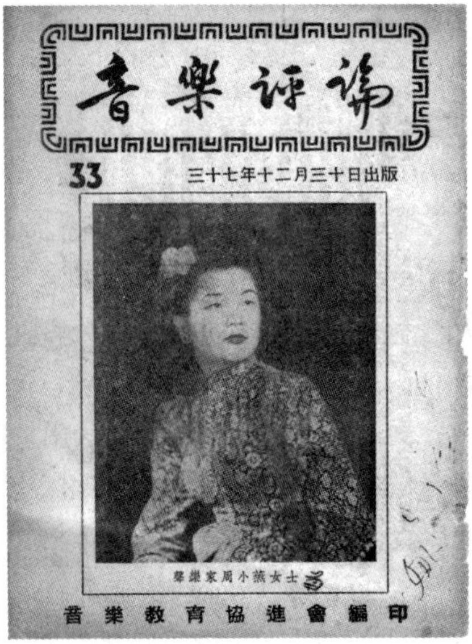

《音乐评论》封面

期，封面是一幅周小燕的约三寸半身照，在笔者所看到的众多的周小燕照片中，还是第一次看到这一张。年轻的周小燕，穿一件中西结合，缩腰大袖，印有菊花图案的衣服，头发是波浪形的，右边夹着缀有牡丹花的发夹，身体微侧，脸上薄施脂粉，双眼直视前方，显得从容、自信。照片下面，写有一行解释词：声乐家周小燕女士。小心地轻翻这本刊物，在第七页，读到题为《我的学习》，署名周小燕的文章，这是时年31岁的周小燕，公开发表的第一篇文章，足见其珍贵，真是太难得了！

此时，周小燕回国一年了。这一年，她马不停蹄，举办了独唱音乐会，参加各种演出，还到交通大学、复旦大学、同济大学、市三女中、陶行知育才艺术学校等，为学生演出。她的大名和风姿，不仅音乐界无人不晓，在青年学生和普通市民中，也响当当。她是怎样成为一个声乐家的？也许这正是《音乐评论》编辑部，邀请她写此文的目的。

“声乐，我们知道是音乐中和文学最有密切关系的艺术，所以，一个学习者要做一个‘完美的’歌唱家，必须要尽量地培养自己的文学修养，除了阅读音乐上的书籍外，要多看其他的文艺作品（尤其是诗歌和剧本）和自然科学方面的著作，尽可能地使自己正确地认识人生的意义。总之，要设法培养自己的‘内在美’。一个有内在美的人才能有真正欣赏‘艺术美’的能力。有了这能力，才能将每首歌曲表演得震动人的心弦，使听众随着歌声快乐或悲伤。”这是周小燕在《我的学习》一文中的一段话。

1935年，当有朋友建议周小燕去上海学习音乐时，18岁的她天真地说：“唱歌还要学习？我这不张嘴就唱了吗？”踏进了高等音乐学府，随着学习的深入，她这才觉得学声乐太难了。九年的法国学习和历练，她越来越觉得，一个优秀的声乐艺术家，一切过硬的歌唱技巧，只是基础，只是为了阐述和表现歌唱内容的基本条件。一个优秀的声乐艺术家，必须重视文学及其他方面的知识，修炼内在的功夫，将自己锻炼成内在与外在互为映照、统一的文化人。

这是她的肺腑之言，切身体会。

在这篇文章中，周小燕还以自己的成长，告知读者们，在学习的过程中，不能怕失败，“要有耐心和恒心，有理解能力和毅力，一日不断地去努力和学习，才能一步一步地‘登堂入室’”。她坦言，开始正规学习后，唱歌时既要顾腹部呼吸的支撑，又要注意头前的共鸣，还要留神口唇上咬字发音的清楚，常常顾此失彼，弄得神经异常紧张，过去别人叫唱就唱，现在连台也不敢上。她失望也绝望过，不知为之流过多少眼泪。

当年的国立上海音专声乐系，每学期都要举办好几场学生演唱会，一方面是让学生有舞台实践的机会，一方面也是一次学习和交流的汇报会。那一天，轮到周小燕汇报演唱了，父亲刚好到上海出差，特意赶到江湾的学校，听女儿演唱。虽然做了很好的准备，台上的周小燕仍很紧张，脑子里想的都是歌唱的一些技术理论，她定了定神，心想不能让父亲和老师失望，示意钢琴伴奏开始。随着琴声，她唱了起来，但是嘴唇发抖，声音飘浮，双腿也软了，本来就胆虚的高音，还没到那个高度，声音就破了。完了，失败了，丢丑了，她只感到台下的人在窃窃私语，恨不得有个洞赶快钻下去。她不知道自己是怎样走下台的，下了场，她躲在一个角落里哭了起来。父亲找到了她，没有一句责备，抚着她的肩，说：“小燕别哭了，这次失败了不要紧，下次再来。失败是成功之母，只有在失败中能站起来的人，才会成功。”

周小燕在巴黎音乐师范学院就读时，主课老师是吉尔斯夫人，没有多久，小燕的高音又唱不上去了。小燕原不懂法语，到了法国后，在法国语言学校学习了一段日子，能够应付日常用语，但是与老师交流起来仍有些困难。也许是太专业了，小燕不理解老师说什么，那就很难照老师说的去做。热情开朗的姑娘，一下变得沉默寡言起来，夜晚也睡不好，担心自己学不好，辜负父母和亲朋好友的热切期望。她倍加努力，细心揣摩老师说的，到琴房拼命练声，但是，声乐这门艺术，非常独特，方法不对，再用功也解决不了问题。她发愁，哭鼻子了。后来，小燕转学到了巴黎俄罗斯音乐学院。她的老师贝纳尔迪，一半意大利血统，一半俄罗斯血统。他是一位优秀的钢琴家、声乐教授，世界上众多的著名歌唱家都愿意和他合作，请他伴奏、指导。他可以根据歌唱家的音高，半度音、半度音地转调伴奏。他又是一位优秀的歌剧演员、歌唱家。他嗓子的先天条件并不好，正是靠了科学的发声方法，重新打造出一条新的嗓子，从而成功转型。贝纳尔迪很快找到小燕的病因，在他的调教下，小燕终于战胜了高音上不去的问题。

第一次以文字的形式与读者交流，周小燕谈的就是学习，持之以恒地学，不怕艰难困苦地学，满腔热情地学。学习，在她的生命中占有重要地位。学习，是她成长、成才、成功的重要两翼。

二　学习与改造

出席全国第一次文代会以后，周小燕满心希望自己做人民中的一员，为人民歌唱，为人民教学。怎样从思想上、业务上与人民一致？其实，她是不清楚的，那个年代的许多与周小燕一样希望进步的青年人，都不是很清楚的，他们有热情，有干劲，党号召干什么就干什么，党指向哪里就奔向哪里。

那时候的周小燕，面临种种转折：在专业上从歌唱转向教学，在思想上要从"资产阶级小姐"转向人民的一员。这两种转折，都有一种脱胎换骨的味道，不是那么容易做到的，所以，展现在她面前的一切，全都是新的，没有碰到、没有经历过的。而且，许多东西当时都有争议，都有不确切因素，不仅周小燕，很多人也都无所适从，不知如何是好。由此，矛盾重重，困难重重，问题重重。怎么办？如何解决？周小燕也很着急，她想通过学习来改造和提高自己。她在1954年1月的一篇日记中给自己定了学习规划：一天不少于四个小时的学习。但是，她觉得自己所承担的社会责任很多，没有办法保证学习的时间，因此，提出辞去声乐系主任职务的请求。此事应该是1954年的春季开学以后。周小燕在当年的小本本上记下当时自己所兼任的职务和当时的一些思想："1. 人代、文代、妇代、音协、中苏友协，演唱、出国。2. 开代表会议及出国，使教学受到影响。3. 行政事务工作倒不是有过重现象，而是与自己的教学及业务自修有矛盾。4. 原因除占掉时间外，而且离职，许多报告往往由于与教学时间冲突而不得不放弃。造成另一矛盾，就是作为一个部门领导干部没有学习的机会（政治与业务）。"当然，组织上没有批准她的请求。她没有办法，只能挤时间，利用别人休息和睡觉的时间学习，以使自己能在学习中改造，在学习中提高。所以，她总是感觉时间不够用，希望一天不是24小时，而是48小时。

2011年11月。从美国回上海探望母亲的儿子张本和媳妇，在帮助母亲大扫除时发现了一些破旧的小本子，便细心地收在一起，放在一个纸袋里。2012年2月，媳妇在越洋电话中告诉母亲，有这样一些小本子，好像还有日记什么的，告诉她放在了什么地方。周小燕把它找了出来，交给笔者，喜滋滋地说："我都不知道还有这些东西，我媳妇立了功。你看看，有什么用吗？"

怎么没有用呢？太宝贵了！花了几天的时间，笔者粗粗翻阅了这些小本本，感慨良多。这些是周先生在各个时期，主要是20世纪50年代的工作笔记本。笔记本只有三寸大小，没有封面，纸页脱落、破损，用线穿连着，有五六本，都不齐。还有少部分日记。较完整的是1977年访问西德日记，1985、1991、1992年的日记。无疑，这是研究周先生思想、工作、教学、生活等方面的重要的原始材料。当然，尚需要慢慢解读，细细考证，深入研究。但是，粗粗阅读，半个世纪前，静夜下，青灯旁，一个孜孜矻矻、奋发学习的周小燕形象，便扑面而来，似一幅画，留在心中，难以抹去。

在这些笔记本中，有许多是周先生抄写的重要会议精神和一些文章，这里有《一九五三年第二届全国文代会上周总理的报告》。周总理的报告有三个部分，笔记本只记有第一部分，第二部分开了一个头，显然是周小燕抄录的，字写得工工整整、密密麻麻；1958年7月31日，抄录《人民日报》转载《北京日报》上关于"共产党员应该有什么样的志愿"的讨论总结；1961年4月12日，抄录毛泽东《改造我们的学习》。记录的有：1957年12月23日，周恩来在上海美琪大戏院所作的报告；1957年12月10日，上海市委副书记石西民同志在人民大舞台关于"访问苏联"的报告；1958年7月24日，上海音乐学院党委书记萧挺关于"作好整风思想小结"的动员报告等。

那个年代流行的一些"语录"，周小燕抄录在笔记本或当年笔记的首页。比如，1963年的是"四个第一"：人的因素第一，政治工作第一，思想工作第一，活的思想第一；"三八作风"：坚定正确的政治方向，艰苦朴素的工作作风，灵活机动的战略战术，团结、紧张、严肃、活泼；"对困难正确的态度"：坚持社会主义的方向，实事求是地估计困难，积极探取各种措施，认真地进行调整工作；1964年的是："在无产阶级革命和无产阶级专政的整个历史时期，在由资本主义过渡到共产主义的整个历史时期（这个时期需要几十年，甚至更多的时间），存在着无产阶级和资产阶级之间的阶级斗争。这种阶级斗争和两条道路的斗争，反映在政治经济战线上，也反映在意识形态领域里。在后

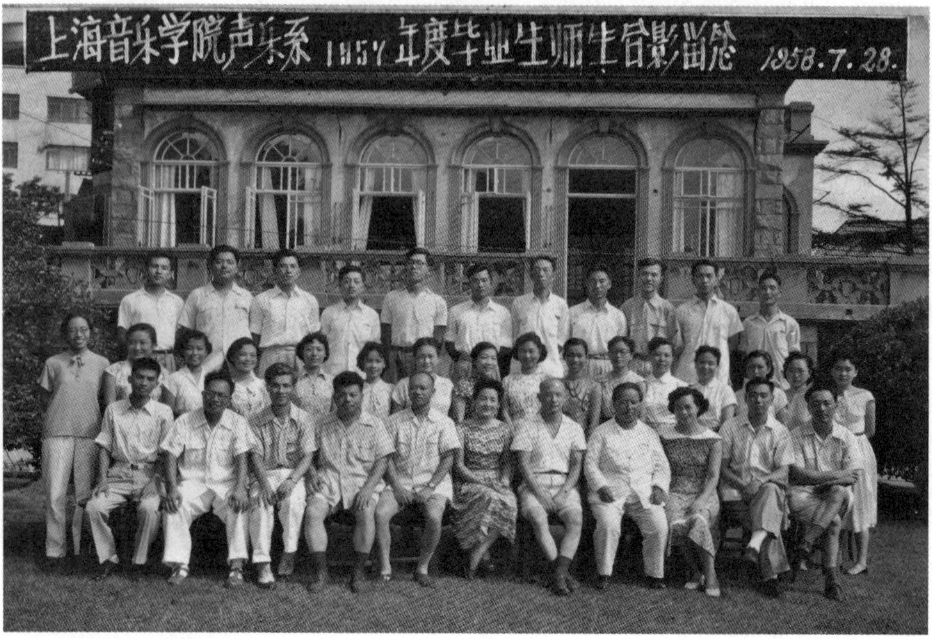

1957年声乐系毕业师生照

一种领域里的斗争表现得更为复杂、曲折和隐蔽。”

当然，周小燕记录最多的仍是教学中的一些问题，包括会议讨论等。在这些笔记本中，记录或抄写得最全的是《1963年8月修订的声乐二系教学大纲》，共3 000多字。“大纲”分有总则、治学要求、考试及考查、实习演出及教学实习等四大部分。其间，还画有相关表格。在“各一年级最低学习数量”一表中，各年级学生所需要学唱的歌曲中，中国歌曲都比外国歌曲多，五年下来，学生起码会唱104首中外歌曲。3 000多字的这份教学大纲，周先生一个字、一个字写得很有力，很漂亮，表格也画得整整齐齐。最使人惊讶的是，整篇大纲，周先生没有写错一个字，点错一个标点符号，画错一根虚线！可见，周先生在抄写这篇教学大纲时，非常地认真，怀有一种责任感、使命感、神圣感！

关于学生的教学，在这些小本本中有很多记录。比如，在1955年2月16日、2月23日、3月2日，周先生连续记录了一位叫臧韵芬的学生的学习情况。在1958年的一本小本子中，周先生记有标题为《声乐方法的表现技巧》随感性的东西。从目前来看，这是周先生关于声乐教学的最早带有理论色彩的文章，全篇如下：

唱歌不仅是声音，声音要悦耳，技巧要成熟，但这仅仅是一面，真正歌唱家要有高度技术，并且有表现能力和对歌曲的理解。声乐教员一定要与陈旧的、概念化的各种恶势力作斗争。歌唱家们常不注意休止符号也是表现手法之一。起音带滑，原因往往是由于准备不足。要掌握吐字的技巧。清楚的吐字不意味着在每一个音上都有重音。要了解每一个字，每一句的逻辑重音何在，该强调之处何在，高潮何在，如何表达。虚字和实字在歌唱技术上都要有区别。对重复句也要加以研究，作曲家为何要如此重复，我们该如何体现，强调的地方不同，意思也是不同的。常有人把轻声和假声混淆。有些歌曲要求轻声，不是假声。歌谱上写有各种表情记号，都是根据内容决定的，不可忽视。把青年戏剧男高音很早就训练得用很暗很沉的音色唱，不好。因为，过早这样要求他，会损坏他的嗓音。唱歌要一下就很准确地唱在音上，不要滑上去。声音笨重，吐字困难的人，一定要多进行快的练习，使自己得到锻炼。花腔技巧需要某些技巧，大声音也应有些花腔技巧，使声音能有弹性，而花腔不能全部唱花腔，也应唱一些抒情歌曲。舒伯特的《水上吟》，为所有的声音都合适。花腔技巧有两种：一种是颗粒性的，一种是全连唱的。巴哈、亨德尔是前者，莫扎特是后者。当声音不够出来，不够结实，声带作用不够积极，就用断奏性即颗粒性的花腔技巧。对于那些只会唱强、唱响，声音很沉重，喉结甚至有些僵硬的人，就不宜用颗粒性的，而相反要给他练习柔和性的连音，使他逐渐柔和下来。柔和的连音对所有的人都适合。另外，有花腔跳音是具有器乐性能的。柔和的连音的训练是很重要的，它是使声音统一的最有效的手段。它对创造安静的抒情气氛最合适，也是各类声音训练，各种母音之间，字与字之间连贯的不可少的训练手段。对声音和吐字连不起来的人，用朗诵也是很好的练习。

在这些泛黄的小本本中，还有周小燕抄记的歌谱《总路线来像太阳》《种棉歌》《一把胡琴两代人》等。这些都是一些简单的应时歌曲，在当时却广为传唱。显见，周小燕也在努力地学习这些新歌曲，以使自己融入群众中，不落在队伍之外。

在繁重的政治学习和社会活动中，周小燕对业务的学习和钻研，一刻也没有丢，一直在琢磨。怎样教？她有思想、有方法、有经验。

一本1963年的笔记本，是学生郑国瑜送给周小燕的，扉页上，郑国瑜写着这样几行饱含深情的字："送给敬爱的周老师：感谢您几年来对我的辛勤

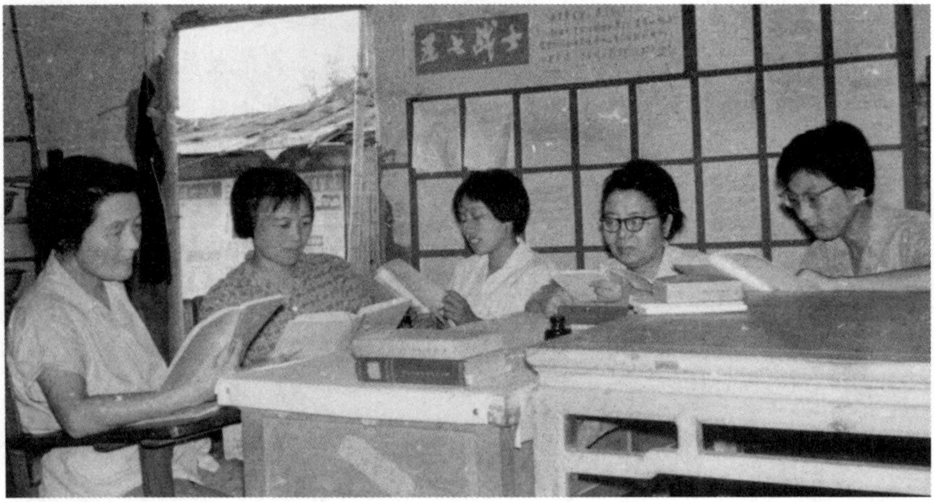

在奉贤“五七”干校

教导和无微不至的关怀。祝您身体健康，永远是我们红透专深的榜样。”由此，也可以看到，周小燕当年已是一位深受学生喜爱的又红又专的人民教师。

在“文革”前的小本本中，周小燕最后一篇笔记是写于1966年3月5日的《向焦裕禄同志学习》。在这篇1 800字左右的笔记中，约有一半的篇幅，写的是：什么是一个“好班长”的榜样？她写道：

一、永远是一个乐观而豪爽的人。毛主席说：“我们的同志在困难的时候，要看到成绩，要看到光明，要提高我们的勇气。”焦裕禄同志就是这样，所以他在兰考一副苦难的景象前，能看到它美好的未来。二、永远是个极端认真的人。毛主席说：“一切事情最怕认真两个字。”焦裕禄同志认真读毛主席的书，听毛主席的话，照毛主席指示办事。他认真做调查研究，开会时认真听每一个人的发言，而且要问清一些重要的细节。他严格认真地教育干部和自己的孩子，他从不将自己的意见强加于人。焦裕禄同志的话：“吃别人嚼过的馍没有味道。”“没有抗灾的干部，就没有抗灾的群众。”“共产党员应该在群众最困难的时候，出现在群众的面前。在群众最需要帮助的时候，去关心群众。”“灾区面貌没有改变，群众生活很困难，富丽堂皇的事，不但不能做，就是连想也很危险。”“先烈们为解放兰考付出鲜血、生命，难道我们能在自然灾害面前当怕死鬼？当逃兵？”“对干部要实行面对面的领导，苦口婆心的教育。”“榜样的力量是无穷的！”三、是一个没有私心杂念的人。为了人民的利益，他什么批评都能听得下去，对正确的他就照它去做，对不正确的他也注意地听，不过不照它做，并且要给以批评。但是，他说无委屈感。因为他谅解提意见的人总是自以为对，以为对革命有利才提出的。因此，他不以个人是否委屈来处理问题，来处理同志间的关系。四、是一个有群众观点，善于集中群众的智慧，并坚持下去的人。毛主席说："人民，只有人民，才是创造世界历史的动力。”焦裕禄同志说："群众那里有丰富的经验。”因此，他经常在群众中间，向群众学治沙、治水、治碱的办法。他总是先做群众的学生，再帮助他们总结经验，树立榜样，以带动其他。

言为心声。她是上海音乐学院新中国成立后的第一任声乐系主任。怎样当好这个一班之长？她一直在摸索着、努力着。焦裕禄的事迹深深感动、打动、触动了她。她在向焦裕禄学习，以他为榜样，做好本职工作，当好一班之长。

可惜，“文革”开始了，一场噩梦降临。周小燕的笔记、日记，都停顿了。直到1977年，阳光出来后，她随中国文化代表团访问西德，又恢复了记记写写的习惯。

三　多门外语

周小燕熟谙多门外国语言，这也是人们敬佩她的原因之一。其实，她从来没有以此为荣，自以为是。作为一个声乐艺术家，尤其是学美声的，如果不熟悉那个国家的语言，就很难唱好那个国家的歌曲。学好语言，是唱好歌曲的基本要求，她始终这样认为。

1917年农历七月十二，周小燕出生在上海，一年后随父母回到汉口老家，在那儿度过了幸福而又难忘的童年、少年。她是在武汉当时最好的道生学校念完小学的。上中学了，周小燕就读的是另一个教会办的圣玛利亚学校。这所学校的学生和教师是外国人，上课全部用英语，父亲为了不让她和妹妹学了洋文忘了中文，又请了家庭教师给她们补中文。这一切，使得少年周小燕打下了良好的中文和英文基础。

也许有英文做基础，也许她的语言天赋特别强，通常人们都觉得法语很难学，而小燕在巴黎语言学校很快就学会了日常用语。此后，生活在这个环境中，她的法语，说得很"溜"。第一次登台演唱，人们很惊讶，这个一袭旗袍的中国姑娘，将法语歌唱得那样有味道。后来，她无论唱德语、意大利语，或者是俄罗斯语歌，都能唱得像模像样，让外国听众惊奇。

1940年5月，希特勒向西欧大举进攻。小燕决定中断学习，与房东妮娜一家一起逃难，打算先到法国南部，再从西班牙回国。谁知，他们一路颠簸，到达距西班牙边境不远的比雅利茨小镇后，被德国军队发现，又被遣回巴黎。巴黎在德军的控制下，但是照样歌舞升平，小燕心里很难受。怎么办？到处是德国人，耳边听到的都是德语和德国音乐，何不借此机会学点德语呢？对，机会不能错过。小燕找来书籍，跟妮娜学起德语来了。这个时期是小燕人生中最为困苦的时候，身在异乡，逃难，收不到家里的信息，大弟病逝，一系列人生中最大的灾难，压向这位才二十来岁的姑娘身上。在这样的时候，她只能留在巴黎继续学习，而且更要好好学，学更多的本事。

意大利语对周小燕并不陌生，早年就读的圣玛利亚学校是意大利天主教会办的，小燕的钢琴，也是跟学校的一位意大利修女学的。意大利又是美声唱法的发源地，有很多经典艺术歌曲。到了法国后，她的老师贝纳尔迪是意大利人。贝纳尔迪是周小燕歌唱和教学生涯中，最为重要的引路人之一，他不仅会意大利语，还通晓俄语、西班牙、英语、法语，他丰富的教学经验和生动的教学方法对周小燕以后从事教学工作影响很大。在这样一位优秀老师的引导下，加上自身的刻苦和悟性，意大利语、俄语、西班牙语都被周小燕掌握了。

字，在任何国家的语言中，都是由辅音和元音，即声母和韵母组成的。有些学美声的人，往往满足于把所唱歌曲的拼音发对，对语气、语感、节律都不注重，更不用说对作品的理解了，这样的演唱，只能糊弄一时，糊弄一些外行。周小燕对语言的掌握，不是简单地把每个字读得出来，会说上几句，唱出几句，而是通晓其精髓，了解其含义，知道其习俗。著名学者王元化曾对笔者说："宁愿写十本书，也不翻译一本书。"这就是说，一个优秀的翻译家，翻译一本书，不仅仅简单地能把文字翻过来，还要对那个国家的社会、政治、经济、文化、历史、民俗等都要有所了解，这样，翻译的作品才准确，才到位，才有味，才是真正的翻译家。

声乐同样如此，周小燕熟知的是那个国家的方方面面，而不仅是语言。

周小燕歌剧中心和江苏省歌舞剧院首次排演《弄臣》时，从演员的服饰、发型，到表情、站姿，事无巨细，她都要操心。威尔第是19世纪意大利最伟大的作曲家，一生创作了29部歌剧，包括《奥赛罗》《阿依达》《假面舞会》《茶花女》《福尔斯塔夫》《游吟诗人》等，《弄臣》是他创作最高峰时期的作品。故事发生的时间是16世纪，地点在意大利的曼图亚，因此，威尔第在作品中运用了大量的意大利民间乐调，人物性格塑造入木三分，宣叙调和咏叹调震撼人的心灵。周小燕了解这一切，她希望中国排演的《弄臣》，人们从中看到的是那个时代意大利民族的东西，而不是其他。由于她的把关，这台中国版的《弄臣》洋溢着浓浓的意大利风味。美国旧金山歌剧中心艺术总监布林女士对这台戏的演出评价是：它全方位地表达出了威尔第的作品风格。

1945年，德国法西斯垮台了。周小燕经过八年的苦学，开始活跃在欧洲的音乐舞台上，除了法国，她应邀去卢森堡、英国、德国、瑞士、捷克、波兰等国家演出，每到一个国家，她都要演唱一些那个国家的代表性作品。无论在哪个国家，唱哪一首歌，人们都惊叹，从这位娇小的东方女孩嘴里唱出来的歌声是那样清纯、有味。她在德国演唱舒伯特的歌曲，当地报纸这样评价："最充分地表现了舒伯特的情趣！""中国的黄莺唱出了舒伯特的歌声！"

50年代，周小燕大约是文化界最忙碌的人之一，新中国重要文化代表团出访，大多能看到她的身影，这与她熟谙多门外语有一定关系，但凡有政府或文化代表团访问上海，出面接待和陪同的也少不了她。和谁，她都能一见面就熟悉地聊起来，由里到外，渗透出一种高雅和亲和，当然，这都是她深厚的文化和特有的修养使然。

熟谙多门外语，是她唱好歌、教好歌，做一个优秀艺术家、优秀声乐教师的一种自觉和自醒。

四　汉语专家

今天，和周小燕聊天，从她的普通话中还能听到一些武汉的口音，但是，唱起歌来，那个普通话咬得真叫人无可挑剔。

曾经有戏曲家的朋友对她说，你们有些演员唱歌时，舌头就像一根棍子，有声没有字，也就是说，声音蛮漂亮，但是吐字不清，不知道唱些什么。这样的提醒或者说批评让周小燕思之又思，想之又想。她认为朋友说得对，声乐在以往的教育中，往往较多的注重发声技巧，千方百计“搞声音”，什么喉头要稳定啊，喉不能变啊，a、e、i、o、u五个母音要统一啊，等等。这样一来，字当然就没有了，字当然吐不清了。她还认为，“十年动乱”，让我们的声乐落后世界好多年，经过这几年的追赶，在歌唱者的声音上，有了很大提高，已经被大家所承认，但是，我们的薄弱环节还很多，尤其在语言上。有些演员尤其是南方人在唱中国歌时，前鼻音后鼻音分不清，翘舌还是平舌弄不清楚。中国字是单音节的，外国字是复音节的，有些演员将外国歌唱成单音节的，没有连贯性，没有逻辑重音。

她认为，做到咬字吐字的正确，字正腔圆、声情并茂、抒情言志，是一名歌唱演员的基本条件，也是最高的要求。

2011年7月11日、15日，在复兴路上她的寓所，她与笔者谈到了这一问题。她说，中国字由字头、字腹、字尾组成，字头就是辅音也就是声母，字腹是元音即韵母，字尾，便收音归韵了。字，是由唇、齿、舌、牙、喉等器官与咽腔配合发出的，因此，字头的辅音又分有双唇音、单唇音、舌尖音、舌前音、舌根音、平舌音、翘舌音等。字头是起音，必须清晰、准确；字腹是元音，也就是韵母，声音可延长，可歌唱。歌唱时，元音必须发在比说话时更为扩大的口腔内部，然后，由气流迅速送出，不是用喉部喊出来；字尾是一个字的结束，但有的字是以辅音，有的是以元音结尾的，还有的结束在前鼻音，有的结束在后鼻音，因此，不可小看字尾。比如，“忙”的字尾是后鼻音，“慢”的字尾是前鼻音，如果不注意，就有可能将“忙”唱成“慢”，将“慢”唱成“忙”。周先生边说边用嘴做着示范，发出各种声音。

听周先生说汉语的基本知识，感觉她就是一位汉语专家。

中学时，周先生读的是教会学校，考上国立上海音专，先主攻钢琴，后改学声乐，以后又去欧洲九年，她的这些汉语知识是从哪儿来的？她笑着说：“学呗。”“怎样学？”“自学，靠字典和相关的书。吃不准就查字典，字典随身带，翻坏了好几本。”

周先生说：“其实，在我国传统声乐中，对咬字、吐字，对怎样通过语言来表达和创造作曲的意境，抒发人物的思想感情，都有很好的经验和记录。比如，芝庵的《唱论》、魏良辅的《南词引正》、李渔的《闲情偶记》、沈括的《梦溪笔谈》等，对此都有表述，值得玩味。”周先生举例道：芝庵是元代作曲家，他在《唱论》中指出，发声需克服“格嗓”“囊鼻”等弊病，歌唱时不可摇头、歪口、合眼、撮唇等。张炎在《词源》的《讴曲旨要》《音谱》等篇中，对歌唱的唱法、咬字、吐字等作了分析，指出：“腔平字侧莫参商，先须道字合还腔。”这就是我们所说的歌唱要字正腔圆。明代中期的音乐家魏良辅在《曲律》一书中认为：“曲有三绝，字清为一绝，腔纯为二绝，板正为三绝。”凡此种种，先辈对怎样唱好歌曲早有许多精辟的见解。

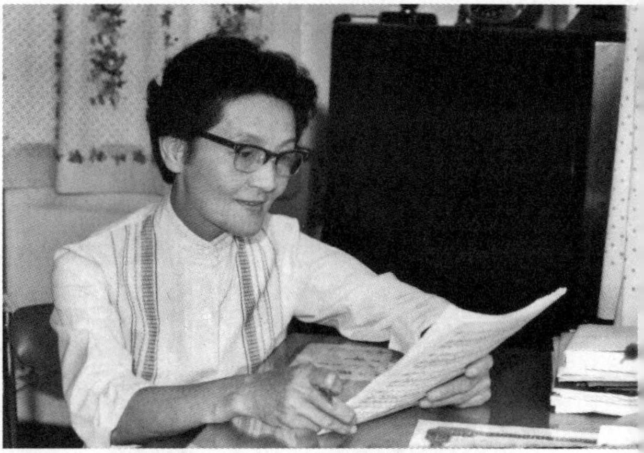

准备学术论文

周小燕在教学中，经常让学生将要唱的歌，先背诵下来，其目的，就是让学生了解歌词的意思，搞清楚主谓关系，词、字的属性，找出其中的“腔儿”，把“份儿”也就是语调、语气、韵律念出来。她认为美声唱法与中国的语言，并不相背，关键是处理好美声唱法与汉字逻辑的辩证关系，艺术地去展现。她举例说，如果唱“马儿快快跑”与“马儿慢慢走”这两句，前面的“跑”字，字头要唱得短，字腹要唱得夸张些，字尾则要收得简练，这样就能将人物激奋昂扬的心情表现得饱满些；后面的“走”字，则需要缓缓地吐出，减少母音的块状，延长归韵的时值，这样就能比较好地表达人物内心的复杂情感。

学好美声唱法，不只是为了唱好外国歌，是为了更好地唱好中国歌。唱好中国歌，也要下功夫学，一定要学好汉语，掌握汉语的规律。美声唱法唱中国歌或者唱外国歌，在怎样处理语言的问题上，周先生辨析得清清楚楚。

五　艺术与科学

周小燕在1948年撰写的《我的学习》一文中谈道：“要做一个‘完美的’歌唱家，必须要尽量地培养自己的文学修养，除了阅读音乐上的书籍外，要多

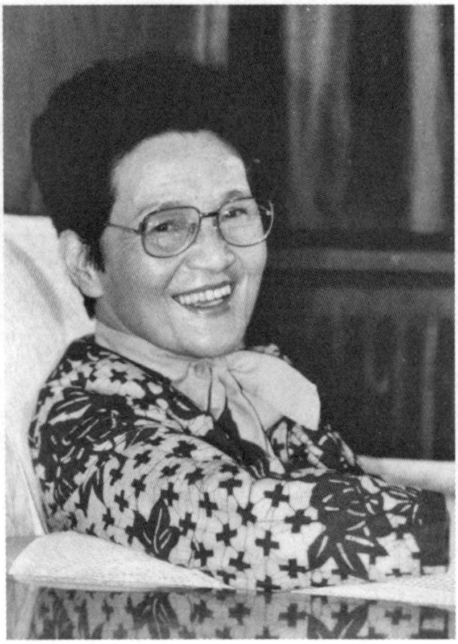

看其他的文艺作品（尤其是诗歌和剧本）和自然科学方面的著作……”这里，她谈到了自然科学。搞艺术的人，向姐妹艺术学习，这个道理，几乎人人都知道。理工科大学生要懂点高雅艺术，在人文精神缺乏的今天，也是人们不断呼吁的话题。然而，要求从事艺术创造的人多看自然科学方面的著作，学习自然科学知识，先知和认知者并不多。而在60多年前，周小燕就提出来了，并不是说，周小燕有先知之明，更不是说有多伟大，她是从自己艰难的学习之路上，体会和感悟出来的，是肺腑之言。

美声唱法，重要的就是有一套科学的发声方法。

周小燕认为，学声乐的人需要将人体内部与歌唱发生有关的器官，按照生理机能运动的自然规律，合乎生理学、物理学的原则，组合成一个完整的“乐器”，因此，学声乐的人要懂一点生理学、物理学。她多次向笔者边演示边讲解这方面的知识。比如，她说到发声器官时，指着自己的喉部说：“喉，由声带和多块软骨组成。在人的喉的里面长着两条对称而又有弹性的韧带，就是声带。两条声带之间有一个三角形的空间，称为声门。不发声时，两条声带是分开的，发声时向中线闭合，气息通过中缝，使声带的边缘振动，产生声音。喉的位置在颈椎第四、第五、第六节的前面，在舌根和气管之间，由五块较大的软骨组成。”在说到呼吸时，周先生说：“谁懂得歌唱的呼吸，谁就会唱歌。”这是因为歌唱时的呼吸与人们日常生活中的自律性呼吸是不一样的。歌唱吸气时，膈肌的活动增大，腰部和上腹部膨隆，胸廓扩大。呼气时腹肌、膈肌都要保持原状态，不能马上放松，尤其胸廓不能瘪塌，否则气会一下泄出。一个演员在歌唱时，又要送出气息，又要节省、保持气息，腰部和小腹就产生一种紧张度，使得膈肌缓慢而不是快速地向上，在声带下方得以形成并保持空气的压力，从而使得处于发声状态的声带，由此产生符合科学和艺术要求的振动。

听周先生谈这些，感觉她就是一名全科医生，五官科、胸科、内科等，样样在行,甚至学过解剖学,对人体构造一目了然。中医的经络学,以及望、闻、问、切四种诊疗法,她也都通晓。

抗战期间,周小燕曾随母亲去医院,为伤员敷药、换药。满医院的伤病员,走廊里、楼梯口都是,有的躺在简易床上,有的只能躺在担架上,缺胳膊断腿的,浑身都是血。一幅幅惨状,深深刺痛了少女周小燕的心,但是,也锻炼了她在这方面的胆量,懂得了些许医药方面的知识。周小燕的小舅舅董方中是上海瑞金医院著名的外科医生,回国教学以后,小燕常常将在教学中碰到的有关生理方面的一些问题,请教舅舅。这些知识,平添了她在声乐歌唱和声乐教育上的自信和从容,辅以她在声乐歌唱和声乐教学上取得卓越的成就。

2007年5月14日,90岁的周小燕走进《新民晚报》"新民科学咖啡馆",与著名神经生理学家杨雄里院士共同为听众作了一场别开生面的科学与艺术的演讲。艺术是形象思维,科学是逻辑思维,人们通常这样认为。杨雄里院士却认为,艺术与科学,在不同的侧面其实是交汇的,都需要想象力和创造力,也需要彼此间的思维方式作为补充,也就是说,艺术家要有逻辑思维,科学家要有形象思维。

周小燕非常认同这一观点,所以希望学歌唱的人也要学习自然科学。周小燕说,歌喉似琴弦,呼吸是动力,鼻腔、咽喉腔、胸腔和头部组成共鸣腔,各部分配合,才能唱出悦耳的歌声。音乐是听觉艺术,有时感到某人唱得不好听,为什么不好听,原因说不出来,只有在了解了发声系统的科学构造和规律后,才知道问题出在哪里。有的人唱歌唱得张弛有度,尽管他不知道其中有多少科学规律起着支配作用,但实际上一定遵循或符合了某种内在规律。搞声乐的人,不懂得发声的科学,就教不好学生,也成不了大歌唱家。十几年的苦练,可以成为一个歌唱家,但是要成为艺术家,还需要文化修养、生活积累、思想境界等。

一个是声乐教育家,一个是神经生理学家,快乐地穿行于艺术与科学之间。周小燕认为:会呼吸,就会唱歌,这是有道理的,但是,不能脱离因人而异的嗓音条件。天籁般的原生态唱腔和无敌高音,都源自于特殊的生理结构,这是得天独厚的,若不是这块料,怎么练也练不出来的,而所谓"倒嗓""声带小结"等,都是违反科学规律的结果。

杨雄里院士认为:基因对包括神经系统在内的人体活动的影响,远远超过想象，很多本以为后天可以习得的事，已经被证明是遗传基因，也就是天赋注定的。音乐和数学，需要很强的天赋。一个五音不全的人，通过练习，可以变全，但要成为歌唱家，是不可能的，这就是天赋的问题。

六　向民族音乐学习

20世纪50年代，花腔女高音周小燕能唱好多民族味儿很浓的中国歌曲，如《西北人民歌唱毛主席》《啥人养活啥人》《玛依拉》《小河淌水》《桂花开放幸福来》《想亲娘》等。《西北人民歌唱毛主席》是她在第一次文代会上向解放区来的文艺工作者学的，现学现卖，在会上她演唱了这首歌，后来，这首歌成了她经常演唱的保留曲目。随着她的演唱，《西北人民歌唱毛主席》走出西北，为全国人民喜爱和传唱。

50年代前期，周小燕到上海郊区参加社会活动。那时，上海郊区传唱一首群众创作的歌曲，名叫《啥人养活啥人》，用沪语唱。周小燕虽然出生在上海，但是一岁后就随父母回了老家武汉，回国后生活在上海，时间不长，那时沪语说的还不地道。况且，上海城市里的话与郊区还不一样，郊区与郊区之间也有区别。在松江农村时，她向当地农民学，学会后，很高兴，走在田埂上都要唱。

周小燕唱这些歌，每一首唱得与民间歌手不一样，但是当地的味儿很浓。《玛依拉》是著名作曲家丁善德依据新疆民歌改编的，是电影《护士日记》中的主题歌，由周小燕首唱。她将哈萨克姑娘玛依拉活泼、开朗、自信的性格表现得惟妙惟肖，很受听众喜爱。《小河淌水》是一首云南民歌，《二月里罢见过到如今》是由陕北民歌信天游改编的女高音独唱曲，《数九寒天下大雪》是歌剧《刘胡兰》中的一个唱段，山西民歌风味很浓，周小燕唱来都得心应手，今天都能张口就来。笔者饶有兴趣地问道："每个地方的民歌都不一样，你是怎样唱出其中的味儿的？" 她笑着说："我会抓腔。就是上海话说的腔调，腔调要有、要像。"

其实，作为一个花腔女高音，一个声乐教师，周小燕熟悉的并不仅是美声、外国歌曲，对民族歌曲也非常琢磨，很有研究。她认为，民族声乐包括民歌、戏曲、曲艺三大类型。然而，中国民族民间的民歌、剧种、曲种又浩如烟海，风格迥异。从大的方面说，中国有五十六个民族，就有五十六种民歌，然而，单汉族，北方的、南方的；沿海的、内地的；平原的、山地的等，文化、习俗、语言、语调都不一样。所以，要分析各个民族、各个地方的文化及语言特点，掌握它们的不同点，才能唱好民歌。比如，一般说，北方歌曲多用七声音阶，南方歌曲多用五声音阶，傣族民歌带有鼻音，藏族歌曲喜用装饰音，蒙古歌曲善用颤音等。

中国有260多个曲艺剧种，队伍庞大。苏州评弹、河南坠子、山东琴书、河北梆子、四川扬琴等，各有各的派路，各有各的特点。但是，对演员咬字、吐字的清晰，声音的变调，以音传神，一人饰演多个角色等，都有很严格的要求。

中国戏曲更是多达300多种。戏曲唱腔的形成与民歌、曲艺的影响分不开，它们的唱法有板腔体、曲牌体两大类，但是，具体到每一个剧种，又有所不同。如京剧中的"二黄慢板"，唱腔是叙述性的，为中速，字密腔简，边叙边抒；而越剧中的"清板"，唱腔旋律起伏很大，变化很多。戏曲演唱十分讲究吐字的清晰和字音的情感变化，行腔时要注意字的声调和语气，对吐字的出声、引长、归韵要求很严。京剧的演唱，在中国戏曲音乐表演中已达到相当成熟的地步。不同的行当用嗓的方法也不同。老生多用大本嗓，其中黑胡子老生和白胡子老生又有不同，前者比较清亮，后者苍劲有力。花脸也用本嗓唱，但常用胸腔、鼻腔、头腔混合共鸣，发出"黄钟大吕"般的声音。小生则以小嗓为主或大小嗓结合起来用，声音柔和又带有刚劲。旦角也是以小嗓和大小嗓结合起来用为主，等等。

周小燕是第一届全国人大代表，以后连续三届担任，"文革"后任全国政协委员。像她这样在事业上有成就的艺术家，如京剧的梅兰芳、周信芳、杜近芳，越剧的袁雪芬，沪剧的丁是娥，淮剧的筱文艳，电影的白杨、张瑞芳，粤剧的红线女，评弹的徐丽仙等，一般都是政协委员、人大代表。不是在全国性，就是在上海的会议上，每年至少碰头一次。每到这时候，周小燕就很活跃。她的活跃，不是在表现自己，而是抓紧时间虚心向姐妹艺术求教。

她在会唱《啥人养活啥人》这首歌后，回市里开会。会议休息时，她就找到沪剧表演艺术家丁是娥，唱给她听，请她把关，字咬得准不准，调唱得对不对。在丁是娥的帮助下，这首歌她唱得非常有味。"大家看一看啊，大家想一想啊，地主搭仔（和）农民到底啥人养活仔啥人啊？呒没我伲来种地，天上勿会落白米，半夜睏五更起，抽水坌地全要靠我伲呀……”在很多演唱会上，观众都能听到周小燕用纯正的上海话演唱的这首歌。周恩来总理知道后，也经常在大众面前点名让她唱这首歌。周小燕知道，那是总理鼓励她，要她朝这个方向努力。

再聪明的人，任何本事都是靠学习，靠勤奋得来的。周小燕同样没有任何捷径可走，她在不断的学习中不断完善自己。

七　艺术总导演

1983年，周小燕率学生去福建公开讲学。这时候的她，在经历了“文革”十年的痛彻思考，积累了一定的教学经验后，教学思想特别活跃。这一天，她遇上到福建参加音乐活动的中国音乐家协会的李凌先生。李凌年长周小燕几岁，同辈又同道，自然有很多共同语言，一路上两人聊个不停，平时话不多的周小燕，在他们同往海港的旅程上，却连续说了一个多小时，差不多都是关于声乐教育的。有想法并有准备的李凌，打开录音机，一路上录了下来，在笔者所读到的关于周小燕教学思想中，这是迄今最为充分的一份记录。

她对李凌先生说：“你知道我根本不懂什么导演，但我要求自己担当声乐表演艺术的总导演，这是给我自己出了难题，困难可真多啊，其中最难的是启发学生的感情。因为对一个歌唱者来说，即使他理解了曲情，有了意境，那还只是理性的歌唱，只有当他有了真实的感情，他声音的色彩，语言的抑扬顿挫，节奏的缓急，人物的形象以及动作的分寸，音乐描绘的意境，才都会随之较为准确地表现出来，这样的歌唱也就感人了。在国外，这一切都有不同专业的教师在教，而我们这里不具备这样的条件，都得靠声乐教师来担当。我想，那就由我试着干起来吧。为了要做到这一点，所花的精力和时间可真是够多的。话说回来，我的学生都是很努力的，不管他们是否能做到，总是尽力配合，踏踏实实按我的要求去琢磨，去努力做到。当看到我所设想的声乐整体美，在个别学生身上有所体现时，我真开心啊！”

声乐教师要做一个声乐表演艺术的总导演，这是她对自己提出的更高层面的要求，也是她集几十年教学经验的概括与总结。

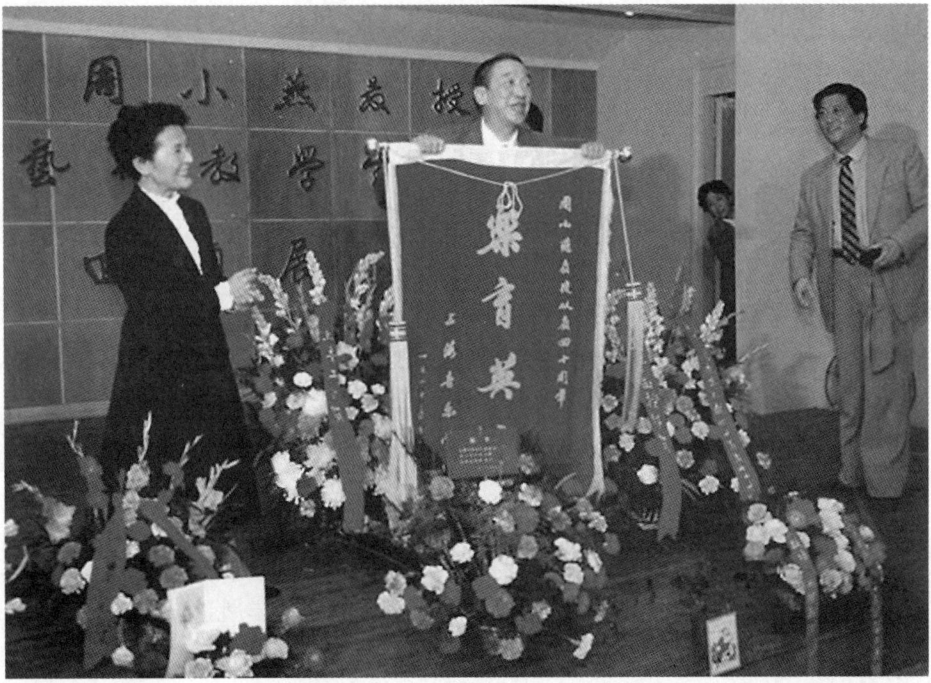

从教四十年

1987年5月，周先生应邀去上海师范大学讲学，在上海师范大学艺术系任教的她的学生冯季清前来接她，一路上，师生俩就声乐的话题说个不停。在谈到如何将基础训练和培养艺术个性结合起来时，周小燕说："声乐教师应当是一名声乐艺术的总导演。" 她又一次提出了这一观点。可见，在这一段时间，对这个问题，周小燕想得很多，也很迫切。

怎样当好这个总导演呢？打铁首先自身要过硬。因此，声乐教师必须具有全面的艺术修养，不仅懂得发声技巧，还要具有较高的文化水平，懂得表演艺术等等。这就对声乐教师提出了更高的要求。在教学上，声乐教师教给学生的不是单一的发声技巧，还要有音乐表现、形体动作、表情意向，还要因材施教，不断完善学生的艺术修养、心理素质、知识结构，还要加强对学生创造总体舞台艺术形象的训练，使他们具备作为声乐艺术家的品格和潜质。

纵观周小燕已经走过的艺术之路，明显看到，她一直自觉地要求自己，具备和不断提高作为一名声乐总导演的全面艺术修养。

1992年2月，在香港举行的 "中国声乐艺术发展方向" 研讨会，使周小燕有机会展示了在中国声乐史和声乐理论方面的才华，作为一个艺术总导演，或许这也是不可缺的。在会上，她提交了《中国声乐艺术的发展轨迹》的论文，并作了发言。在她的描述中，中国声乐艺术的承传演变，清晰地展现在我们眼前。周先生开宗明义：声乐作为人类语言心声的艺术化表现形态，是与社会文化生活保持最直接、最广泛、最深沉联系的一种音乐类别。从音乐史的角度看，在原始艺术诗、歌、舞"三位一体"的综合表现形式中，声乐艺术占据重要地位。声乐艺术的起源和兴盛，远远先于器乐音乐。中国声乐在远古、在夏商周、在秦汉、在隋唐、在宋金元、在明清、在当代，其发展轨迹和特点，周先生娓娓道来。其中，她引经据典，涉及的古籍有:《左传》《论语》《史记》《楚辞》《礼记》《列子》《乐府杂录》《唐会要》《词源》《曲律》《乐府传声》等。

廖昌永说："周先生上课很有意思，她不只教你声乐方面的，还教你其他。有一天，她对我说，我怎么听你唱歌，闭上眼睛听还觉得可以，睁开眼就觉得不对了。你走给我看看。我走给她看了。她说，怎么你脚走不到乐曲的节拍上？你唱得很有乐感，走步却没有音乐的节奏，你回去学跳迪斯科去。那时，我在演唱技巧上已不存在问题，但在表演上很成问题，体态和节奏合不上拍，周先生是在找其他方法解决我身上存在的问题。她还让我去听马友友的演出，多听听他怎样在大提琴上表达作品的情感和内涵的。她说，马友友不只在拉琴，他在唱，他的大提琴的演奏，不是单单按谱拉旋律、节奏，而是心里在唱作曲家要表达的情感、意境等。多听听、多看看，会培养你的节奏感。她还让我多看看话剧，一方面培养对舞台的感觉，再一方面学习话剧演员对角色的体现和塑造。她是全方面地培养我们。"

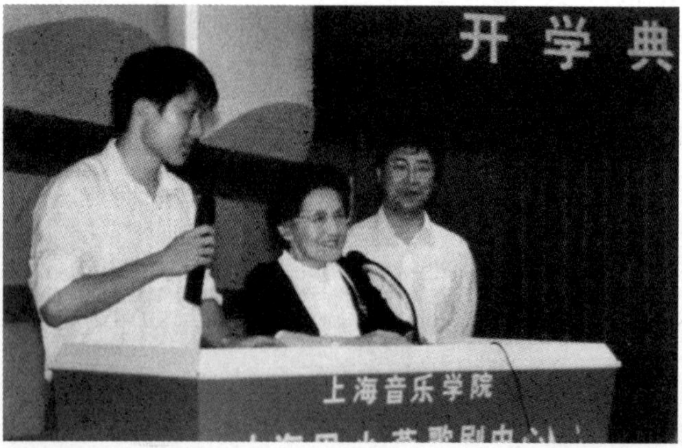

与廖昌永(右)在周小燕歌剧中心开学典礼上

在众多的学生中，并不是廖昌永享有这样的教学指导，她总是希望学生们要像海绵吸水一样，不断地学习。她说："不要把自己框死在音乐家这个框子里。搞美声唱法的，唱外国歌，就要了解那个国家的文化，唱民族歌曲的就要掌握民族特点、民风民俗等。不仅中国歌曲，外国歌曲也有民族特点、民族风俗，要多向其他艺术学习，还要向生活学习。就专业而言，你是一个男高音，也要了解其他声部的特点，同样，你是一个男中音，也要晓得其他声部的长处。同时，声乐家也要多与歌词作家、曲作家交流，向他们学习，知道他们在创作时的心态和激情等。我希望我的学生，不止步于当一名歌唱家，而是唱歌的艺术家！"

这样的博学多才，这样的文化底蕴，这样的负责精神，足以撑得起周小燕声乐表演艺术总导演的资格和底气。正因为她对声乐表演艺术总导演的自觉追求和责任担当，她的教学方法和教学观点才源源不断，她的优秀学生才一个接一个地涌现。

八　学无止境

周小燕年少时，家境优越，可父亲从来不给他们几个孩子买汽车，也不让他们学打扮，穿时尚衣服，但是，只要是学习，尤其在音乐上，有求必应，十分支持。周小燕对什么都感兴趣，所以，除了声乐以外，她还学过钢琴、大提琴、曼陀铃、夏威夷吉他、西班牙吉他等。除了这些西洋乐器，她还学过琵琶，她的琵琶老师是当时上海滩名家张舟萍，小燕在那儿学了一年多，技艺不错，会弹《梅花三弄》等著名曲目。

也许从小养成的学习习惯，在她的身上，始终有一股旺盛的求知欲望，对任何新鲜事物保持一种兴趣，一直到今天，96岁高龄。

不论哪一位学生从国外学习或演出回来，给她打电话，想带点东西给她，问她需要什么？她从来都说："什么都不需要。有什么新的歌剧唱片或者信息，带回来就可以了。"学生说："有些歌剧，比如《茶花女》等，是新出版的，但都是老歌剧了，你已经有了，还要不要？"她说："要的。虽然是老歌剧，新排演一次就有不同理解，可以从中看出变化。"学生们都说，周先生在学习上真是个贪婪的人，什么都要学，什么都想学。现在都96岁了，只要我们一去，她就会问有什么新的信息，让说出来给她听听。

2008年3月，美国纽约歌剧院在林肯艺术中心演出经典歌剧《蝴蝶夫人》，李秀英饰演女主角巧巧桑，美国著名的公共电视网PBS，向全美进行了现场直播。9月，李秀英主演的这台《蝴蝶夫人》，获得了美国第六十届“艾美奖”。“艾美奖”是美国电视的“奥斯卡奖”，每年评选一次，在美国有很高的声誉。从纽约演出回来，李秀英去看周先生。每次到周先生这儿，周先生总是要问她，现在国外在演什么，出了哪些新人，有什么新的作品，在演唱上有什么变化等等。这回，秀英去看老师，便把美国公共电视PBS的现场录像带来了。此时，周先生正在吃着饭，听说有这样的好东西，马上说：“我要看，我要看。”周小燕放下筷子，转身到书房，坐到电脑前，急迫地看起来了。秀英看到，先生就像一个饿坏了的孩子，双眼紧盯住屏幕，一分钟也不离开，非常地专注入神。这一看，她就连续看了三个小时，中间也没有休息。

每天，她的工作排得满满的，几月几号，上午几点干什么，下午几点干什么，一般都在一两个星期前就安排好了。偶尔，傍晚时分，在保姆的陪同下，下楼走走。这个走，不是一般意义上的在小区或公园里散散步，而是去音像商店或书店，看有什么好的新的碟片可买，音乐、电影、动画都可以。很少有人知道，用她的话来说，她一天中有三个享受，一是白天教学生上课；二是晚饭后看电视，主要是新闻或好看的电视剧；三是再晚些时看书看碟片，常常看到半夜一两点钟。看到起劲时，有电话进来或者有人叫她，她总是有点像小孩似的不情愿地说：“我还没看完呢，等会吧。”每天，她只睡五六个小时。

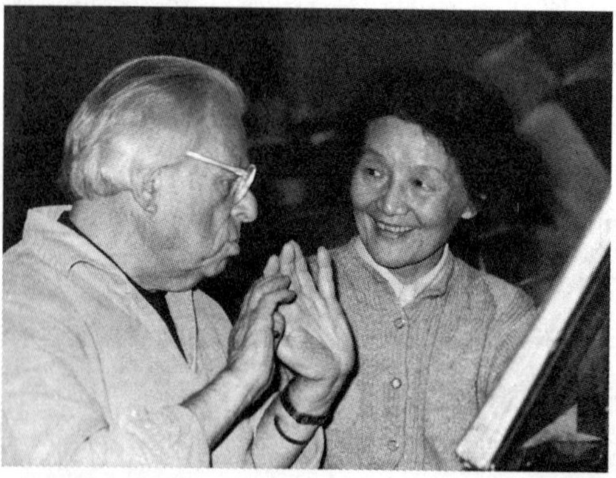

与美国导演交流

要说起博客、微博、DVD、VCD、MP3、MP4等这些新鲜玩意儿，96岁的她，知道的不比年轻人少。她还时常在保姆的帮助下上网看新闻、查资料，和远在美国的子女视频交流。

周先生对新事物的追求、迷恋，使得学生们谁也不敢偷懒，不断地要求自己，向前奔跑。1997年，张建一在纽约大都会主演歌剧《浮士德》，邀请老师前往观看。演出结束后，张建一告诉周先生，他还将主演另一部歌剧《犹太人》。周先生说："这部歌剧，以前我从来没有听说过，你帮我找找谱子，我好学习学习。" 80多岁的老师求知欲还那么强，当即张建一内心就涌起一种感动，也给自己下了决心：一定要像先生一样，好学不倦，一辈子对事业追求不舍。

她的好学，在上海音乐学院是出了名的。改革开放以后，学院与国内外的交流多了，经常有专家学者来校讲演和授课，这时候，周先生总是拿着一个本子，早早来到会场，占好前面的位子。听课时，极其认真，不断记录，从来不会中途退场。有些来讲课的嘉宾，在她这里都是小字辈的，有的名气和成就远不如她，但是她从不缺场，一样从头听到尾，一样记笔记。她说，三人行，必有我师。每一个人都有长处，都有短处，都有值得自己学习的地方。

在周先生家里，可以随时看到新近出版的一些热门书，韩寒的、周立波的，这些市场畅销书在她家都能看到。她自己订阅了近10份报刊，每天都翻看，看到有报道学生的新闻，她还细心地剪下来。如果电视中有学生的节目，她是必看的，早早就坐在电视机前等候了。如果有人来，她总是兴致浓浓地问："说说看，最近有什么新闻？" 正是通过这些途径，她了解社会，始终跟着社会的步伐。正是通过这些途径，她知道学生的行踪，尽管他们毕业多年，若是学生来看她，她会将自己的看法告诉他们，什么地方有进步了，什么地方还要注意等。

她幽默地对笔者说："没有办法，年龄不让我与时俱进，但是自己不能让自己不与时俱进。虽然，记忆差了，还是要多看、多听、多想，尽量不落在大家后面，不与时代脱节。逆水行船，不进则退嘛。"

她还说："一个人的知识总是有限的，需要看到别人的长处，向他们学习。知识也在不断变化中，需要不断更新，经验也是这样，再丰富也会成为老黄历，也要不断变化。任何人都要清醒这一点，要做到它，就是学习，永不停顿。周恩来总理说过，活到老，学到老。我在向周总理学习，生命不息，就要学习。"

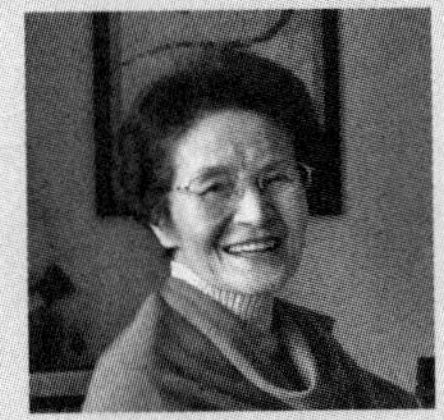

第六章

他们影响了她

一　父亲周苍柏

父亲周苍柏是对周小燕一生影响最大的人。

周家的祖上是工商世家，湖北有名的周恒顺机器厂，就是周家创下的。只是到了周小燕祖父这一辈，家道开始衰落，只剩下一家小商行。父亲早年就读于武汉文华书院，后来考入上海南洋公学，即上海交通大学的前身。毕业后，赴美国留学，在纽约大学攻读银行系，获学士学位，回国后在上海商业储蓄银行工作。

小燕的祖母相信佛教，心地善良，周苍柏受母亲的影响，也是一个富有同情心、乐于助人的人。小的时候，他练武术、拳击，把砖头绑在脚上练，为的就是练好身体，如《水浒》中的梁山好汉那样，为民除害。有一年冬天，他看到一个穷孩子只穿着一件破夹衣，冻得哆哆嗦嗦的，就脱下自己的棉袄，给他穿上，自己穿着单薄的衣服跑回家，冻得脸都发紫了。周苍柏在美国求学，家里经济已很困难，只能自己边读书边打工，做教师的长兄时不时接济他点，这样，才完成了学业。那时，中国贫穷落后，没有国际地位，中国人在海外备受歧视，周苍柏非常愤懑，内心有一种强烈的愿望：中国要强盛起来，要超过外国人。

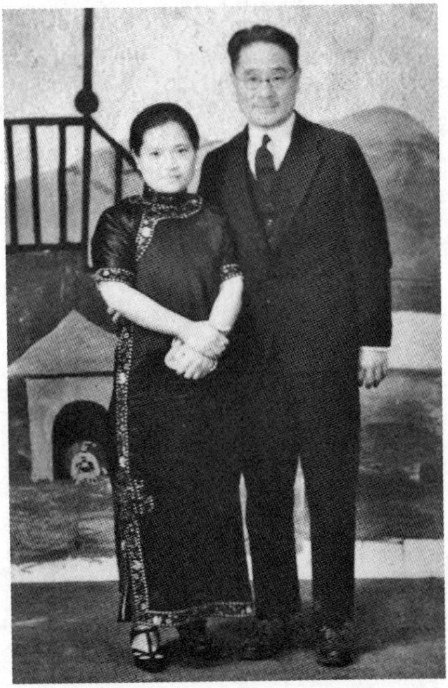
父亲与母亲

周苍柏十分喜爱音乐，但是自己没有条件学习，当有了能力以后，便把希望寄托在孩子们的身上。周苍柏那时就知道胎教的作用，因此当妻子怀孕以后，他就把她送去学习钢琴，让她多听听音乐。周苍柏夫妇生有七个子女，小燕是周家的长女。那时，周苍柏最为幸福和舒适的时光是每天下班回来躺在客厅的椅子上，边看报纸边欣赏从孩子们的房间发出的各种乐器声。那时，小燕练钢琴，大弟弟吹萨克斯管，小弟弟拉小提琴。还有，就是周末的晚上了，哪个应酬都不去，回家看孩子们的演出。

1926年，武汉发生了一场金融风潮。当时北伐军胜利进入武汉，成立国民政府。国民政府宣布废除北洋军阀政府旧货币，发行国库券，因此出现了银行挤兑现象，各家银行门前人山人海。那时，周苍柏刚升任上海银行汉口分行行长。一些银行家能逃的逃，能避的避，束手无策，走投无路。在这关键时刻，有胆有识的周苍柏只身挺出，代表上海银行汉口分行宣布：保护储户的利益，对以往的储蓄存款，一律按照现洋兑付。这个公告一出，储户如同吃了定心丸，停止了挤兑。上海银行汉口分行的威信大振，业务天天向上，周苍柏也因此声名远扬。

时隔不久，银行家周苍柏又做了一件在有些人看来胆大妄为的事。当时，第三国际有一笔巨款想汇入中国，支援中国革命，但是没有一家银行敢接手，这样，这笔钱就汇不过来。第三国际通知中国共产党自己想办法，周苍柏知道此事后，出于爱国热情，接下了这件棘手的事。他请对方将款先汇到上海银行在美国的分行，再由美国分行采取商业汇款的方法，分多个户头汇入汉口分行，这样，这笔钱分文不少到了共产党手里。

1931年夏天，汉口发大水，在危难时刻，周苍柏挺身而出，任湖北省救灾委员会副主任。小燕家也淹了，不到一岁的六妹不慎落水，不幸去世。周苍柏每天忙在抗灾中。有一天，武汉大学棉花实验场场长杨显东来求救，说老家沔阳被淹了，100多个灾民来找他，他没办法了，周苍柏出手相助，将灾民们一一安顿好。正是这场灾难，周苍柏进一步了解了农民的疾苦，他想让农民的生活过得好一些，第二年，出资在湖北青山办了一个农村实验区。在这个实验区，有医务室，有学校，农民看病、上学的费用都由周苍柏支付，他还请杨显东和金陵女大的一位教授到这里推广优良品种，帮助农民防治病虫害等。

小燕15岁那年，武汉一些青年人组织了一支管弦乐团，约有20人，都是业余爱好者，小燕和两个弟弟也报名参加了，这支乐团叫“武汉雅美管弦乐团”。“雅美”这个名词是从英文amateur来的，意思是爱好艺术且有相当修养，但不以此为职业。此时为1932年，可以说这是一支最早的以中国人为队员的管弦乐团之一。当时，上海工部局管弦乐团，即上海交响乐团的前身，只有一名队员是中国人，其余全部是外国人。武汉雅美管弦乐团的名气越来越大，要求参加的人越来越多，原来排演的地方，武汉青年会就显得小了。小燕回家和父亲商量，是否请乐团到家里来排演，周苍柏立即答应了。他叫人把饭厅和客厅打通，供乐团排演。常常他在客厅一角放一把椅子，坐在那儿，饶有兴趣地观赏乐团排演。

乐团指挥兼小号手夏之秋是华中大学物理系的一位大学生，周苍柏听了几次乐团排演，非常赏识他的才能。有一天，遇到老同学沈祖荣，两人聊起来，方知沈祖荣是夏之秋的中学老师。周苍柏问道："他在音乐上这么有才华，怎么不去专攻音乐呢？"沈祖荣叹了口气，说："他父母早逝，家境贫寒。虽然音乐天赋很高，但攻读音乐学费也很高，负担不起呀。"周先生听后，思虑了一会儿，说："如果他愿意到上海学音乐，我来承担他的学费和其他费用，但是不要告诉他是谁资助的。"几天后，沈祖荣找到夏之秋，向他传达了这一信息。夏之秋回去后找老师商量，老师的意思是，还是应该接受更多的大学教育，还有一年就毕业了，到时再去学也不晚。毕业后，夏之秋再去找沈祖荣，问："能不能告诉我，是谁愿意资助我。"沈祖荣说："你要是愿意去，我就告诉你。"他说："愿意。"沈祖荣说："是汉口上海银行的经理周苍柏先生。"原来是周先生！夏之秋又激动又感动，马上去了上海银行。

周先生见夏之秋来了，立即从右边抽屉里拿出一张存折去取钱。他把钱交给夏之秋说："你去报考吧，祝你成功。"随后，又嘱咐道："这件事不要对其他人说，包括我的家人。"夏之秋一看，有500元之多，当时的猪肉才两毛钱一斤。夏之秋赶到上海，考上了国立上海音乐专科学校，攻读作曲、小号、钢琴专业，时为1936年。抗战期间，夏之秋创作了《最后胜利是我们的》《歌八百壮士》《思乡曲》等歌曲，传唱大江南北。他参与组建并任团长的武汉雅美合唱团，后来赴南洋演出，募得2 000万元巨款，全部寄回国内，用于抗战。他是我国第一代卓有成就的铜管乐家、作曲家、指挥家、音乐教育家之一。解放后，夏之秋为中央音乐学院管弦系教授，培养了一大批人才。1997年，在迎香港回归北京主会场，再一次唱响了他的《思乡曲》。夏之秋1992年逝世，享年80岁。生前，他多次对人动情地说："没有周苍柏先生就没有我夏之秋的今天。"

1937年7月，学校放暑假了，在国立上海音乐专科学校只学了两年的小燕，从上海回到武汉的家中过暑假。没几天，"七七"事变发生，抗战全面爆发，于是，小燕全家投入抗战的洪流中。很快，学校要开学了，小燕和弟弟们是否回上海继续读书？周苍柏坚决反对，他对孩子们说："上海沦陷了，你们决不能为了读书去做日本人的顺民。"这样，在民族存亡的关键时刻，小燕姐弟放弃个人前程，留在武汉，投入轰轰烈烈的抗日宣传活动。

国共开始合作，董必武、陶铸、李先念等共产党人在湖北应场汤池办了一个游击训练班，周苍柏一次为这个训练班捐款3 000元。这个训练班共开办了三期，为抗日游击战争培养了好几百名青年骨干，不少人后来走入李先念部队，成为八路军得力干将。有一天，陶铸秘密来到周苍柏家里，兴奋地对他们夫妇说："将来我们要打到汉口来，把红旗插到你们汉口银行的大楼上！"周苍柏"红色资本家"的称号也由此而来。

中国人民同仇敌忾，抗日的烽火燃烧大地。周苍柏深深感到，抗日战争肯定能胜利，胜利后重建家园，国家需要各方面的人才，小燕姐弟荒废学业，时间长了也不行，他决定送他们去意大利深造。临行前，传来意大利领袖墨索里尼入侵埃塞俄比亚的消息，周苍柏不愿让小燕姐弟到一个法西斯占领国去，临时决定，让他们改去巴黎。周苍柏将小燕姐弟送到香港，深情地对他们说："你们要记住你们是中国人。中国人不比外国人笨，你们要比他们学得好，学成后回来，为自己的国家效劳，国家需要你们。"

不是政治家的周苍柏，却是一个热情的爱国主义者。饱读诗书的他，深受传统文化的浸润。他是中国早期留学生之一，新思想、新技术的接受又使他视野开阔，思想活跃。他是一个正直善良、乐于助人的人，他希望自己的同胞不再受苦、受难，自己的民族不再受欺凌、受屈辱。他又是一个思维缜密，有胆有识，办事仔细认真的人。从小，周苍柏在小燕的心中是一个慈祥的父亲，是一个亲密的朋友，是一个博学的导师。父亲的一言一行，烙印在她的心坎里，流淌在她的血液中。

在欧洲，每参加一次社会活动，每登上一次舞台演出，周小燕都是一袭旗袍，每次演出，都要唱中国歌曲。很多人看到这位东方姑娘歌唱得这样好，便问："你是日本人吗？"因为，在他们心中"东亚病夫"怎么可能会有歌唱家呢？每当有人问及她是哪国人时，她都理直气壮地说："我是中国人。"二战结束，中国是战胜国，被划为"五大强国"之一。有一次，一个外国人讥讽地说，中国是什么强国？只是一辆汽车的一个备胎而已。小燕气得真想朝他吐口水。在欧洲九年，她深知自己的祖国因为贫穷落后，在国际上没有地位，被人瞧不起。她特别理解父亲当年在美国的心情。

在自以为文明和自由的美国，中国人却饱受种族歧视，周苍柏内心很痛苦，也很不平。他在美国待得越久，爱国之心越热烈，毕业后，他毅然回国，想走工业救国之路。但是，那个兵荒马乱的年代，哪有报国之门？回国后的头几年，他做过生意，在人家公司当过职员，也开过小商铺。直到有一天，陈光甫创办上海商业储蓄银行，招募一批年轻人，他这个纽约大学银行专业毕业的"海归"，才得以有了机会，为新职员进行培训。由此，得到陈光甫的赏识和重用，逐步崭露头角。

所以，1947年10月，誉满欧洲的周小燕决意放弃所有的光环和优裕的生活，回到贫困的祖国，没有更多的原因，就是父亲的影响和召唤。她牢记父亲临别时的嘱咐："学成后回来，为自己的国家效劳，国家需要你们。"她觉得自己已经学成了，获得了一致的好评，不比外国人差，应该回来了。

抗日战争胜利后，周苍柏出任联合国救济总署湖北分署署长，好友杨显东任副署长。当时，李先念的中原军区部队给养有困难，董必武、王震先后找到他们，他们就把大批美国救济物资，包括粮食、药品等运到中原军区所在的宣化店，由杨显东亲自押送。美方知道后，质问周苍柏："为什么把大批救济物资运到解放区，接济共产党人？"周苍柏微微一笑，说："按照联合国救济总署的条文规定，救济对象是战后困难的中国人民呀，它并没有规定哪个区的人民不准接济嘛。我们正是根据这个规定，哪里的人民有困难，就往哪里接济。"这番话，有理有据，对方无话可说。

1949年，解放的隆隆炮声，离上海越来越近。一些达官贵人纷纷携黄金细软，逃往台湾、香港，甚至美国。周家也有不少亲朋好友来告别，同时劝他们收拾收拾赶快走，周苍柏一点儿也不为所动，他心里明白，在抗战中为国捐躯的儿子德佑，所描绘的一个崭新的社会要来了，这也正是自己所希望的。所以，当陈诚调沈阳当官，邀他一起去，他以女儿刚回来为由，谢绝了。这个时候，共产党地下党组织也找到他，与他作了一番长谈，希望他留下来，共同建设新中国。

他胸有成竹，在静等着这一天。那时，周家住在友人暂时借给他的华山路江苏路转角处一幢临马路的房子里，周苍柏常常伫立在窗口，任思绪如马儿般自由奔跑。5月22日晚，周苍柏看到一辆辆载着全副武装的国民党军队的大卡车，向西疾驶而去，他想，仗要打起来了。这一夜，他没睡，半夜，他又看到大卡车装着溃不成军的国民党士兵，向东逃去。天边刚露出一点鱼肚白，他就摇醒酣睡中的小燕，说：“小燕，快起床，好像解放军进城了。”小燕一跃而起，披上外衣，向窗外张望了一下，拉着父亲就跑。父女俩，跑跑走走、走走跑跑，到了交通大学附近，果真看到马路边上，坐着、躺着一队队穿草鞋、裹绑腿的解放军战士，有的居民端着水，正请他们喝呢。周苍柏和小燕的眼睛湿润了。

1949年10月1日，毛泽东主席在天安门城楼庄严宣告：中华人民共和国中央人民政府今天成立了！周苍柏夫妇作为烈士家属应邀参加开国典礼。坐在天安门观礼台上，听着毛泽东庄严而有力的宣告，看到一列列从眼前走过的整齐军队，周苍柏激动和兴奋的泪水，一直没有停过。他还出席了第一届全国政治协商会议，并当选为全国政协委员。此后，周苍柏回到武汉，任湖北省工商联主任委员、中南区轻工业部副部长、湖北省人大代表，后来到北京，任全国政协常委。

1952年，一个风和日丽的日子，李先念、邓子恢、陶铸等同志在周苍柏的陪同下参观东湖边的海光农圃，几位领导边看边赞叹道：这个地方真不错。周苍柏想也不想，说：“你们觉得好，我就把它送给国家了。”当从父母的来信中得知这一消息时，周小燕一点也不觉得奇怪，更没有丝毫吃惊，因为父亲早就对他们说过：“这个地方不是你们的，今后要交给人民的。”她知道父亲的心思，更为他宽广的胸怀骄傲。

周苍柏毕竟在美国学的是金融，在经济上很有想法。在汉口任上海银行分行行长时，他还兴办了与银行有关的仓库、保险、信托、外贸等业务，还和哥哥合伙做生意，赚了一些钱。他非常爱他的孩子，在他们的学习上非常舍得花钱，但是除此，他从来不让他们乱花一分钱。他们家没有汽车，没有一副麻将牌，这在武汉有钱人家是很少的，父亲更没有想到要把家产留给孩子们。

在小燕12岁那年，周苍柏开始在珞珈山麓、东湖湖滨购置荒地。那时的东湖还没有开发，全是荒山孤坟，野草比人还要高。周苍柏有了钱就去买一小块，这样，一小块一小块地买，后来就连成一大片了。有一个叫磨山的小荒山，当时已被一个叫杨显东的人买下了。杨显东也是留美学生，毕业于康奈尔大学棉花专业。那时，周苍柏和杨显东互不认识，周苍柏托人对杨显东说，愿意以高价买回。杨显东一听这话就来气了：什么高价不高价的，不就是有钱呗，我偏不卖。有一天，杨显东到周苍柏的银行取钱，周苍柏听说了，立刻

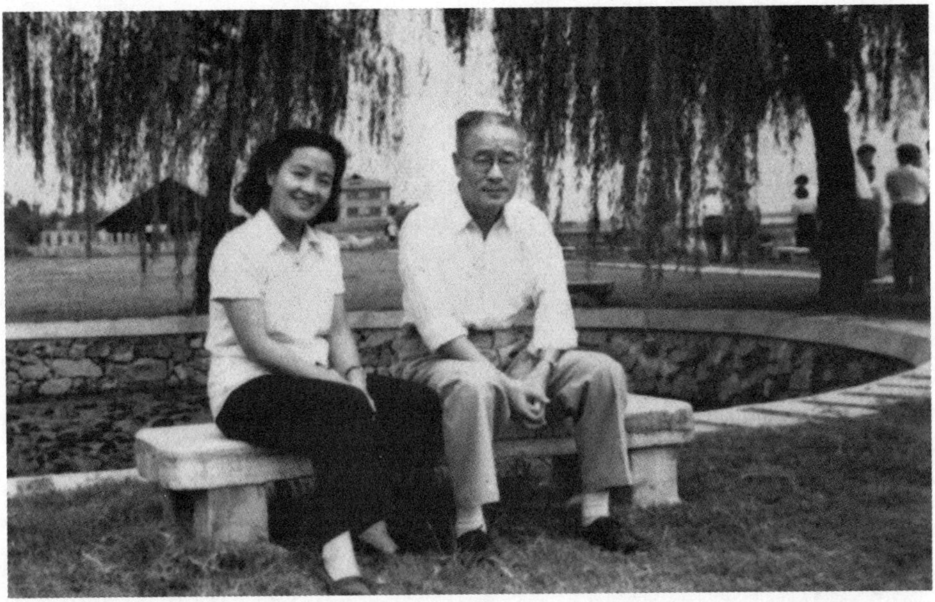

与父亲在东湖公园

迎出来，把他请到办公室。周苍柏对他说："你看，汉口人没有娱乐生活，只好吃喝嫖赌抽大烟。我想建一个公园，吸引他们去那儿游玩娱乐。我来投资，你是学农的，希望你来帮助建造。"杨显东听周苍柏这样一说，心里的结解开了，原来他不是显摆，也不是为了个人，是为了汉口的老百姓。杨显东对周苍柏顿显敬意，爽快地答应把这块荒山无偿送给周苍柏。从此，他们成了亲密无间的好朋友。

周苍柏开始实现自己的梦想。他给这片待开发的土地取名"海光农圃"，并且请来几十名工人铲除杂草，填平沟壑，筑路架桥，一小片一小片荒地逐渐连成片了。农圃分四个区：一区是中心区。周苍柏在这里造了一座房屋，可供休假。中心区是风景区，奇花珍树、小桥流水、大片草地，美不胜收；二区是种植区，有苗圃、植物温室、果林等。周苍柏一次就在苗圃植下九万多株小树苗，温室内种有珠兰、茉莉、白兰、玫瑰等名贵花卉。樟树、桃树、白果树成林，煞是好看，尤其是桃花开了的时候，美得令人陶醉。还有成片的洞庭枇杷，外国引进的草莓、西红柿等；三区是饲养区，有动物园、饲养场等。动物园内有孔雀、猴子、梅花鹿、火鸡等，饲养场里有鸡、鸭、猪等。还养了大批蜜蜂，做成蜂蜜、蚊烟香，上市销售，收入则供农圃开支；四区是教育区，原计

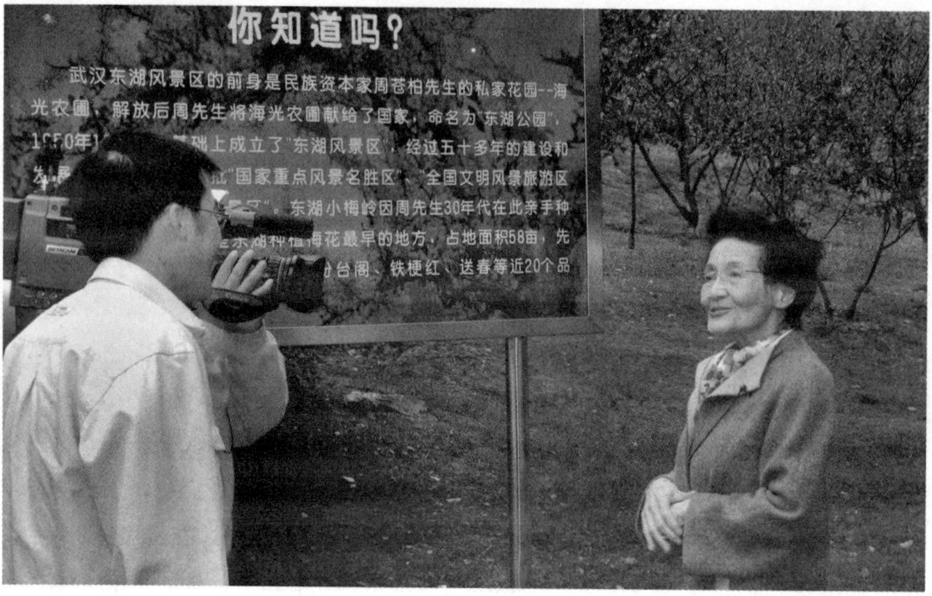

与“大家”摄制组在东湖拍摄

划是建一所音乐学校，因战乱等原因，这个计划没有实现。

海光农圃，三面环水，湖光山色，景色迷人，占地有600多亩。周苍柏捐出的海光农圃，就是武汉今天美丽的东湖公园。

新中国取得的每一项成就，都使周苍柏激动、感叹。因为，他希望不再有战争，国家独立社会进步，他做不到，共产党推翻“三座大山”的压迫，建立了新中国，社会治安稳定；他希望祖国强盛起来，不再受欺侮，他做不到，共产党正在努力做到，新中国日新月异，国际地位越来越高；他希望人人都能过上好日子，幸福安康，他做不到，新中国正在改变着，每一个人自食其力，生活有了改善；他希望政治清明，社会民主，他做不到，共产党一心一意为人民办事，全国人民大团结……新中国发生的每一点变化，取得的每一样成就，他都在感受着，无比激动。这段时期，周苍柏特别容易动感情。1956年，周小燕加入中国共产党，闻此喜讯，周苍柏竟然高兴地哭了一场。那一年，容国团获得世界乒乓球比赛冠军，他在电视上看到了，在屏幕前就激动得泣不成声。

1970年，周苍柏在北京逝世，享年82岁。这时候，小燕正在上海农村梅陇“学习改造”。敬爱的父亲走了，小燕悲痛欲绝。那时，通讯极其落后，只有公社有一台电话。那天，小妹彬佑打来电话，她不知道什么事，从生产小队

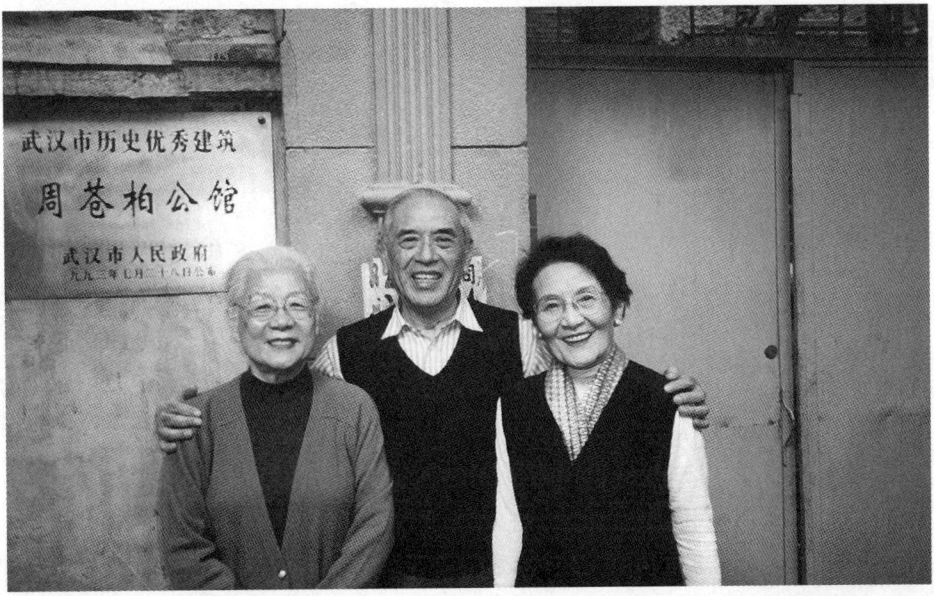

重回武汉老家

跑步到公社，彬佑哭着说："父亲今天去世了。"如五雷轰顶，真是天也塌了。她跌跌撞撞，又赶回生产队请假，想去和父亲做最后的告别，可是工宣队不同意，竟然毫无人性地说："人都死了，你去干什么？"她哀求道："我妈70多岁了，要有人照顾的。"那人又说："组织上会照顾的，你去干什么？"小燕气得一句话也说不出，只感觉内心一阵阵绞痛，眼泪直往肚子里流。是的，她是一个受审查，没有自由的人，怎么能有做人的权利呢！心被撕裂的小燕，只得面对北方，在心中遥祭敬爱的父亲。周苍柏这位"红色资本家"逝世后，什么也没留给子女，只有2 000元人民币，那是给夫人董燕梁养老的。

二　母亲董燕梁

母亲董燕梁是一位大美人，几乎见到母亲年轻时照片的人，都会惊讶地赞美道："啊呀，和宋庆龄真像！"有一天，笔者和小燕姐妹说起这事，小妹彬佑嘴一撇，说道："我妈可比宋庆龄还要漂亮。"语气中颇带自豪感。

董燕梁出身于书香门第之家，可惜父亲在乡试中举后，不久染上疟疾去世了，九岁时，母亲也去世了。董燕梁在祖母、姑妈身边长大。姑妈认为女孩子多读书没有用，只要认得几个字就可以了。因此，在董燕梁书读到初中时就不让她再读下去了。

留学回来的周苍柏，打拼了几年，年岁已不小了，董燕梁的堂兄为他们牵了媒。周苍柏提出了一个小小要求，双方见一次面。这在当时可是一件大事，哪有大户人家的姑娘八字还没一撇就与男方见面的？好在董燕梁的祖母开通，安排了一个时间让他们见面、相亲。周苍柏一见董燕梁就喜欢上了。姑娘端庄、漂亮，一看就是一个聪明能干、有教养的女孩，虽然书读得不多，但是有可塑性，可以培养。董燕梁的两个姐姐都嫁给了名门望族，大姐的夫家是张之洞的秘书，二姐的夫家是杭州首富，那时，周苍柏仅是上海商业储蓄银行的一名小职员。但是，姑娘见他文质彬彬，谈吐不俗，又是留过洋的，首先就有了仰慕之心。这样，18岁的董燕梁和28岁的周苍柏订下亲事，一年后结婚。他们的婚礼在当时的汉口也是一桩“惊天动地”的新鲜事，迎娶新娘的不是花轿，而是马车，女方家没有一挑又一挑的嫁妆，新娘不穿红衣红裙，不戴凤冠，不蒙红巾，而是一袭西式的白色婚纱服。

婚后，董燕梁随丈夫到上海。周苍柏请来家庭教师，让董燕梁重新学习，学英语，学古文，学钢琴，董燕梁聪明，进步很快。不久，董燕梁有了身孕，还要不要继续学呢？她拿不准。周苍柏不仅要她继续学下去，还陪她到美国教师家里学钢琴。到底是留过洋的，周苍柏对她说：“你多听音乐，多弹琴，对肚里的孩子有好处，这在国外叫‘胎教’，就是让胎儿在母体里就受熏陶。”果然，不仅小燕，周家的几个子女，个个在音乐上都有天赋，有的弹钢琴，有的拉提琴，有的吹萨克斯管，有的作曲等。

大户人家出生的董燕梁，却没有大小姐的脾气，更不慕虚名，不奢侈，不浪费，不娇滴。这些禀性，对周小燕影响很大。她清楚地记得，母亲从来不给她和弟弟妹妹们买新衣服，她和弟弟妹妹们穿的都是母亲一针一线用缝纫机踩出来的。为强壮孩子们的体质，周苍柏送小燕和弟弟们去学武艺，练功服也是母亲做的。那套练功服上身是一件中式大襟衫，缀着闪闪发光的珠片，打着漂漂亮亮的盘扣，小燕穿在身上特别精神，飒爽英姿。母亲的针线活做得非常漂亮，人见人夸。

没有不透风的墙。那年，周苍柏想办法把共产国际的一笔巨款转到中国

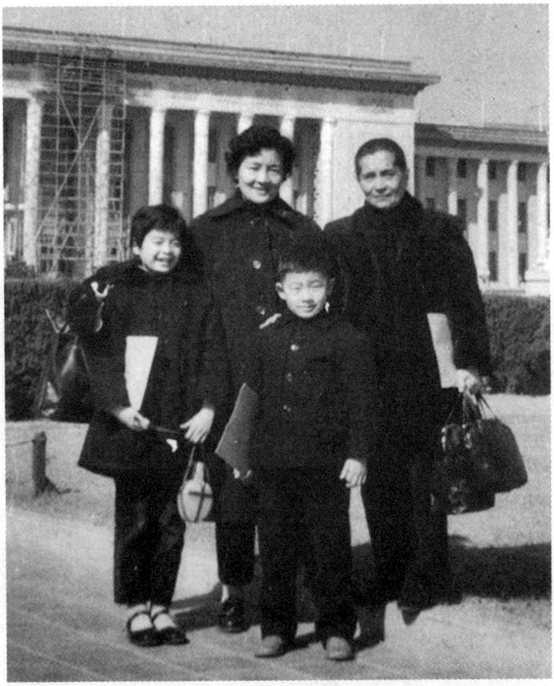
与母亲和儿女在北京

共产党手中，被军阀吴佩孚知道了。那天，董燕梁抱着一岁不到的二女儿宝佑站在门口，忽然看见两个陌生人闪了进来，问道："周苍柏在家吗？"机灵的她一看，两人气势汹汹，不怀好意，肯定不是什么好人。她回头一看，正巧周先生从楼上下来，连忙大声地问："周苍柏在家吗？外面有两个人找。"周苍柏一下明白了妻子的意思，也大声回答："周苍柏不在，早就出去了。"这样，周苍柏躲过了一劫。随后，全家马上离开上海。事后知道，是吴佩孚派人想加害周苍柏先生。

抗战爆发后，董燕梁成了武汉妇女抗敌后援会负责人之一，她在自家的客厅里搭了好几张桌子，指挥一些妇女为前线浴血奋战的将士缝制棉衣。她自裁自缝，还忙着教别人。每天，她还要抽空到医院去，为伤病员敷药、换药，包扎伤口，安慰他们。小燕姐妹也被母亲动员起来。那时，小燕参加了武汉合唱团，天天上街演唱，宣传和鼓动抗日。在空闲时，小燕也跟着妈妈到医院，帮助照顾伤病员。小燕三个不到10岁的妹妹，都在家里帮助卷纱布，因为医院里纱布的需要量非常大。真是，在抗战的危难时刻，周苍柏全家老少齐上阵，表现了中国人抗敌的勇气和决心。

对于母亲，周小燕印象最深的是她识大体、明事理，在大事面前拿得起、扛得住，是一种大家风范。董燕梁有爱她的丈夫，有六个优秀的子女，是一个幸福的人。但是，作为一个女性，一个母亲，她承受了常人难以承受的痛苦和灾难。

武汉那年发大水，她的不到一岁的最小的女儿，不幸落水死亡。抗战爆发后，她的小儿子德佑为参加抗日演剧队，不辞而别。全家到处打听他的消息，听说，德佑的部队还没开拔，在武昌巡道岭8号，小燕自告奋勇去找弟弟。到了那儿，只见一批批年轻人进进出出，听说她是来找德佑的，一个个摇着头说："不知道。"小燕正在失望时，忽然看到桌上一把小提琴，不正是弟弟的吗？德佑只得出来，答应回家见见父母。见到德佑，董燕梁不是斥责，而是深明大义地说："你以为就你一个人爱国？你是去抗日的，我一定放你去。但是，干吗要偷偷摸摸地走？"随后，董燕梁拉着德佑的手，说："希望你勇往直前，不要半途而废。"周苍柏也严肃地补充了一句："不许空说，要实际地干。"夫妇俩亲自把德佑送走，周苍柏还帮助德佑所在的演剧七队租了一辆车，送他们去要去的地方。

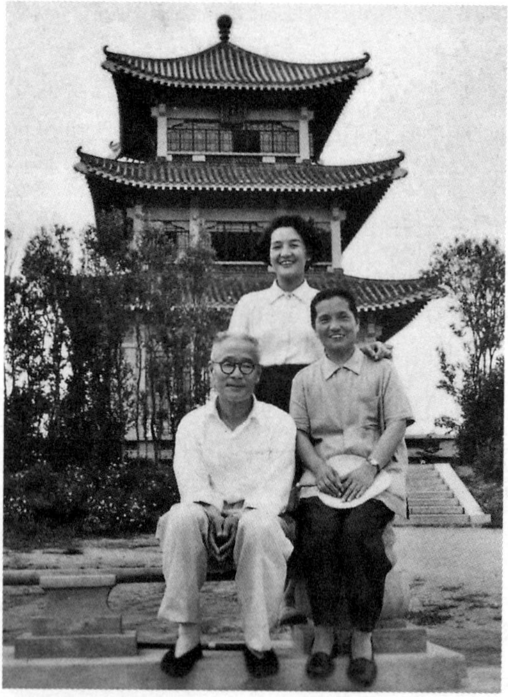

与父母

德佑后来牺牲在岗位上，董燕梁痛不欲生。这个时候，邓颖超来到她的身边，对她说："周太太，你现在是失去爱子的母亲，而在当前抗日战争中，中国有多少孩子失去了父母和亲人，流离失所。你应该扩大你的母爱，去爱所有这些失去父母的孤儿。"仿佛一盏明灯，燃亮了董燕梁的心。她在心里，对德佑说："我要把爱你的爱来爱世界上一切无母爱的儿女。我要继续你的志愿，努力到底！"她的这段话，后来刊登在武汉《追悼周德佑志士特辑》上，感动了无数的人。

小燕去欧洲学习，九年后，学成回来。周苍柏夫妇特意从武汉赶到上海，去机场迎接。下飞机那一刻，小燕简直不敢看母亲。去时，她和弟弟天佑两人，归时，却只有她孤身一人。原来，第二次世界大战爆发，缺医少药，天佑病死在巴黎。小儿子倒在抗战第一线，如今大儿子又客死他乡，这对一位母亲是何等残酷和残忍的事！小燕扑过去，母亲凄苦的脸，硬是挤出一丝笑容，抱紧了女儿，两行热泪夺眶而出。

“母亲很不容易，很伟大。德佑去世后，她就像变了个人，她把母爱播撒到每个孩子的身上。母亲的爱影响了我们。”2011年4月17日，周小燕谈起她的母亲，这样说道。1938年3月，武汉成立战时儿童保育会，董燕梁当选为理事。她承担了20名在抗战中无家可归的难童的生活费。后来，她到重庆难童保育院工作，毕生从事儿童保育工作。德佑当年所在的演剧七队，几乎所有的队员一有了难处，就想到周家，想到敬爱的周爸爸、董妈妈。在白色恐怖时期，周家成了七队队员的避难所，有的一住就是半年，管吃、管住，董燕梁还要给他们添置衣物，发零用钱。

1942年，周苍柏升任湖北省银行总经理。身为省银行总经理的夫人，董燕梁从来不穿金戴银，更不会挥霍，铺张浪费。她总是一身布衣，但干净整洁。还在家里和老保姆钱妈一道忙着纳鞋底，为孩子们做鞋呢。“母亲是一种本能，虽然有钱有条件，但是在吃穿戴上，从来不大手大脚。父亲在晚年患脑中风瘫痪了，他们住在北京国务院宿舍里，个子小小的母亲，把父亲背上背下，满身大汗。后来，妹夫郭予信和夏之秋看到这种情况，就自己动手，在父亲坐的椅子脚上装了四个小轮子，算是做了一个轮椅，以减轻母亲的负担。母亲和父亲一样，心胸很宽大，很吃得起苦，没有一点大小姐和有钱人太太的坏毛病。”周小燕回忆着母亲，声音有点沉重，充满敬意。

1949年，黎明的前夕，不少人劝周苍柏离开上海，到台湾或美国去，也有人对董燕梁说：“周太太，共产党‘共产共妻’，你不走，你那些如花似玉的姑娘怎么办？”董燕梁笑笑，她和周苍柏一样，心里有底，她不相信德佑身边的那些共产党人

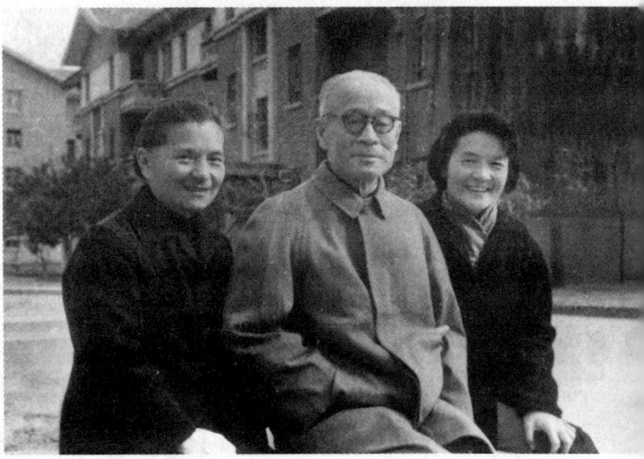

与父母

是土匪、是强盗。共产党的大官，她也见到过，周恩来、邓颖超、董必武……个个温文尔雅，有崇高的理想。她和丈夫一起静等着解放的那一天。仅仅几个月，她和丈夫就站在天安门观礼台上，出席新中国开国典礼。看到新中国第一面五星红旗升起，她泪流满面，喃喃地说："德佑，你盼望的日子到来了。"

董燕梁到北京后，在国务院参事室工作。1978年，春天来临，董燕梁思念女儿，来到上海，住在小燕那儿。那天，她对在瑞金医院任外科主任的堂弟董方中说，她这几天常常感到胸闷，董医生说，明天带她去医院看看。然而，就在当晚，周小燕伏案忙着自己的工作，母亲拿了一张《参考消息》，躺在床上和小燕说着话。一会儿，小燕没有听到母亲的说话声，以为母亲睡着了，便走过去看看，却发现母亲的脑袋歪在一旁，顿时大惊失色，赶快呼叫。儿子张本冲了进来，小燕叫他快去叫舅舅，那时，家里还没电话，董方中就住在附近。舅舅赶来，可惜，没有办法挽救姐姐的生命，一个美丽的灵魂升天了。

"母亲喜欢吃上海的蚕豆，来了后总是念叨，还有几个星期可以吃蚕豆了。可惜，她没有吃到。所以，每年吃蚕豆的时候，我总要想起母亲，到现在都这样。唉！"说这话时，周先生靠在客厅的门上，眼里噙着泪，声音哀哀的，满心痛楚。

三　弟弟德佑和天佑

周小燕是家中的第一个孩子，因为母亲名字中有一个燕字，舅舅给她起名小燕。一年后，天佑降生，再后德佑出生。三个孩子年龄上挨得近，童年时几乎形影不离。这是一张摄于1925年的照片，在家中的写字桌上，三个孩子在专心致志地读书，做功课。小燕居中间，头发梳理得整整齐齐，额前的刘海齐崭崭，两根小辫，一前一后，搭在肩上。右边是大弟天佑，脑袋上的头发，不知什么原因，左边有一部分光光的，十分可爱。左边的小弟德佑则右手托腮，正在沉思中，有那么一点少年老成的味道。

在周家的儿童歌舞团中，那个有着甜美的童声高音，扮女孩的小演员就是小弟弟德佑。德佑不仅拉得一手小提琴，还能诗擅画会写，多才多艺。在上海沪江中学读书时，他认识了一些进步人士，于是热烈地追求光明。因为

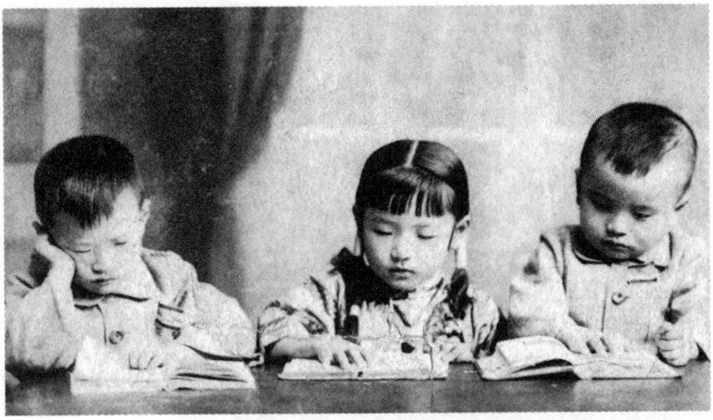

和弟弟天佑（右）、德佑（左）

他画了一幅讽刺蒋介石不抵抗的漫画，德佑被学校开除。回到武汉后，他利用父亲是银行总经理的身份，偷偷地给共产党地下组织送文件和宣传品。他和一些热血青年办文艺刊物，偷偷阅读被国民党禁掉的书籍，比如斯诺的《西行漫记》等。他知道姐姐喜欢看文艺类的作品，就把高尔基、鲁迅、巴金的书带回来，给小燕看。小燕最先读到的巴金的《家》，就是德佑带回来的。德佑热烈地向姐姐推荐《家》，还热心地介绍他所知道的巴金的故事。德佑崇拜鲁迅和巴金，小燕至今还珍藏着1936年德佑在鲁迅墓前的照片。年轻的德佑，蹲在鲁迅墓前，一手放在墓碑上，一手培着墓前的土，悲从心来，满脸痛苦。

南京沦陷后，武汉成为全国抗日的中心。德佑找到光未然，希望把光未然过去在武汉创办的拓荒剧团恢复起来，宣传抗日。光未然同意了。德佑和好朋友赵寻、何康、张熹、彭厚荣、田冲等联系了30多位来自平津沪的流亡学生，恢复成立了拓荒剧团，德佑是编、导、演，身兼数职。他们排演的第一个戏是光未然编剧的《五月的鲜花》，德佑导演，在武汉郊区为农民演出。紧接着，德佑通宵达旦，自己写了一个剧本《大兴馆》，这个戏在武汉的一些伤病员医院演出。德佑的这个戏写得很真实，也很有感情。演出时，台上饰演伤病员的演员，高呼“打倒日本帝国主义”的口号，台下的伤病员情不自禁，也跟着高呼，还有的伤病员，捶胸顿足，哭喊着说：“这个戏，写的就是我呀。”

拓荒剧团后来被命名为抗日演剧七队。1937年12月6日，命名大会之后，七队准备开赴抗日前线，到鄂北、山西一带宣传抗日，全队先在武昌巡道岭集中。德佑担心父母不同意他去，就给父母留下一封信，偷偷地走了。他在信中写道：“亲爱的双亲：请不要担心，不要着急。我现在已经下了最大的

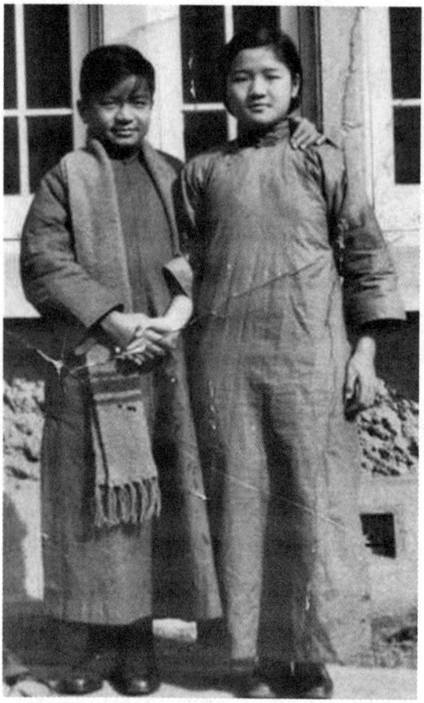

与弟弟德佑

决心到山西去了。我相信没有任何困难可以阻碍我的，所以就毅然采取了这种行动。没有事先向你们商量，这是我最大的罪过……父母的养育之恩，将来在报国的时候一起偿付吧……这一次的走，也许是很糊涂的，可是我觉得在这个时代，并不需要聪明，却很需要勇敢……我宁可做傻子，也许天下的事情还需要傻子们来干的……"

这个才18岁的小青年，不知道休息，不知道调整，满腔的热血，始终在沸腾，在燃烧。回到武汉以后，他全身心投入到抗战的各项活动中，经常一天只睡两三个小时。演剧七队出发后，先到达鄂北应城、汤池，在这儿宣传抗日。此时，中国共产党人在汤池举办了一个抗日游击训练班，陶铸在这儿主持工作。听说演剧七队来了，陶铸和大家一起座谈，希望他们深入到村镇演出。山路迢迢，山路崎岖，攀岩登石，淌河涉水，队员们还要肩挑行李，背负演出道具，而且饥一顿饱一顿，根本没有什么吃的。到了目的地后，即要演出，十分辛苦。德佑什么活都抢着干，又要挑行李，又要导演，还要演出，做宣传工作等。到了晚上，别人可以倒头就睡，但是，他不能，他还要写剧本，每天只睡两三个小时。他创作的小话剧《小英雄》，描写了两个抗日小英雄智取日本兵的故事。演出结束后，就有观众问："你们演了小英雄，要不要老英雄？我们这里可以组织一个老子军，打日本去。"在汤池，德佑还创作了小歌剧《从军别》，写的是全家送亲人赴抗日前线的故事。演出后，人们纷纷打听，怎样去参加抗日军队，到哪儿去报名等等。德佑的戏，在燃起人们的抗日热情上，发挥了任何手段都难以替代的作用，功不可没。

可是，这位小伙子倒下了，倒在他演出的舞台上。他太累了，太拼命了，长期的积劳成疾，最终使他心力交瘁。周苍柏夫妇接到电报，马上派车到鄂北，将奄奄一息的德佑接回武汉。三天后，一个阳光灿烂的生命，离开了人世。临别前，昏迷不醒的德佑，突然睁开眼，把守候在身边的父亲、母亲和姐姐的手，握在一起，用尽最后力气，说："我不行了，但是你们一定要坚持抗战到底，最后的胜利一定是属于我们的。"

德佑的死，在武汉产生很大影响。武汉青年救国团、湖北妇女抗日后援会等团体发起召开追悼会，灵堂设在汉口周家的客厅，邓颖超同志题写了四个大字："模范青年"。灵堂上悬挂的"为国牺牲，尽力宣传拼热血；扶棺痛哭，惟期捷报慰忠魂"等各式挽联和题词，表达了人们对这位年轻人的崇敬和痛惜。在众多的花圈中，有董必武的名字。

一阵箫声响起，凄婉的曲调，撩拨起人们心底的悲哀。这是一首《安息歌》，是德佑为那些牺牲的抗日将士写的，家人从他遗留的笔记本中发现了它。"愿你安息安息，安息在大地里……"小燕颤抖着声音，唱起了歌词，灵堂里的哭泣声越来越响，小燕泪流满面，最终没能唱完。邓颖超、孟庆树、刘庆扬等妇女界领袖都悲痛地致了词。"未满十九，忽尔夭亡，从今一去，地角天涯……为炮火下无辜之死，尸身不全，则君之死，亦属万幸，又何况为国勤劳，为国捐躯……"妇女抗敌后援会代表宣读祭文，灵堂内哭声一片。周苍柏代表家属致谢，宣读德佑生前遗愿：以整个身心许国，死也不作亡国奴。德佑被安葬在海光农圃一座小山头上。

天佑小时候得过脑膜炎，右手残疾。他在音乐上特别有天赋，乐感很强，萨克斯管吹得极好，他也弹钢琴，右手不行，就用两手交叉的办法，用左手代替右手，弹奏出复杂的旋律。儿童歌舞团演出时，所需要的风声、雨声、雷声、鼓声，以及狗叫、猫叫等音响效果，都是他自己动脑筋，想办法做出来的。天佑文雅，性格上有点像女孩，很乖，做事认真又细致，讨人喜欢。

当年，周苍柏是把小燕和天佑两个孩子一起送往欧洲求学的。初到巴黎，人生地不熟，语言又不通。巴黎的治安也不好，一个女孩在街上行走，就会有不三不四的人盯在后面，因此小燕每次出门，天佑总是跟着，俨然是一个保护者。这时候的天佑，长得已比姐姐高多了，英俊帅气，一表人才。一天，小燕姐弟参加中国大使馆的义卖活动，他们当售货员，在一张铺着白布的长条桌上，卖一些华侨和使馆工作人员捐赠的丝巾、手绢、小工艺品。天佑这个大小伙子乐呵呵的，耐心地向"顾客"推荐物品，一点也不觉着无聊，干得特别起劲。

天佑在巴黎语言学校学习时结识了一位犹太裔的波兰小伙子查利，查利有一个姐姐叫妮娜，年龄与小燕相仿。姐弟俩与母亲在一起生活，母亲是一位能讲德语、俄语、英语的波兰人，非常善良。小燕姐弟常到妮娜家玩，一来二往，和他们的妈妈也熟了。波兰妈妈见小燕姐弟住在学生公寓，就让他们搬到她家来住，这样，远离家乡的小燕姐弟又有了家的感觉。

第二次世界大战的烽烟燃起，小燕姐弟逃难途中被押送回巴黎，惊恐未定，天佑却又病了，腹痛如绞，急忙到医院，诊断为阑尾炎，必须住院开刀。战争下的医院，乱七八糟，缺医少药，人心浮动。医院还规定，家属只能在下午的一段时间探视病人，不能陪同，小燕天天来回跑。那天回家后，她疲惫地躺下，朦胧中似乎听到天佑在叫，睁眼一看天佑好像站在门口，她惊异地说："呀，你怎么回来啦？"忽然，天佑的影子消失了，一种不祥的预感向她袭来，心脏"别、别、别"地乱跳，她急忙起床，叫醒身旁的妮娜。两人冲到医院，只见天佑的病房里很多医生护士，一个医生把白床单盖在了天佑的脸上。小燕大惊，扑到天佑的身上，号啕大哭。原来，天佑手术后，一直发烧，伤口感染了，医院为了给他消炎退烧，在伤口处放了一个冰袋，可是冰袋的口子没扎紧，水直流出来。天佑几次按铃叫人，都没有人过来，水流进了伤口，没有人注意，造成腹膜炎，天佑不幸病逝。

小燕和两个弟弟，从小一块儿上学，一块儿演戏，一块儿玩耍，一块儿学武术，感情十分深，可是，他们都在风华正茂的年龄被战争夺去了生命，先后只有两年。德佑牺牲在中国人民抗击日本帝国主义侵略的战场，天佑又是非正常地死亡在二次世界大战中沦陷于敌手的法国。他们都是被战争，被黑暗迫害死的！小燕从心底里痛恨战争，痛恨法西斯！同情被压迫、被欺侮的人民。她从心底里盼望中国强大起来，强大起来，强大起来！

四　周恩来和邓颖超

古人云：人生得一知己足矣！人生，在迷茫中，有人帮你指引；在痛苦中，有人可以倾诉；在危难中，有人催你奋起，这就不仅足矣，更是一种幸福，一种幸运。周恩来和邓颖超对于小燕和周苍柏一家来说，是最可依赖的精神支柱也是仰慕的参天大树。

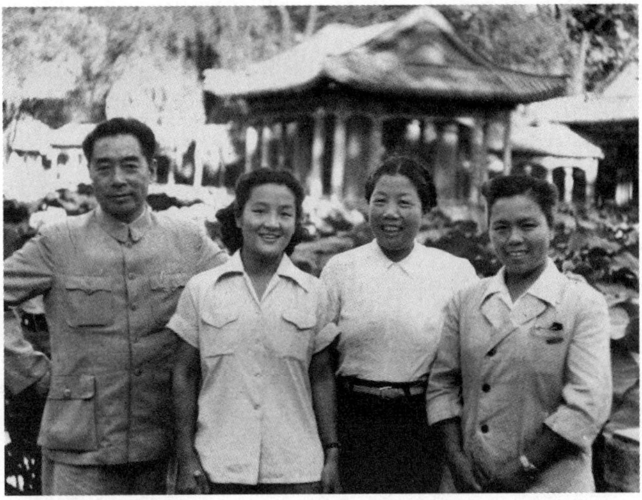

与周总理、邓颖超在颐和园

小燕第一次零距离与周恩来接触，应该是1949年第一次全国文代会。在此以前，她曾两次见到过这位英俊而又儒雅的中国共产党人。第一次是在抗战全面爆发后，周恩来为了认识陈光甫，由董必武认识周苍柏，再通过周苍柏接触陈光甫。那天，周恩来秘密来到汉口周苍柏的府上。每到家中有重要客人来，母亲都把他们几个孩子赶到自己的房间里。因此，此人是谁，为何而来，与父亲说了什么，小燕不得而知。第二次是在德佑的追悼会上。周恩来先行到达会场，在德佑的灵前默哀了三分钟，尔后，与周苍柏夫妇简单说了几句，希望他们节哀，便匆匆走了。媒体没有捕捉到这一新闻，因而没有报道。

在第一次文代会上，周恩来分别接见文艺界人士。那天，她是和梅兰芳先生一起去的。周恩来见到她，亲切地握着她的手，像自家人似的，第一句话就是："小燕，你也30岁了吧？你的三个妹妹宝佑、澂佑、彬佑，都长大了吧？"原来，1945年12月21日，周恩来、张治中前往重庆机场，迎接美国特使马歇尔。小燕的三个妹妹宝佑、澂佑、彬佑，代表重庆人民，分别向周恩来、张治中、马歇尔献过花。这么多年过去了，周恩来还记得她们，并且还记住了她们的名字。周恩来又问道："你弟弟德佑的坟上立碑了没有？"小燕说："没有。"周恩来说："像他这样一位青年，离开优越的环境，参加我们的队伍真不容易。他是烈士，应该为他树立一块墓碑嘛。"小燕听了这一席话，心里既激动又感动。她想，一位革命领导人，怎么还会记得这样的小事？这时候，她只有敬佩和敬仰了，不由地说了一句："您的记性真好。"随后说了自己的心情："我对革命没有什么贡献，这次当上代表参加会议，心里很惭愧。”周恩来没等她说完，就鼓励道：“革命不在于早晚，参加革命就好。你要好好向你弟弟学习，永远站在人民一边。”小燕边点着头，边在心里发誓般地说：我一定好好向弟弟学习，站在人民一边。

会上，小燕看到好多代表拿着会议发的一本绛红色的小本子，请大家签名。她也受到启发，拿着本子，请周恩来签名。周恩来挥笔写下这样一句话：“为建设人民音乐而努力！”

这以后，小燕到北京出差、开会，总要和张瑞芳等人到周总理、邓大姐那儿去。周总理、邓大姐到上海来，有文艺界的活动，总理经常问：“小燕呢，小燕在哪儿？”有一次，看到总理接待了好几批外宾，都是不同国家的，有些人的名字还很长，念起来很拗口，可是，总理一见面就亲切地叫出对方的名字，说着有关他们国家的一些文化呀、风俗呀等，谈笑风生。小燕佩服地问：“总理你记忆怎么那么好呀？这个事那个事怎么都记得？”周恩来笑着说：“我是干什么的呀？外交工作是我的专业，就像你唱歌，每天都要练声，我也要天天练，做功课呀。”接着，总理还谦虚地说了一句：“我的记忆和毛主席不好比，主席比我强多了。”原来是这样，看来，做好每件事，都要下苦功的。小燕明白了：“做好一个共产党员，首先要像总理那样，去踏踏实实、认认真真地做。”

有什么心里话或者不明白的，她一有机会就向总理请教。有一次，她问总理：“学习毛主席的《矛盾论》，毛主席说在很多矛盾前要抓主要矛盾。现在，给我这个官那个职，又有很多事情来不及做，矛盾挺多的，到底哪个是我的主要矛盾呢？”总理回答她：“首先要当好共产党员。”小燕是1956年3月加入中国共产党的。做一个像总理那样的共产党员，是她在参加第一次文代

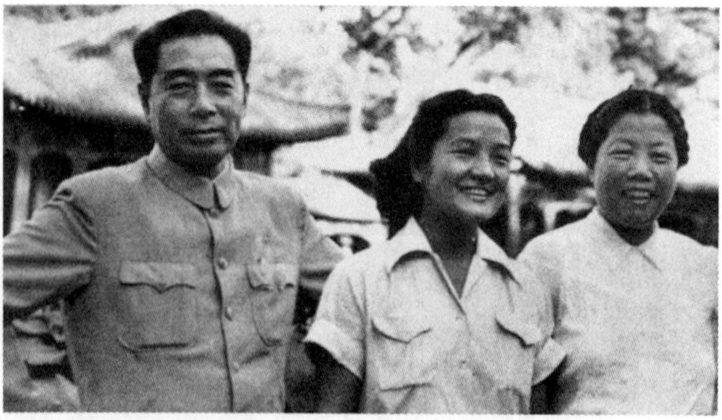

与周总理、邓颖超

会后，暗暗给自己下的决心。她在入党申请书中写道：“没有共产党就没有新中国，是全中国人民从心中唱出来的，千真万确。我曾经是大海上的一叶孤舟，四处漂流，没有方向，是周总理的亲切教诲，拨亮了我心中的一盏灯，我要为人民歌唱，做人民的歌手。”入党那一天，她喜极而泣，什么话也说不出来。她觉得自己有方向，有靠山了，要为不玷污这个称号而努力工作。那么怎样当好一个共产党员呢？周小燕想，那我就听从党的召唤，按照党所要求的去做，跟党走吧。

2005年，周小燕被评为全国优秀共产党员，她对笔者说：“我昨天想了半夜，我不知道我先进在哪里，我教学生是分内的事，我这一生也就做了这么一件事。我也看过报纸上宣传的其他先进人物的事迹，他们的事迹真感人确实很伟大，但是我没有啊，我很平凡。我现在只能做的就是向他们学习，对得起共产党员这个称号。”当好共产党员，对得起共产党员这个称号，是周小燕一辈子的追求，这个理念正来自于她所热爱和敬仰的周恩来总理。

“文革”中，周小燕和大多数“反动学术权威”一样，吃足了苦头，被批斗，被关进“牛棚”，被下放“五七”干校。她也有很多想不通的地方，也有很多牢骚。但是，她有一点始终是坚信的，那就是：党中央有周总理在，就不会让你们这些造反派得逞的。毛主席都说，要团结大多数，有敌我矛盾也有内部矛盾，要文斗不要武斗。你们不根据事实，不团结多数人，把好人往坏人那儿推，还打人，都是不对的。她还为自己分析：我从来没有反对党、反对人民，最多是人民内部矛盾，至少是可以团结的对象，为什么硬把我往敌人那边推呢？她相信，只要周总理在，周总理会来解救大家的，乌云总会过去，“文革”总有结束的一天。

因此，当1976年周恩来病逝消息传来时，她的精神一下垮了。在上海音乐学院举办的追思会上，周小燕发言时，说着、说着，越说越激动，越说越悲痛，突然感到胸口堵塞，眼前一阵漆黑，昏倒了。

一本蓝色的笔记本，塑料封面的下端，印有一行金色的字：“中国文学艺术工作者第四次代表大会　1979”。翻开它，扉页已发黄，岁月的斑迹落在纸上，一段文字却很醒目：“团结起来，繁荣文艺创作，为培养社会主义新人，促进社会主义现代化建设而奋斗！　1979.10.30”。这是周小燕先生的笔迹，用蓝色自来水笔书写的。再轻轻往后翻开一页，是周小燕记于这天的日记。这篇日记密密麻麻写了七页，记录了她的活动：

从早晨六点离开上海的家去机场，8时30分到达北京。抵京后，在机场到国务院第一招待所的路上，先期到达的上海音乐学院党委委员、院长办公室主任常受宗，向周小燕等人传达昨晚（10月29日）胡耀邦同志在党员会上的讲话和中央政治局对开好全国第四次文代会的希望和意见。

其中记道：

粉碎“四人帮”后，党在反复考虑，党要领导中国人民干什么？十一届三中全会、五届全国人大、四中全会都明确了我们的奋斗目标：实现四个现代化。四化搞不好，党无希望，民族无希望，人民无希望。为奋斗此目的，不可少的基本条件，就是团结起来向前看，否则不易做到。喊口号可以，一碰到具体问题，那就不一般了。无这条件，如何讲现代化？不团结，繁荣文艺也不可能。老账累累，相当多，每个同志都可说出自己不愉快的历史，说是辛酸也可以。说辛酸史要算旧账很多。究竟怎样对待历史？宜粗不宜细。共产党员首先应该是一个政治家，个人得失，个人委屈，不应使自己辛酸，不应让委屈的东西变成负担。我们的周总理受“四人帮”的气，精神上受到的比任何肉体上的都重，而总理的姿态是怎样的呢？！

这篇日记很有史学价值。从中可以看出，当年全国文化界的一些情况和中央的一些决策等。这篇日记，应该是10月30日晚，在结束了一天的忙碌和兴奋以后，周小燕对一天的回忆的追记，常受宗传达的会议精神，则是她追记的重点。分析周小燕的思想渊源，上述引用的日记中的这段文字，对周小燕有很大的影响，这是她在“文革”结束以后，很快走出阴影，将所有精力和热情投入教学工作之中的重要因素之一。在周小燕心里，周恩来总理有着无人可超越的地位。向总理学习，做像他那样的人，在第一次全国文代会上，周小燕就下了这样的决心。想想周总理，她就什么都想开了。个人的事再大，在国家面前就是小事。总是沉湎过去，不可能前进，更何况，我们这个国家是在前进，是在进步。

见到邓颖超大姐，是在弟弟德佑逝世的日子里。那时，母亲精神处于崩溃之中，是邓颖超的一席话，使她从悲痛中走出。尔后，又使她走出小家庭，走向社会大家庭，把母爱撒向所有需要爱的孩子，成为一位优秀的保育和社

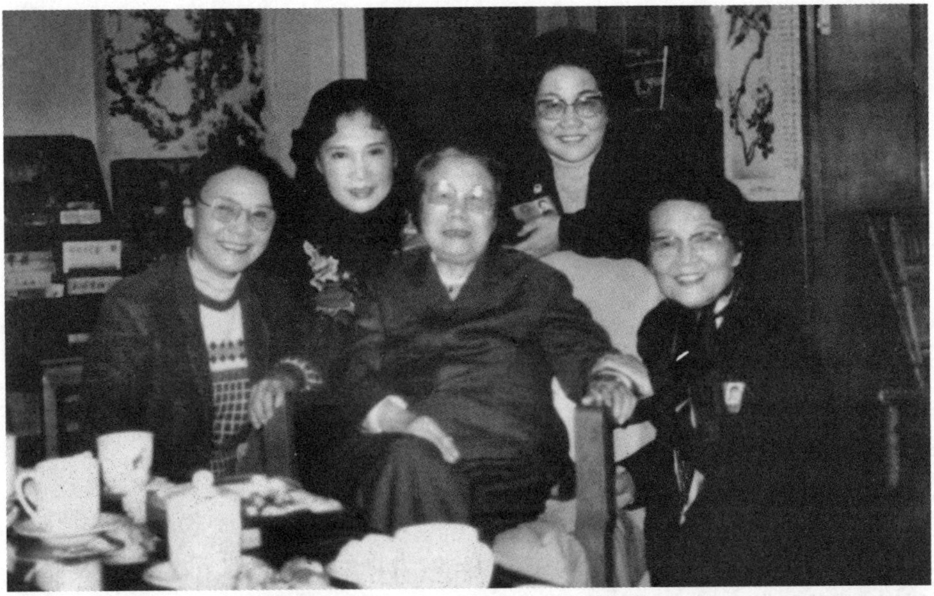

与秦怡、张瑞芳看望邓颖超

会工作者。对邓颖超，小燕深感她是一位了不起的女性，心里充满敬意。多年后，她知道邓颖超和周恩来的关系，心里更佩服她了。在她的心里，邓颖超就是一面镜子，一座高山，她要努力使自己成为像邓颖超那样的女性。邓颖超的了不起，在于她的朴实无华，她的随和亲切，她的善解人意，她的坚定理想，她的顽强品格，她的聪明智慧等。每次，周小燕和张瑞芳等人去中南海西花厅，邓大姐就像对自己的家人一样对待她们。她看到邓大姐和总理的生活，非常俭朴，吃的、穿的、用的，都很简单，从来不浪费，更不奢侈。小燕每次见到邓颖超，心里总是油然升起一种亲切感，心灵得到一次净化。

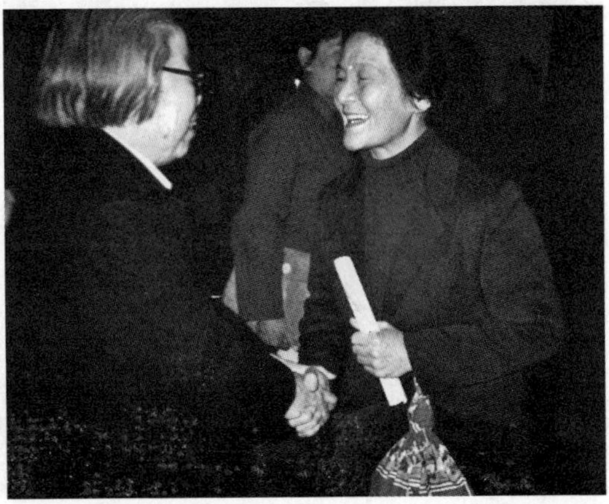

受到邓颖超的接见

周恩来和邓颖超以他们宽阔的胸怀、崇高的理想、高尚的品质、文明的素养，为国家、为人民鞠躬尽瘁，死而后已的精神，影响了留洋回来的大银行家的千金小姐周小燕的一生。

五　新的生活

在首届捷克“布拉格之春”音乐会上的成功演出，已经奠定了周小燕在国际乐坛上的地位。在演唱事业正在走向最高峰时，她却掉转头，毅然回国了。很多人为她可惜，不理解她为什么要回来。于是，有人想象，是不是共产党在做她的工作？是不是新中国黎明的曙光在召唤她？其实，都不是，是父亲的话，促成她回来的。去法国前，父亲就对她说：“第一，不要忘记你是中国人。第二，学成后，不要待在外国，要回来，为自己的国家效劳，做一点事情。”所以，她觉得她已学成了，并且获得了普遍的认可，得到了好评，应该回来了。

但是，究竟怎样为国家效劳？她不知道，也没有想过。那时的中国，等待她的仍是战乱、贫穷和落后。好在全国很快解放了，她出席第一次全国文代

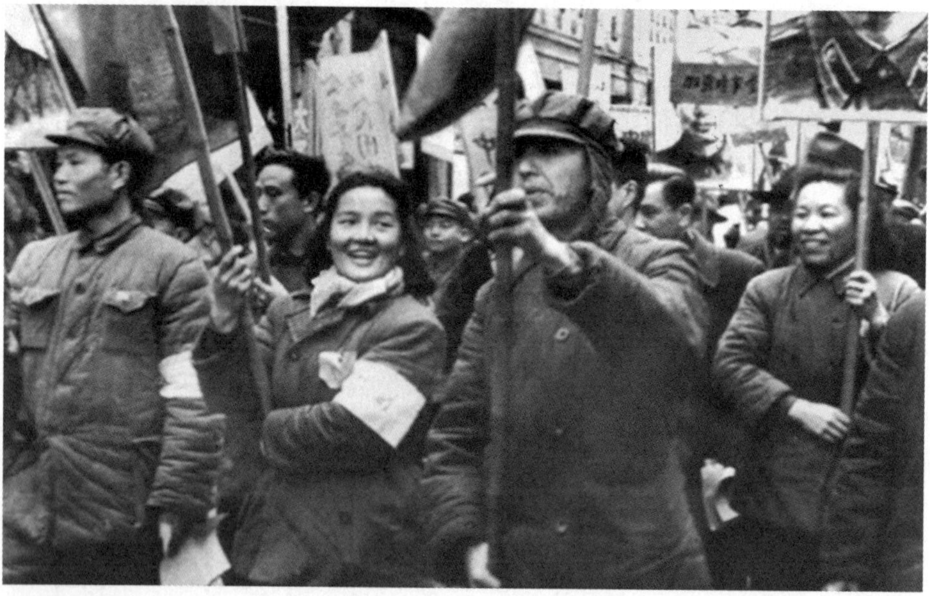

20世纪50年代参加游行

会，给了她一种全新的感觉和体验。她羡慕从解放区来的文艺工作者，如果弟弟德佑不死，也是他们其中的一分子，他们是为新中国的解放，流过血，流过汗，做出贡献的。她甚至自责自己，为什么要去法国学习，为什么不留下来抗战到底？她看到解放区音乐工作者们的演唱，那么受欢迎，大家都喜爱听，她也爱听。她自责自己，为什么要去学美声唱法呢？人家听都听不懂，怎样去为人民歌唱呀。可以说，第一次全国文代会，成了她生命旅程中一次重要的转折点。她记住总理对她说的那句话："革命不在于早晚，参加革命就好。你要好好向你弟弟学习，永远站在人民一边。"周小燕心想：那么我就先从这点做起吧，为人民歌唱，为人民教书，为人民做事。

新中国成立后，她参加了许多重要的政治活动，这一切对她的思想影响也很大。第一次走向社会，接触农民，是1950年年底。那时，上海音乐学院音工团到上海郊区松江县参加农民土改，从市区到松江起码要半天时间。周小燕因为有工作，晚去松江一天，到时正值中午，大家都在场地上吃着饭。周小燕往前一看，一张大木桌上，放着一个装着米饭的圆簸箕，白花花的米饭上好像还夹着一粒粒黑豆。可是，待她走近一看，那黑点子不是黑豆，是叮在米饭上的苍蝇，心里一阵恶心。只见盛饭的农民，大手挥了几下，苍蝇"嗡"地飞走了，一会儿又飞回来了。端着这碗饭，周小燕心里"斗争"了好一会儿：苍蝇叮过了，吃下去会不会拉肚子生病呀？可是，大家都在吃这种饭，难道你不吃？他们能吃，你为什么就不能吃？为人民歌唱，就要向他们学习，和他们一样。于是，硬着头皮，闭上眼，把这碗饭吃下去了。一夜过去，她发现自己没有拉肚子，别的人也没有拉肚子。这样，她就不害怕了，每次端起碗，先朝上吹口气，然后大口吃下去。

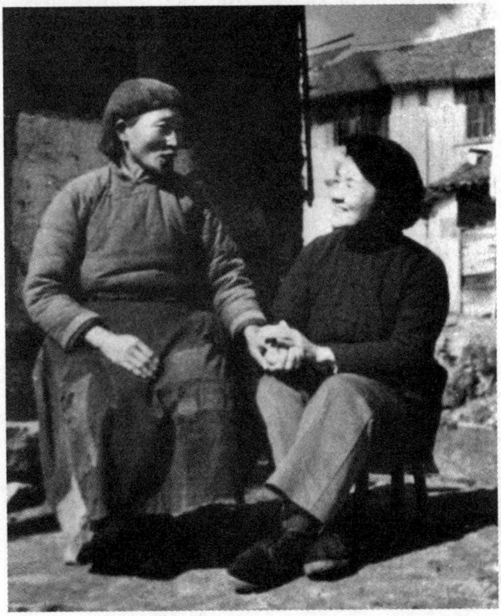
在农村

1951年初春，周小燕参加华东文艺工作团到山东革命老区访问。工作团长是郑君里先生，周小燕是副团长，团员中有著名电影艺术家孙道临、陈强等。汽车从泰安出发，颠簸了好几个小时，到达一个小县城。一个穿着深蓝色人民装，戴着深蓝色棉帽的青年人，笑呵呵地迎了出来，他就是县长，才30岁。新生的人民政府的县长是怎样办公的？周小燕和大伙在县长的引导下，走进县长办公室。他们惊呆了：屋里有一个炕，铺着一张席子和一床薄薄的被子，靠墙有一张书桌，桌上堆着几份文件，还有一只小闹钟，桌前有一张木椅，这就是县长办公室的全部家当了。大家都很吃惊，县长却很满意，说："战争年代，哪有这样安稳的办公条件呀。"县长把办公室当家，睡也睡在这里。

他们去鲁中南的一个村庄，访问一位地雷英雄，正是吃午饭的时候，村长招呼大家先吃饭。饭，是刚烙出来的煎饼，这在当地，是村民最好的食粮了，可是这些来自大城市的演员却咽不下去。来到地雷英雄的家，他们看到桌上放着咬了一半的煎饼，硬邦邦的。再抬头一看，屋梁上挂着一个破篮子，里面放着的也是冻得硬邦邦的煎饼。孙道临忍不住问道："大哥，平时吃的就是这个么？"地雷英雄点了点头。周小燕不解地问："为什么一次要烙这么多？"地雷英雄说："我们这里没有什么可以烧的。平时做饭，靠捡树叶子，烧一次火不易，趁锅热多烙几张，能省不少火呢。"小燕很感动，县长也好，地雷英雄也好，他们都是为中国人民的解放事业做出重要贡献的英雄，可生活却是那样简单，而精神又是那么愉快。她想，我有什么理由不向他们学习，为他们歌唱，为他们服务？

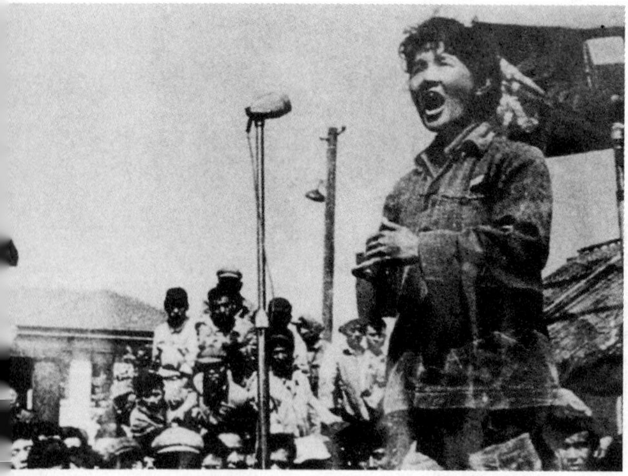
在工厂演出

在周小燕保存的日记中，关于去安徽佛子岭工地劳动的前后思想，记录得非常真切，时间是1953年8月。

整篇日记分三个部分：一、去佛子岭以前的思想情况和去的动机；二、从佛子岭得到的几点体会；三、今后计划。她写道："当学校发动去佛子岭的时候，我完全没有参加进去的思想。因为，1. 我爱我的小窝；2. 不愿离开我的小女儿；3. 想利用暑假搞搞业务，同时把身体搞好。因此，我每天抓紧时间练习。但是，越练越觉得苦闷。因为，在学习新的歌曲时，我发现自己对自己处理歌曲的内容毫无把握，这一段这样唱不知可不可以？那一段那样唱又不知对不对？”接着，她写道：“直到大众音乐会开过后，我明白了，我的苦闷、彷徨和紧张的根源……我是这样的脱离了现实，我哪里还能有热情和正确的人民的感情，来表达曲子的内容呢？我的苦闷感和彷徨的感觉，就是脱离了队伍必然会有的感觉。我于是决定要争取去佛子岭工地。我知道哪怕我只去两个星期，对于我也是有益处的。”“我去佛子岭的动机，可以说完全想通过工地上各种生动的事迹和人物，使自己得到教育。这样可以丰富自己的生活，丰富我的感情。”

在“今后计划”这部分，她还写道：“在思想方面，1. 对人诚恳，不背后批评而当面不说；2. 尽量的看别人的优点，向别人的优点学习；3. 加强自己的责任感，克服拖拉作风。”

这篇日记所袒露的思想，在那个年代很有代表性。从海外回来，生活在富有人家的周小燕，在那个大环境中，最想改造的就是身上的所谓“资产阶级作风”，尽量地向工农大众靠拢，缩短距离，向他们学习，为他们服务。

在中国人民志愿军抗美援朝，浴血奋战的日日夜夜里，全国文艺工作者表现出极大的热情。在文化部的组织下，先后派出数批慰问团到战火纷飞的第一线深入生活和慰问演出。1953年10月，周小燕参加了第三批赴朝慰问团演出，参加的人有喻宜萱、王昆、郎毓秀、梅兰芳、程砚秋、马连良等艺术大家。小燕目睹了战后的平壤，一片废墟，人民生活很贫困。但是，他们对中国人民很友好，纷纷把自己储藏的苹果等食物，拿出来给慰问团团员们吃。慰问团下到中国人民志愿军和朝鲜人民军的连队演出。小燕把省下来的苹果，带给战士们吃。那时，著名作曲家、上海音乐学院院长贺绿汀创作了歌曲《慰问信满天飞》。周小燕到一个地方就要唱这首歌。情真意切的歌唱，给远离亲人，远离家乡，远离故国的战士们，带来温暖，带来信心。他们非常喜欢这首歌。

赴朝慰问回来后，周小燕在1954年1月1日的日记中写道：“从朝鲜回来后，我感觉身上有了一种力量，这力量就像一根鞭子一样挥打着我前进。我比较认真地要求改造自己，我要向杨育才、裴纪造这些模范共产党员们学习，他们——这些活的榜样——就是我内在的力量，我一定会时时刻刻地想着他们。”杨育才和裴纪造都是志愿军英雄。翌日，她到学校作了关于赴朝观感

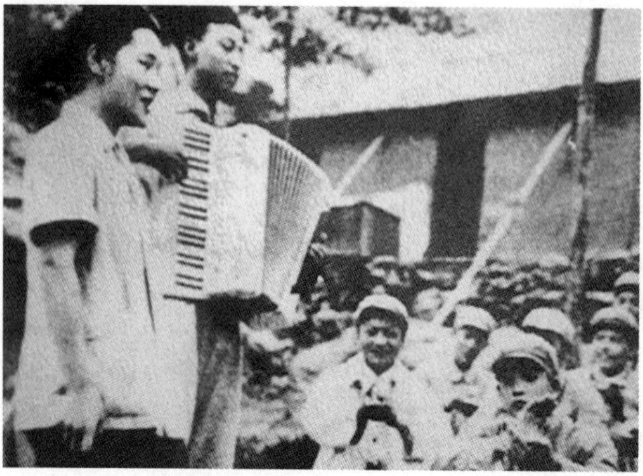

为战士演出

的报告。在这天的日记中，她写道："我讲了两个多钟头，仍然觉得没有讲完。在我讲完了之后，向院长、吴耀宗、高沛军等都向我走过来，从他们的脸上，我感到一种亲切的、同志的友情。"

1983年，著名音乐教育家、作曲家、钢琴家丁善德《艺术歌曲集》出版时，周小燕曾为此写过一篇《序》。她在《序》中写道："一个早在全国解放之前就在法国参加过留法学生进步活动，于1949年开国的号声中首先奔向新中国，后来又在党旗下成为无产阶级先锋队一员的爱国艺术家，对社会主义革命和建设所迈出的每一个步伐，不可能不从心底里迸发出真切的感受，不会不在新的现实面前纵情高歌。"这一段话，写的是丁善德，其实这也是小燕的真切感受，内心的真实表白。

丁善德是小燕的学长，小燕考进国立上海音乐专科学校时，他就从学校毕业了。小燕归国后，丁善德去法国，临行前，到周家拜访过小燕，请教了很多问题。新中国成立后，丁善德中断在法国的学习，回到祖国，与小燕同为上海音乐学院的教授，一个任声乐系主任，一个是作曲系主任。1956年7月，他们在中国共产党党旗下共同宣誓：为共产主义事业奋斗终生。丁善德曾经在《我和周小燕三同》的一篇文章中写道："周小燕和我有三同，这并不是下乡和农民同吃、同住、同劳动的三同，而是同学、同事、同志的三同。解放初期，我们对共产党都十分崇敬，举凡党的号召，我们积极响应，土改时都下了乡，抗美援朝时用各种方式进行宣传，并各自捐了一千发子弹的钱。政府要求大家认购公债，我和她买的数目在学校里是比较突出的。以后，党发起的

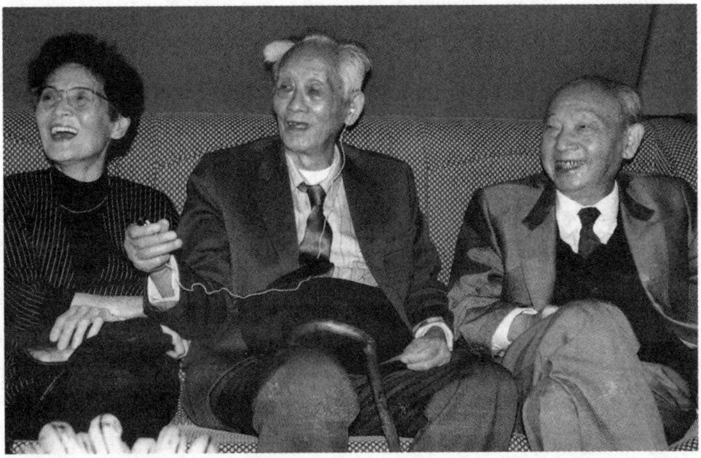

三位老院长：周小燕（左）、贺绿汀（中）、丁善德（右）

一系列政治运动，我们都积极参加，全心投入，对党表现出无限的信任和忠诚。50年代是周小燕作为歌唱家的黄金时代，她演出频繁，深受欢迎，'燕子'飞遍了祖国的山山水水。我那时也是激情洋溢，写了不少较为成功的作品，我改编的新疆民歌《玛依拉》，是她第一个演唱成功并传遍了全国各地……我和周小燕的三同，无论是同学、同事、同志的三同或在'牛棚'里的同吃、同住、同劳动的三同，都为我们建立了极为深厚的友情……我们都热爱祖国的音乐事业，有强烈的责任心，有刻苦耐劳奋发图强的坚定意志，这些共同的性格和特点把我们联系起来，成为志同道合的同志和朋友。"

周小燕也好，丁善德也好，他们那时的心情，他们所走过的道路，是这一代知识分子热爱祖国、热爱党、热爱人民，忠于事业，克己奉公、要求进步、乐观向上的共同心情和所走过的一条共同之路。

六　洋老师

东方文化、西方文化都是世界文化的一分子，虽然有差异，但不是相斥，而是互补，相映生辉。东西方文化，没有高低之分、优劣之分、好坏之分。中国近、现代史上，许多优秀的大师级人物都曾留过洋，接受过西方文化的教育，比如鲁迅、郭沫若、巴金、老舍等等，还有陈寅恪、钱锺书等学者，他们都学贯中西，拥有丰富的知识。巴金先生曾在法国留学，第一篇小说也是在法国写成的。他获得过法国政府颁发的骑士勋章。著名学者王元化先生，研究黑格尔的逻辑学，常常用黑格尔的观点与方法解释中国历史，引起人们的重视。这些都说明，并不因为他们接受过西方文化，就影响他们成为中国一代文学大家和思想大家。一个学贯中西的人，更有可能成为大师级人物。

周小燕在欧洲学习了九年，她所受到的训练不仅是声乐技巧和语言，还有文化，还有思想，还有习惯等等。小燕初到巴黎21岁，这对一个有良好家庭教育和生活条件、尚未涉世的女孩来说，一切都还处于一个单纯甚至有点稚嫩的阶段。“我是幸运的”，是她这一生说得最多的一句话。绝不是谦虚，更不是假意，是从心底流出的。在法国，无论初始的人地生疏，学业的困惑，生活的艰辛，还是走向舞台，健康成长，所幸的是她碰到了一些好人。

娜迪亚·布朗热是一位被记录于《世界百科全书》的著名音乐人，20世纪30年代，她是巴黎音乐师范学院的作曲、钢琴和练声老师。1938年，小燕考入这所学校，娜迪亚·布朗热看到了这位朴实、活泼的东方女孩，立即喜欢上了，主动要小燕到她的班上学习，参加由她指挥的合唱队。娜迪亚·布朗热还把小燕带到家里，单独给她上课。有一天，娜迪亚·布朗热拿出一幅中国山水画给小燕看，问她这是谁的画？小燕仔细看了一下说：“从画面的风格来看，像是隋唐时代的作品。可是，作者没有落款，画家的名字失传了，可惜。”娜迪亚·布朗热接着小燕的话说：“可惜？没有什么可惜的。重要的是这幅画流传了下来，为世人欣赏。个人的名字传不传下来是次要的。”从此，这句话深深地印在了年轻的小燕的脑海里，体会也越来越深。所以，她对名利这些东西看得很淡。她这一生中，不知道获得了多少奖，全国的、上海的、教育系统的、文化系统的等等，可是，你在她的家里，看不到一张奖状或一个奖杯。她也曾有幸和许多国家领导人合过影，在她家的墙上，你也看不到一张。

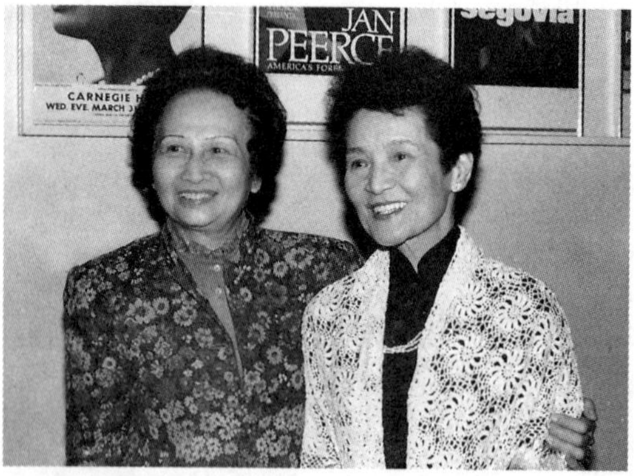

与李献敏

认识齐尔品先生和他的夫人李献敏女士，也是周小燕在欧洲学习期间最为幸运的事。齐尔品先生是享誉世界的俄罗斯作曲家、钢琴家，在学习上、生活上，齐尔品先生给了小燕姐弟许多无微不至的关心、帮助和照顾。齐尔品的一言一行，对于小燕这样一位远离家乡、热爱音乐的青年人来说，都起着师表的作用，影响很大。

70多年过去，周小燕至今都记得齐尔品的家是住在巴黎一条叫福尔斯登堡的小街的2号楼上。这是一个二室一厅的小套间，并不大，很俭朴。但是，齐尔品先生的朋友遍及世界，出入这里的都是一些当代著名的钢琴家、作曲家。小燕经常看到一些当时名不见经传的作曲家和钢琴家登门向他求教，他从来不吝啬时间，也不嫌麻烦，总是耐心地、一遍遍地说，直到他们明白。有些人喜欢背后议论别人，齐尔品先生从来不参与。当有人征求他对作品意见时，他总是肯定别人的优点，而后以商量的口气指出不足的地方。朋友们在他这里无拘无束，都很尊敬他。小燕姐弟当时只是一个求学的穷学生，但是，齐尔品先生对待他们和其他人没有任何不一样，甚至更多了一份关切，以至每个星期的周末，小燕姐弟都要到齐尔品家来，幸福地度过这一天。

小燕能够参加首届捷克“布拉格之春”国际音乐节，也是齐尔品先生的让贤和举荐。当时，捷克邀请的是齐尔品先生，他收到邀请函后，认为这是展示中国音乐的机会，极力主张小燕和他的夫人，著名钢琴家李献敏一起去。在获得了组委会的同意后，他又精心地为她们准备节目，特意为小燕创作了据云南民歌改编的歌曲《美人美酒》，并为唐诗《春晓》谱曲，特别适合发挥小燕花腔女高音的特点。在“布拉格之春”国际音乐节上，小燕和李献敏的“中国现代音乐”专场音乐会，预售票在两周前就告罄，是其中最热门的演出之一。

齐尔品先生的坦荡无私，为人的亲和通融，对艺术的执着，对中国文化的热爱等，都影响了小燕的一生。

也许是从战争的惨烈中走出，人们渴望光明的到来和持久。“布拉格之春”国际音乐节，从一开始就显示了它的不凡和高贵。当代世界著名音乐家，在1947年5月的鲜花中，齐聚捷克首都布拉格，他们中有英国小提琴家梅纽因、美国钢琴家伯恩斯坦、苏联作曲家肖思塔科维奇、苏联小提琴家奥伊斯特拉赫、美国作曲家科普兰、捷克音乐家库勃立克、法国音乐家福利尔等。

小燕在这座艺术的天堂里，贪婪地获取。没有一场音乐会她放过，看得如痴如醉。梅纽因和奥伊斯特拉赫，当今世界最为著名的小提琴家，在这个舞台上合奏巴赫的小提琴二重奏，为他们伴奏的是当今世界钢琴之王库勃立克，三位大师级艺术家同台演出，这样的机会真是百年等一回，千年等一回。小燕是幸运的，她等到了。走出会场，她还沉浸在美妙的音乐中，只觉得："此曲只应天上有，人间能得几回闻？"

幸运的还有，小燕和这些大师们在同一个餐厅用餐，一起参加活动，近距离地感受大师们的风范。她看到，大师们在一起交谈，谈得高兴的时候，也会像孩子似的拍手大笑。平时，他们都很和蔼，很谦虚，很随和，很诚恳，很有幽默感。但是，他们在艺术面前都十分虔诚，在舞台上都是严肃的大音乐家。其间，小燕在国际俱乐部的晚会上，演唱中国歌曲，梅纽因、肖斯塔科维奇等大师都来聆听，非常专注。这是梅纽因第一次听到中国姑娘演唱中国歌曲，立即被吸引了。将近40年后，梅纽因大师访问上海音乐学院，与周小燕相逢，他们共同回忆这一刻，十分温馨。"布拉格之春"以后，到中国来看看，成了梅纽因的梦想，当冰河解冻之后，80年代初，他踏上了中国的土地。

在周小燕的身上，闪现出传统文化的很多美德，强烈的爱国之心、仁爱之心，忠诚、务实、朴素。她又受西方文化的熏陶，不墨守成规，喜欢接受新事物，向往平等自由，随和大方。中西文化的完美结合，成就了她独有的思想、性格和气质。

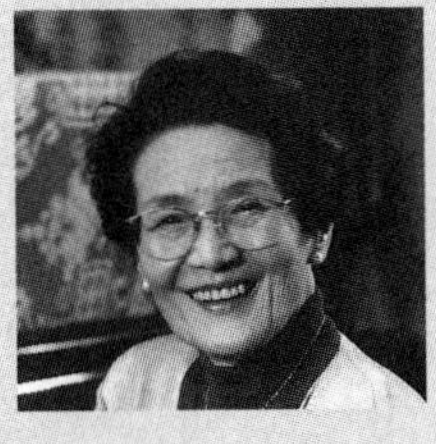

第七章

性情中的她

一　假小子

有谁知道，气质高雅的周小燕，年幼时居然非常淘气，像个小男孩。周家的儿童歌舞团第一次亮相，就让“观众们”笑得前仰后翻：那个戴着礼帽，画着胡子，唱男主角的，竟然是周家大小姐小燕。而那个穿着裙子，扎着小辫，有着漂亮女高音嗓子的女主角，则是小燕的小弟弟德佑。小燕反串男角，德佑饰演女孩，还真是适合，都演得像模像样，很到位。

有一天，母亲董燕梁生小燕的妹妹，坐月子，躺在二楼卧室的床上。忽然，看到窗外阳台的边上，出现了两只小手，她一惊，刚想叫喊，再一看是她淘气的大女儿小燕正在奋力向上爬，吓得气也不敢出，直到小燕一个翻身进了阳台，才舒了口气。母亲把小燕叫到跟前，训了一通，叹着气说：“怎么办哟，养了个女儿像男孩，两个男孩倒像女孩儿。”

原来，小燕正带着一帮小伙伴玩着，看到自家的阳台，突发奇想，说：“你们谁爬得上阳台？谁爬上去，谁就是英雄。”可是，小伙伴们，你看看我，我看看你，再看看阳台，离地面有三四米高呢，一个也不敢上去。看到小伙伴们一个个胆怯的样子，小燕捋了捋袖子，搓了搓手掌，说：“我来。”她纵身一跃，上了一楼的平台，再踏着窗棂，一格一格向上攀。二楼阳台的下面，有一处用瓦片搭成的遮阳的屋檐。小燕攀到窗顶，没有东西可抓了，只见她一个斜跃，右手抓到房上的一根横木，人悬在了半空，底下的孩子吓得闭上了眼。但见她左挪右腾，翻上了那处屋檐。她再弓着背，猫着腰，两手抓到了阳台的边沿，一个飞身，翻了上去。

父亲倒是喜欢小燕的男孩子性格。小燕七八岁时，父亲在院子里装了一副单杠。父亲先是把小燕抱到单杠上，让她两手抓住杠子，身体腾空。没有多久，小燕就不需要父亲的护驾，一个人在单杠上翻筋斗、旋转，后来还能在单杠上从这头走到那头。真是了不得，似乎生来就像男孩似的。也许从小就是孩子王，小燕顽皮好动，勇敢大胆。她爬树的本领，一般男孩都及不上，“蹭、蹭、蹭”几下，就上了树顶。常常，她爬到树上摘果子给弟弟妹妹们吃。弟弟妹妹们从小就崇拜她。常常，因为淘气，衣服钩破了，手划破

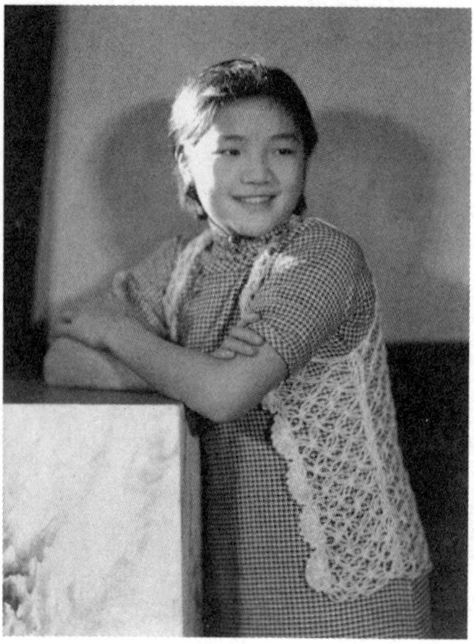

16岁时的周小燕

了，脸上、身上摔得青一块紫一块，甚至皮开肉绽，小燕从来不叫疼，吭都不吭一声。

1928年，周苍柏为了让儿女们有一个更健康的体魄，给小燕和两个弟弟请了一位武术老师。老师姓耿，天津人，一身好武艺。头天，他在周家的院子里，摆了几个身段，亮了几个招式，便让小燕着迷喜欢上了。她学得很快，先后学会了单刀、双刀、剑术，太极拳及推手、八卦拳、猴拳等。每天，小燕和弟弟们放学回来第一件事，就是在院子里练一套武术。小燕姐弟学会了武术，家里来了客人，父亲免不了让他们打一套，表演给客人看。时间长了，小燕姐弟的名气就传了出去，经常有人来邀请去表演。母亲特意为小燕和弟弟们缝制了一套练功服，穿在身上，格外精神。有一次，参加武汉青年会的一个活动，舞台上，小燕一把剑舞得流星一样，看得台下的观众目不暇接，连声叫好，喝彩声不断。接着，小燕又和耿师傅来了一套对拳，你来我去，难分伯仲。两个弟弟也表演了双刀、单刀等功夫。从此，小燕姐弟的中国武术功夫在武汉名气越来越响。

有一天，周苍柏在郊外遇到一位老道士。老道士姓李，从衡山下来，90多岁了，健步如飞，满面红光，耳聪目明，思维清晰。周苍柏和他攀谈起来，十分投缘。周苍柏问老道士："这么大年纪，身体何以这样好？"道士回答："打坐练气功。"周苍柏接着问道："您老人家的功夫，肯不肯传给我们这些俗人？"道士颔首道："可以，你们到山上来学吧。"

暑假到了，周苍柏高高兴兴带着小燕姐弟上了衡山。李道士让他们在蒲团上坐好，把腿盘起来，闭上眼。道士在一旁讲述打坐的要诀：两手平叠齐眉，舌舔上腭，意守丹田。小燕按照老道士说的要领，闭目端坐，过了一段时间，觉得自己如进入云雾般，神清气爽，有一种飘的感觉，很舒服。她睁开眼，看见老道士正站在自己身旁，老道士让她站起来，摸着她的头，对周苍柏说："这个女伢子最受道哩。"

1932年，周苍柏的海光农圃，基本造成。暑假到了，苍柏带孩子们去农圃度假，小燕的堂哥、堂弟、堂妹、表弟、表姐、表妹等都来了，一帮孩子有十来个，也算是浩浩荡荡。几天后，大人们回城里上班去了，孩子们还都留在海光，这个时候，小燕就是“元帅”了。她发号施令：早晨六点起床，洗漱后，跑步、划船或游泳，早饭后，各自做功课，练琴、练字等；午睡后，游泳；晚饭后，交流。小燕的权威性很高，没有一个不听指挥的。

晚饭后的交流，是最浪漫和难忘的时候。星光相伴，大家七嘴八舌，争先恐后，想到什么就说什么。德佑年纪虽小，但看的书特别多，那时鲁迅、巴金、屠格涅夫、高尔基的作品，他读了不少，德佑侃侃而谈，小伙伴们听得入神。小燕特别佩服这个比自己小的弟弟。年长小燕一岁的表姐文淑，是巴金小说的“粉丝”，那个时代，许多年轻女孩爱读巴金的书，迷恋他的《家》等一系列小说。文淑表姐给大家介绍《家》里的人物，一个个鲜活生动，就像讲自己家里的故事。小仲马的《茶花女》，几个年龄大点的孩子，都读过，于是大家有不同意见，这个说娜拉不应该出走，有的说应该出走，争得不可开交。有时候，天佑吹起萨克斯管，小燕和小伙伴们轻轻应和唱歌。这一幅画面，周小燕在80年后说起，眼睛里充满神往。

又一年，周苍柏一位跑马场的朋友，将几匹淘汰下来的马送到了海光农圃。在高大的马前，孩子们一个个敬如神，不敢接近它，更不敢骑上去了。小燕这个假小子，却摩拳擦掌，心里乐开了花。她先是亲近它，每天拉着马，给它喂草料、洗毛等，几天后，在骑师的指导下，她飞身上马，可是，她太性急了，马儿慢步溜达没几步，她两腿一夹，鞭子一挥，马儿奔跑起来。在海光的山路上，马儿没有目的地狂跑，小燕想让它停下来，可是它不听，她一着急，从马背上摔了下来，脸朝地，擦破了皮，都是血。但是，这没有吓倒她。每天，天边刚露出一点亮光，骑师就来敲她的窗了。她一骨碌起床，叫醒天佑和德佑，三人牵着各自的马，消失在晨曦中。小燕的马技，可算是高超的，她不仅能策马飞奔，还能跃过障碍物和小河流。马上的周小燕英姿飒爽，豪迈无比。

假小子周小燕，真是天不怕地不怕，有勇有谋。周苍柏土法炮制，在海光边沉下一块块硕大的木板，周围打下木桩，用绳子拦住，算是游泳池了。这片湖水面积也不小，有两三亩地。为安全，平时，周苍柏不让孩子们到外湖去，就在这里游泳、划船。那天，天气晴朗，蓝天白云，煞是好看。小燕又不安分了，对小伙伴们说：“我们到外湖去。”“好。”大家自然拥护。他们几个开了一条小汽艇，到了外湖。清清的湖水，荡起层层波浪，阳光欢快地在水面上跳跃，泛起闪闪金光。小燕和弟妹们沉浸在欢乐中。

然而，老天爷的脸就像孩儿的脸，说变就变。霎时，乌云密布，狂风大作，湖水像海水般，卷起了巨浪，小汽艇一会儿被浪头掀起来，一会又被推下去。孩子们又紧张又开心，紧紧抓住船舷，小燕开始也被风浪搅得昏天黑地，没有了方向。好在一会儿大雨倾盆如注，风小了，浪也小了。孩子们被淋得像落汤鸡似的，冻得瑟瑟发抖，抱在一起。小燕见状，英雄气概来了。她先是指挥大家唱了一首外国歌，名字是《上帝与我们同在》，随后，豪迈地高喊："让我们乘着诺亚方舟去航行吧！"德佑手臂一挥，回应姐姐："我们周游世界！"大家的热情又被点燃，不冷也不怕了。这时候，但见湖水茫茫，看不到尽头，小船不知飘到哪里了。小燕和德佑两人挺勇敢也很悲壮的，手挽手、肩并肩，走到船头，率领大家唱歌。好在一会儿风平浪静，雨也停了，小船终于飘到武汉大学所在的珞珈山麓，大伙这才上了岸，得救了。

从美国学成回来的周苍柏，其实在孩子的教育上，既有中国传统式的也有西方开放式的。他在注重孩子学习的同时，更着意他们的意志和体格的锻炼，着意他们的兴趣和气质的培养。周小燕虽然是大银行家的千金大小姐，有着常人难有的富裕生活，但是，她不是在娇惯中宠大的，也不是在父母的手心中捧大的，她是在充分发挥孩子的天性，在各种摔打中锻炼成长的。淘气顽皮的童年，无拘无束的童年，幸福快乐的童年……这一切，造就了周小燕随意、爽朗、单纯、坚强、有主见、喜创新、爱学习的性格。

二　漏　斗

漏斗，一种过滤用的器皿。有意思的是，周小燕的丈夫张骏祥常常用这个词来形容她："她呀，就是一个漏斗。"什么意思呢？说她不记事，什么事到了她那里，要不了多久，就忘了，就像漏斗一样，全漏掉了。

果真如此？

为写这本传记，笔者准备了几件事，请周先生说说当时的情景。

"听说你获得过法国政府颁发的'国家荣誉军团勋章'，是在什么时候，什么场景？有什么细节可以说说吗？"她想了想说："是有这件事，但是什么时候颁发的呢？哪一年？想不起来了。”这可是一个大奖哟。文学大师巴金曾经在20世纪80年代获得过此项殊荣，为他颁奖的是法国当时的总统密特朗。“国家荣誉军团勋章”是法国一项国家奖，专以奖励为法国文化和世界文化做出重大贡献的杰出人才，周小燕是在2002年2月获得的。笔者想看看奖状，可她摇摇头说：“噢哟，不知道放哪里了。有一次学院的周小燕大师工作室的工作人员拿去了一些材料，有可能在他们那儿。”

2011年11月24日，周小燕的儿子和儿媳从美国回来，笔者与他们说起这事，他们笑着说：“她就是这样，什么奖状拿到家，卷起来一丢，就不知道哪儿去了，从来不挂的。”周小燕这一生获得过多少奖？真是难以计数。从中央到上海，从教育到文化，从专业到非专业……上海教育功臣、上海文学艺术杰出贡献奖、上海最有影响的女性人物、上海市劳动模范、全国五十名优秀共产党员之一、全国高等院校教学名师奖、当代中国十大女杰、全国三八红旗手、上海市三八红旗手标兵、全国教育功臣等，恐怕难有人有她获得那样多和那样高级别的奖项。可是，在她的家里找不到一张奖状什么的。若是问她：你获得过哪些奖？她最多只能说出一两个。

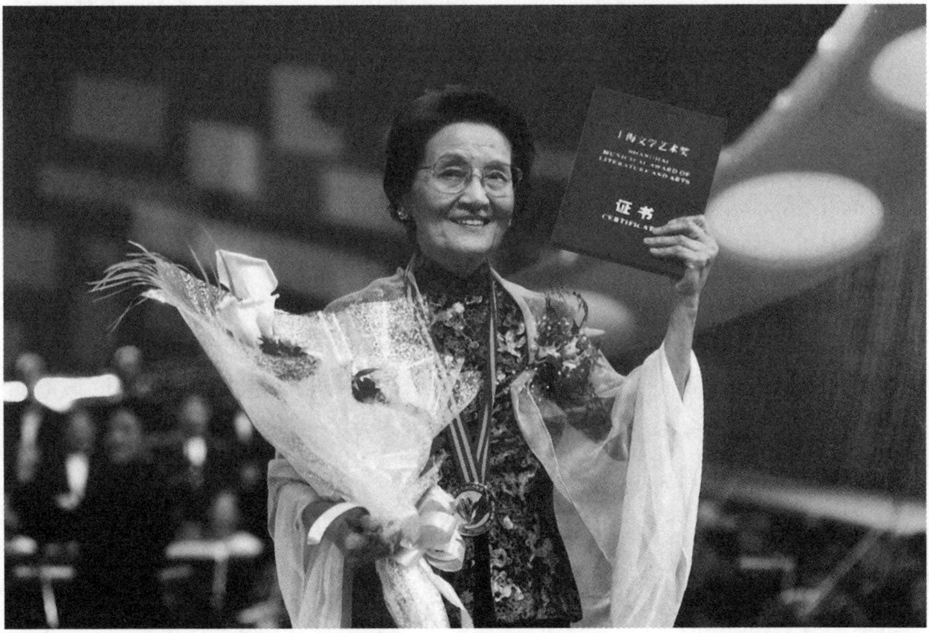

获得上海文学艺术杰出贡献奖

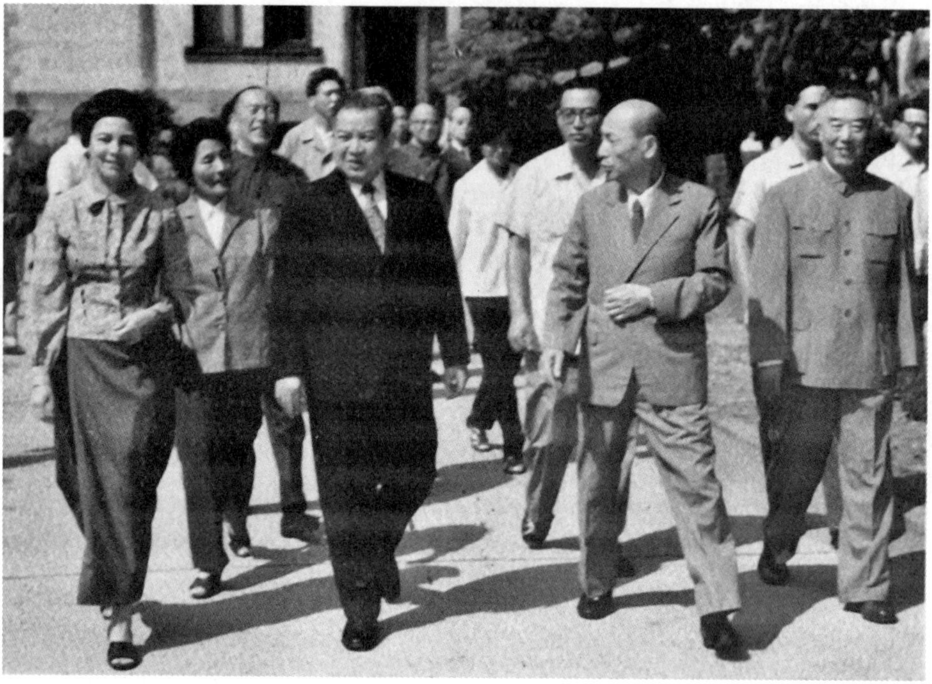

陪同西哈努克亲王（左三）访问上海音乐学院

1978年6月，中国派出阵容强大的艺术代表团赴美国访问演出，这是1972年美国总统尼克松访问中国后中国派出的第一个大型访美艺术团，周小燕任副团长。其间，美国总统卡特在白宫玫瑰园接见了中国艺术团。笔者问周小燕，卡特总统接见时的细节还记得吗？比如，玫瑰园是一个怎样的地方？你们之间说了些什么？她也摇着头说："不记得了。"尼克松访华后的第一个访问团，又受到美国最高领导人的接见，该是一件多么重大的文化事件！建国后，许多重要的文化和社会活动，周小燕都是参与者、见证者，比如，里根访华、西哈努克亲王访问上海等。所有的一切，要是在别人那里，该有多少话可以说，该有多少文章好写，可是周小燕却都忘得清清爽爽，干干净净，几乎不存在于记忆中。

但凡一个知识分子，可以不看重权力，不看重地位，但对自己的专业成果，总还是在意的吧？可是，她不在意，也不记得。抗战名歌《长城谣》是她首唱的，她不记得了。1937年，回武汉度暑假的周小燕，参加了轰轰烈烈的抗日救亡宣传活动。此时的周小燕，虽然还是国立上海音专的学生，但是在武汉抗日歌咏运动中，她以高尚的爱国热情和专业演唱水平成为其中不可缺少的重要一员。

刘雪庵，中国早期著名作曲家，黄自先生的四大弟子之一。那天，他来到周府，邀请周小燕演唱他新创作的歌曲《长城谣》。这首歌是他为正在筹拍的电影《关山万里》所写的插曲，可惜，这部电影没有拍下去。周小燕拿到歌谱，很快被其优美、抒情、饱满的旋律和歌词吸引。这样，在抗战的滚滚洪流中，《长城谣》经周小燕的演唱，很快在武汉传开，又很快传遍全国。后来，著名动画家万籁鸣和他的两位兄弟编制卡通电影《抗战歌辑》，录制了周小燕演唱的《长城谣》。再后来，一部名叫《热血忠魂》的电影，选用了《长城谣》。影片中，当出现《长城谣》歌声时，画面上出现周小燕在演唱时的半身镜头，下方则随着演唱出现歌词。让人惊奇的是，唱到哪个词时，哪个词上出现一个小白点，与今天的卡拉OK差不多，可见，那时就有这样的技术了。随着电影的放映，《长城谣》传到了全国乃至东南亚一带。

《长城谣》在建国60周年时被评为中国百年百部经典歌曲。就是这样一首重要的歌曲，她忘记是自己首唱的。直到1995年，上海电视台为纪念抗战胜利50周年，录制一台节目，去长城拍摄一些镜头，著名电影表演艺术家张瑞芳知道了，对导演说："你们为何不请周小燕去呢？《长城谣》是她首唱的。"导演一听，太高兴了：50年后，让原唱者在长城上再唱《长城谣》，多有意思呀！这样，导演去找周小燕。开始，周小燕还有点摸不着头脑，问道："为什么叫我去长城唱《长城谣》？"导演说："张瑞芳大姐说，《长城谣》是你首唱的呀。""是吗？"她还惊奇地问了一句。然后，再仔细想想，是自己首唱的，不免也哈哈笑起来。

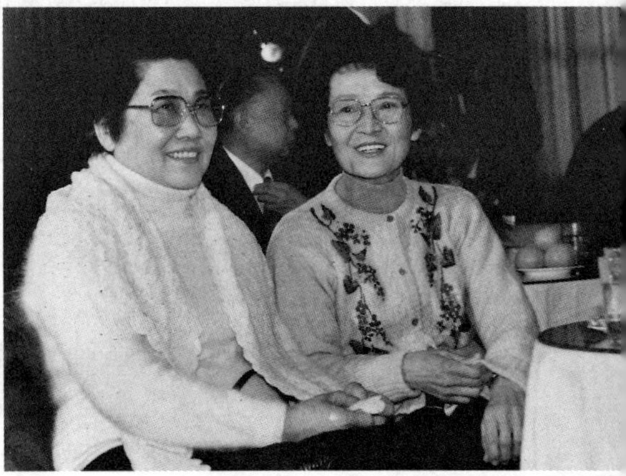
与张瑞芳

就这个问题，笔者问她："你还记得有哪些歌是你首唱的吗？"她抬起头，想了想说："不记得了。"过了一会儿，她说："想起来了，好像那首《玛依拉》是我首唱的吧。"《玛依拉》是她首唱的，是丁善德先生据新疆民歌改编的。

其实，在抗战中，还有多首名曲是她首唱的。那时，夏之秋回到武汉，每创作一首歌曲就先拿去让周小燕演唱，比如《最后的胜利是属于我们的》《歌八百壮士》等。著名诗人桂涛声，为淞沪抗战期间国民党八百壮士孤军奋守上海四行仓库的事迹所感染，写下诗歌《歌八百壮士》。夏之秋看到这首诗歌后，非常激动，当夜奋笔，为其谱曲，谱成后，他交给周小燕，让她试唱。1937年11月，在汉口维多利亚纪念馆，周小燕首唱这支歌。“中国不会亡！中国不会亡！你看那民族英雄谢团长……”歌曲所展示的慷慨情绪，感染了台下的无数观众，大家振臂高呼：“中国不会亡！”要求再来一遍。当时，夏之秋只来得及为歌词谱了曲，钢琴伴奏曲还没写好，周小燕演唱时，是他自己上台伴奏的。《歌八百壮士》很快被印成歌片，在全国广泛流唱。

后来，夏之秋又把这首歌改编成混声四部合唱。1940年，在重庆，夏之秋指挥合唱团演唱了这首四部合唱曲。当时，张治中将军在台下听了这首歌后，走到后台，对夏之秋说：“能不能将‘中国不会亡’改成‘中国一定强’？”以后，这首歌在大陆和台湾有一句不同的词，那就是大陆唱“中国不会亡”，台湾唱“中国一定强”。在进入21世纪之时，这首歌被评为20世纪中华经典音乐作品之一。

据笔者所知，20世纪50年代，作曲家黎英海被周小燕的歌声打动，特意为她创作了一首歌曲《百灵鸟，你这美妙的歌手》。这首歌是据哈萨克民歌改编的，“美丽的夜晚，明亮亮的、明亮亮的小月儿天上挂，百灵鸟儿快快活活、快快活活轻声唱起歌儿啦……”轻快、活泼，特别适合周小燕演唱。那个时期，深受大众喜欢的《不唱山歌心不爽》，也是周小燕首唱的。作曲家于会咏，那时还是上海音乐学院作曲系的一名学生，他写了这首歌后，拿给他所尊重的周老师试唱。周小燕并没有因为是学生的作品就拒绝或马马虎虎，而是一遍遍地试唱，于会咏再根据老师的唱修改，最终成就了这部作品。著名作曲家陆在易青年时创作的《贫下中农当上了代表》，也是周小燕首唱的。

为什么连自己首唱的歌都不记得呢？周小燕说：“谁唱的不重要，重要的是这首歌能传唱下去，为大家喜爱。”足见当年在法国时，老师娜迪亚·布朗热关于中国山水画的那句话：“谁画的不重要，重要的是画能世世代代传下去，为大家欣赏和喜欢。”已经深深种在了周小燕的心中。

与这句话相同，周小燕经常说的，还有这样一句：“谁教的不重要，重要的是学生成才，站在世界舞台上为国家争光。”

周小燕笑着对笔者说：“张骏祥说我是漏斗，还是很准确也很形象的。我这个人从来不记昨天，更不记以前的事，过去了就过去了，不去记也不去想它了。我只想今天干什么，明天干什么，后面还有哪些事要做，这些就够我记的了。忘事不好，起码对别人不尊重，甚至会产生很严重的后果，所以，我只能记今天、明天要干的事。”也许有人要问，周先生如今90多岁了，她的事还挺多的，一桩一桩，她都能记得住吗？当然，要像年轻时那样什么事都记在脑子里不会忘，不可能了。但是，周先生有办法，她用笔记，把明后天要做的事记下来，提醒自己。她专门购置一种每周一张，可以记事的台历。这本台历，每天要翻好多遍，上午几点到几点干什么，下午几点到几点干什么，晚上干什么，每天都排得满满的。如果要去看看她，也要“预约”，连她的两个妹妹都不能免约。

原来，这个“漏斗”，不是什么都“漏”，只漏过去的事，不漏要做的事。从根本上说，这也是一种性格，不在乎过去做过什么、获得过什么，只在乎踏踏实实做好今后要做的每一件事。不在乎名，在乎做；不在意结果，而在意过程，是一个实在的人。

三　面对曲折

1992年，周小燕歌剧中心和美国旧金山歌剧中心合作的“太平洋之声”在旧金山开幕，周小燕率队赴旧金山，其间，周小燕接受了美国记者的采访。记者问道：“你真是一位传奇人物，在中国目睹了很多的事，你对在中国发生的‘文化大革命’是怎样看的呢？”周小燕回答：“‘文化大革命’让我学到了很多原来学不到的东西。”记者惊异地追问道：“哦！能不能讲讲你学到了什么？”“我在那段时间学会了养鸡、种菜，还有识别各种不同的人物，这样，不论在什么环境下我都可以生存了。”她又补充道：“一个人的生活不能太顺利了，温室的花朵是抗不住风霜的，也只有在崎岖的道路上，才能学到生活中的要素。”

2011年7月，笔者与周先生谈到此事时，问道：“如果美国记者的采访放到今天，你还会这样回答记者吗？”周先生点着头说：“我还是这样回答，因为，这是我的切身感受。过去，我确实五谷不分，什么是稻子，什么是棉花都不知道，到‘五七’干校后，先在农田里干活，后来又被分配去养鸡，确实学到了不少东西。不仅是农田知识方面的，还有其他。我们那时候都喜欢到厨房去，厨房师傅是本地人，他很同情我们，每天稀饭烧好后，他都把最上面一层的汤，舀给我们喝。对身体弱的人来说，这是最有营养的，比牛奶都好。这就是我们的老百姓，他们没有文化，但是他们很朴实，很有人性。想起这些，我就很感动。”

上海音乐学院在“文革”中是重灾区，大批教师和管理者受到冲击，多名优秀教师被迫害致死。周小燕是声乐系主任，名气很大，又有从海外回来的背景，被扣上“反动学术权威”“走资派”“法国间谍”“资产阶级代言人”“夏衍的定时炸弹”“修正主义分子”等罪名，也遭受迫害。好笑的是，造反派在清理所谓重庆老音专“黑班底”的事件中，把周小燕也列入进去。1942年，重庆中央训练团音乐干部训练班被改为国立音乐院分院，1945年更名为国立上海音乐专科学校。周小燕1938年便去了法国，直至1947年回国，这是人人皆知的事实，可是造反派本来就是要“造反”的，哪顾事实不事实，周小燕也被打了进去。这一事件牵连院长贺绿汀、党委书记钟望阳等共60多名教师，在一次全院大会以后，他们全部被打入“牛鬼蛇神”之列，关进“牛棚”。

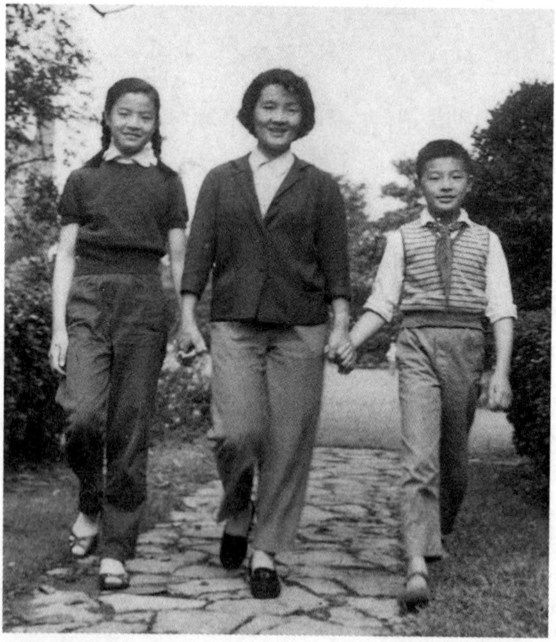

一双儿女

有人说，周小燕在“文革”中遭到的磨难，相对一些被迫害得十分惨重的人来说是比较轻的，因为有一派要打倒她，有一派要保她。这也是事实。但是，对于经历过那段运动并且首当其冲、受到冲击和迫害的人来说，心灵的创伤都是惨重的。

周小燕被关在“牛棚”里，家也被抄了，丈夫张骏祥的处境比她还要糟，不仅被批斗，还被关押起来。关押在哪里，家里人都不知道，两三年的时间音讯全无。一双儿女，大的才13岁，小的10岁。作为一个母亲、一个妻子，周小燕不知道他们怎么样了，这种思念、这种担心，十分痛苦，是一种揪心的、撕心的，又是无奈的、绝望的，难以排解，难以放下。有段时间，她被勒令清扫学院的垃圾，得便时，她偷偷跑到学校围墙前，扒开竹篱笆向外张望，她多么希望姐姐张文牵着弟弟张本的小手走过来，可是，每一次都是失望。她不甘心，还是一次次跑到竹篱笆前张望，因为，她的一双儿女上过学的幼儿园，就在学院边墙的对面，她多么希望姐弟俩这时候像过去一样，手牵着手走出来。有时候，站在篱笆墙，她对着幼儿园，想象着一双儿女在里面玩耍时的样子。可怜周小燕一颗被绞碎的心。

1969年，16岁的女儿张文被分配到黑龙江克东县插队落户。她很想为女儿准备准备行李，与女儿说说话，送送她，可是，工宣队只允许她在女儿走的那天，直接到火车站与女儿见上一面。1970年，最爱她、最惦记着她的父亲在北京病逝，她很想去与父亲做最后的告别，又遭到了拒绝。生离死别，这种人世间最为伤痛的事，再豁达的人也难以释然。周小燕心中的疼，疼在她的心里，别人觉察不了也体会不到。

1969年10月，周小燕结束“牛棚”生活，被下放到奉贤农村，以后转到上海宣传文化系统设在奉贤的“五七”干校。她和一位年轻的女教师被分配到养鸡场养鸡。40年后，卞敬祖在与笔者谈到这段历史时说：“周先生聪明，她各种环境都能应付。那位年轻教师是她的学生叫钱慧，出生在普通家庭。在常人眼里，周先生是大资本家的千金，又在欧洲生活过九年，生活优裕，哪里受得了这份苦？唉，她们俩养鸡，小钱养不过周先生。就说给鸡喂饲料吧，周先生端饲料进去时，盆上盖了东西，不让鸡看见，然后，东撒一把西撒一把，所有的鸡都能吃到。小钱是一大盆饲料无遮无盖，端进去，鸡看到了，纷纷飞过来，把她围住了，这只啄她一记，那只啄她一下，吓得扔下盆子赶快逃。周先生吃得起苦，做事又肯动脑筋。”

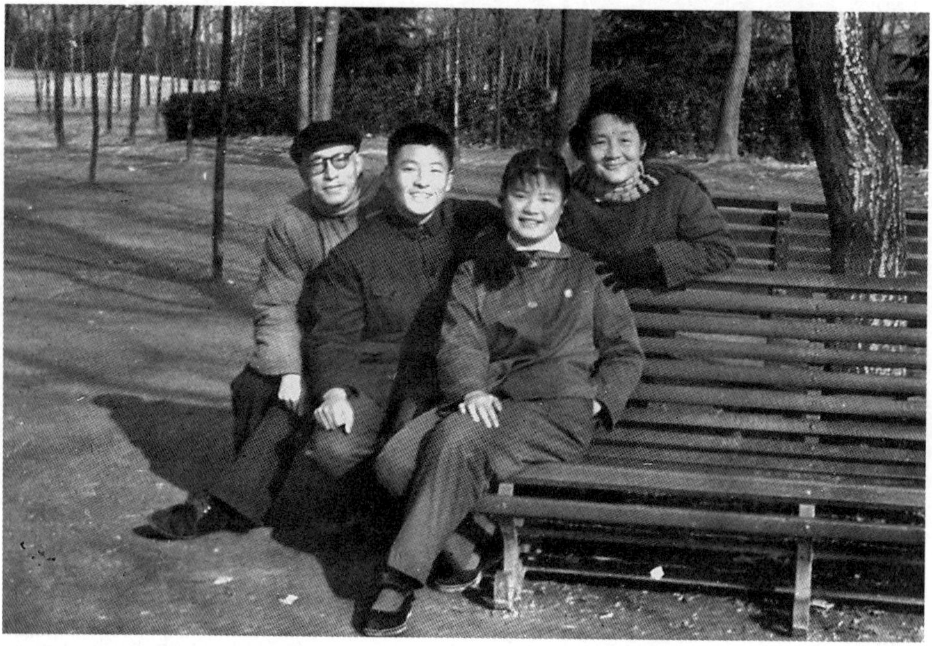

文文插队后回家看望父母和弟弟

关键还有一条，周小燕并没有拿这样的事当作惩罚或者不公，她是诚心诚意的，视作一种锻炼，尽自己能力做好它。她是一个没有政治头脑，没有一点心计的人，她只知道，听党的话，跟党走。自己身陷囹圄，看到自己所尊重的人一个个遭到迫害，她也怀疑，也愤怒，不理解，不赞成。她问声乐系党总支书记王品素："刘少奇怎么一下子就成了'工贼'了呢？我想不通。"王品素推推她，说："你不要乱说……"她又想，今天批这个，明天斗那个，不是把好人往敌人那里推吗？要文斗，不要武斗，为什么要打人呢？打人肯定不对的。她还想，肯定是下面的人搞错了，党中央、毛主席不会叫你们这样做的，周总理肯定会来解救大家的。党中央有周总理在，就不会让你们这样的人统治中国。她就是这么一种朴素的想法，不会从政治上、制度上去找缘由，什么路线了、阶级了，她搞不清，也搞清不了。

时间再往前推到20世纪50年代，"反右"时期。"右派"是什么？周小燕搞不清楚。后来，听说贺绿汀也是"右派"，周小燕更弄不明白了。贺绿汀是她一生中最为敬重的两个人之一，另一位是周恩来。他怎么可能是"右派"？他对党做了那么多的贡献，他的《游击队之歌》还要不要唱了？！她百思不得其解。

当时，还有一个非常滑稽的现象，每个行业，每个单位的“右派”都有指标，不能少一个。上海音乐系统将“右派”排了排队，算了算，结果还差一个，怎么办呢？就把作曲家陈歌辛补了上去。这样，要召开一个大会，宣布陈歌辛是“右派”。陈歌辛是一位成就卓著的流行音乐人，有“歌仙”之称，他创作的《玫瑰玫瑰我爱你》《夜上海》等歌曲广受欢迎，传唱至今。他也是著名作曲家陈钢的父亲。陈钢还是上海音乐学院学生时，便与何占豪合作，创作了小提琴协奏曲《梁山伯与祝英台》，他还创作了《苗岭的早晨》《金色的炉台》《阳光照耀着塔什库尔干》《王昭君》等著名小提琴协奏曲，是当代著名作曲家。陈歌辛被打成“右派”后被发送到安徽农村，三年自然灾害时因饥饿病死。

陈歌辛是谁？因为周小燕从欧洲回来时间不长，还不认识陈歌辛。周小燕是上海音乐家协会副主席，这个大会就要她来主持。她对当时主持上海音乐学院工作的孟波说：“我只能给学生上上课，唱唱歌，主持不了这样的大会。”孟波说：“没关系，你不要紧张，我就坐在你旁边，开始就这么一句话：陈歌辛，站起来！”开会了，周小燕还是紧张得不行，开口就说：“陈又新，你站起来！”这下，底下一片哗然。孟波赶紧拉了拉她的衣服，提醒道：“陈歌辛，是陈歌辛，不是陈又新。”会议结束时，规定她还要说一句：“陈歌辛，滚下去！”结果，她哆嗦着嘴唇，喊了一句：“陈又新，滚下去。”又错了，还是把陈歌辛说成陈又新了。

会议结束后，她从舞台上下来，陈又新对她说：“哦哟，周小燕，你这种玩笑不要开好哦？魂灵头也被你吓掉了。”陈又新是上海音乐学院管弦系主任、著名小提琴演奏家。1938年，他毕业于国立上海音乐专科学校，建国初，赴英国深造，1952年回国，任教于上海音乐学院，曾经和周小燕一起下过农村。“文革”中，陈又新也被迫害致死。

1956年，毛泽东在中央政治局扩大会议上提出，在科学文化工作中实行“百花齐放，百家争鸣”的方针，即艺术问题上百花齐放，学术问题上百家争鸣。1957年，毛泽东又在《关于正确处理人民内部矛盾的问题》一文中指出：“百花齐放，百家争鸣的方针是促进艺术发展和科学进步的方针，是促进我国社会主义文化繁荣的方针。”于是，艺术及科学领域不同派别及风格自由发展的争论很热烈。

上海音乐学院其时掀起向民族音乐学习的高潮。当时，延安创作的《白毛女》获得了巨大成功，全国上上下下，都喜欢这部歌剧。黄梅戏有一出叫《七仙女》的戏，音调优美，群众也十分喜爱。《茶花女》则是西洋歌剧的代表作品。于是，在上海音乐学院，就有人提出："茶花女"要像"七仙女"学习，最后变成"白毛女"。意思是说，学美声的即唱西洋歌曲的要向传统唱法学习，最后变成革命的歌唱演员。

1958年，全国文代会在北京召开。有一天，在晚宴上，周总理问周小燕："你们学院的情况怎么样？"周小燕高兴地说："热火朝天。大家都在讨论'三女'的学习和改编问题。""什么'三女'？"周总理问。于是，周小燕解释了一番。哪知道，周总理听后很生气，立即起身把文化部部长钱俊瑞叫过来，对他说："你听听小燕怎么说的。"转身又对小燕说："你把'三女'再讲一讲。"随后，周总理严肃地对钱俊瑞说："你这个文化部长是怎么当的？简直瞎胡闹。你必须立即处理好这件事。"

周小燕回到上海后，向来客客气气的学院党委书记不理她了，她觉得挺奇怪。有一天，有人叫她去参加学院党委会。她想，她不是党委委员，这样的会议是不应该去的，怎么会让她去参加呢？她不知道怎么回事，就去了。到了那儿，气氛挺沉闷的。她坐在一个角落里，只见党委书记在做检查，边说边流泪，意思是没有贯彻好"双百方针"，不应该把《茶花女》化掉，只剩《白毛女》，只要革命化、大众化，不要其他，这是不对的，是极"左"的表现。会议结束，出来时，学院一位女副书记问周小燕："你在北京说了些什么？"周小燕说："没说什么呀？总理问我学院情况怎么样？我就说，大家热情很高，在讨论《白毛女》《七仙女》《茶花女》。"

这个时候，周小燕才真正知道自己"闯祸"了。总理问她，她本意是为学院说话，反映学院工作开展得如何轰轰烈烈。从思想认识上，她根本不知道"三女"的讨论是违背了"双百方针"。参加第一次文代会时，她就看了《白毛女》，深深被感动，边看边流泪。她很羡慕郭兰英、王昆他们，能够为人民歌唱。她甚至想，我为什么去学美声唱法呢？大家都听不懂，哪怕去学医、学工，都能为人民做点事。那时，她单纯从思想感情上认为，美声要向民族歌剧学习，向民族歌剧学习，也就是向人民靠拢。所以，她不认为也不知道把《茶花女》化掉，都化成《白毛女》，是违背了"双百"方针，是错误的，又走了极端。

以后，在很长一段时间，学院的人看到她都躲，说她"通天"，怕她会告状。周小燕很苦恼，很冤枉，心想，我又不是告状，是总理问我的，我只是说了实话，并不知道这样做是错的。从此，她知道了一句词：执行政策要吃透精神。她告诫自己：任何时候、任何场合，要多问几个为什么，并且形成习惯。经历了这件事，她还明白了，原来不仅是经验能帮助人提高，教训也能帮助人提高。人是在成功与失败中提高的。

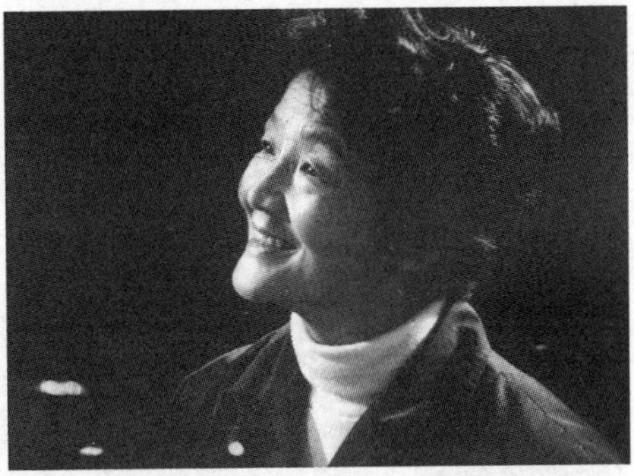
"文革"结束后的周小燕

曾经有一位外国记者问周小燕："你在欧洲发展得很好，回国后，听说并不顺利，也很坎坷，你后悔吗？"周小燕回答："不后悔。我为她出力了，不后悔，如果不回来，没有为她出力，才会后悔。"

人生不都是平坦大道，有河流有险滩，甚至有难以逾越的高山峡谷，曲曲弯弯，高高低低。周小燕也不例外。她对笔者说，"在政治大方向上，我从来没有动摇过。我是从旧社会过来的人，是在对比中认识共产党的。在遭难时，我经常想，一切都会过去的，就像在黑暗中盼光明一样，等待阳光的到来。"这是助她越过高山的一个重要因素。从性格上来说，她是一个简单的人，凡事不会想很多，而且总是往好处想，往积极的一面去想，不往坏处想，更不会把它想得很严重。所以，她能坚持，熬过一次次黑暗。

四　收支不平衡

在接受媒体采访时，周小燕经常说这样一句话："我是幸运的。"1987年，上海音乐学院建院60周年，组委会特意举办周小燕演唱教学生活40年纪念活动，并出版一本图文并茂的纪念册。为这本纪念册取一个什么样的名字？正在大家开动脑筋左思右想时，周小燕说："就叫《我是幸运的》吧。"大家甚为不解，再说这也不太像书名吧。周小燕进一步解释："我的生活道路并不完全平坦，艺术之路也不是没有逆风恶浪，但是，我还是认为我是幸运的。"

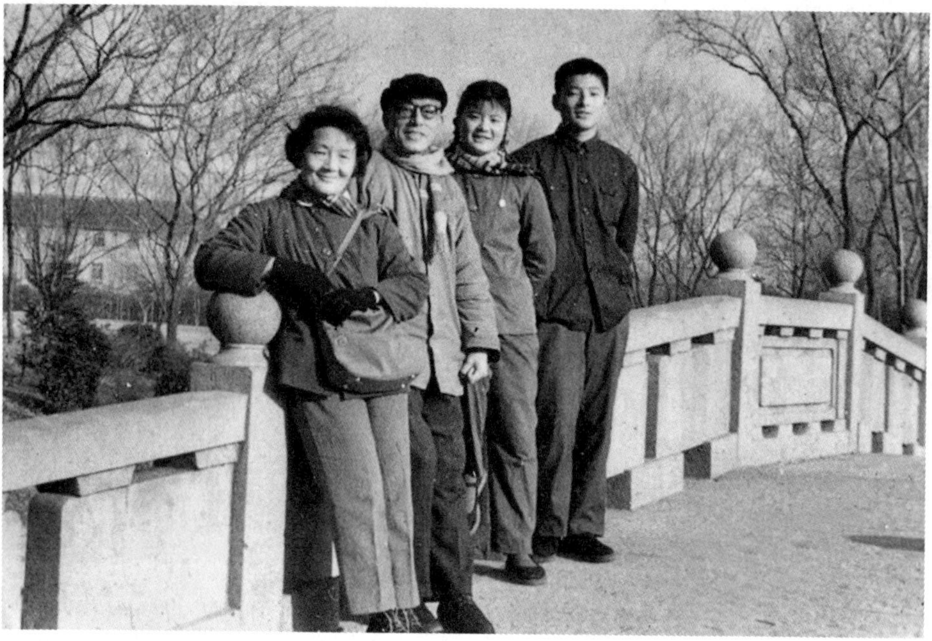

全家70年代后期

这是她内心的感受。2006年，她曾向笔者列数她的幸运：我有一个好父亲。他非常热爱音乐，创造一切条件，培养我踏进音乐的殿堂。他又是一个强烈的爱国主义者，在人生观、价值观等方面给予我很多指引和影响。我有一个好弟弟。他聪明好学，具有强烈的正义感，为抗日救亡献出宝贵生命。是他，使我知道了共产党。我有一个好丈夫和一对好儿女，他们理解我，支持我，使我能全身心地投入到事业中。在巴黎学习时，碰到了一些好老师、好心人。我有一批好学生，他们勤奋努力，取得了成就。从海外回来后，心里很茫然，不知道怎么办？幸亏解放了，幸运地参加第一次文代会，见到了周总理，他给我指明了人生前进的方向。我幸运地始终在上海音乐学院这样的高等院校任教。走出“十年动乱”后，我又幸运地站在讲坛上，直到今天……

是的，周小燕有很多理由说明自己是幸运的。她的这种感受，同样是一种性格使然。她有一句话，很能说明这一性格，那就是：收支不平衡。她总是觉得她得到的太多了，付出的太少了，她只是一个普通的教师，她做了她应该做的事，因此心理不平衡，很不安。当然，这只是她的心态。在公众的眼里，她付出了很多，为国家做出了很大贡献，给她的这点荣誉，又算得了什么。

但是，从这一点，我们可以看出，周小燕是一个非常淡泊的人，她在做任何一件事时，从来不会去想，由此我会得到什么。她觉得她所做的都是应该的，当一个人有能力做好一件事时，说明你是对别人有用的，是最幸福的。如果获得了什么时，她就觉得，啊呀，我是幸运的，别人没有得到，我得到了。

收到出席第一次文代会通知时，她是又高兴又不安。这种不安，搅得她没有勇气去参加这个新生国家文化界的第一个盛会。她不安的原因是：很多像弟弟德佑这样的青年人，为中国人民的解放事业，献出了热血乃至生命，而自己去了法国学习，没有为新中国的建立做过什么贡献，却享有这样的待遇和机会，她没有资格去。后来，在父亲和友人的劝说下，她才启程去的。所以，在文代会上，见到周总理，她坦陈了自己内心的这种不安，她说她有歉疚感。

1984年，她回到阔别多年的东湖。她寻寻觅觅，依据记忆，找到埋葬弟弟德佑的地方。弟弟的坟，已被杂草乱石掩盖得基本看不见了，碑也没有了。她心里空落落的，泪水直往肚里流，心理又不平衡了。她想，这些长眠于地下的烈士，他们献出了生命，得到了什么？什么也没有得到。而自己，没有出多少力，但是，国家给了我很多荣誉，比起他们，自己太幸运了，获得的太多了，收支太不平衡了。

看到父亲当年辛辛苦苦置办的海光农圃——今天美丽的东湖公园，游人如织，三五成群，四五成堆，大多是一个家庭、一个家庭的，孩子们在嬉闹游玩，老人们在悠闲散步，年轻人忙着选景拍照，一个个脸上写满“快乐、幸福”四个字。周小燕心里对父亲说：父亲，你可以安息了，你的愿望实现了，这里已经成了人民的乐园了。父亲，你要是活着，看到中国歌唱家在国际声乐大赛上获得大奖了，一定和当年看到容国团获得世界乒乓球冠军一样，喜极而泣吧。她又想，父亲所做的这一切，也不是为了自己得到什么，他就是希望国家能强盛，不再受欺凌，人民生活好起来，不再受穷。而自己呢，只是做了应该做的事，却有那

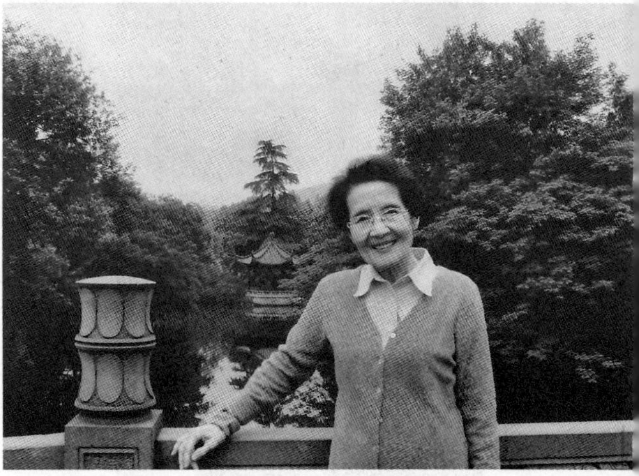
在杭州

么多的桂冠，收支不平衡呐。

1995年，她登上长城，轻风吹拂，心旷神怡。她极目远眺，但见祖国山河，妖娆无比。此行，她是为纪念抗日战争胜利50周年，在长城上再唱《长城谣》。真是换了人间，感触太多了。她想，当年唱《长城谣》时，中国正饱受日本帝国主义铁蹄的蹂躏，担心国家要亡，要做亡国奴了。现在，国家正在走向繁荣，国际地位提高了，人民生活好起来了。现在的这一切，正是弟弟和无数先烈们想看到的。他们献出了生命，没有等到和看到这一天，而自己，是一个贡献最少的人，却看到了，并且在享受着这一切。她又觉得自己太幸运了，收支不平衡。

当奖项越多、荣誉越高，她内心的这种不平衡感就越大。她不想要，但又不是自己能决定的。怎么样平衡呢？对于她来说，就是努力工作，多培养几个德艺双馨的人才。

五　向报纸上的周小燕学习

周小燕的这种淡泊和自律，决定了她是一个头脑不会发热，始终保持清醒的人，达到一种看庭前花开花落，望蓝天云卷云舒，我心依然的境界。她的学生廖昌永多次在国际舞台上获得大奖，名扬国内外，头上的官衔和荣誉也越来越多，如上海音乐学院副院长、上海音乐家协会主席、上海青年联合会主席、中国音乐家协会副主席等。鲜花与掌声，更有赞语和美文，经常在他的眼前晃动，灌满他的耳际。2011年5月的一天，廖昌永在办公室对笔者说："现在只有两个人，是两个女人，经常说我这儿不好，那儿有问题。""哪两个女人？"廖昌永笑了笑，说："一个是我爱人，一个是周先生。"廖昌永接着说："我爱人经常要给我敲敲木鱼，提醒我注意，不要自以为是。周先生更是说得多了。有时候，她在电视上看到我演出，也会打电话来，说这儿

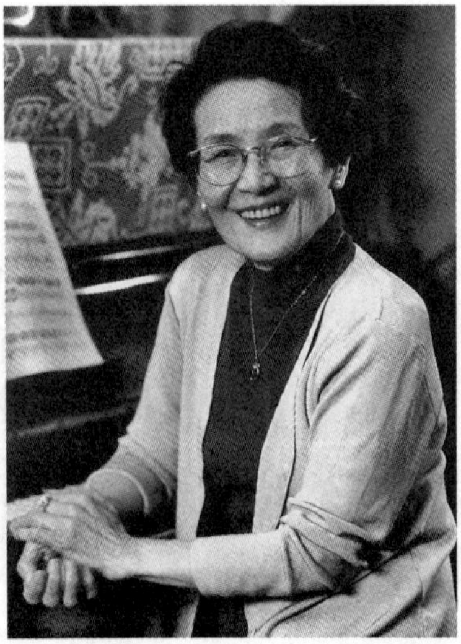

还不够到位,那儿风格没有出来等等。"

1984年,张建一、詹曼华在维也纳国际声乐大赛上获得金奖。归国后,文化部特意在北京为他们庆功,这是中国歌唱家第一次在世界一流的国际声乐大赛中获得第一名,周小燕是中国参赛队的领队兼指导。晚宴上,时为全国人大常委会委员长的万里,兴奋地说:"今年,我们国家有两件大事,一是运动员们在奥运会上获得了金牌;二是你们在国际声乐大赛上拿了金牌。这两个金牌,为我们国家争得了荣誉。辛苦了,谢谢你们。"国家领导人第一次将声乐艺术家在国际重大声乐比赛中获得的金奖与运动员在奥运会上获得的金牌相提并论,给了声乐工作者无限的温暖,大家非常兴奋。这表明,文化的影响和作用,越来越被人们认识。

在高兴之后,周小燕是清醒的:这一次获大奖并不能说明中国的声乐已经达到世界第一流水平,在这条道上,我们还有很长的一段路。作为张建一和詹曼华个人,这次获大奖,不能说明就是世界一流的歌唱家,路,还很长呢。她对张建一说:"就以演唱过的曲目来说,你只是世界一些演唱家如卡莱拉斯等人的一个零头。格鲁克和莫扎特、唐尼采蒂和贝里尼、威尔第和普契尼,这些伟大的作曲家,他们之间的风格,究竟区别在哪里,你分清楚了吗?你掌握了吗?后面的路还很长,任务还很艰巨。"

十多年后,廖昌永获得法国图鲁兹国际声乐比赛金奖,周先生又把对张建一说的一席话,对廖昌永说了,并且告诉他,越是有成绩,越要学会谦虚,越要学会尊重他人。然而,当学生出去参加比赛,失败时,她从来不责怪,不批评。1995年,廖昌永参加一项国际声乐大赛,这是他第一次参加这样的国际大赛,满脑子想的是夺奖,结果反而名落孙山。回来后,他想周先生肯定要批评他了,没想到,周先生一句批评的话也没有,让他坐下来,说:"不要气馁,重要的是找到原因,缺的是什么。"尔后,周先生和他一起分析原因,寻找差距。

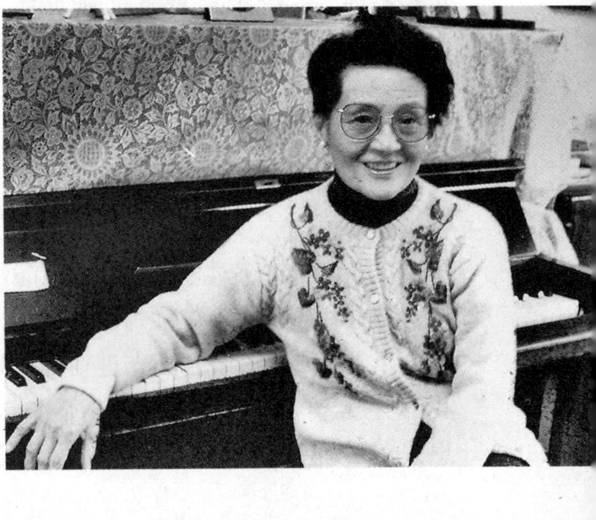

周小燕对笔者说:"演员很容易被鲜花和掌声迷倒,自以为了不起,

一定要有人经常地提醒他们。同样，当一个演员或者学生，遇到困难时，一定要鼓励，为他们打气。一个人碰到问题时容易发急，这时候他急，我不能急，要冷静，要帮他找出原因，指出方向。不然，有时候，一个蛮有希望的演员，会因一次失败、一个挫折，而放弃追求，改变一生的命运。”

周小燕生命的长河，在流淌到1981年这个年份后，始终浩浩荡荡，奔腾不息，汹涌澎湃。她的学生，一个接一个在国内外声乐大赛上夺大奖。周小燕这个名字，在国内外声乐界如日中天，成为中国声乐最为闪光的符号。周小燕自己却很清醒，知道自己的分量。她有一个“三个三分之一”的理论，也就是说，当一个学生成功后，她认为，她最多是三分之一的功劳，还有三分之一是学生自己的天赋和努力的结果，再有的三分之一是其他老师和社会各方面因素的作用。这个“三个三分之一”理论，她到哪儿都要说，她不会居功，更不会抢功。她还说：“不要把学生当自己的财产，只要把他们教出来，对社会有用，为国争光就好，至于是哪个老师教的不重要。”

所以，她从来不阻拦她的学生到别的老师那儿请教，更不会不高兴。相反，她鼓励学生们多向其他老师学习，同学之间也要相互学习。有一次，有一位老师刚从意大利回来，她就对学生说，你们去向他学习，唱法也在发展，他刚回来，肯定会有些新的东西。

正因为这种清醒，她对媒体上对一个人在艺术上取得了一点成就或者获了什么奖了，就使用“炉火纯青”“无懈可击”这样的词，非常不喜欢。过高和过度的赞誉，对大多数人来说，不会助他们更进一步，相反，只会使他们止步不前，甚至倒退，或者趾高气扬。两眼向上看，人们只看见他们的下巴。任何艺术都是没有止境的，任何一位大师都不会说自己“炉火纯青”“无懈可击”。但是，这个道理年轻人不一定理解。周小燕就要对学生敲木鱼：“那是别人说的，自己千万不可有这样的想法。你要想想，你的艺术真的‘炉火纯青’了吗？不需要再学习、再进步了吗？你站在舞台上，就真的‘炉火纯青’‘无懈可击’了吗？真要是炉火纯青、无懈可击了，你还敢上台吗？”

无论对自己、对他人，周小燕都是无比地清醒，尤其在荣誉面前。2006年，她被评为全国50位优秀共产党员之一，那天，笔者去采访她，她说：“我昨天想了一夜，不知道自己先进在什么地方。报纸上宣传的先进人物，每一位我都看过、学过，我觉得他们真是非常了不起，做了很多的事。可是，我想来想去，我没有做过什么，我就是做了我应该做的事，教书育人，一辈子也就做

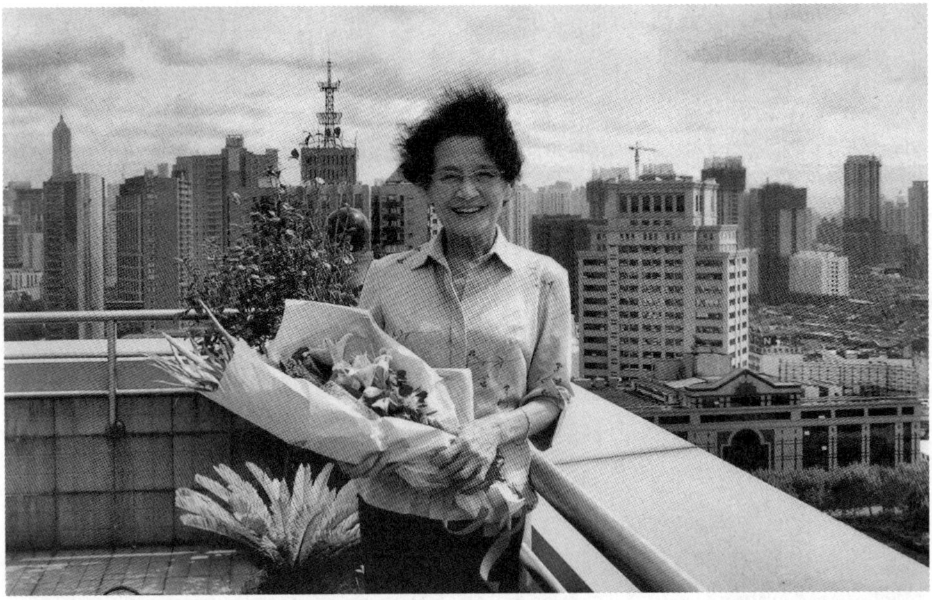
获全国优秀共产党员称号

了这么一件事。”表彰大会以后，从中央媒体到地方媒体，对周小燕的先进事迹作了充分报道。

几天后，笔者去看她，她举着报纸，不是兴奋，而是有点无奈，自我调侃般地说：“哎哟，把我写得太好了，虽然，事实都是事实，没有错的，但是，都是我应该做的事啊！怎么办呢？那我就老老实实，向报纸上的周小燕学习吧，找出差距，再继续努力，做好我的工作。”

很多人说，周小燕是一个聪明的人。其实，一个清醒的人，必然是睿智的人。

六　性本善

保姆张彩玉是来自安徽农村的一位姑娘，来上海后，在一家小饭店打工。原先在周家当保姆的汤阿姨是彩玉的老乡，有一次，汤阿姨不当心摔了一跤，手骨折了，便请彩玉来帮几天忙。后来，汤阿姨的儿子要结婚了，汤阿姨要回老家，考虑以后还要帮助带养孙子一辈，就不准备出来当保姆了。周先生想起来帮过忙的彩玉，这样彩玉来到周家。

原先，彩玉不知道周先生名气有多大，只知道是一个教唱歌的老师，子女不在身边，需要照顾她的生活。第一天早晨，彩玉煎了一个荷包蛋，先生一看，说："好漂亮，火候刚好。"中午吃饭时，彩玉把饭菜端上来后，想回到厨房去吃。这时候，先生叫她了，指着旁边的空凳，说："坐下，坐下，一块儿过来吃。我这里没有这个规矩，以后，天天都这样。"一股暖流，淌进彩玉的心田。以后，彩玉烧什么，周先生就吃什么，除了动物内脏不吃，从不挑食。有时候，彩玉问道："先生，吃什么呀？"先生笑眯眯地说道："这个问题不要问我，这是你的事，你动脑筋，你说了算。"先生给予她充分的自由，彩玉在周先生家里，从来不感拘束，做事很放松。

2002年，彩玉来周先生家工作才一年多，她的妹妹在老家得了产后忧郁症。周先生知道了，马上叫彩玉把妹妹接到上海来，就住在自己家里，还帮助她联系瑞金医院的大夫。十多天后，妹妹的病就有了好转，现在康复如初。

有一天，彩玉和周先生在吃着饭，周先生说道："你在上海这么多年了，不要回去了，留在上海吧。"彩玉说道："怎么留呀？也没有什么亲戚，房子买不起，就是户口过来了都没地方迁。"周先生想也没想，就说："迁到我这里来吧。"将保姆的户口迁进自己家里，哪有这样的东家？如果保姆赖上你怎么办？要你的房产，要你的财产，你讲也讲不清。周先生根本没有去想这些，她就是想，彩玉在上海举目无亲，就认识我，我不帮忙谁帮忙？能帮忙就要帮忙。

2011年，彩玉的姐姐在家乡出了车祸，脑部受伤，躺在医院昏迷不醒。消息传来，手术费就要10万元，还不知道能不能救醒，彩玉急死了。周先生马上拿出一万元，然后打电话找自己的学生。这位学生的爱人是华东医院的外科大夫，再通过这位外科大夫，找到他们医院一位刚退休的脑外科专家徐医生。徐医生马上赶到彩玉老家，为她姐姐会诊。会诊后，徐医生还特意拉着彩玉奶奶的手，宽慰道："你放心，你孙女会醒过来的，不会有危险的，好了后也不会影响生活的。"这句话，犹如给奶奶及全家吃了一颗大大的定心丸。好多天来，彩玉家一张张愁苦的脸，终于有了丝丝笑意。临走，彩玉家想给徐医生付些出诊费，可是徐医生坚决不收。他说："你们正需要用钱，留着用吧。"

用老百姓的话说，彩玉来到周先生家，是烧了高香，碰上了菩萨。其实，这是周小燕性本善的一种自然而然的行为。

那么多的学生在国际上拿大奖，很多人问，是不是她的学生生源特别好，优秀生都跑到她这儿来了？非也。其实，到她这里的不少是“困难户”，也就是说，学了几年，长进不大。更有许多非本校、本地的学生，碰到困难了，就想到她这儿来寻求“秘方”。碰到这些，她一般不打回票，尽力帮助他们。

有一天，家门口来了一位小伙子，穿了一双布鞋，一看就是一个农民，听口音是东北人。他说，他是靠打工赚的钱，买了火车站票，找到这里，就是想请先生听听他的唱。先生见他大老远来，就点头道：“好吧，你下午到学校来，我来听听。”小伙子唱了几首外国歌曲。先生对他说：“你唱外国歌干嘛？准备将来唱给谁听？你也没有这个专业条件。你还是唱我们的中国歌吧，你的嗓子可以，成功的可能性会多些。”先生又与他说了一些歌唱时要注意的地方。临走，小伙子扑通跪了下来说：“先生，谢谢！我没有钱，我给你磕几个响头。”周先生赶忙拉起他，说：“不要这样，不要这样，我这里可以不收钱的。”小伙子洒泪而去。回去后，小伙子常常跑到山上摘些野菜、野果，寄给周先生，表达自己的心意。对此，周先生也很感动。这个小伙子就是今天的总政歌舞团男高音歌唱家井绪柱。如今，井绪柱每次来上海演出，都要去探望周先生。

这样的故事，在周小燕这里有很多。她从来不在意学生的“家庭背景”，相反，她倒是喜欢一些出身贫寒但有天赋、性情纯朴、刻苦勤奋的孩子，因为，她很在意学生的品德。她认为，一个人成功与否，或者说能不能成为大师级人物，最终不仅在技艺，更重要的是品格。为此，她教学生，不是首先向人家收费，对她来说，如果是一个值得帮助的人才，她甚至愿意像当年她的父亲那样，掏出钱来帮助他们交学费，有时这个数字还不是小数目。

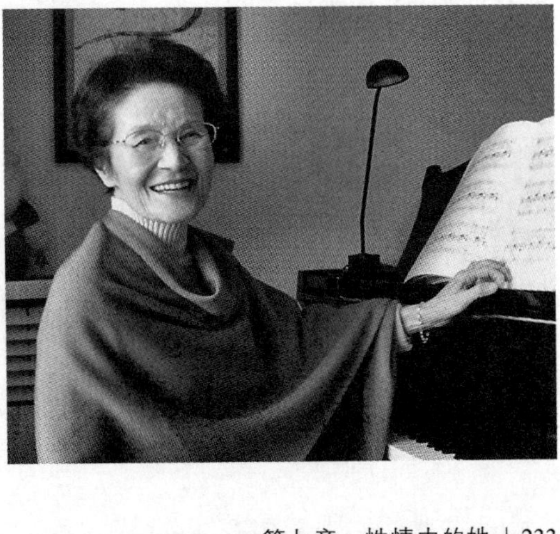

她的这种“善举”，其实是她喜好平等、民主思想的一种体现，她从来没有等级观念，不喜欢把人分成三六九等。她参加过许多重大活动，有机会和国家领导人合影留念，但是在她的家里看不到一张这样的照片。笔者问她：“你怎么不挂几张出来？”她说：“我告诉你，我不喜欢这种形式。领导同志坐在前面一排，被接见的人，不管他们有多大贡献，不管他们有多高年龄，都要排好队站在后面，不自然，不平等。再说，这种事也没有什么可以张扬、炫耀的。”她很怀念过去和周恩来总理、陈毅副总理等领导人在一起的时候。那个时候，见到他们就像见到自己的亲人一样，非常随便，嘻嘻哈哈，没有一点负担。要拍照了，大家呼啦一下围在总理旁边。她对笔者说：“你看，总理和文艺工作者的照片，基本上都是总理站在大家中间的。”

她从来没有认为自己比别人高什么，把别人看低一等，而且，总是从他人的角度想得多些，考虑自己少一些。尊重人，是她为人的原则。有一年春节，她因病住在医院里。她对保姆彩玉说：“你回家过年吧，我这里有医生护士，你放心吧。”在周先生的劝说下，彩玉回去了。那天晚上，周小燕的妹妹来陪她。本来，每晚的安眠药只吃半颗的，她为了早些入睡便吃了一颗。哪想到，半夜里想小便了，她怕影响妹妹睡觉，灯也不开，爬了起来，谁知脑子昏昏沉沉，一下摔倒了。她摔得可不轻，鼻青脸肿的。早晨，护士来查房，看到了周先生摔成这副模样，大吃一惊，责怪说：“为什么不打铃叫我们呢？”周小燕迷迷糊糊地笑着说：“没想到。”

她尊重任何人，不论你是谁。有一天，彩玉对她说，她原来打工的城隍庙服装店的老板娘患了肺癌，不能手术，坚持化疗，现在八年了，还参加了癌症俱乐部的活动，开开心心的。周小燕一听，连连说：“不容易，不容易。”彩玉说：“她们很想到我工作的地方来看看，见见周先生。”周小燕高兴地说：“来呀，来呀，你叫她们来玩呀。”彩玉兴奋地说：“好，那她们知道了肯定很高兴！她们都喜欢唱歌，很想见您的。”这事，若是放到其他人那里，一般都会说，这个保姆做啥啦，浑身不搭界的，家里来那么多病人干什么，触霉头呀。周先生根本就不会想到这些，她觉得她们虽然是病人，但内心非常健康，值得自己尊重。那天，她们来了，90多岁的她，和她们高兴地抱在一起，笑啊，笑啊，笑啊！

在一些很小的事上，也能看得到她的这种风范。比如，她生病住在医院里，想换一件病人服，她总是以商量的口气说：“我想换一件衣服，可以吗？”如果是别人，肯定是直接唤道：“护士，我要换衣服！”出院时，她会真诚地对病区的医生护士们说：“谢谢你们，你们的工作很辛苦，很重要。”她没有这种心态，认为我住在这里，你们就是为我服务的。因此，对任何人不颐指气使，尊重他们的工作，尊重他们的人格。

七　心灵永远年轻

1997年，周小燕率学生到印度尼西亚讲学演出，当地华侨黄海燕，非常仰慕周小燕，便邀请周小燕和她的学生住到她的家里。每天，一帮子学生嘻嘻哈哈，早茶后聊天，尔后上课、训练。午睡一会儿，再排练，晚上演出。空闲时，大家就唱呀跳呀，不消停。周先生和大家一起折腾，完全融合在一起。

有一天，黄海燕邀请大家到海上开摩托艇，这样刺激又有点危险的活动，周小燕就不要参加了吧。但是，不，她要参加，还要亲自开摩托艇。大家都吓坏了，这么大年纪了，吃得消吗？这一年，周小燕80岁。一望无际的大海，疾驰的摩托艇，划出一道道漂亮的白色水线，一船的人忘形地大笑。80岁的周小燕像个姑娘似的，开怀大笑。一个浪头打过来，船身斜了，所有的人都吓得尖叫，只有周小燕稳稳地坐在船头，一脸笑容。海风吹乱她的头发，也在她的心底掀起一阵波涛，她仿佛回到儿时，回到梦绕魂牵、难以忘怀的海光。

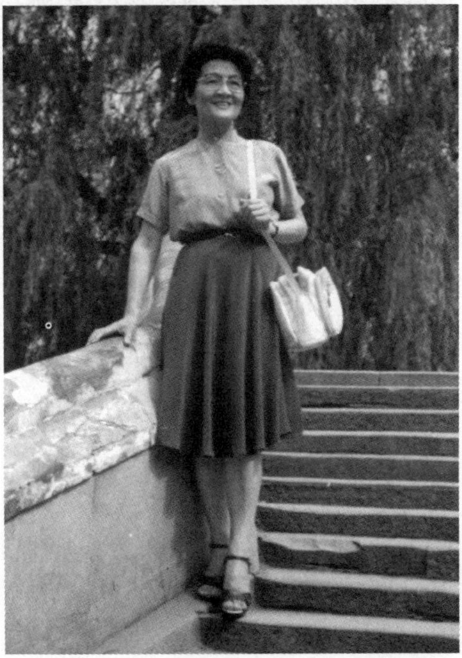
在北京北海

岁月最是无情，任何人都会饱受它的摧残和折磨，都会老去。但是，心灵却掌握在自己手中，可以永远保持年轻。周小燕就是这样的人。比如，很多人尤其是上了年纪的人，都会哀叹："唉，活一天少一天啰。"周小燕就很奇怪，说："为什么不说活一天多一天呢？"所以，保姆彩玉说："每天早晨起来，先生都是笑嘻嘻的，没有一天是愁眉苦脸的。"人家说，少年不知愁滋味，她是老年不知愁滋味，心里永远充满阳光。

年轻的时候，她的周围有一批师长般的领导和同事。大家都是小燕、小燕的叫她。周总理、陈毅副总理等到上海或者在京出席文艺界的活动，都会问："小燕呢？小燕呢？"20世纪80年代末，她率学生到北京，空闲时她去医院看望阳翰笙同志。阳翰笙看到她，亲热地说："小燕，你还这样年轻，还是小妹妹，一点也没变。"周小燕笑着回答："不是小燕，是老燕了。"阳翰笙说："小燕，总归是小燕啊。"

1999年，张光年来上海参加上海卫视台纪念《黄河大合唱》诞生60周年的活动。因故，活动要推迟两天举行，工作人员问他，是否需要推迟两天去上海？张光年摇摇头说："不用了。到上海后我可以先去看看巴金，看看周小燕。"那天，周小燕来到张光年下榻的衡山饭店，两人一见，热烈拥抱。周小燕说："你没变，还是我心中的大哥。"张光年拍拍周小燕的肩，说："你还是那个小妹妹。"

张光年又名光未然，是名垂史册的《黄河大合唱》的作者。20世纪30年代，张光年在武汉参加革命活动，认识了周小燕的弟弟德佑并成为好朋友。德佑从家里出走，参加的便是张光年领导的拓荒演剧队，后改名抗日演剧七队。德佑去世后，七队的战友就把周家当成自己的家，把小燕的父母当自己的父母，张光年那时经常到周家来，所以认识周小燕。1941年，张光年上了国民党追捕的黑名单，周恩来令他离开重庆去仰光。小燕的父亲周苍柏，还帮助他写了一封伪装商行经理的信，一路上躲过了国民党宪兵的几次检查。后来，他所乘坐的车在路上翻了车，所幸人没有受伤。到了贵阳，他已身无分文，于是又向周苍柏求救。周苍柏赶紧找人给他送来200元大洋。这笔钱，不仅救助了张光年，也救助了一批被困贵阳的革命同志。

一个甲子的时光过去，张光年感慨地说道："小燕也老了。但是，她的热情不减，依然保持着乐观的献身精神，非常不容易，我尊重她。"

也许经常接触的是这样一批德高望重的老艺术家和革命家，周小燕一直都以为自己是小燕，是小妹妹，不觉着自己也老了。她还告诉笔者："我也不知道怎么搞的，真的，思想里没有一点老的概念。你看，在我的心里，当领导的都是比自己大的人，我是被他们领导的一个普通群众，因此，总是觉得，他们的言行教育我，是我的榜样，他们是长辈，我还年轻。"说完，她自己都笑了，说："唉，当小字辈当惯了。"真有意思，现在的领导，已经是她下一辈，再下一辈、下下下一辈的人了，可在她的思想深处，自己不是长辈，还是小字辈哩。这正是她永远年轻的原因之一吧。还有，她始终生活在学生中，学生的朝气，感染了她，影响了她。在这样的氛围中，没有时间和条件允许她去衰叹，啊呀，我是不是老了，没有用了。

2005年6月，已是美国纽约大都会第一女高音的李秀英，回母校上海音乐学院举办独唱音乐会。那天，学校新落成的贺绿汀音乐厅挤得满满的，过道上也站满了人，叫好声一浪接一浪，持续不断。周小燕很为学生高兴。演出结束后，秀英搀着老师，老师把手勾在她的肩上，一路聊着天回家。秀英还是和当学生时一样，回国后住在老师家里。到了家，周小燕捏了捏秀英的手臂，夸道："长结实了。"秀英说："啊呀，到处去演出，都是拎箱子拎出来的。"这时候，周小燕挽起衣袖，把手臂弯起来，做出一个健美运动员的姿势，对秀英说："看看，我的肌肉行不行？"秀英笑得腰也直不起来。周先生还不过瘾，说："来，我们比手劲，掰手腕，看谁赢。"说着，就坐到了桌子前，支起了手臂。

她真是不知道自己已经老了。2011年11月，儿子张本和媳妇从美国回来，帮助母亲把家收拾得整洁干净些。客厅里，平时用的一架钢琴需要移动一下，她看到了，连忙跑到钢琴旁，弯下腰，说："我来，我来，我在这边，你们在那边，一齐用力。"正在忙着的张本，放下手里的活，一句话也不说，双手交叉，看着母亲。周小燕说："来呀，你怎么不搬了？"张本说："你来呀，你搬吧，我看着呢。"随后，心疼地责怪道："我的妈啊，你怎么还不知道心疼自己，不知道自己已经95岁了？病还没好呢，再腰闪了、骨折了怎么办？"张本对笔者说："我妈妈是个长不大的妈妈，所以，她容易快乐，心永远是年轻的。"

她是不知道心疼自己，永不知老。几个月前，笔者在她家的小房间与保姆彩玉聊天，出来时，正看到周小燕拿着抹布，起劲地擦着钢琴，一旁是画家汤沐黎夫妇。原来，汤沐黎想为周小燕画一幅肖像，说好了这天来为周先生拍几张照。因为，每天忙着教学生，钢琴上放着一些歌谱呀、书籍呀、照片等东西，比较乱，也有点灰尘，需要整理一下。谁知，这样的活，她也不叫别人一声，就自己动手了。一个95岁的老人，一个大艺术家，就不知道对自己好点，就不知道端点架子。

张本回来时，周先生因为颈椎炎发作，住在医院里。医生不让出院，她软磨硬泡，最后写了保证书，保证出来后不给学生上课，不参加任何社会活动，这才回到了家。11月24日，笔者去她家，周先生正在客厅里走来走去，看到笔者，她说："唉，生了两个星期病，颈椎炎，痛得不得了，只好去医院了。"接着，她伸了伸腿，叹了口气说："我现在走路是慢了。过去，我走路很快，有人叫我慢点，说：走那么快干吗？我说，能走得快不走快，干嘛要走慢呀？现在走路真是慢下来了。唉,老了以后怎么办哟。”

那次在病房摔倒以后,女儿张文也从美国赶回来照顾她。看着大家都在为她忙着,她忧心忡忡地说了一句:“以后我老了怎么办哟?”听到此话,保姆彩玉扑哧一声笑了出来,说:“周老师,你还没老啊,你什么时候才老呀?”张文在一旁笑着提醒道:“我的妈啊,你都快90岁了,你要不老,不就成妖精了。”那个时候,她担心老了以后怎么办?现在,七八年时光飞去了,她又担心以后老了怎么办?这说明,在这段时间,她还是没有觉着自己老,还像年轻人一样,工作着,工作着,工作着。

到现在,她不愿坐在一个地方不动,喜欢坐一种带有轮子的椅子,可以移到这里,移到那里,十分开心。周小燕歌剧中心的律师周天平,有一辆林肯跑车,墨绿颜色,非常漂亮。那时,上海滩很少看到这样的跑车。每次出去,周律师问她:“周先生坐哪辆车?”她总是像小姑娘似的说道:“坐林肯车。”周律师说:“老太太喜欢新的,爱漂亮。”是的,对于一切新的东西,她都感兴趣,愿意去接触它,所以,她对三维呀、多媒体呀等新技术新成就都关心。

周小燕始终年轻的心态,是她童真的性格所决定的。一个人,从童年、少年,到青年、中年、老年,受环境等种种因素影响,性格会发生很大变化。永远保持孩子般的童真,到老了都这样,是一个人最为可贵和珍贵的品质。周小燕的可贵,正在于:她成熟了,不世故;成功了,不骄傲;出名了,不虚荣,始终保持一颗平常的心,心灵依然单纯、依然年轻。

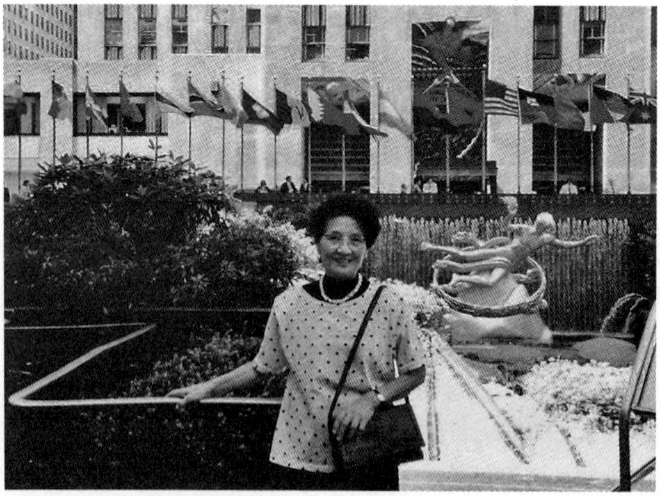

90年代初在纽约

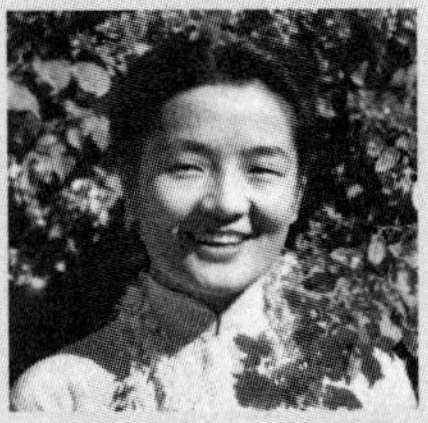

第八章

家庭中的她

一　朦胧时期

恋爱、结婚、生子，人生中重要的三部曲。在舞台和教学上唱出漂亮高音的周小燕，这人生的“三部曲”唱得又怎么样呢？那么，就让我们来慢慢倾听——

也许是天性的缘故，周小燕自小兴趣面就广泛，喜欢接受新东西。她不仅歌唱得好，还喜欢表演，学会多种乐器，有西洋的也有民族的，钢琴、大提琴、琵琶、吉他、曼陀铃等等。她还喜欢运动，武术功夫好，游泳游得好，还会骑马、打坐，当然还有那些放不上台面的爬树、翻墙头等等，可谓“文武双全”。满身的才艺武艺，若是放在别的孩子身上，恐怕百人中不会有几个能做到，对此，母亲抱怨，父亲高兴。也许心思都在这里，在男女之情上，她成熟得就稍微晚些了。年龄相仿的女孩子，差不多都有人追，就她没有。她暗暗喜欢的“白马王子”，人家不喜欢她，正在卖力地追别的女孩子呢。好在她性格豪爽、开朗，也不在意。她这样给自己解脱：谁叫我是假小子呢？整天顽皮又淘气，皮肤晒得黑黑的，是个丑小鸭，没人喜欢就没人喜欢吧。

18岁那年考上了国立上海音乐专科学校。在求学的路上并不顺利，哪有心思和时间去想这些呀。21岁时，又去了法国，这一去就是九年。应该说，在法国的九年，正是她最为灿烂的青春时期，难道自己就一点也不想，也没有人追求吗？初到巴黎，人生地不熟，还没有立住脚，自然不可能去想。当学业正走上正轨时，第二次世界大战来了，接着弟弟天佑病逝。这一切，都没有来得及让她把思想往这方面转。当然，她正当年华，长得很有气质，热情又开朗，身边也不是没有爱慕她的小伙子，法国当地的有，美国、英国的也有，但是她都没有给他们机会。一位美国画画的小伙子，甚至向她求婚，说：“我们结婚吧，我会爱你一辈子的。”她拒绝了，说：“不行。我出来学习，是为了将来回去的，我临来前，父亲就这样关照的。”她在法国学习，父亲最担心的也就是她把自己嫁出去。父亲的话，确实被她记在了心里。其实，在内心里，她更不想嫁一个外国人。

香港一位富豪的公子，在法国认识了她，就对她有意思了。小燕从法国

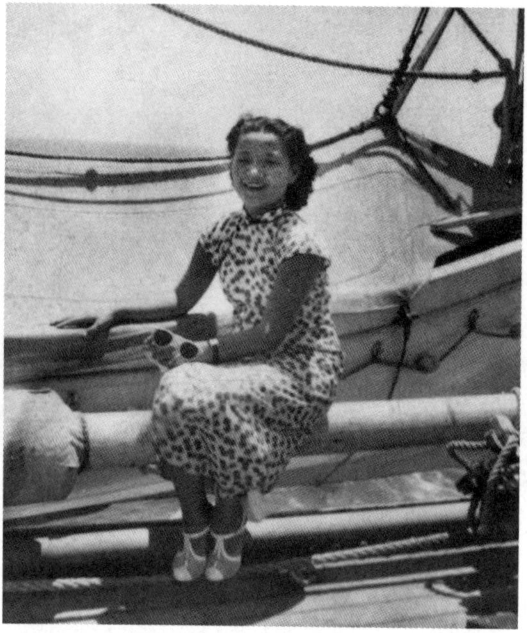
去法国留学途中

回来，轮船只到新加坡，需要换机到香港，再由香港飞上海。就在小燕在香港等待回上海的飞机时，不知什么原因，他们碰上了。于是，这位公子热情地邀请小燕到他家去晚餐，小燕答应了。谁知，富豪家为显示自家的财富和地位，将仪式搞得异常隆重，连香港总督都来了，饭桌上的餐具全是银的，杯子是水晶的。然而，大银行家、大资本家的千金小姐周小燕，却看不惯，摆什么阔呀？这么铺张，太浪费、太奢侈了，她不喜欢。几天后，当对方向她提出婚姻之事时，她断然拒绝了。就这样，她与豪门擦肩而过。

回到上海，父母迫不及待地问起这件事，小燕把自己的想法说了。父亲如释重负，高兴地说："我就害怕，你把握不住，把自己嫁出去，不回来了。"上海，也有富豪家来提亲的，小燕也不喜欢，理由也是讨厌那种颐指气使、自以为是的做派。对周小燕的拒绝，这户人家好生奇怪，还问了一句："是不是我们家的钱财不够，地位不够？"小燕一笑了之。

母亲忧心地说："小燕，你都过30岁了，嫁不出去了，怎么办哟？"父亲倒不担心，很有信心，说："我不相信我们的小燕嫁不出去。"又玩笑似的说了一句："嫁不出去也好，守在家里多好啊。"

那么，周小燕喜欢什么样的人呢？

二　海之恋

1951年9月，收获的季节。周小燕受命参加中国文化代表团，出访印度和缅甸。这是新中国成立后派出的第一个文化代表团，因此中央很重视，全体出访人员临行前集中在北京，学习相关政策。这个代表团还有丁西林、吴作人、季羡林、钱伟长、冯友兰、刘白羽、张骏祥、陈翰生等文化科技界人士。这次出访，有几篇发言要用英文讲，周小燕、张骏祥、陈翰生、季羡林他们四人英文好，就由他们负责英文发言稿。一天，张骏祥来找周小燕，商讨对英文稿的意见。过了几天，他又来了，说稿子修改好了，请她再看看。随后，张骏祥问道："第一次来北京吧？要不要一起去北海、颐和园看看？"小燕心想，这个人是电影界的，电影界很乱，听说人都很花心的，我跟他没有交往过，跟一个陌生人出去乱跑，给人家看见了，影响也不好。于是，婉言谢绝了。

代表团出发了。那时，中国与印度没有飞机航班，只能从广州出境，坐船去，而且船期很长，将近一个月。代表团先由京到达武汉，热情的周苍柏邀请

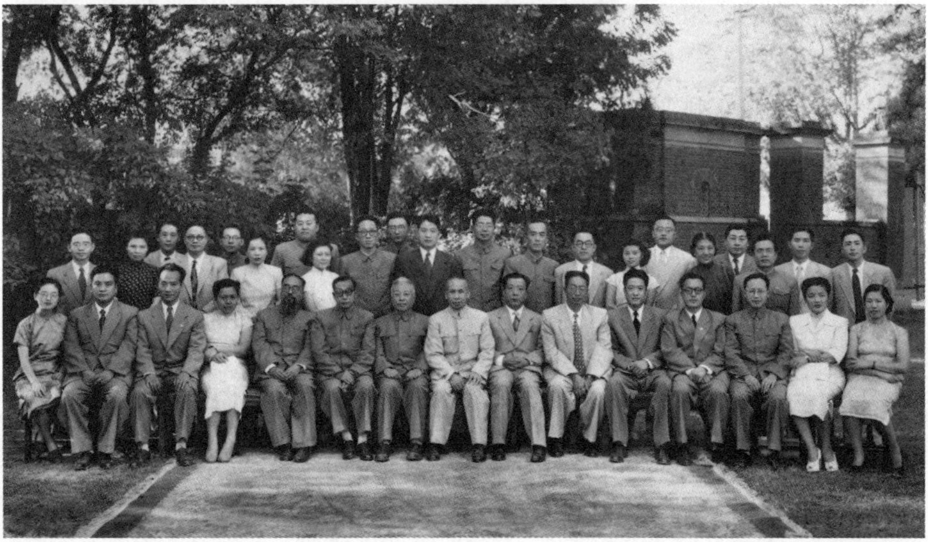

中国文化代表团全体成员

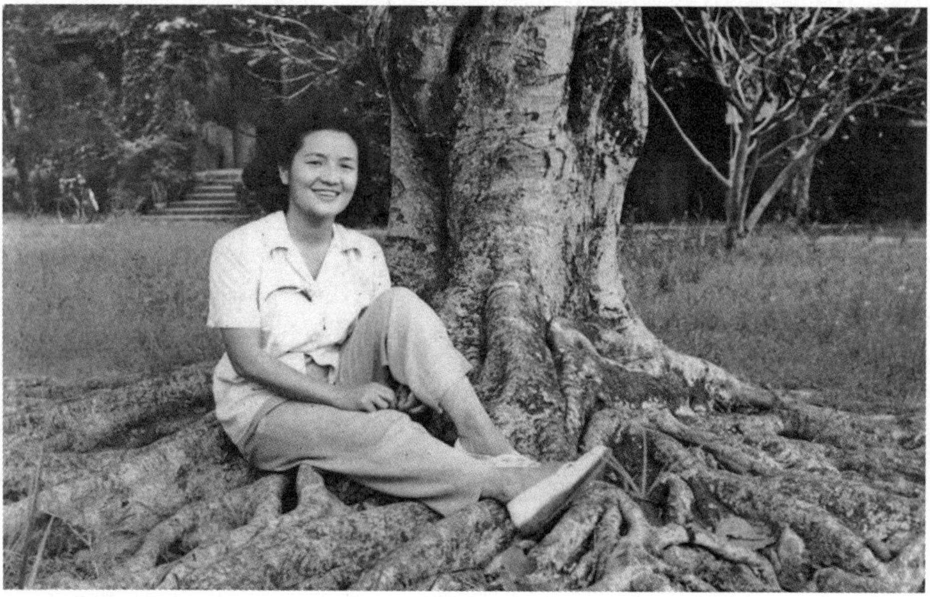

在岭南大学

大家游玩了东湖。那时，小燕还是没有注意张骏祥，没有特意向父亲介绍张骏祥。到了广州，张骏祥又来约她去岭南大学，说是那儿有好几位教授是他的好朋友。他还有朋友是大学教授？而且是去大学，小燕有了兴趣，想去看看，于是同意了。

岭南大学非常漂亮，像个大花园。张骏祥摄影技术很好，带了相机，拍了很多照，也给小燕照了许多。在一棵大树下，张骏祥为小燕拍好照后，说："这个景好，我也坐在那个地方，你帮我拍一张。"小燕拿起相机，将镜头对准张骏祥，突然发现这个男的长得不错，还挺帅的，过去，自己竟然一直都没好好看过他。岭南大学的陈永龄等教授都是张骏祥清华大学时的同学，张骏祥一来，他们高兴死了，谈历史，谈艺术，谈友情，谈以往的同学生活，说不完的话题。周小燕在一旁，见他们一个个学识渊博，谈吐不凡，一下对张骏祥增加了许多好感。告别时，陈永龄夫妇送他们出来，夫人快言快语地说："骏祥，你这次找对了。"小燕知道夫人把他们的关系搞错了，但不知如何回答，没有吭声，只是笑笑。

长达一个月的海上之旅开始了。上了船，小燕开始注意观察他了。她发现，这个人朴实、幽默，为大家服务，忙得汗流浃背，他不说，不表现自己，不突出自己，也不多说一句话。代表团的发言稿，哪些是他执笔翻译的，哪篇是他写的，他也从来不说，不抢功。周小燕认为这个人是一个“实而不华”的人，有文化，有水平，品德好，人又长得帅，她的心动了。

浩瀚的大海，将两叶各自颠簸的小船汇拢在一起并行，无论风大雨强，无论浪高涛响，驶向同一个方向。浩瀚的大海，将两颗分散的心聚拢在一起，相互吸引，相互爱慕，相互关照。

抵达印度后，他俩自然而然地经常走在一起，并且合影留念。在美丽而又神秘的泰姬玛哈陵，张骏祥向周小燕表达了心中的愿望，周小燕答应了。代表团的大哥哥们，见证了他们的爱情发展，热烈地祝贺他们。

长达三个月的印度、缅甸之访，牵起了周小燕和张骏祥之间的一根红线。有人说，浩瀚的印度洋成了他们的红娘。不，也有人说，是周恩来为他们牵的线，这个访问团里，只有他们俩是单身，总理特意为他们创造了这个机会。第一次文代会时，张骏祥虽然属于上海代表团的，但他是从香港直接到北平的，周小燕则是和赵丹、蓝马、吴茵等人从上海坐火车到北平的，因此，她对张骏祥一点印象也没有。究竟情况如何，周小燕、张骏祥都没有好意思问过总理，这也是一个谜。

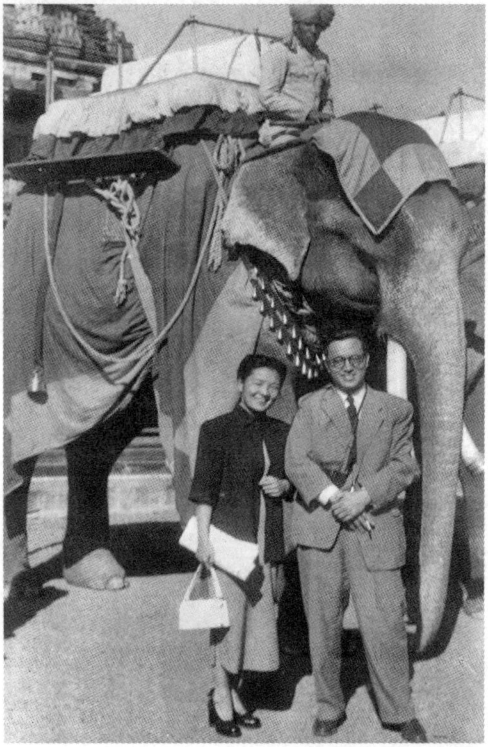
与张骏祥在泰姬玛哈陵

回到上海，周小燕向父母汇报了这事，父母很赞同，很高兴，女儿终于有了自己喜欢的人。有一天，周小燕对好友也是同事的洪达琦说了她和张骏祥好上的经过，洪达琦把周小燕拉到自己的房间，指着桌上的一张白杨的照片说：“你看，他和白杨结过婚，已不是初恋了。”周小燕想，初恋或不是初恋，有什么关系呢？初恋往往是冲动的、浪漫的，不切实际不符合现实的，相反，有过失败的初恋，他更会珍惜

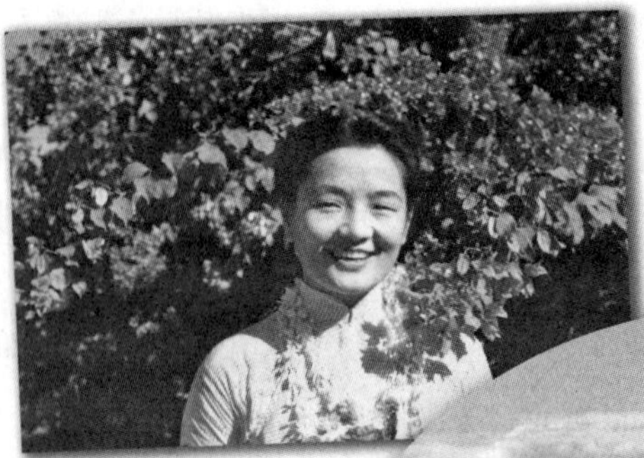
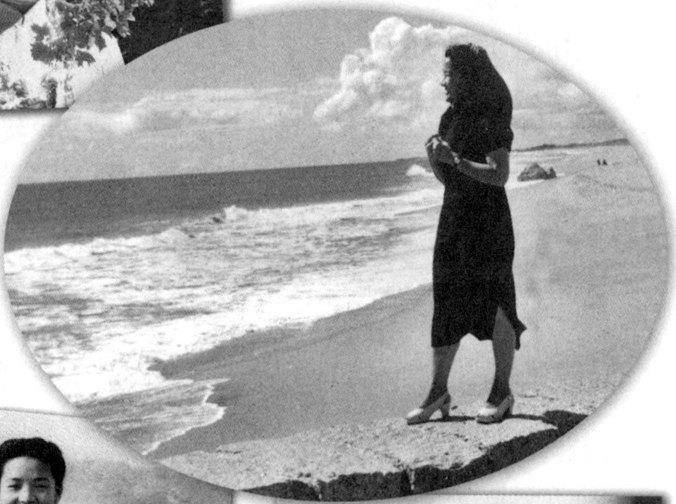
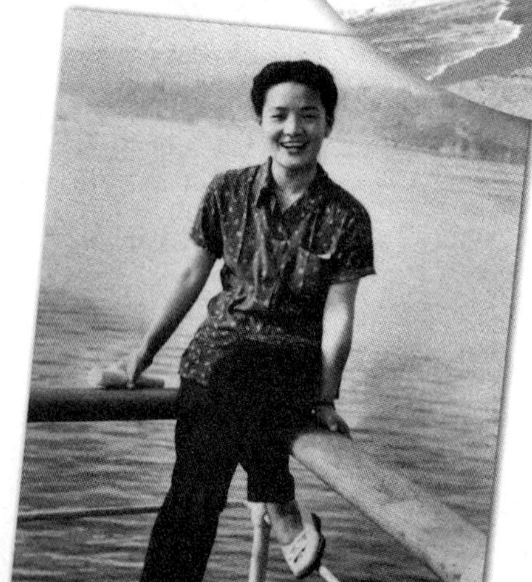
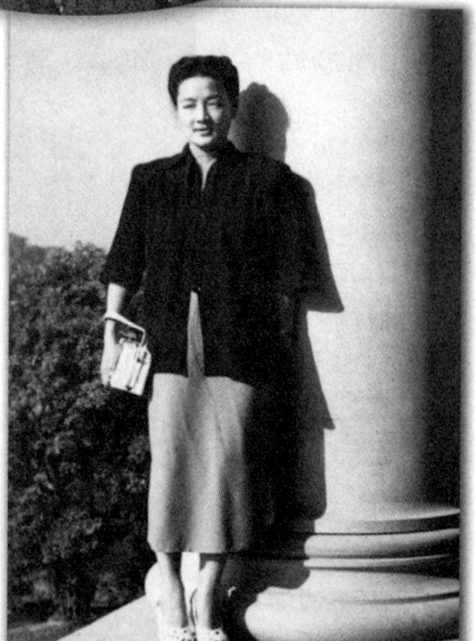

张骏祥拍摄

当前的爱情。关键是这个人品格要好。

张骏祥，出生于1910年12月，江苏镇江人，年长周小燕七岁。张骏祥六岁时，全家迁往北京，早年就读于北师大附中，1927年考入北师大，一年后转学清华大学外国语文系，毕业后留校任教。1935年，清华大学庚子赔款留美专业中，有一个“戏剧专业”的名额，这是一次难得的机会，已是外语系秘书的张骏祥，决定去试一试。据说，与他同去考的还有一名清华学生万家宝，也就是曹禺。曹禺比张骏祥晚几届，此时已发表了《雷雨》等著名作品。考试的结果，幸运之神降落在张骏祥的身上。1936年，张骏祥赴美国耶鲁大学就读。三年后，张骏祥获得戏剧专业硕士学位后，毅然回国。

张骏祥出国前，答应国立戏剧专科学校校长余上沅，学成后回国到国立戏剧专科学校执教。为了这份承诺，也为了好友、校友曹禺的邀请，张骏祥谢绝多种邀请，到设在重庆的国立戏剧专科学校执教。学校后来为避日寇飞机的轰炸，迁至江安。一年后，张骏祥活跃在重庆话剧界，又编又导，非常红火。1943年初，经夏衍介绍，张骏祥认识了白杨，1944年确立恋爱关系，在重庆结婚。1949年11月16日，上海电影制片厂宣告成立，于伶任厂长，钟敬之任副厂长，陈白尘任厂艺术委员会主任，张骏祥任艺术委员会副主任。这是新中国成立后第三家国营电影制片厂，另两家为东北电影制片厂、北京电影制片厂。

也就在这个时候，张骏祥和白杨的婚姻发生了裂变，不久，白杨和摄影师蒋君超结婚。电影评论家吕晓明认为张骏祥和白杨的分手，有这样几个原因不能回避：一是白杨同蒋君超的感情发展。蒋君超的好脾气在演艺界是出了名的，他和白杨在30年代就认识。张骏祥去香港，后来又随军南下，为他们的关系发展留下了空间；二是张骏祥和白杨之间，文化、脾气、性格、兴趣爱好等方面存在差距。张骏祥留洋归来，身上更多的是一种知识分子甚至学者气质。白杨从小学戏，独自出来闯天下，历尽世故，渴望呵护，张骏祥恰恰在体贴女性方面显得很不够。这一点是他们分手的主要原因。

周小燕毕竟经过西方文化的洗礼，性格开朗，当张骏祥对她说到他和白杨之间的关系时，周小燕说：“在此以前，我们都有自己的生活，自己的历史。以前的事，就让它过去了，今后就不必提了。”不久，两人商量结婚的事宜。张骏祥说：“买一对结婚戒指吧？”周小燕说：“不用，那么俗气干吗？”张骏祥开玩笑地说：“那你就不怕我以后会赖账，把你甩掉？”周小燕自信又调皮地

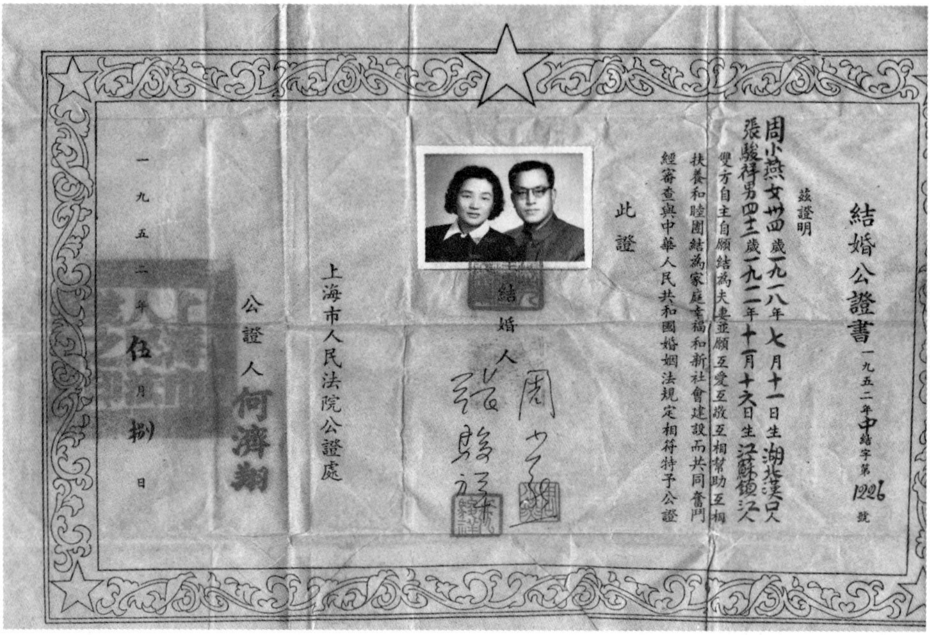
結婚公證書 一九五二年中結字第1226號

茲證明

周小燕女卅四歲一九一八年七月十一日生湖北漢口人

張駿祥男四十二歲一九一一年十月十六日生江蘇鎮江人

雙方自主自願結為夫妻並願互愛互敬互相幫助互相扶養和睦團結為家庭幸福和新社會建設而共同奮鬥經審查與中華人民共和國婚姻法規定相符特予公證

此證

結婚人 周小燕 張駿祥

上海市人民法院公證處

公證人 何濟翔

一九五二年伍月捌日

结婚证

说:“不怕,你不会甩,也甩不掉。”结婚的日子选在1952年的5月5日,一切从简,没有繁琐的仪式,没有宏大的场面。周小燕和张骏祥拍了一张结婚照,周小燕穿着当时时兴的人民装,张骏祥穿的是中山装,照片三寸见宽。他们就在周小燕舅舅董方中的家里,办了一桌喜酒,请了男方的证婚人夏衍,女方的证婚人贺绿汀,还有董方中医生的好友潘汉年夫妇,周小燕的姑妈周莘柏夫妇等10位亲朋好友。周小燕的父母在武汉,张骏祥的父母在镇江,都没能来参加。具体事务由上影厂行政处长卢怡浩操办。

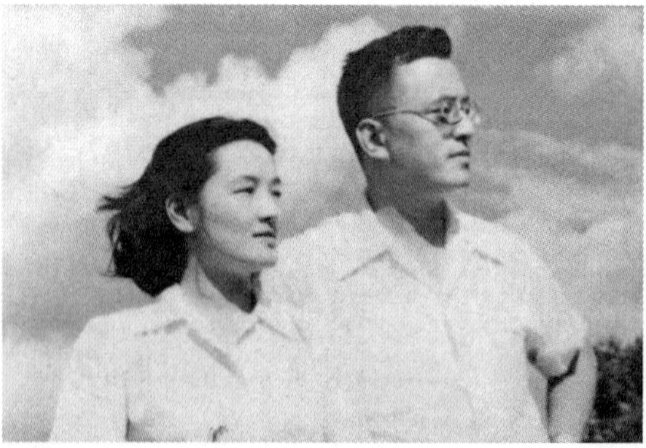
开始新生活

婚后,他们在张骏祥的宿舍住了一段时间,随后搬进复兴西路44弄一套公寓楼的二楼,这里原来住的是著名编剧陈白尘。这里,留下了他们温馨幸福生活的每一个色彩，每一个音符，每一个画面。直到1996年张骏祥病逝。

新的生活开始了，他们携手，共同迈进。

三　性格互补

一同出访印度、缅甸，并且见证了他们恋情发展的画家吴作人，在他们结婚时，特意画了一幅《双象图》送给他们。画面上，公象伸长了鼻子，目不斜视，显得严肃老成；母象美丽活泼，鼻子卷着，尾巴翘着，一只脚抬着，似乎在欢快地踩着舞步，俏皮又大方。熟悉他俩的人，一看画就乐了：画家把两人的性格表达出来了，十分生动形象。

周小燕性格活泼单纯，没有城府，而张骏祥严肃认真，深沉稳健。儿子张本在分析父母的特点时说："他们是互补型的，性格完全不一样。父亲严谨，母亲随便。父亲喜欢安静，母亲喜欢热闹。父亲理性，是学者型、研究型的，但也有感性的方面。母亲感性，她凭直觉，凭喜欢，当然她也研究和思考一些问题，不然她不会有今天的成就。最重要的是，他们都尊重对方的事业，以对方的事业为主，谁都愿意为对方让步、牺牲。他们在事业上都有自己的追求，各人做各人的，互不干涉，但又都能体谅对方，知道自己应该做什么，知道自己在生活中的分量，因此，配合默契，互相帮助。"

周小燕经常将学生带回家，给他们开"小灶"。这个"小灶"主要指的是单独给学生补课，也包括上完课后留下吃饭，有时候几个学生一起来。复兴路的家，门开后就是客厅，过了客厅才能到周小燕的居室。学生们往往来了后，大呼小叫，冲过客厅，直奔周小燕的居室，尔后，一屋子的人，又说又唱又跳，说得好听一点热闹非凡，说得不客气一点，吵得不行。有时候，张骏祥正在客厅安静地看书呢，看这架势，马上到自己的房间，关上门。还有的时候，到孩子们的房间，与孩子们闹着玩。有一次，一位朋友问张骏祥："你们家那位怎么样？受得了吗？"他玩笑地说了一句："天天'鬼哭狼嚎'地上课，培养人才。不过，她却没能把我培养出来。"

"天女散花"，是张骏祥送给周小燕的一句话。也许大多数人不相信，周

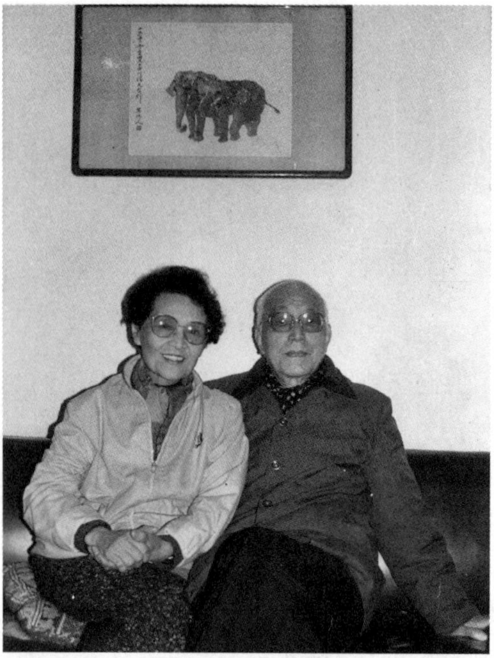

在吴作人的《双象图》前

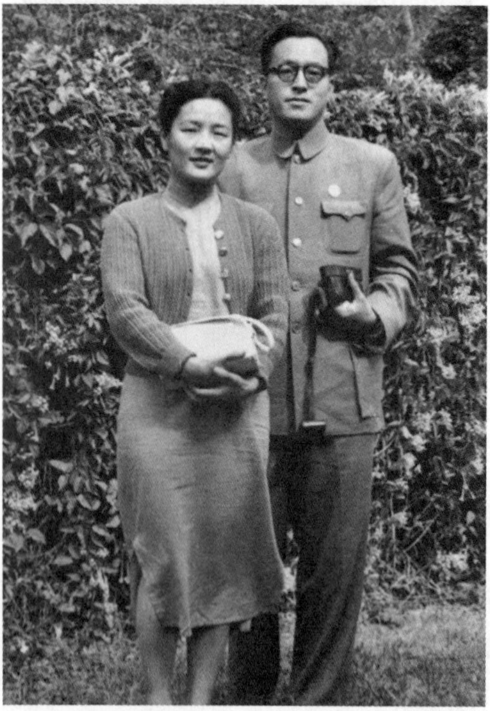

性格互补

小燕不喜欢、不追求名牌，甚至不知道有哪些是名牌。但是，她很讲究，穿衣打扮喜欢舒适、协调，式样、色彩要与身份、工作、环境相配等。比如，出席会议与观赏演出就不一样，前者要端庄些，后者可活泼些等。所以，为了搭配恰当，每次她都把衣服翻出来，一件件试。这时候，家里就遭殃了，到处是衣服、配饰等，乱糟糟的。因此，张骏祥就把她的这种行为，称之为“天女散花”。

周小燕的“漏斗”性格，在这方面也很突出。因为她不记得家里的东西，甚至自己用的东西放在了什么地方，需要时就翻箱倒柜地到处找，结果东西在她的手里乱飞，扔得家里满地都是的。周小燕的“漏斗”性格，还表现在丢三落四，经常掉东西上。有一次，学者赵鑫珊与她一起参加一个活动，眼瞅着她掉了一个包，可是她没有反应，赵鑫珊赶快捡起帮她拿着，一直到活动结束，她都没有发觉自己的包不见了。坐上车，她摇着手，快活地和大家再见。这时候，赵鑫珊赶忙走上前，把包递上，说：“周先生，送你一件礼物。”她一看是自己的包，哈哈笑了起来，说道：“啊哟，我怎么又丢东西了？”

周小燕留学法国九年，张骏祥硕士毕业于美国耶鲁大学，虽然性格不同，但在思想、习惯、兴趣等方面有许多共同之处，这也是他们能够容忍对方的不

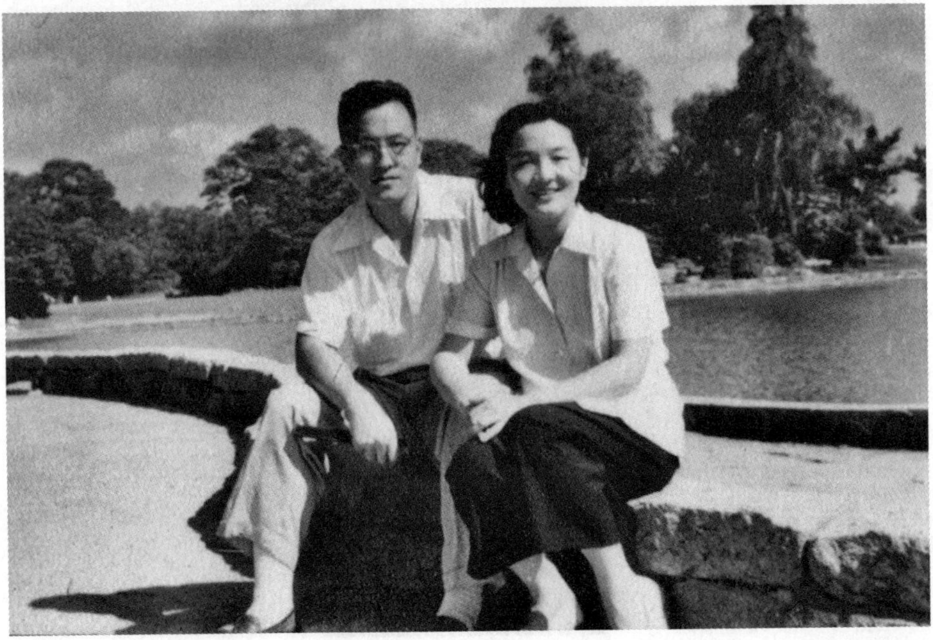

婚后在北京

足，能够互补的重要因素。一个严肃认真，一个活泼开朗，但是他们都不缺乏幽默的因子。从张骏祥送给周小燕的这些词语就可以知道，他们在生活中不乏幽默，连批评都带着戏谑带着爱。

1988年，周小燕去南京排《弄臣》，不慎摔了一跤，骨折了。当时的声乐系主任卞敬祖听到这个消息，心想坏了，张先生要骂他了。果然，张骏祥急得不得了，电话里就把他骂了一通。张骏祥火速赶到南京，心疼地说："你看你，这么不当心，痛死了，你要受罪了。"周小燕反过来安慰老伴，笑着说："谁叫你先骨折的？我这不是紧跟你，向你学习、靠拢吗？没事的，放心。"原来，1984年，张骏祥出访日本回来后，在北京不慎摔了一跤，髌骨粉碎性骨折，在北京动了手术。痛苦不堪的张骏祥自嘲地说："这下可以申请参加残疾人联合会了。"他们俩骨折，一个在北京，一个在南京，都年过70岁，不是巧合也是巧合，算是扯平了。张骏祥等到可以拆除钉子和钢丝时，钢丝都长到肉里去了。医生只好把伤口弄大，把钢丝取出来。张骏祥平白又多吃了苦头。他没有埋怨，而是幽默地说："这是伤口愈合得太好了的缘故。"

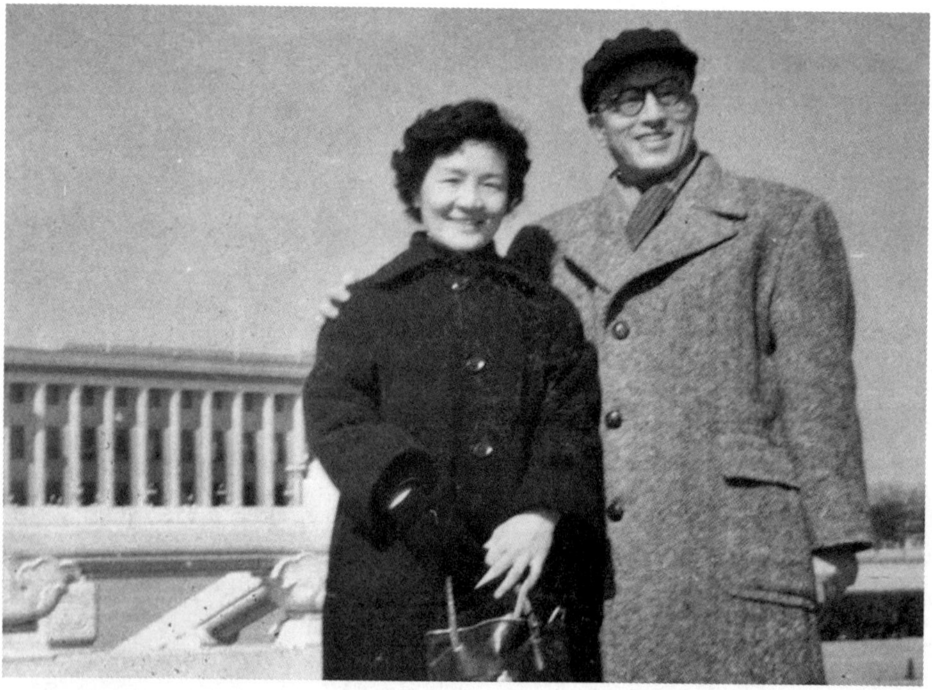

一起参加全国人代会

他们夫妻之间的恩爱，不在于年轻时，而是几十年来始终如一。结婚后，两人都很忙，今天周小燕出访了，明天张骏祥下生活了；今天周小燕外出演出了，明天张骏祥去京开会了等等，有时候，他们很长时间都碰不到一块。所以，有人问周小燕："你们吵架吗？"周小燕说："没时间吵，我们聚少离多，对能相聚珍惜还来不及呢，哪有时间吵架？"

每次分手，他们会热烈拥抱，拍拍对方："当心，注意安全。"每次回来，同样他们相互热烈拥抱，拍拍对方："回来了，好，好。"这种情调，在他们两人身上非常自然，因此从来不避讳他人在场。这也惹得身边的同事、朋友、学生一个个都羡慕得不得了。张骏祥曾经不止一次对周小燕说："早点认识你就好了。"言语中，充满对妻子的爱意，对婚后小生活的满足。小燕回答说："要是我们早遇上了，我相信你不会看上我这个'假小子''丑小鸭'的，我也不会看上你。我们认识在最恰当的时候，是命运的安排。"

张骏祥年老后，患有低血压病，不能起床。周小燕端水给他洗脚，他忧心忡忡地说："这样下去怎么办呀？"周小燕身子一挺，豪气地说："不怕，有我呢。我是谁？我是阿信（当时上演的日本电视连续剧《阿信》的女主人公名字，特别能干）。我能照顾你。"张骏祥看着她调皮的样子，愁苦的脸上露出了笑容。每天，来家里上课的学生一个接一个，排得很紧，只有几分钟的休息时间，就是这几分钟，周小燕总是跑到张骏祥房间，握住他的手，微笑着看着他。此时，无言，只有心灵的感觉，却胜过一切豪言壮语。

学生李秀英有一天去周老师家，只看见张先生坐在椅子上，周先生在他周围走来走去，一会儿帮他理理衣领，一会儿在他衣服上捡走一根头发，还不停俯下身子，凑着他的耳朵，轻声细语，问这问那。看到这一情景，秀英非常感动，站住不往前走了，她怕惊动了他们，破坏了这幅美景。她后来对笔者说："在我心里，这是一幅世界上最美、最美的画。老师就像一只蝴蝶，在张先生身边飞来飞去，太美丽了。这幅画面一直在我眼前，经常出现，抹也抹不掉。"张骏祥住进了医院，周小燕每天上完课，带着家里烧的菜去医院看他。每次，临别，张骏祥都要轻吻妻子的手。年轻的护士看到了，又是惊讶，又是羡慕，又是感动。

1995年，上海电视台邀请周小燕去长城拍摄《长城谣》。这时候，张骏祥已经病得很重了，周小燕一直守在他的身边，因此非常犹豫，不想去，还是张骏祥劝周小燕不要错过了这个机会。张骏祥当然希望爱妻守在身边，有她

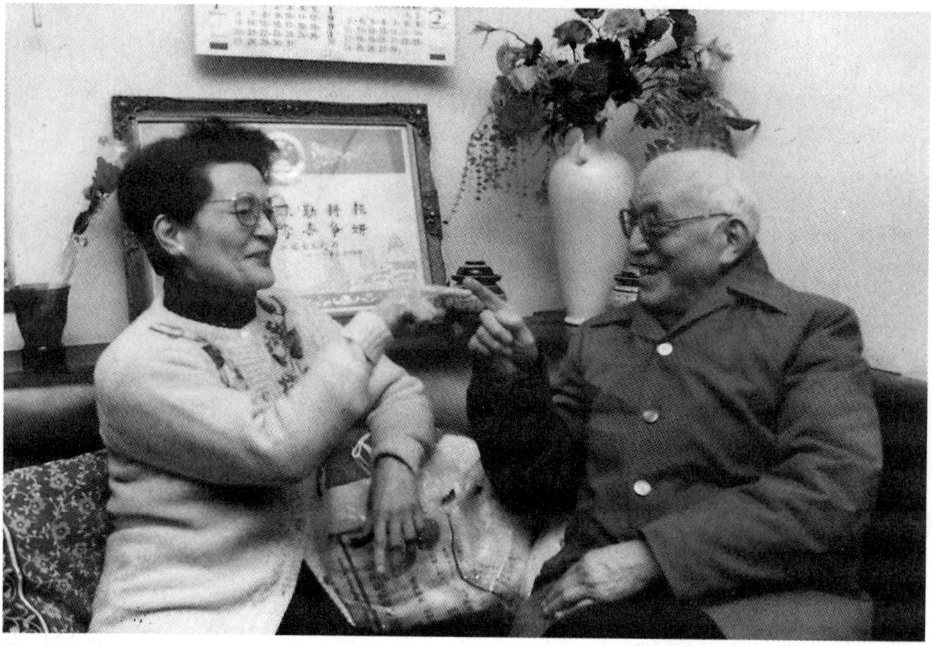

老来乐

陪着，心里就有了底，仿佛有了依靠。但是，他还是为她着想：20岁的年轻姑娘，在武汉街头，抗日的烽火中首唱《长城谣》，抗战胜利50年后，78岁的她，登上长城，再唱《长城谣》，这是一件多么有意义的事啊！于国家，于她个人，都十分有意义，他不想让她为自己放弃这个机会。周小燕自然更明白这次演唱的意义，知道机会错过不会再来。但是，她不能因为自己乘兴而离开老伴，让他扫兴，更不愿意做让自己后悔一辈子的事：万一，老伴需要她了，她又赶不回来，怎么办呢？最后，剧组许诺：保证周小燕老师当天去当天回，这才成功了这件事。

曾经在上海工作过的陈锦华同志，至今还记得：1978年12月，他收到张骏祥寄来的一封信。令他没有想到的是，这位上海电影界的老领导、大名鼎鼎的电影导演，给市里的一位领导写信，说的不是拍片的事，也不是自己工作上的事，是为了申请给家里装一只煤气取暖炉，而这一切是为了妻子周小燕！他在信中写道：天气寒冷，夫人周小燕在弹钢琴时冻得手指都舒展不开，因此，他想请领导批准给他家装一台煤气取暖炉，以提高室内温度，让周小燕能正常弹琴，给学生上课。

陈锦华收到这封信，马上给张骏祥打了一个电话，说是要到他家做客，看看他们夫妇。张骏祥回答，好啊，欢迎。一个星期天的下午，陈锦华穿了一件军用棉大衣来到复兴路张骏祥和周小燕的家。坐在周小燕弹琴的客厅里，穿着棉大衣的陈锦华还是感到了阵阵寒意。这位人民的公仆，回去后立即在张骏祥的来信上批示，并写下自己的感受。很快，上海煤气公司上门，为他们装了一台煤气取暖炉。

他们的性格互补，在于他们事事为对方着想，时时愿意为对方付出，而所有的这一切，都建立在“润物细无声”中，不论是顺利时还是逆境中。

四 尿布是他洗的

结婚后，张骏祥的仕途看好，很快从上海电影制片厂艺术委员会副主任升任为上海电影制片厂副厂长，兼艺术委员会主任。1958年升任上海电影局副局长。不久，成立上海电影专科学校，张骏祥兼任首任校长。1959年10月起任上海市电影局局长。

在繁忙的工作中，1953年，他们的女儿张文诞生了。43岁的张骏祥首次得女，欣喜如狂。看着粉嘟嘟的小生命，要吃了、要尿了，哭了、闹了，周小燕手足无措，一点也没办法，张骏祥冲在第一线，什么活都干。

2011年4月3日，周小燕回忆这一幸福的时刻，说：“他对孩子爱得不得了，孩子的尿布都是他洗的。他非常细心，比我细心多了，家里的事都是他管。孩子一生病，他就像疯了似的，急得不得了。天天夜里，他都要起来，轻手轻脚，走到孩子的房间，看看他们睡得怎样了，被子踢掉了没有。文文五个月时，我去朝鲜战地慰问团，出去时，我给文文扎了小辫子，回来时，小辫子没了，变成小光头，是他剃的。为这事我和他不开心，这是我们唯一的一次不开心。其实，他是对的，他没有办法，这样洗起来方便、卫生。我是觉得小姑娘扎小辫可爱、漂亮。我们两人的工资，他分成三份，三分之一我们两人自己用，三分之一家庭用，三分之一存着或他用。我不管钱，但有钱用，这就足够了，所以，没有什么不开心、不放心的。结婚后，心情一直很好，很知足、很幸福。”

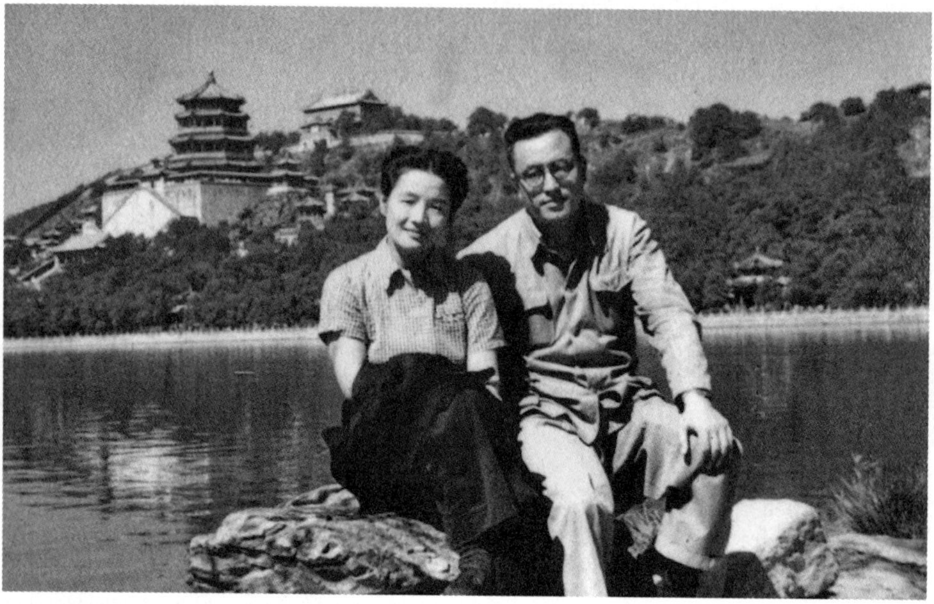

游北京颐和园

在外面，他是一厂之长、一局之长，别人听他的。到了家里，他是栋梁，为妻子、儿女撑起一个幸福安全的小窝。妻子、儿女绝对比自己重要，是第一位的。周小燕学生来家时，张骏祥有时躲到儿女的房间，和他们一起玩。这时候，不苟言笑的电影局长，就是一个顽皮的孩子。他肚子里的故事很多，中国的、外国的，讲也讲不完。给孩子讲故事的时候，还会模仿故事中的人物，做出各种动作和怪样子，惹得孩子笑个不停。讲的人、听的人，都开心地忘了形，于是，就在床上翻滚打闹。有时候，打闹的声响过大了，家里的老保姆听见了，不得不出来干扰，责怪道："好了，好了，再下去，床要压塌了。"

"文革"开始，大局长成了"大走资派"，首当其冲，受到迫害。后来，他和贺绿汀、张瑞芳等一批上海文化界的著名艺术家和领导，被关进了漕宝路上的上海少年犯教养所。这个教养所，在"文革"中成为上海所谓重案、要案的关押地，上海的秦城监狱。这一下，张骏祥与家里失去了任何联系，几乎所有的人都不知他被关在哪里，时间长达两年之久。

在狱中，张骏祥倒不担心自己，他担心周小燕和两个孩子。他知道，妻子有海外留学这一背景，肯定会被戴上"特务""叛徒""里通外国"的帽子，受到迫害。两个孩子，一个13岁，一个10岁，他们还不懂事，生活怎么办，谁来照顾他们？想到这里，他愁死了，也悔恨得很。想想过去自己一直忙着工作，对孩子的照顾和关心本来就不多，现在，又惹得他们无依无靠，他觉得他对不起孩子。因此，在监狱，要他写检查，他"上纲上线"，给自己戴上很多帽子，希望能够早点逃脱这地狱般的生活。但是，要他揭发谁谁谁，他一个字也不写，说，他不知道，不知道就是不知道，不能瞎写。这样的态度，怎么能让别有用心的人满意？

1969年，文文去黑龙江插队，所谓专案组才同意让文文见上父亲一面。其实，他们是别有所图，妄想通过文文达到他们想要达到的目的，所以，他们关照文文，进去后见到父亲，一定要劝他"好好交代"，"好好改造"，不要"自绝于人民"。16岁的文文，懂什么呀？终于见到父亲了，她很高兴。但是，两年不见，父亲苍老了许多，有点陌生了。她想起专案组人员的话，于是怯生生地对父亲说："你要'好好交代'，'好好改造'，不要'顽固不化'。"张骏祥低着头，流着泪，不言不语，直到文文离开，才抬头说了一句话："爸爸对不起你们。"

直到中共"九大"召开，对文化人的迫害才有所收敛，张骏祥终于从上海少年犯教养所出来了。那天，他到学校去找周小燕，周小燕还在学校被监督劳动，有人来叫她，说校门口有人找她，让她去一下。她连忙跑到校门口，举目一看，没有自己认识的人，只有一个老头，头发花白，拎着一个旧包，佝偻着身子，在门口走来走去。直到张骏祥开口叫她，她再仔细一看，这个老头竟是自己的丈夫！真是百感交集呀。几年不见，他就苍老成这样！可见，他内心所遭受的摧残远比肉体还要大！周小燕两眼泪哗哗的。

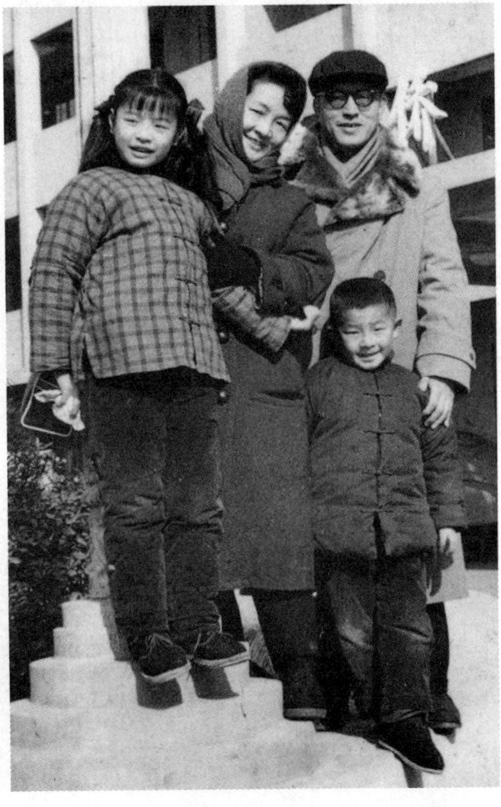

全家福1

没隔几天，张骏祥去了奉贤的“五七”干校。奉贤的“五七”干校是那时上海文化人集中劳动改造的地方。不久，周小燕也被勒令去了那儿。在干校，张骏祥负责养猪，周小燕负责养鸡。后来，人们笑称他们，一个是“猪公公”，一个是“鸡婆婆”。同在一个干校，他们居住和劳动的地方，仅隔一条小河，彼此能看见，但是不允许说话。偶尔，在干校的食堂排队买饭时，他们碰上，没有城府的周小燕看到自己的丈夫，端着饭碗过去问他好吗？张骏祥却严守纪律，不说话。当然，他内心很高兴，因为看到了妻子，而且她很好。

张骏祥弟兄五人，个个都了不得，全都毕业于清华大学、复旦大学等名牌大学，在所学专业上成就不凡。张骏祥的二弟张驷祥，是美国伊利诺伊大学的留学生，后来成为美国食品科学方面的著名专家。1978年，他应邀回国作学术交流，邓颖超还在家中接见了他。

二弟来上海看望哥哥，文文正好从插队的黑龙江农村回来，张骏祥正愁得没办法想。“文革”耽搁了文文的学业，25岁了，要学业没学业，要技术没技术。二弟提出来，是否让文文到美国去，起码能把英语学好，也算有一技之长了。这样，办好了一切手续，文文准备去美国学习了。二弟接受的是美国文

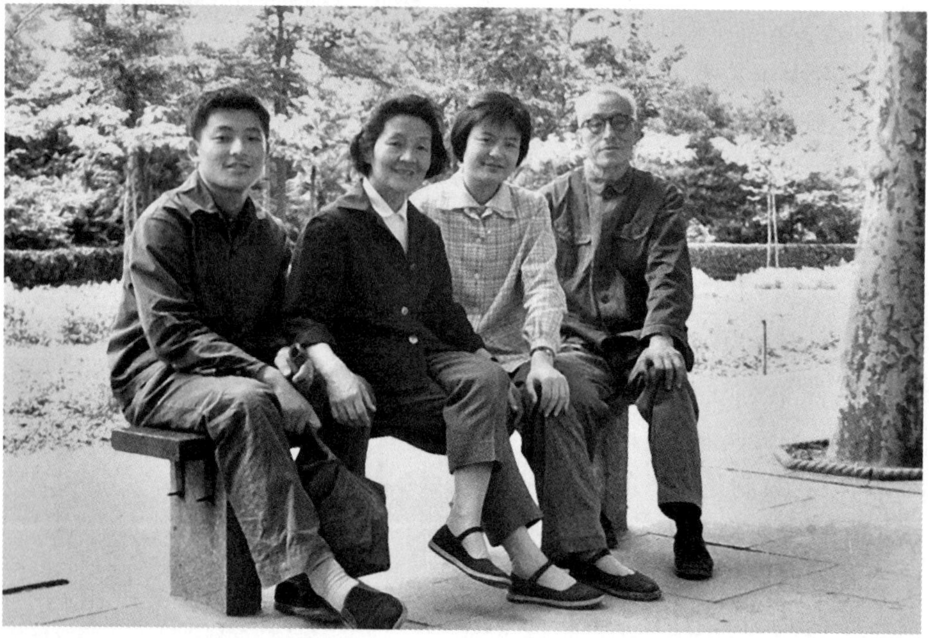

全家福2

化，对文文说，当年，他也是什么都没有到美国的，文文去美国的机票他来负责，到了那儿他来接，以后就要靠自己了。

那时，在国内，人民币基本上换不到美元，张骏祥愁得不得了，怎么办哟怎么办？整天念叨这事。周小燕还是那副不知深浅的样子，心想船到桥头自会直，不会有什么问题的，反过来劝张骏祥。文文像妈妈，硬气地说："怕什么？闯关东都闯过了，还怕什么？"果然，文文到了美国后，只在叔叔家里睡了一个晚上，第二天就搬到语言学校和一位黑人姑娘同住一室。

在孩子的问题上，张骏祥总是柔肠万般，展示出他内心的那份温情和善良。

五 "身后的太阳"

如果要形容周小燕和张骏祥的关系，可以这样说：张骏祥是周小燕"身后的太阳"，始终照耀着她，给予她温暖，给予她力量，给予她方向，尤其在周小燕的事业上。

有一年，上海电视台拍摄周小燕的电视专题片，拍的是小燕每天骑着自行车去上班。周小燕要张骏祥对她的这组镜头提意见，张骏祥只说了一句："你的镜头感太强了。"平时，张骏祥从来不对周小燕的工作指手画脚，也不说三道四，这句话，让周小燕感觉出了分量，引起思考，得到启发。

张骏祥是大导演、大编剧，更是人所公认的学者型文化人。他在清华大学念的是外语系，毕业留校后，在做助教的同时，担任系里的秘书。这里有一个很大的办公室，基本上只有他一人，在留校的这五年时间，他不受外界一点干扰，每天沉浸在书海中。外国戏剧从古典到现代，凡清华有的，不论是剧本，还是戏剧史、表演技艺、舞台美术等，他都读过。这是有佐证的：多年后，到这里求学的一届又一届学生，在书后面的借阅卡上，总能看到张骏祥的名字，还有曹禺的名字。有的书卡上只有他们两人的名字，这说明，此书只有他们两人读过。

不仅外国文学，张骏祥还阅读了大量的中国戏曲、古典诗词、传奇话本、文艺理论等书籍，并且作了研究。后来，他在报考公费留美"戏剧专业"时，

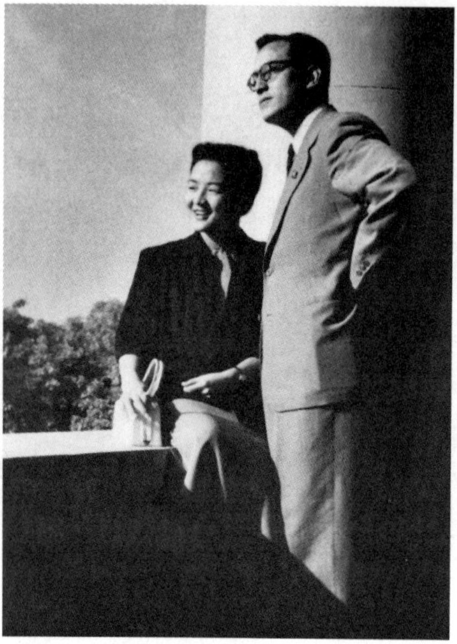

与张骏祥在印度

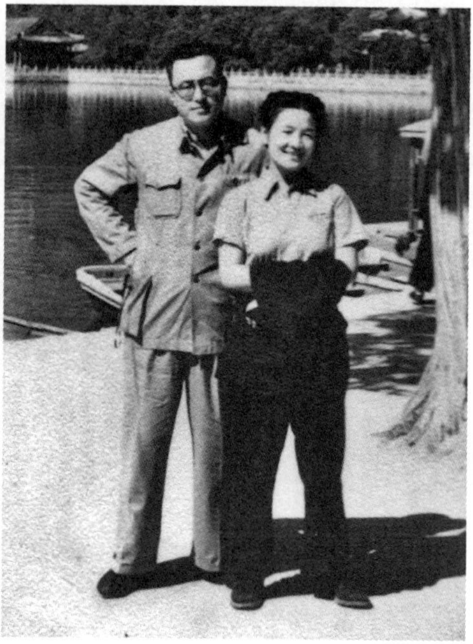

身后的太阳

他这个外语系的考生，中国文学史、中国戏剧史、中国演出史考，都考出了高分，让人惊讶。这都是他"泡"图书馆的结果。每天清晨进去，直到晚上十点关门，才依依不舍地出来。

他的这种钻研精神，还有更多的故事可说明。就在"文革"的非难时期，他由上海少年犯教养所转到奉贤"五七"干校后，除了参加一些批判活动和每天超强度的劳动之外，晚上还有些空闲时间。那个时候，马克思、恩格斯、列宁、斯大林、毛泽东的书是可以读的，他就利用空余时间读了马克思的《雇佣劳动与资本》《政治经济学批判导言》、恩格斯的《卡尔·马克思的〈政治经济学批判〉》、斯大林的《苏联社会主义经济问题》等，不仅通读过，还做了大量笔记。他逝世后，在他留下的一本笔记本中就有他当年写下的四万字的读书笔记。

从耶鲁大学学成归来后，在国立上海戏剧专科学校，除了教学外，张骏祥创作了三个话剧本:《小城故事》《边城故事》《山城故事》。随后，导演了曹禺的话剧《蜕变》、李健吾的《以身作则》。一年后，他由江安到重庆，自编自导了《边城故事》，接着导演了曹禺的《北京人》，引起很大轰动。随后，导演了焦菊隐翻译的《安魂曲》。《安魂曲》是匈牙利作家巴拉兹编著的，写的是莫扎特重病后潦倒至死的那段悲惨生活。之后，又执导吴祖光的《牛郎织女》，《牛郎织女》到成都演出，在成都又导演了莎士比亚的名作《柔密欧与幽丽叶》。这期间，他还创作了话剧《美国总统号》《万师之表》。1948年，他的电影处女作《还乡记》问世，紧接着《乘龙快婿》也拍成。新中国成立后，他先后导演了《翠岗红旗》《鸡毛信》《燎原》《白求恩大夫》《大泽龙蛇》等在中国电影史上产生重要影响的作品，他还发表了《导演术基础》《关于电影的特殊表演手段》等理论专著。著名作家柯灵先生赞叹他："仿佛有十全武功一般，是现代中国戏剧、中国电影不可多得的有多方面艺术成就的艺术家。"

周小燕琢磨张骏祥的这句话，她想：演员要有镜头感，镜头感不好，没办法拍戏，但是，镜头感太强了，是不是说只想表现自己，忽视了戏本身所要表现的内容？现实中也有这样的情况：有些演员在演戏时，注意的不是角色应该怎样演，而是自己漂亮不漂亮。也有的歌唱演员，上了舞台后，心思放在服装上，一次演出下来，衣服换上五六套，这样，哪有精神考虑如何把歌唱好？一个好的演员，是表现所要表现的角色，不是表现自己。周小燕心想，老伴的这句话太对了，提醒了自己，也指点了自己。

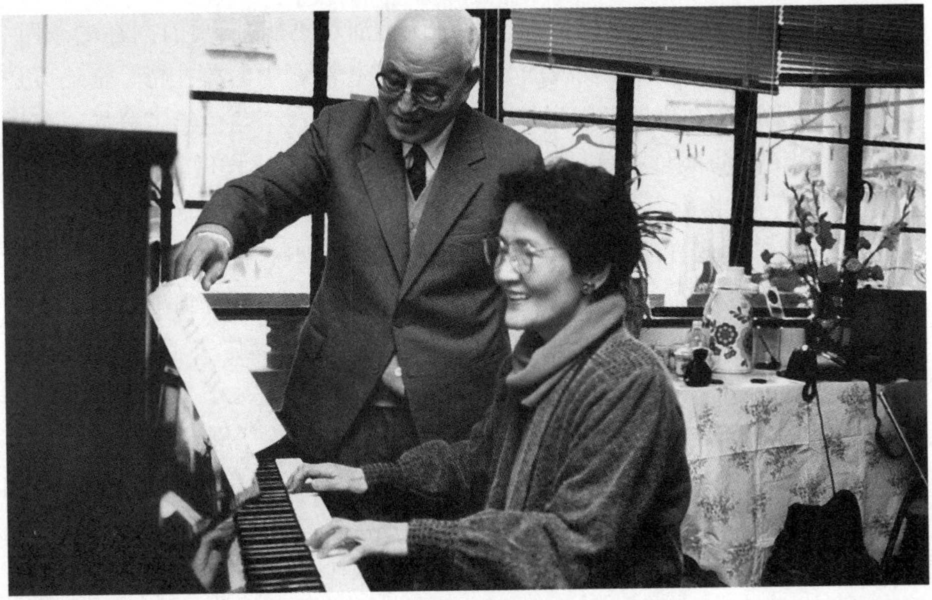

妇唱夫随

有时候，学生走了后，周小燕问，这个学生怎么样？张骏祥也会发表一些看法，但是不直接说，而是讲一些观点与道理。他说："拼命做戏，注意外表的演员，不是好演员。好的演员，要抓住人物的内心感受，是在演戏，但又不是在演戏。"唱歌也是这样，唱歌要唱情，不要靠外在的表演去糊弄人。这些观点也使周小燕大受裨益。她想，自己当年唱《松花江上》、唱《长城谣》、唱《大刀向鬼子们的头上砍去》，若是从演唱技巧来说，根本谈不上，但是自己有感情，知道日本帝国主义正在占领我们的土地，屠杀我们的同胞，中国人民要起来，再不起来就要当亡国奴。当年，自己唱歌时热血沸腾，就是想着中国不会亡，中国肯定不会亡！唱歌，有感情和没有感情，就是不一样。所以说，文艺工作者要有生活，这是非常重要的。

20世纪50年代，在什么样的场合下，周小燕忘记了，但是张骏祥的那句话，她记住了，一辈子没有忘。那是一次文艺晚会，有周小燕的独唱，曲目是龙飞创作的《四季花儿开》，歌中有高声区，需要热情高唱。那天，她觉得自己的嗓子特别舒服，上台后，情绪热烈，深情满怀，唱罢，自认为把心情全表达出来了，唱得非常好。下来后，她坐到张骏祥旁边，有点得意地问道："怎么样？我今天唱得……"还没等周小燕说完，张骏祥毫不留情地说了八个字："穷凶极恶，声嘶力竭。"周小燕被狠狠打击了一下，热火一下子被扑灭了。

张骏祥的这八个字，归根到底，还是认为演戏不能过，要有内在的东西。据说，当年他在重庆导演《安魂曲》时，金焰很想演剧中的莫扎特。金焰可是电影皇帝，演技在文化界没得说，可是，张骏祥却把这个角色给了曹禺。曹禺写戏是一流的，演戏可不是最好的。张骏祥为什么要这样做？他认为，曹禺对莫扎特这一人物内心情感的理解要比金焰好，而这一点是最为重要的。

当演唱与教学日趋成熟时，周小燕越来越能理解和体会这八个字的重要。她说："好的演员，是一种由内到外的自然流露。最近看到李雪健饰演的电影《杨善洲》剧照，一看就知道他已进入杨善洲的灵魂中去了，他就是杨善洲。'穷表演'的结果，一看就是假的、空的，甚至令人恶心。从歌唱来说，演员甚至有倒嗓子的可能，这样，再好的演员，也就毁了。"周小燕到底是一个没有心思的人，她把张骏祥对自己的这一批评，还讲给学生听，希望她的学生们也从中吸取教训。事实上，有些学生理解不了，有些学生记在了心里，体会在歌唱中。比如，魏松，就有经验了，他上台演唱，任台下再热闹，观众再叫喊，他只用百分之七十的精力，把内心的东西表现出来，不会声嘶力竭，演唱总是很流畅、很自然，在一条线上。

周小燕身后的太阳，不刺眼，不毒辣，总是温温的，暖暖的，关键时候，还会发出耀眼的光芒。1987年，周小燕为自己的纪念册取名《我是幸运的》时，很多人不理解，说：你一生这么坎坷，怎么还是幸运的？张骏祥理解妻子的意思，他将这句话解释为：My Good Luck，即幸福跟随着我。这样一改，没有人不叫好。太准确、到位了，而且有诗意，有韵味。

1984年，张骏祥率领一个电影代表团访问日本，团员中有潘虹、龚雪等当红女明星，有人戏称"美女队"。临行前，龚雪似真似假地说："周老师，您就不怕张先生被我们抢走？您放心吗？"周小燕说："那有什么不放心的。"访问团回来后，龚雪笑着对周小燕说："张先生真是爱自己的妻子，到哪儿，他都想着给你买什么，想着买什么适合你，你会喜欢的，理也不理我们。投降了，我们没办法和你比。"

黄宗江曾经感叹地说："周小燕和张骏祥夫妇不是最浪漫的，但是浪漫总是跟着他们。"

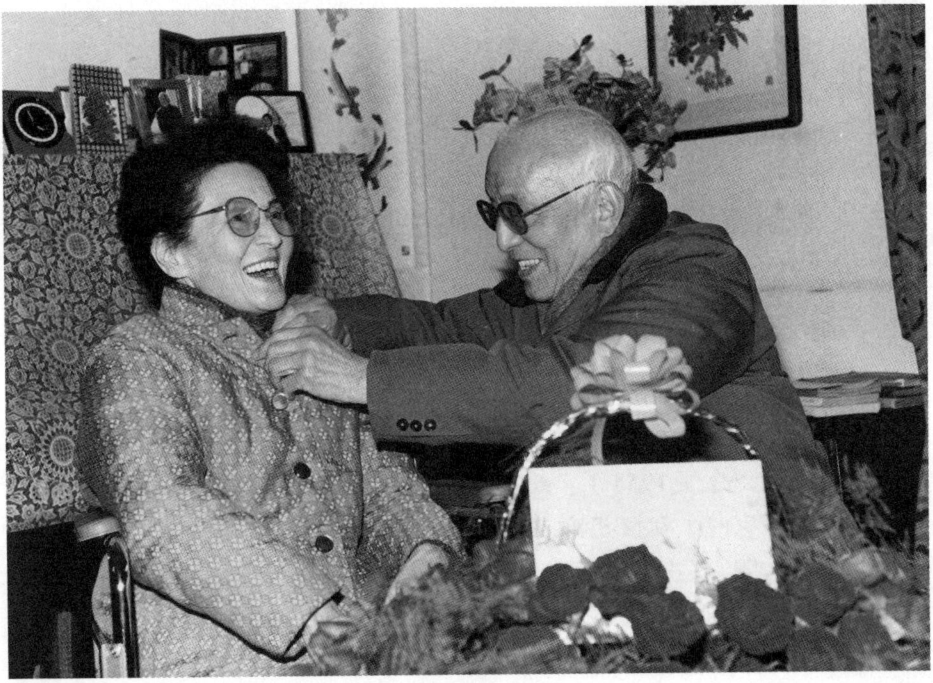

互爱

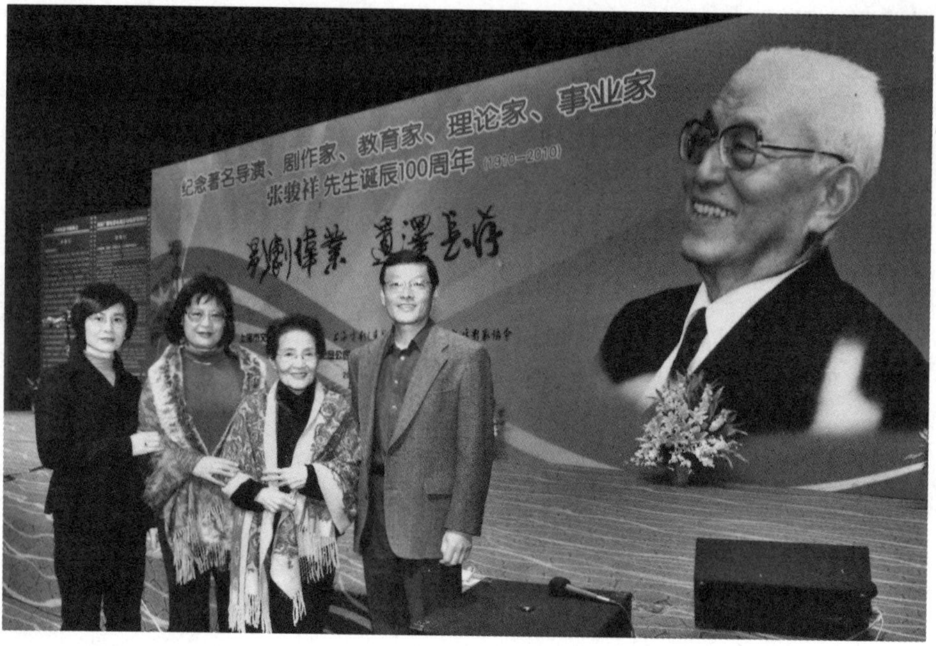

张骏祥100周年诞辰纪念会

1996年11月14日凌晨2时，86岁的张骏祥，在妻子爱怜和不舍的目光中去世。

冰心女士说："情在左，爱在右，走过生命的两旁，随时播种，随时开花。"将这句话献给周小燕和张骏祥，最为适合。

六　做名人的子女是幸福但又是不幸的

女儿张文出生于1953年。儿女的名字，往往寄托父母的某一个愿望，尤其在知识分子家庭。女孩儿嘛，就应该文文气气，文文雅雅；女孩儿嘛，也应该有文化懂文明，喜欢文学喜欢艺术。张文结合了父母的优点，漂漂亮亮的，而且显得大气，大胆泼辣。50年代，正是周小燕工作最为繁忙的时候，除了教学和演出，出访任务频频，真是恨不得一天有48个小时，人不需要睡觉就好了。周小燕分身无术，加之不善家务，孩子们的生活和读书，基本管不了，也用不着管。张文的性格像母亲，大大咧咧，有点男子气，直来直去，不转弯，个性坚强，很有志气。

四五岁的时候，文文的画就画得很好，生活中的一些东西，诸如房子、自行车、梳子、面盆、毛巾等，都会照样画到画里去，而且焦点呀、线条都不错。稍大些时，文文想学钢琴了，可妈妈又没有时间教，怎么办呢？有一天，她敲开邻居金阿姨家的门，金阿姨会弹琴，每天，优美的琴声传出来，文文好羡慕噢。那天，正好是金阿姨来开的门，文文说："阿姨，我想学钢琴，侬可以教我吗？"金阿姨说："可以，可以。"于是，她就坐到钢琴旁，金阿姨开始教她了。回到家里，她自己坐在钢琴前练呀、练呀，到了晚上，双手就能一起弹12345 54321了。这让周小燕又高兴又惊讶又惭愧，惭愧自己这个做妈妈的，没有尽责。

文文尤其爱看书，爸爸书柜里的书，只要她拿得到，她都拿来看过了，因而尽管她是1969届初中毕业生，"文革"初期没学到什么数理化知识，但她的知识面却是相当广的。文文也爱好歌唱，和妈妈一样是一位花腔女高音。虽然有良好的文艺才能，但是在那个年代，加上又是"走资派""反动学术权威"的女儿，没有哪家文艺团体敢招收她，文文只能到遥远的黑龙江插队落户。

只在文文离开上海的那天，周小燕才被工宣队允许从"牛棚"出来，去车站送她。远远的，周小燕看到文文胸前戴着一朵大红花，和其他同学站在一辆大卡车上。车停了后，文文轻松一跃，从车上跳下来就忙着卸行李。不是像旁人那样，看到许久未见但又要远赴边疆，不知什么时候能回来的女儿，激动地、伤心地，紧紧抱着女儿不放，失声痛哭或是泪流满面，周小燕是连走上去的勇气都没有。直到火车快开了，周小燕才挤进去，朝文文招招手，说了一句至今都不忘的话："文文，从今天起，妈妈把你交给党了，你要走毛主席的革命道路啊！"女儿头一偏，看也不看母亲，硬邦邦，嘴里甩出四个字："放心好嘞。"转身上车了。

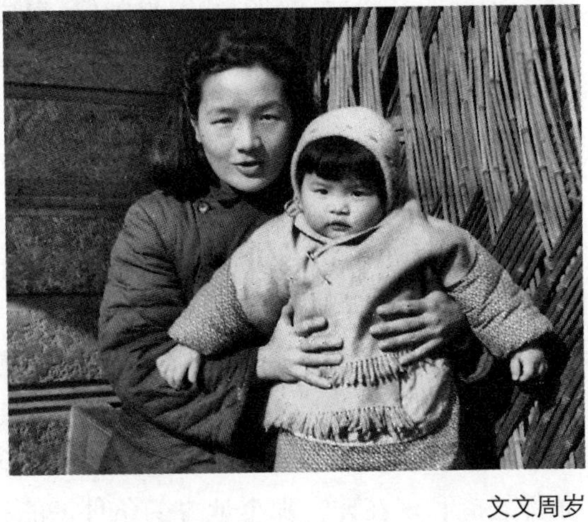

文文周岁

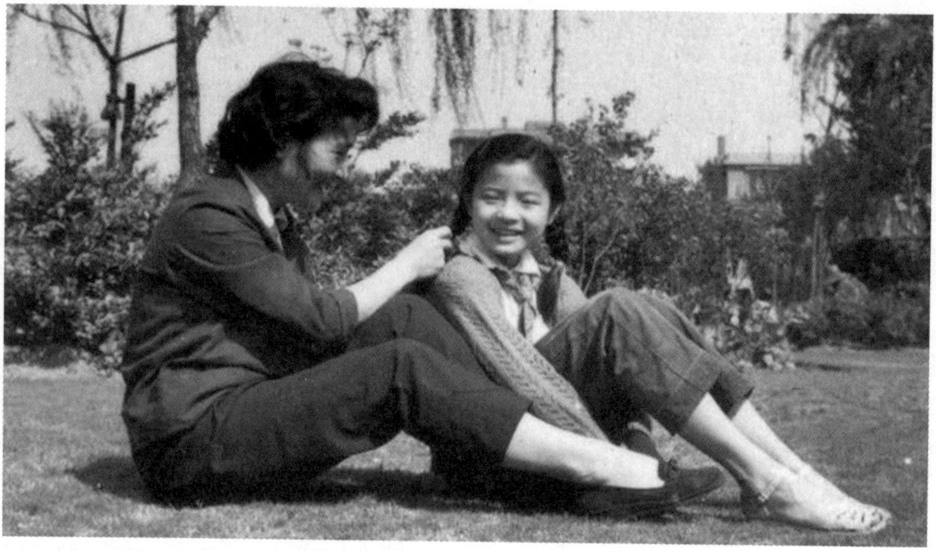

与文文

汽笛响了，车站里一片哭声，她们这对母女，母亲没有一滴眼泪，女儿也没有一滴眼泪。为什么没哭呢？周小燕对笔者说："当时我想，我是送女儿去走毛主席号召的革命的路，有什么可哭的呢？"16岁的文文，大概也是这样想的。

文文插队在黑龙江省的克东县，他们一行30多人，都是所谓"黑六类"的子女。克东县在黑龙江齐齐哈尔市的东北部，人迹稀少，荒草足有一人高。第一年过去，她没有回来，给家里写信，报喜不报忧，说那儿怎么怎么好，说她参加文艺宣传小分队了，经常去演出等等，叫家里放心。

第二年，文文回来了。晚上，周小燕端盆水让她洗脚，她脱下袜子，周小燕看到脚上一个一个赤豆包似的肿块，有的地方都烂了，她连忙问道："怎么会这样？"文文没事似的回答道："没有什么，是跳蚤、蚊子咬的。"周小燕这才知道，女儿受苦了，一下子，她感到自己的心疼得不得了。

文文在那儿，真是什么苦都吃到了，什么活都干过了。她是队里的饲养员，养猪养鸡，又累又脏。她还是队里的炊事员，一天三顿都是她烧。她又是这个村的卫生员，因为有文化，懂点卫生知识，老乡们有病了也来找她。乡里组织文艺宣传队了，她的文艺才干那么出众，自然又被选去了。那个时候的条件怎能和现在比？那个地方的条件怎能和都市比？文文他们的宣传队，几乎天天都要往下面跑。他们的唯一交通工具就是大卡车，没有帐篷，没有座位。黑龙江的冬天多冷啊，风大雪大；黑龙江的土地多辽阔呀，从这个村到那个村少说也有几百里。站在卡车上，别说双脚发麻，连眼睫毛也被冻住了，眼睛都睁不开。这真叫苦，但，文文从不对家人说。

文文身无分文，到了美国，叔叔帮助缴了一个学期的学费。文文在叔叔家住了一个晚上，就搬到学校去了。宿舍非常简单，只有几个平方米大，文文和一个黑人姑娘同住一间。语言不通，生活习惯、习性又相差那么远，文文的日子不好过。难的还有功课，还要打工挣钱。周小燕夫妇，每每想到这里，心里就难过就着急就担忧。文文是坚强的，容忍性也特别强。

随遇而安，这句话说起来好说，也很好听，但是真正要做到就非常不易，有时是很痛苦的。远在美国的文文，她没有和父母细说那里的艰辛，她只是让父母骄傲地知道：她只用了半年的时间，通过了语言关，考出了托福。后来，文文又考上了大学，所学专业是市场管理和经济学。现在，在纽约一家公司做航运设备采购工作。在美国，文文也组建了自己的家庭，丈夫是美国当地人。现在，他们的儿子已从纽约佛丹大学毕业，到了外婆身边。几年前，他就对母亲说，他喜欢中国，大学毕业后要到中国来工作。

2011年11月24日，在周小燕家，笔者见到了这位白皮肤蓝眼睛的小伙子，他去音乐学院报名参加中文补习班，刚回来。小伙子快活地说：人家说他是外国人，他说，不，我是中国人。人家说，你明明是外国人，怎么是中国人？他拍拍胸脯说，我名叫张宝儿，就是地地道道的中国人。这一番话，说得大家都笑了。

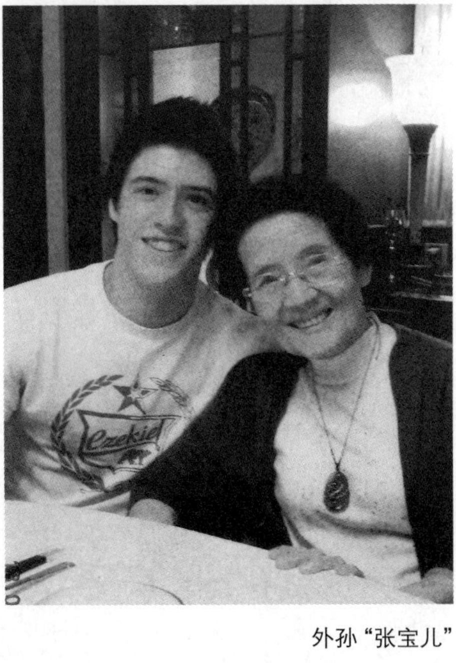

外孙“张宝儿”

对张文，周小燕一直有愧疚感。在20世纪50年代末，周小燕给张骏祥的信中，表达过这样的心情：“自从文文一生出来，我第一眼见到她，我就可怜她，我心里对她总有那样一种要想特别保护她的感觉。到现在我

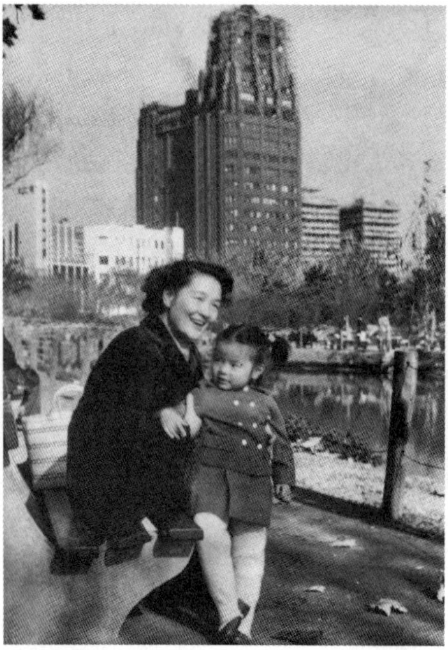

幼年文文

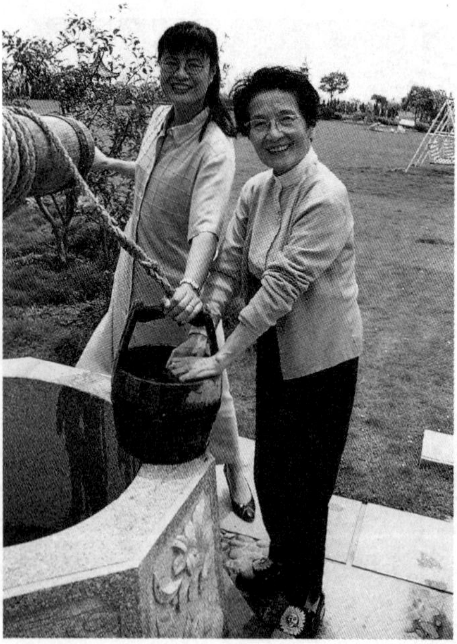

与文文

看她这样瘦，做怪样子，真是心疼。”在周小燕保存的日记中，有一篇写到了文文和本本，时间是1958年1月12日星期日：“骏祥也将两个小宝贝带到车站，小本子看到火车吓得哭起来，因他还记得上次去接他爸时，汽哨一声响把他吓坏过。文文完全像个大孩子，安安静静地站在月台上。当火车快开时，她慢慢地跑过来，对我说，妈妈我和你说句话，下次你到北京去时，把我也带去好吗？我是答应带她了，可是什么时候我才会有空带她去毛主席住的地方玩玩呢？”

这天的日记写了两次，在前一篇中有这样一句：“星期日上午乘十一时三十九分的车离开上海，骏祥及女儿、小儿都来送，弄得我心里酸酸的，真不是味道。”从这两篇日记，可以读到周小燕对儿女的情感，对家的爱恋。在当时的形势下，文文结婚、生孩子，周小燕都没有能去，她心疼，觉得作为一个母亲，自己太不称职了。别人都说，女儿要“富养”“娇养”，她没有“富养”“娇养”，而是“放养”“未养”。文文这一生坎坷，吃了不少苦头。周小燕觉得对不起她，尤其到了晚年，这一情绪，越来越重，不能原谅自己。

张本比姐姐小两岁多。本，在《辞海》中有多种释义：事物的根源或根基；重要的、中心的；本来、原来；指自己或自己方面的等。做人要本分，本质要好，要有本领、本事，到哪儿都要保持本色等。归根结底，本的核心就是自然朴素。给儿子取名本，也传达了周小燕夫妇做人的思想和道德追求。

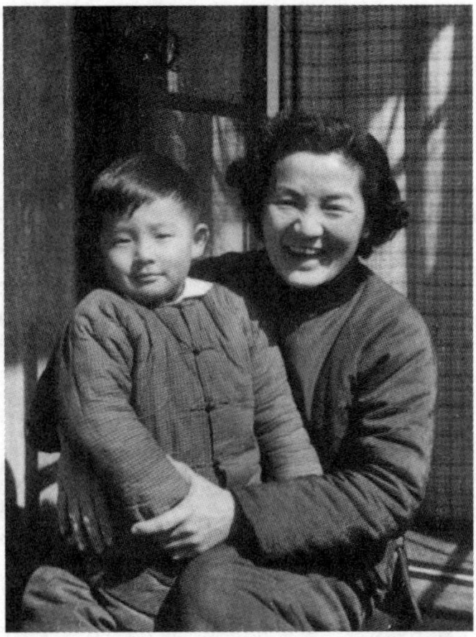

幼年本本

小的时候，父母都忙，和其他孩子比，张文和张本，享受父母的宠爱不是多，而是少。今天，妈妈出差了，明天爸爸下生活了，他们一齐在家的时候，很少很少，有时候，两人都不在家。因此，盼望父母回来，等待父母来信，是张文和张本对少年记忆最深的事。有一年，周小燕下乡，因为嗓子哑了，不仅不能唱，连话也说不出来了，领导让她提前回上海。看到母亲突然推门进来，张文、张本喜出望外。张本热烈地抱住母亲，问道："姆妈，侬还要去哦？"周小燕回答："还要去的。"张本愣了一下，不过，马上又抱住了母亲。周小燕热切地感觉到，她的回来，儿子非常非常兴奋，但不知怎样表达。周小燕心酸了，就想：唉，做名人的孩子，也真是可怜，缺少父母的陪伴和关爱，他们非常孤独。

张本从小就聪明懂事，天真可爱，晓得关心人。1960年元旦那天，早晨，睁开眼，四岁还不到的张本，就问："姆妈，哪能1960年搭1959年一样格那？"有一天早晨，周小燕头痛得起不了床，她努力睁开眼，看到张本正在用药水棉花擦体温表，以为他也不舒服，自己量体温了。周小燕问他是不是不舒服了，他回答说："我看你又要病了哦，保证又在发烧了，快量量看。"完全是张骏祥的口气，像个小大人。疼爱妻儿的张骏祥，有自己的事业自己的工作，没有办法，只能将一个男子汉应有的责任，拜托给小男子汉身上。有一次，父母都不在，文文病了，也是他担当起"家长"的责任，又是给姐姐量体温，又是给她端水督促她吃药。他在学校里被选为绿化组副组长，回来后，也像小大人那样，对保姆钱婆婆说："我以后每星期一、三、六回来都要晚的，侬不要着急噢。"口气和张骏祥一模一样。

一天，周小燕又要出差了，正要离家时，才五六岁的张本，拿着一张五分的纸币，递给妈妈，说："迭格是我存的钞票，把侬，侬在外面要用钞票的。"接

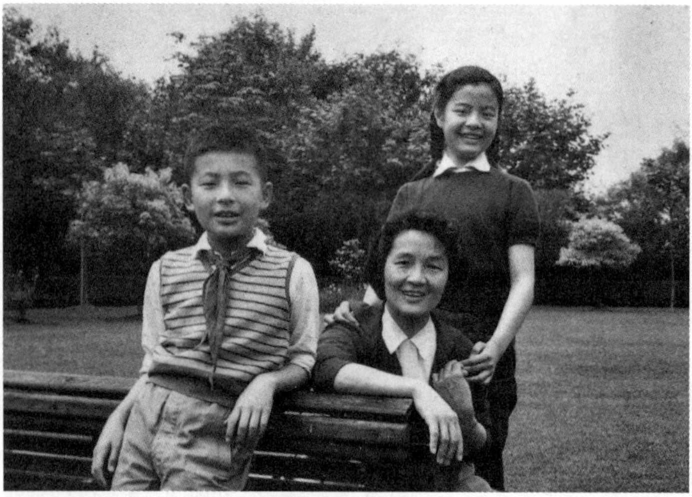
与文文、本本

下儿子的钱，周小燕眼泪也要出来了。有一次，出差在外的张骏祥，给家里写信，听妈妈念了爸爸的来信后，张本说："我也要给爸爸写信。"不一会儿，他拿着一叠信纸走过来，周小燕奇怪，他怎么写得那么快、那么多呀？张本说："姆妈，爸爸写信呒没信纸了，侬快点寄把伊。"原来，他看到张骏祥的这封信，信纸上印有红色的上海市电影局的字，不是平时爸爸妈妈写信的纸。那个年代的人，一般公私分明得很，如周小燕夫妇这般，写家信不会用公家的信笺。因此，张本猜想爸爸没有信纸了，所以，赶快从抽屉里翻出来，让妈妈寄给爸爸。周小燕果真寄给了张骏祥。

张本10岁那年，因为"文革"，父母都被打倒，工资被克扣，他和姐姐张文，每人每月只有15元的生活费。不仅生活发生困难，精神和肉体还要受到其他孩子的欺侮，被追着骂追着打，是常有的事。姐姐插队离开上海的那天，13岁的张本一个人骑了一辆自行车，找到火车站去送姐姐，看到母亲独自一人站在那儿等姐姐，很孤独。张本的性格像张骏祥，内向，思维很清晰，逻辑性强，看问题透彻，话不多，心里却明明白白。从小就经历了磨难，张本很懂事，重感情、重义气，独立性很强。

张本初中毕业时，大规模下乡运动已经结束。因为张文已去了黑龙江，根据政策，张本可以留在上海，于是被分配到上海公交公司工作，开始做售票员。他很珍惜这份工作，下班回到家里，练习夹票。那时候，车票被弹簧夹夹在一块两寸见宽的小板子上，每卖一张，撕下后，用夹子在上车站的代码上夹一个小洞,给乘客。为了使自己卖票的速度快些,回家后他就苦练。可见,这是一个事业心、责任心都很强的青年人,单位的师傅也都喜欢他。

一年后,单位培养他当了一名驾驶员。单位让他写一份心得,说说工作以后的体会。他写道:当售票员,开始时怕难为情,怕碰到爸爸妈妈单位的熟人,后来经过领导和老师傅们的教育,安心工作了。周小燕看到了这份心得,又好笑又好气,说:“你不是这样想的,你为什么这样写?”张本说:“一定要这样写的,不然他们不相信我,别人也都是这样写的。”

张本所在的车队是96路公交车,非常巧,96路来来去去总要经过他的家门口。周小燕笑着告诉同事们:“古时大禹为治水,三过家门而不入,我们家的儿子,一天几过家门而不入,是不是比大禹还要伟大?”有一次,张本看到母亲和学生高曼华在门口说话,只看见母亲“指手画脚”,大概还在给高曼华上课呢。96路车,从母亲身边驰过,到了终点站,休息几分钟后重又启程。经过家门时,张本看到母亲和高曼华还在那儿说话。又几个来回开下来,母亲还在那儿比画着,和高曼华说话。张本想不通了,怎么母亲和她的学生永远有说不完的话,和自己就没那么多呢?

“文革”结束后,周小燕夫妇为张本没读大学,没学到什么文化而着急。周小燕对张本说:“你以后怎么办?你才十几岁,总是要学点东西的。”这样,她就请来上海音乐学院附属中学的严天义老师,教张本吹黑管。毕竟出生于艺术世家,张本学了三年,吹得还不错。当时周小燕没有通过关系让他进哪个文艺院团,也没让他上台表演过。事实上,那时,张本已考上了六年制的同济大学函授本科。通过自己的艰辛努力,张本最后学完了全部课程,拿到了同济大学的本科文凭。

1989年,张骏祥、周小燕的家庭,一切都很好了,这时,张本提出了去美国读书的愿望。他就是觉得,在父母的庇护下生活不是回事,做不出自己的事情,他不愿意一辈子这样生活,这不是自己想要的。他想,要像姐姐那样,出去闯一闯,走自己的路。有一次,张本和几个朋友说好去上海影城聚餐,那天,周小燕正好没事。有这样的好事,天性爱与年轻人在一起,又喜欢热闹和游玩的周小燕向儿子提出:她也去,就算是她陪他去的。“好吧。”张本见母亲兴致这样高,就同意了。到了那儿,朋友一看张本的妈妈来了,一个个兴奋无比,周小燕更是活跃,请这个吃,和那个干杯,俨然她是主人,张本是陪客。2011年11月24日,张本对笔者说:“看到谁,谁都会说:这是周小燕的儿子。或者说，这是张骏祥的儿子。我连自己的名字都没有了。有这样的父母，是一种幸福，但也是一种不幸，一个负担，所以我下定决心要出去闯，走自己的路。”

张本到了美国，三个月就从语言学校毕业。美国的学校，暑假时间特别长，从5月到9月份有四个月的时间。每天，他都打10个小时以上的工，为自己挣学费，挣生活费。走时，他没有要父母一分美元，事实上，父母也没有一分美元可以给他。到了美国后，张本也没有依靠姐姐，什么活都干过。因为没有赚足钱，他硬是六年没有回家。后来，他考上了纽约大学计算机系的研究生，硕士毕业后，在美国从事电脑软件设计。

张本说：“父母从来不强迫我们做什么、学什么，他们只是告诉我们，什么是对的，什么是不对的，至于应该怎样去做，我们自己考虑。他们也不会因为我们，挖空心思去走什么门路。现在想想，父母是对的，这样，培养了我和姐姐自强、自立、自尊、自重的品格。”

1998年，周小燕去法国、意大利访问，张本知道后，特意请了假，从美国赶到法国，在那儿等待母亲的到来。记忆中，这是一生中与母亲在一起时间最

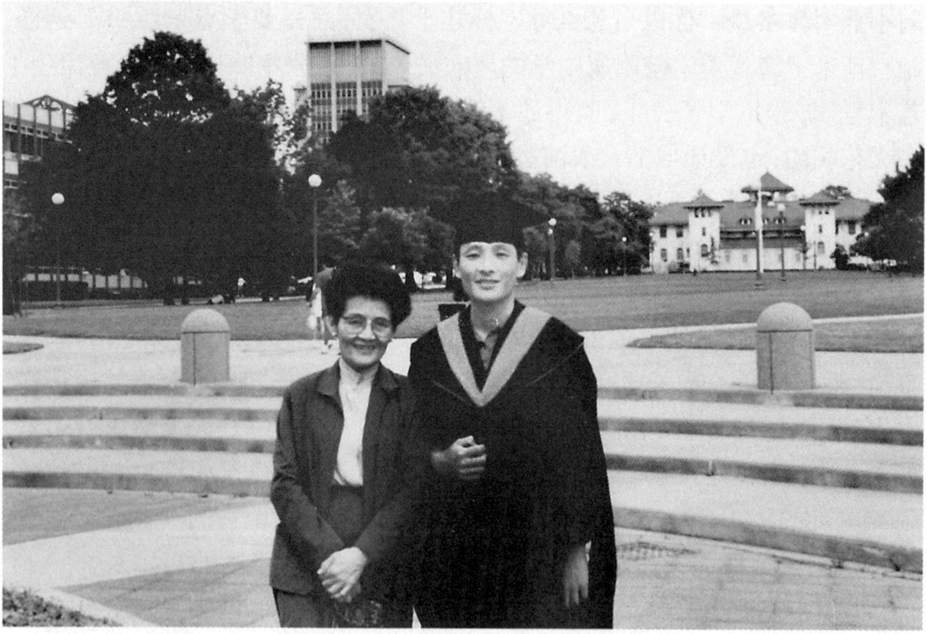

参加张本硕士毕业典礼

长的一次。整整10天的时间，没有人打扰，母子沉浸在亲情中。张本想，自己是最幸福的了，姐姐还没有这个机会呢。张本就是心细，他想母亲骨折过的大腿刚动过第二次手术，年龄也大了，跑来跑去，一定很累，就带了一辆轮椅过来。

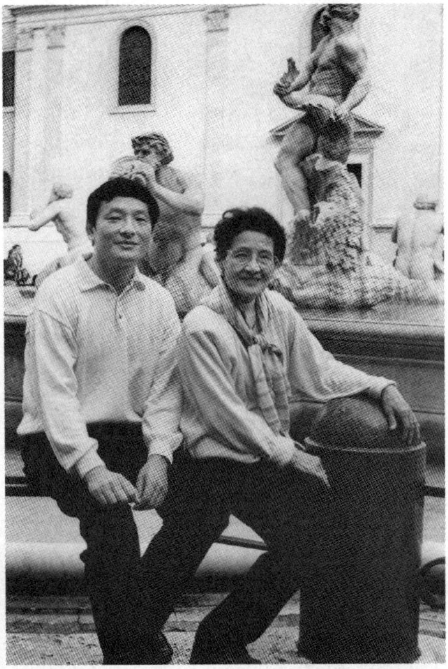

与儿子张本在意大利

那天，他陪母亲去著名的凡尔赛宫参观，从他们的住地到凡尔赛宫，要坐火车去。回来时，周小燕累了，坐在轮椅上。快到站时，张本对母亲说："你先站在门旁边，我把轮椅拿下去后，再上来扶你下车。"没有想到，张本刚把轮椅拿下去，火车就启动了。母亲还没下来呢？张本急了。还没等他回过神来，说时迟那时快，只见周小燕一个纵身，从行进中的火车上跳了下来。看到这一幕，所有的人都惊了：这个老太太，刚才还坐在轮椅上呢，现在飞身下火车了。张本真是吓得冷汗都要冒出来了。周小燕稳稳地站着，笑着说："没事。我过去从树上，比这高多了，都跳下来了。"

这时候的周小燕，刚从离别张骏祥的悲痛中走出，享受儿子给予的而过去常常无意间溜走的亲情，更感到幸福。因为，她把时间和精力都给了学生和工作，即便张文、张本千里迢迢从美国回来，她也难有时间和他们说上话。母亲在外面是一条龙，在家是一条虫，张本很清楚这一点。住在复兴西路老房子时，他看到，母亲每次回来，累得上楼的力气都没有，都是双手拉着楼梯的扶手，一格楼梯、一格楼梯挪上去的，于是，想给母亲买一套有电梯的公寓房。那一年，张本回来，说好和母亲商量卖老房子、买新房子的事，可是两个星期下来，都没有捞到和母亲单独说话的机会，只好怏怏地回美国去了。

1996年，张骏祥逝世，张文、张本回来，看到瘦弱的母亲瘫在沙发上掉眼泪，非常地不忍。他们不想把母亲一个人"丢"在这里，便动员母亲和他们一起去美国。周小燕摇摇头说："不去。我去美国干什么？别人的母亲会帮你

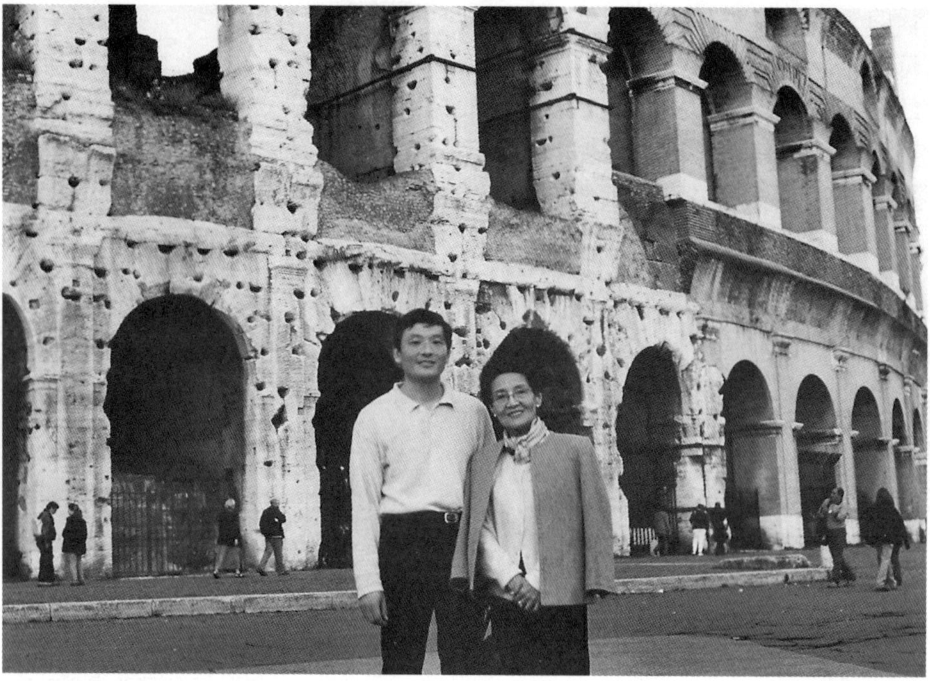

与儿子张本在意大利罗马

们做家务、带孩子，可我什么也不会。再说，我的学生都在这里，我离不开他们。”张本说：“到了美国，你一样也可以教学生的呀。”她说：“不去。干嘛我自己国家的学生不教，跑到那儿教他们的学生。”

1997年，上海音乐学院的师生们，为周小燕举办80大寿庆贺活动，张文、张本从美国赶回来参加。那天，在建国宾馆举办的晚宴上，张本看到学生们围在母亲的身边，有的已是70多岁的花甲老人了，有的还是天真烂漫的小孩子，亲切地叫着：“老师、老师！”“周奶奶、周奶奶！”张本被震撼了，他没有想到母亲有这么多的学生热爱她，不知道母亲的学生已有几代人了。

张本是一个内向的人，不善于当着这个人的面说这个人的好话，即便是自己母亲也是这样，所以他心里的感动和感受，在上海时没有和母亲说。回到美国后，他克制不住内心的激动，奋笔给母亲写了一封长信。在信中，他写道：“你这一生没有白过，你为自己的国家做了很多。你的事业在中国，只有在中国，你才会取得那么大的成功。方芝芬阿姨说，你一心都在学生身上，反而自己的孩子倒都没有教出来。看到你这么多学生，我觉得你是对

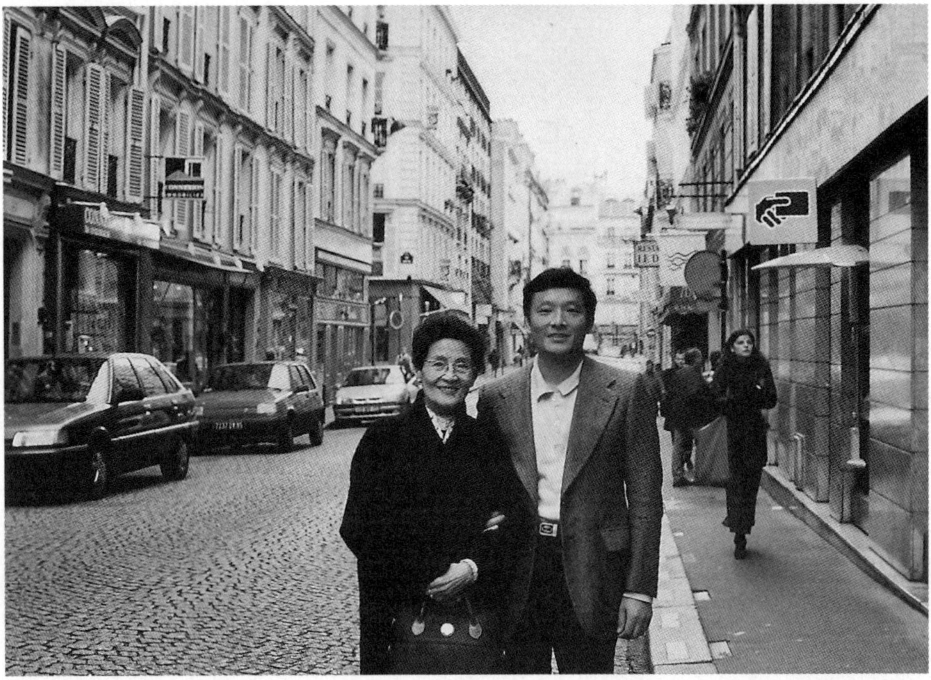

与儿子张本在法国

的，如果你心思都放在教子女上，最多你只教出我们两个，现在，你却为国家教出几代学生，这比只教子女要有意义多了。我有一个伟大的母亲，我很骄傲。”

2005年6月12日，张本回国，陪母亲参加在上海举行的中国电影音乐奖颁奖晚会。“周老师”“周奶奶”……她一出现，红地毯旁的观众们就欢叫起来。她走进会场，郭兰英、李双江等著名歌唱家，全都从台上跑过来了，亲切地叫着：“周老师，你好！”热烈地拥抱她，久久不放。站在旁边的张本，看到这一切，又一次被震撼了，激动万分。

回忆这一幕又一幕，张本对笔者说：“母亲不去美国是对的，如果她去了美国，除了金钱，什么也没有，在这里，她有比金钱更重要的人生价值。母亲给予我们的，不是荣华富贵，不是金银财宝，而是一座取之不尽、用之不竭的精神富矿。可以说，现在，全世界的音乐舞台上，都有母亲的学生。她是幸福的，她这一生是值得的。”

“我有一对好儿女，他们理解我，支持我，我是幸运的。”周小燕这样说。

七　钱婆婆

写周小燕的家庭，不能不写钱婆婆。钱婆婆，浙江绍兴人，年轻时丈夫就去世了，出来给人家帮佣。小燕的母亲是杭州人，经人介绍，钱婆婆到周家当保姆。小燕结婚时，母亲知道女儿什么都不会做，便让钱婆婆来到小燕的新婚之家，操持家务。开始时，钱婆婆的“立场”很分明，总是护着周小燕，一口一个：“这是我们周家的，那是你们张家的。”张骏祥苦笑道：“她什么时候才能知道，我们这里已合二为一了呢？”

时间长了，钱婆婆觉得张先生这人挺不错的，爱妻子、爱孩子，人很实在，很有责任感，是个好老公、好爸爸，他对自己也很好，没有架子，没有脾气。“立场”随之改变，张家、周家是一家了。“文革”开始后，周小燕和张骏祥，被关的关、押的押，工资也被冻结了。当灾难来的时候，很多人逃都来不及，就怕把自己牵连进去，这样的故事代代有，年年有，树倒猢狲散嘛。钱婆婆，这个没读过什么书的农家妇女，却用自己的认知、良心、行为，撑起了这个家。

有一天，家里来了陌生人，钱婆婆一看来者不善，满脸凶相。来者要张骏祥跟他走，钱婆婆感觉不好，连忙挺身道：“我跟你去，我是无产阶级。”来人推开她，说：“你不要管闲事。”张骏祥被关后，一直没有消息，钱婆婆一次次整理好张骏祥的衣服，捎上吃的，放在网线袋里，到电影局去打听，一次次都被人家赶回来。

因为父母是“走资派”“反动学术权威”，属于“黑六类”，张文、张本时常要受到一些小孩的欺侮。有一次，张本回来，钱婆婆看到衣服被拉破，手上有血痕，知道又被人欺侮了，非常气愤。钱婆婆问：“谁打的？”张本说是4号家的那个孩子。钱婆婆立即拉着他，找到那户人家，理直气壮地说：“凭什么打他？小孩子有什么错？现在，我是他的家长，我是无产阶级，你们不可以打他。”

周小燕、张骏祥的工资都冻结了，钱婆婆非但不要东家的工资，还把自己存下来的钱拿出来，贴补家用。为省下电费的钱，她每天天刚放亮就起来，天黑下来前就把所有的活都干完，催促孩子们睡觉，灯也不开。有一年夏天，家里居然没花一分钱的电费。

“文革”前，家里经济条件好时，给张文、张本做新衣服，钱婆婆总是让人做得大大的，起码要穿三年。新衣服做了，还不让穿，要到过年时才可以穿。一家人穿的袜子，钱婆婆更是补了又补，底厚厚的。她认为，穿在里面，反正别人也看不见，而且暖和。饭后擦桌子时，看到孩子们把米粒掉在饭桌上，钱婆婆都舍不得扔掉，捡起来，放在自己的嘴里。她对孩子们说：“农民伯伯种田，每一粒米都是辛辛苦苦种出来的，要爱惜，掉下去的米，不捡起来，是罪过的。”

快过年了，周小燕和张骏祥都被关押着，钱婆婆想方设法把年过得像个样子，让孩子们开心。没有新衣服，钱婆婆找出几件大人的旧衣服，改改小，给张文、张本穿上，也像新的一样。那时小孩没什么零食可吃，怎么办呢？钱婆婆就从米缸里分出一点米，放一粒糖精，拿到弄堂口，花八分钱，让人爆成米花，又香又甜，张文、张本吃得开开心心。钱婆婆还自己动手做蛋饺。蛋饺，平时吃不到，只有在过年时，才吃得到，这也是张文、张本吃的最好的菜了。蛋饺，形状如北方的饺子，皮是鸡蛋做的，里面包着猪肉，煎成油黄黄的，又好看又好吃。至今，张文、张本都怀念钱婆婆做的蛋饺。

张文要去黑龙江插队了，钱婆婆心疼得不得了。小青年不懂，热血沸腾，钱婆婆早年随小燕父母家奔东奔西，知道外面的世界是什么样子，所以特别担心，小姑娘在外面要吃苦头了。这时，周小燕被关在“牛棚”里，不让回来；张骏祥在监狱里，更回不了家。钱婆婆给张文准备行装，这个也要让她带上，那个也不能不带，光卫生纸就准备了有半人高。

1978年，周小燕和张骏祥的“问题”先后得到解决，获得“解放”，恢复了工作，恢复了自由。一个被搞得七零八落的家庭，又完整了，开始走向幸福。这个时候，这位善良的钱婆婆却病倒了。钱婆婆被送到瑞金医院医治，张文不在上海，张本天天下班后去探视。那时，病房紧张得不得了，根本住不进去，钱婆婆只能躺在急诊室的走廊里，又是夏天，哪有空调，连电风扇都没有，热得受不了，张本天天买了光明牌冰砖带去，给钱婆婆降温。有时候替换钱婆婆的儿子，在钱婆婆的病床旁，放一张可以躺的长竹椅，陪夜。钱婆婆病危的消息传来，小燕正在接待外宾，走不了，她至今心里感觉遗憾。张本赶到医院，守在旁边。钱婆婆终于撑不住了，告别了这位她疼爱一辈子，不是儿子、亲如儿子的年轻人。张本趴在钱婆婆的身上，哭得昏天黑地。

1979年的春节到了，张本终于和爸爸妈妈能在一起过一个团团圆圆的春节了。除夕夜，吃着年夜饭，张本突然放下饭碗，趴在桌上哭了起来。周小燕连忙走过去，拍着张本的肩，问道："为什么哭呢？"张本抬起头，说道："我想钱婆婆了。过去，你们不在，都是钱婆婆和我们一起过的。"全家人都陷入悲痛之中。

这位已经离开人世30多年的钱婆婆，一直被她服务过的张同志家的成员们记着，而且念念不忘，感从心来。周小燕说："我看到生活在我们家的保姆小张，总是想起钱婆婆。"随后，叹了口气说："哎，钱婆婆从前跟着我妈妈，吃了不少苦，后来跟着我们，又吃了不少苦。等到可以享受一下了，她又走了，一点福都没有享到。我们太想她了。她对我们全家影响很大，尤其是两个孩子，他们小的时候，我们没有能为他们做什么，都是钱婆婆带他们的。钱婆婆的善良、正直、节俭、勤劳等品格都影响了他们，所以孩子们都很朴实，吃得起苦，都重感情，有情义。当人家夸我教育孩子教育得好时，我总是说是钱婆婆教育的。"

地下的钱婆婆，倘若有知，也会欣慰的。人与人之间，不论职位高低，不论名气大小，其实人性是相通的。这个人性就是：善良、仁义，懂得感恩。行得春风，指望夏雨。好心人钱婆婆，将会赢得所有人的尊重和怀念。

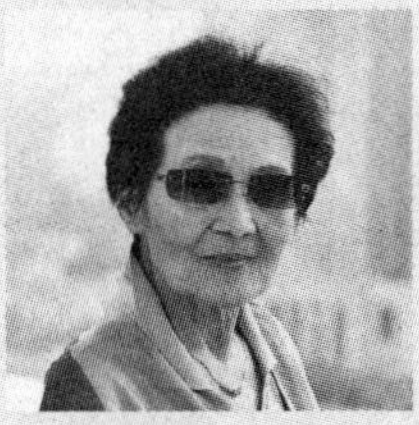

第九章

生活中的她

一　幽默与智慧

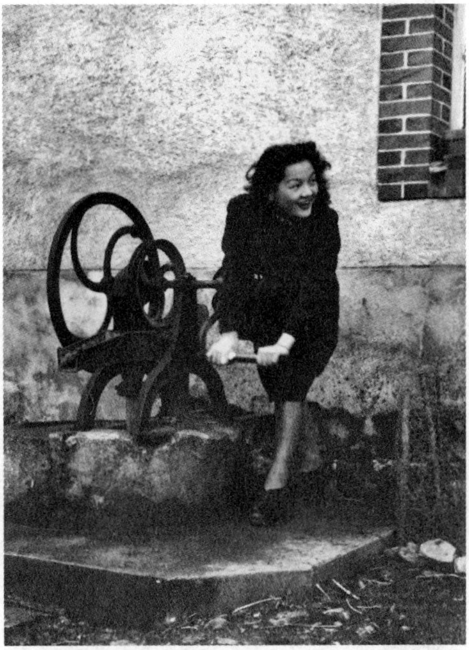
在法国乡村

幽默是人生中重要的色彩。生活中若是没有幽默，将是沉闷的、无趣的、黑暗的；生活中若是有了幽默，将是欢快的、有意味的、灿烂的。幽默是一个人智慧的体现，只有大智慧的人，才会懂得幽默；幽默是一个人心情的体现，只有好心情的人才会创造幽默。

周小燕是一个懂得幽默并且时常创造幽默的人，这是每一个与她接触后的人，无论是同事、学生，还是朋友、普通人；无论是男、是女，是年长的还是年轻的，都有这样的感受。

2007年7月30日，周小燕歌剧中心国际歌剧大师班开学了。走上讲台发言的首先是美国著名钢琴家约翰·伍兹曼。约翰·伍兹曼在国际乐坛有“伴奏之父”的美誉，他与世界众多著名声乐艺术家合作过。此次，他代表所有来此届国际歌剧大师班执教的外国教授发言。约翰·伍兹曼的美式英语，让精通七国语言的周小燕不时发出会意的笑声。

“下面，请周小燕歌剧艺术中心艺术总监周小燕教授讲话。”轮到她发言了，掌声中，她起身欲走上讲台。这时，主持人示意请她坐在原位子上，不用上台。正在犹豫时，有人快跑过来，递过来一只话筒，周小燕拿着话筒，觉得这样对大家有点不礼貌，但是，又没有办法改变，便站在那儿，用调侃而又风趣的语言说道：“这是我们学校尊老的表示。”人们不禁为这位机敏的老太叫好，场内掌声、笑声一片。

她接着说："今天我一进场就很感动，天这么热，大家从全国各地聚到这里，因为你们有很强的求知欲，对中国声乐事业有一份责任心，都想把民族的声乐事业搞上去。伍兹曼教授刚才说，他们带着一份爱来，想要把这个世界上更多的声音变成像歌唱一样美丽的声音。我觉得我们也能回报一份爱给他们，那就是珍惜、尽责。我们年轻的教师们把大师班上的感悟带回去，传授给更多的学生，那就是在延伸这份爱。"言简意赅，十分得体，并且带有鼓励的讲话，又赢来一片掌声。

2008年8月，又一届国际歌剧大师班开学。上一届大师班结束后，周小燕歌剧中心从中选拔了一批学生，在中心培训。2008年年初，有七位学员去意大利参加联合国教科文组织举办的《唐璜》歌剧演员国际选拔大赛，结果，四位学员获得了奖项，其中两位获得了所演角色的第一名。这是一个了不得的成绩。

经典歌剧的主要演员通过比赛进行国际性选拔，是国际声乐界、歌剧界推出的一项新赛事，这项比赛比一般的声乐比赛难度要高，因为它比的不仅是声乐，还有表演、语言等方面，是对参赛选手一次综合性、全方位的挑战和检验。比赛在意大利歌剧之乡维诺那的费拉莫尼科剧院举行。费拉莫尼科剧院是国际声乐界公认的国际歌剧表演舞台和国际声乐竞赛擂台，据说，莫扎特曾多次在这家剧院演出。这次大赛，共设有11个项目，中国摘得了四项。

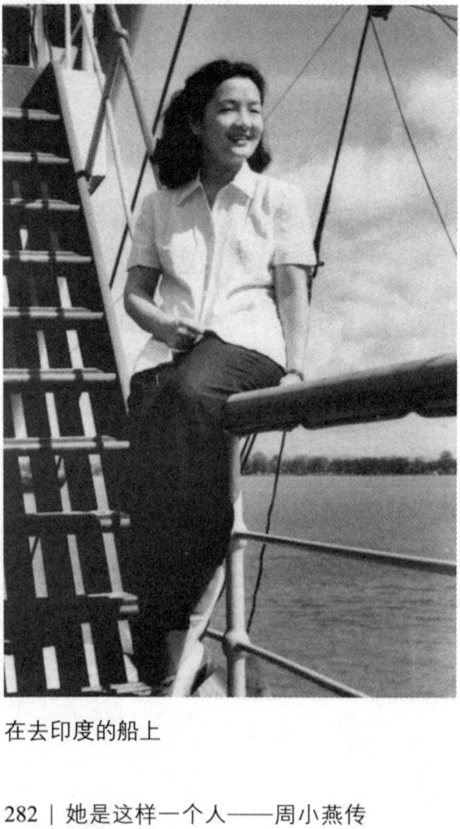
在去印度的船上

学生们学有成就，在国际上拿大奖，这是周小燕最为高兴的事。为了展示这些学生的成绩，也为了让新学员学有榜样或者有所启示，在周小燕的提议下，请参赛学生举办一场歌剧《唐璜》的音乐会。中心特意请来意大利歌剧专家，帮助学员排演这部世界经典歌剧作品。8月

16日，歌剧《唐璜》音乐会顺利举行，周小燕再累再忙，这样的音乐会是必到场的。

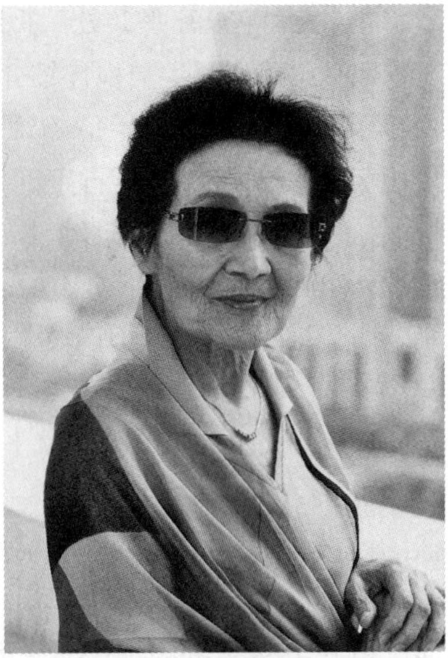

戴上墨镜是不是很酷?

这一晚，《新民晚报》记者杨建国来到现场看演出。远远地，他看到周小燕在人丛中正笑着和他打招呼，他赶紧上前问好。杨建国有点奇怪，总觉得周小燕今晚与平时有点不一样，不一样在哪儿呢？正想着，周小燕推了推眼镜，笑了起来，说道："人家都说我戴上这副眼镜很酷，你是不是也觉得我今天很酷呀？"杨建国再仔细一看，噢，原来是周小燕眼镜换了，戴了一副很时髦的墨镜。周小燕多年前就患有白内障，不久前又患上突发性青光眼，视力很差，无奈，她去医院做了白内障摘除手术。刚动过刀的眼睛，见到光就会流泪，她只好换上墨镜。没有想到，戴上这副墨镜，让91岁的她特别抢眼，年轻时尚，风度翩翩。

接着，周小燕风趣地说道："现在眼睛视力提高了，一下子让我把朦胧了多年的世界看了个清清楚楚。真是好高兴，原来世界是这么美啊！不过，我也不敢照镜子了。我到镜子前，对着镜子一看，哎呀，原来我脸上的皱纹这么多啊，我怎么这么老了？"说完，自己也哈哈大笑起来。

同样一件事，同样一句话，到了她这里，往往就变得幽默、风趣起来，哪怕是非常痛苦的事。20世纪90年代末，病痛时常"光顾"她。1988年，她在南京排演歌剧《弄臣》时，不慎摔倒造成股骨骨折，医生在她的大腿内打进一根17厘米长的钢针。时间久了后，钢针周围的骨头缺钙，坏死了，常常碰到钢针，疼痛无比。1997年，上海音乐学院建院70周年，周小燕八十大寿了，她的一些学生，纷纷从世界各地回来，排演一台音乐会，献给老师。舞美设计在舞台上搭了一个台，让周小燕从上面走下来，来到学生中间。大家都很满意这个设计，认为这样周先生肯定很光彩，希望她精神点。周小燕笑笑说："能不能精神点，还要取决于这条腿，我得和它商量。"

到了1999年，疼痛使她几乎难以行走了，只得再进医院，再次手术，将坏了的骨头切掉，将钢针拔掉，换人造股骨。有人问起她的病情，她轻轻拍了拍腿，说："我和它'和平共处'了11年，现在要换新朋友了。"

动手术前，医生向她详细介绍手术顺序和相关情况，然后问她，还有什么要求没有？她像个孩子似的说道："你可要保证我手术后还能穿高跟鞋噢。"医生笑了起来，说："能，肯定能让你再穿高跟鞋。"手术后，主刀医生叮嘱她："周教授，这骨头不是您身上长的，是人造的，您要爱护它，不能乱动，不能太弯曲，不能……"她调皮地做了一个动作，问："这样行吗？"医生连忙说："别、别、别。"她又做一个动作，医生又连忙摇着手说："别、别、别。"周小燕心想：我还有很多事要做呢，怎么可能不劳驾我的腿呢？不能让它"养尊处优"。她在床上开始锻炼了，很快就下地了。

那天，医生来查房，她用一条腿站立，另一条腿弯起来，搁在上面，像孩子似的说："你们看，我还能金鸡独立哩。"医生们惊呆了，连连说："周教授创造了奇迹。"

就在1998年的年底，那一天，上午，她为学生上了一场公共课，下午，参加了她的好友、好同事王品素教授的追悼会。周小燕是建国后上海音乐学院声乐系第一任主任，王品素教授后来长期担任系里的党总支书记。一个管业务，一个领导党政工作，两人配合得非常好。王品素教授还是著名歌唱家才旦卓玛的老师。王品素教授的离世，周小燕痛心无比。晚上，她又赶去学校，参加一个关于声乐的研讨会。

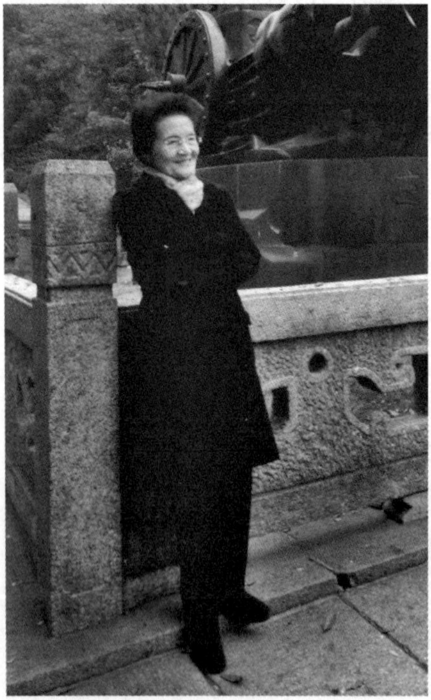

2007年重返东湖

那时，她还住在复兴西路二楼的老房子里。学生送她回来，一层的楼梯，她抓住扶手，竟然一步也跨不上去，最后是学生架着她上去的。到了家，她连话都说不出来了，她以为是太累、太伤心的结果，休息几天会好的，哪晓得，第二天，她连动也动不了了。她被送进医院，被诊断为：脑血栓。听到这个结论，她的第一反应是：完了，我不能弹钢琴、教学生了，生命也就结束了。

有一位叫戴月华的针灸师，也是从国外回来的，她从广播中听到关于周小燕的病情，托《文汇报》记者周玉明转告周小燕：她很崇敬周先生，为她的精神所感动。她愿意用手上的银针试一试，让她重新站起来。周小燕听到后，高兴地说："太好了，我相信针灸。"戴月华医师在周小燕的身上，从头到脚扎上了针。周小燕戏言道："我现在是个刺猬了。"小小银针，神奇无比，针灸后，周小燕果然能站起来了。她扔掉手里的拐杖，孩子似的兴奋地叫道："我又能弹钢琴，教学生，穿高跟鞋喽。"

那次在医院半夜摔倒，学院党委书记张止静闻讯后大惊，赶忙到医院探望。张书记说："噢哟，周先生，听到消息，吓也吓煞了，伤到哪里了，要紧哦？"周小燕坐直了身子，豪气地说："张书记，你放心，真的东西，一样也没有摔坏掉，只有一样假的东西摔坏了。""啥个假东西？"张书记连忙问。"假牙。"周小燕回答说。"哄"地一声，在场的全都笑了起来，张书记是笑得气也透不过来了。2011年5月，张止静在接受笔者采访时说："过去只知道周先生是从海外回来的，业务能力很强，是一位专家，很有气质，很高雅。到上海音乐学院工作后，有几个想不到，一是家庭背景。她弟弟是革命烈士，她父亲为革命做过很多、很重要的工作；二是她是共产党员。自从在党旗下宣誓后，她就始终用共产党员的要求要求自己；三是她非常随和、幽默。她是一个快活、阳光的人，只要和她在一起就很快乐。"

没几年，张止静调离上海音乐学院，去上海市委宣传部工作。周小燕听到这一消息，舍不得她走，便发动声乐系及院里愿意加入的教师和职工，联名写信给上海市委，希望把她留下来。周小燕说："张止静对音乐应该也是一个外行，但是，她尊重知识分子，尊重大家的工作。她到这里来，不是来做官的，是来为大家服务的，所以，大家都喜欢她，希望组织上让她留下。"

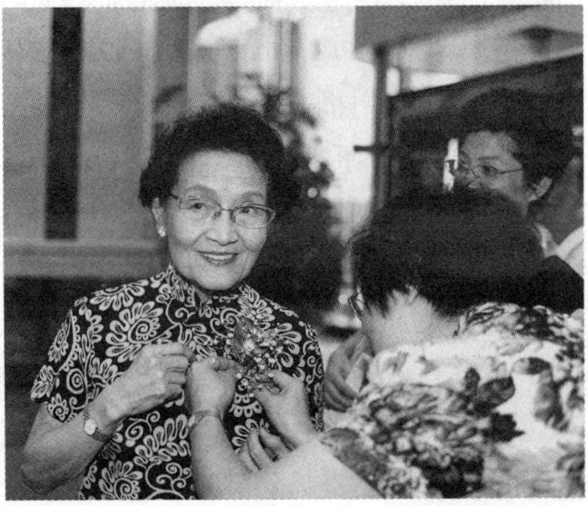

获教育功臣奖

2001年，周小燕被评为上海市优秀共产党员。有记者采访她，问她："85岁了，还在教12个学生，累不累呀？"周小燕回答说:“我才45岁,正当年呢。”1917年出生的她,到了2001年,怎么会是45岁呢? 原来,她是1956年入党的,她把她的生命从这一天算起,周小燕这样解释。记者这才明白过来,由衷地为她的智慧、幽默和精神所感动。2005年,又有记者问及她的年岁,她笑着说:“我49岁啦。”

她的这种幽默和智慧,不是刻意去想出来或者制造出来的,而是生活中的一种自然流露。搬进复兴中路新家时,有一天,学生方琼来看她,方琼告诉她:“周先生,我就住在你的楼上,22楼。”周小燕马上开起玩笑来,说:“好啊,你在我头上,压住我。”方琼也机敏地回道:“不是的,我是为您挡风遮雨。”师生俩相互对视着,哈哈大笑。

庄子语:“大知闲闲,小知间间。”大智慧的人,宽裕博远,小智慧的人,精细区别。周小燕是集大智与小智于一身的人,这样的人,不多。

二 婆婆妈妈

在很多人眼里,周小燕是高雅的代名词。她得体的穿着,由衷的微笑,优雅的举止,不俗的谈吐,让人有一种舒适和愉悦的感觉。其实,生活中的周小燕非常随便、俭朴,和大多数人一样,也有婆婆妈妈的一面,是一个普通凡人。

2005年6月,笔者去她家采访,刚好儿子张本从美国回来,一会儿有事出去,便不想放弃这次机遇,提出先与张本聊聊,请周先生在房间里休息一会儿。正与张本聊着,周小燕的妹妹周徽佑也来了,等我们谈得差不多了,她妹妹去叫她。房门推开,我们都笑了。原来,她的肩上披着一块旧布,一手上拿着一把剪刀,一手拿着一面小镜子,正对着墙上的大镜子,自己给自己剪头发呢。听到我们的笑声,周先生转过身来,对着我们做了一个“鬼脸”,忍不住也笑了。

剪头发不是一件很难的事,但是自己给自己剪,那就是一件很不容易的事了。没有想到出身银行家庭,又从海外学成回来,出息为著名歌唱家、教育家,生活于“上流”社会的周小燕,竟然这么像普通人,也会理发,还有给自己理发这样大的本事。她妹妹说:“她的头发基本上都是自己剪的,除非要参加重要活动,她才去理发店做做头发。”有谁知道,老伴张骏祥,儿子张本的头发，也是她理的哩。只要有空，她就拿起了剪刀，似乎爱给别人理发是她的一项喜好。七八岁时，她就把隔壁一个小朋友的头发剪了，害得那个小姑娘的妈妈从此不让她来了。

1984年，她率领中国参赛团角逐在奥地利维也纳举办的第三届国际歌剧歌唱家声乐比赛，中国派出四名选手，全部进入决赛。最后，男高音、上海音乐学院学生张建一，上海歌剧院女中音歌唱家詹曼华，分获男女一等奖。这个成绩使世界乐坛震惊，也使世界华人骄傲。比赛结束后的第二天，周小燕和张建一、詹曼华等人在一家饭店用餐，买单时，服务员告诉他们，已有人结账了。她正感到奇怪的时候，走过来一个美国人，他说："前不久，在洛杉矶奥运会上看到中国人获奖，今天在维也纳又看到中国人获得国际声乐大奖，由衷地为你们高兴。中国人太棒了！"说完，他翘起大拇指，又让服务员拿来一瓶香槟酒，说："就让我们把这杯香槟酒干掉！"原来，账单是他买的。

在维也纳国际大赛的幕后，有这样一个细节，特别感人。一轮接一轮的比赛，对第一次参加国际大赛的选手们来说非常紧张，很难挤出时间和精力去干些别的事情。在维也纳，服务类行业并不如上海这样繁荣和方便，而且价格不菲，因此要想去理发店洗个发、做个头之类不是随时随地顺心顺意做得到的，而且很慢。于是，67岁的堂堂著名歌唱家、教育家周小燕，成了几名年轻选手的理发师、美容师。詹曼华是来自贵州的一个姑娘，每天，周先生为她梳理头发，做成漂亮、别致的发型，显得非常精神、可爱。张建一的发型，经过周先生的"处理"，就像艺术品似的。在詹曼华从维也纳带回来的彩色胶卷中，就有周先生为她梳理头发的照片，照片上的小姑娘，脸红扑扑的，露出甜美的笑容，周先生像个慈祥的奶奶，熟练又爱抚地为亲爱的孙女梳理着头发。詹曼华说："周先生绝对是一位理发、卷发的好手。"

有一天，笔者与李秀英谈及看到周先生自己给自己理发的那一幕，李秀英笑着说："先生就是这样的，她什么事都是自己干。她的头发也是在家里染的，我还帮她染过呢。"那时，周小燕为了让李秀英省去在外租房的钱，就让她住在自己家里。李秀英说："有时候，看到老师的白头发冒出来了，我就主动说：老师我给你染染发吧。老师快快活活地说：好啊。于是，我们一边染，一边海阔天空地聊天，什么都说。这是我们师生最随便、最亲和、最轻松的时候。真是难忘啊！一辈子都存在心里。"

2009年9月，阳光不再毒辣，显得温和起来。上海淮海路上老字号的龙凤珠宝店二楼，迎来了一位特殊客人，她就是周小燕，不是为买珠宝，是为耳朵上穿洞而来。周小燕喜欢戴耳饰，多年前耳朵上穿过洞，但是时间长了，洞口慢慢长平了，只能将饰品夹在耳朵上，有时候就很痛，还会掉下来。

有一天，保姆张彩玉从外面回来，喜滋滋地告诉周先生，她两只耳朵上都穿了洞，今后也可以戴耳饰了。周先生一听，立即来了精神，问她在什么地方穿的？彩玉告诉了周先生。十多年前那次穿耳朵洞，是李秀英陪她去的，当时，周先生有点犹豫，对李秀英说："人们讽刺年纪大的人学本事，说是70岁学吹打，我80岁了，还去穿耳朵洞，好不好？"秀英说："这有什么不好的？你穿了后戴耳饰就不痛了，方便了。"这次，秀英知道后，和张彩玉一起陪周先生去。

店里的老师傅、小师傅，一见来人不是别人，是大名鼎鼎的周小燕，平时想看还看不到哩，个个都很兴奋。再一看，90多岁的老太太，那么精神、那么随和，更是惊讶和佩服，于是这个跑过来和周先生打招呼，那个上前问声好。不大的店面，顿时热闹起来。

90多岁的人穿耳朵洞，周先生也许是这家店最为年长，也是最有名气的客户了。90多岁的人，穿耳朵洞，是生活的一个细节，一抹色彩，但是，从一个侧面反映了一个人的一种精神和一种情趣。

生活中的周小燕，其实很俭朴、节约。李秀英说过，她住在周先生那儿时，洗脸水都不随便倒掉，放在水桶里，用来冲洗马桶。家里的电灯，她关得很勤快，这个房间到那个房间去，总要把这个房间的灯关掉。晚上看电视也不开灯，说又不是看书，用不着开灯。她生病了，也不肯去住医院，其中一个重要原因是，不想花国家的钱。像她这样的级别和声望，也有条件申请住一个人一间的病房，但是，她不要，她说："两人一个病房蛮好，有照应，不孤独。"后来，医院还是根据规定，给她一人一个病房，她没有办法，但是，她很少去医院。

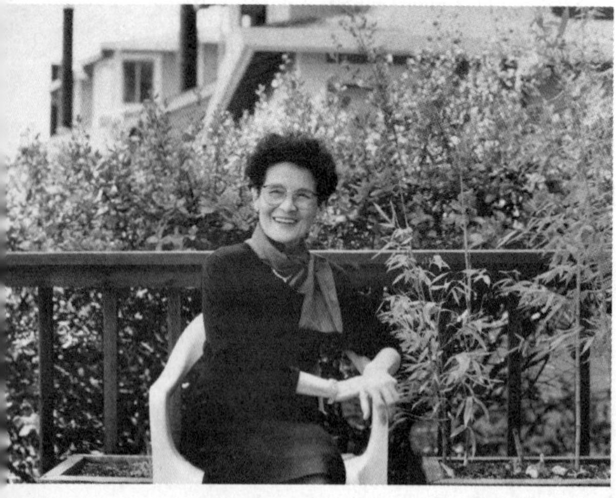

在美国

周小燕和张骏祥结婚后，住在复兴西路的一幢公寓房的二楼，没有电梯，40多年了没有动过。周小燕在外面总是精神抖擞，像条龙，回到家里，连爬一楼的力气都没有，像条虫。儿子张本清楚母亲其实很累的，心疼母亲，便帮母亲买了一套有电梯的新房，让她上下楼方便些。搬新房子，总要处理掉一些旧家具，可谁知，张本扔出去一件，她捡回来一件。这些家具大都用了几十年了，有的断了腿，有的裂了缝，有的坏了角，放在新房子里，实在不合适。她对儿子说："这些东西都是有纪念意义的，不能扔。再说，住在这个样样都是新的家里，我不习惯，好像不是住在自己家里。"儿子没办法，只好让人将旧家具修修好，再搬回来。有老朋友到新房来看她，说："这房子倒是不错，可惜家具怎么都不成套？"周小燕不在意，最满意、最高兴的是有一个蛮大的客厅，可以给学生上课的地方大了许多，一次来七八个学生都没关系，周小燕这才慢慢习惯。

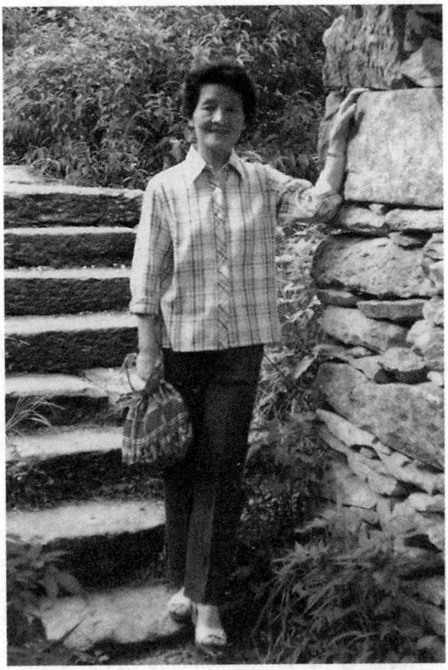
80年代初在庐山

曾经有人问她的学生，你的老师年纪那么大，精神那么好，平时都吃什么呢？学生想了半天，说："蚕豆吧。"周小燕确实喜欢吃蚕豆。有一次，这位学生来上课，碰上老师在吃蚕豆，边说着话边吃蚕豆，不知不觉，周小燕把一碗蚕豆吃光了。其实，在吃的方面，周小燕一点也不讲究，相反，很简单。保姆做什么，她吃什么，从来不挑。一般，早上喝杯咖啡，吃块面包，中午炒两个蔬菜，一个荤菜，一调勺米饭，晚上喝一小碗稀饭，加一块面包或一个葱油饼，菜，就不做新的了，大多是中午剩下来的。她还不太爱吃海鲜，所以，不喜欢上饭店吃饭。偶尔，去吃一次西餐。

"文革"中，周小燕的家被造反派抄了。他们想当然地以为，出身银行家和实业家的家庭，又从法国回来，又是高级知识分子的周小燕，平时穿得"珠光宝气"，家里一定藏有很多金银首饰。那天，他们抄到一只蛮精致的小箱子，像是放珠宝和金银的，欣喜若狂。打开一看，果然是各种配饰，有耳饰、头饰、戒指、项链、手链、胸针等，五颜六色，金光闪闪。可是，事后一了解，没有一件是真金真银和珠宝做的，都是仿的、假的，气得造反派把箱子摔到地下。

她这一生，只有一枚戒指是真的，那是母亲留给她的。周小燕穿着是很得体，但是若要问她，当下市场上有哪些名牌？她说不上来，无论是服饰还是化妆品。因为，她根本不知道有哪些名牌，也不道哪些东西是名牌，所以，她穿的、用的、戴的都不是名牌。对此，她的理由很充分："装饰品本来就是为装饰所用，你都弄成真的了，一是不舍得用，二是怕丢失，三是不能经常换，这样就起不到装饰的用途。如是假的，可随时更换，可随意佩戴，不怕丢失，不怕弄坏。一件物品，凡有了牌，必是批量生产的，大家都去追求，都是一样的，也就没有了个性，没有了特点。这样，也没有什么意义，没有必要去追求。"

许是受母亲的影响，也是受钱婆婆的影响，周小燕不喜欢浪费，不喜欢奢侈，不喜欢摆阔。她曾经对笔者说："什么水呀、电呀等，不是用不起，不是没有钱。我也是响应国家的号召，要节约用水，节约能源，要环保嘛。这些都是不需要花大力气，自己能做到的事，何乐而不为呢？"

三　对钱和数字没有概念

有一天，自来水公司工作人员上门来收水费，总共120元钱。那天，正好李秀英在，她拿出一千元钱递给李秀英，还东翻西翻找东西，李秀英问："还找什么呢？"她说："找零钱，不是还差20元吗？"秀英把手上的钱扬了扬，说："都1 000元了，只要120元，还找什么呢？多下来的，我可贪污了噢。"原来，100元的票，她以为是10元的，把1 000元当成100元了。

她对钱、对数字都没有什么概念。2005年，她获得了上海市教育功臣的称号，当场，上海市政府就奖励了20万元，是一张支票，用阿拉伯数字写的200 000元。回到家，祝贺的电话来了，她高兴地回答人家，说："是呀、是呀，还奖励了2万元呢。"对方说："周先生，我听说好像是20万元，不是2万元。"她吃惊地说："啊？20万元，那么多呀？我看支票上写的是2万元呀。"对方说："周先生，你再仔细数数上面的数字，是不是2的后面有5个零？"她再数数，果然是。她笑着说："真是的，我都没搞清楚。20万元，我还是第一回拿这么多钱呢，我做了这么一点事情，怎好拿这么多钱呢？像李国豪这样的桥梁建筑专家才应该有这样的奖励啊！"

2011年4月8日，上海音乐学院声乐歌剧系党总支书记李明明，对笔者说："与她接触的时间越长，越感觉她这个人不容易，可以说是伟大的。就在前天，她还去和入党积极分子培训班的学员讲课，讲她哪年哪月哪天入党的，入党时宣誓词都还记着，她始终努力地用党员的标准要求自己。学员们都很感动。现在，还有谁记着自己入党时的誓言呀？什么时候入党的都不记得了。"

她对钱没有概念，但是出手还是挺大方的。她教学生从来不收钱的，对一些经济困难的还要想方设法帮助他们，自己垫出许多钱。比如，有一位姓姜的青年学生，很想到周小燕歌剧中心深造，但是拿不出学费，周小燕对他说，她帮他垫，但不要说出去。这可是一两万的数字呢。"文革"前，周小燕是二级教授，她听说毛主席、周总理也不过拿300多元工资，觉得自己拿多了，就每月拿出100元钱交党费。新中国成立后，只要国家需要，有号召，她总是抢着去做，比如抗美援朝时，她和丁善德教授各自捐出可以购买一千发子弹的钱款，是上海音乐学院捐得最多的。每次集善款，她总是捐得最多的之一。

不少人对她说：你要教学生，干嘛还在音乐学院教？你可以"下海"，自己办一个学校或者培训班之类，以你的声名，肯定有许多学生来，甚至海外也会有学生来的，能赚很多的钱，这个数字就大了。周小燕哈哈笑了，说："我对钱没有概念，我也不看重钱。我如果下海，不是我征服海，肯定是海把我掀翻了。"

早在1945年，她在法国时，著名女画家潘玉良为她画了一幅肖像画，她居然没有留下来，以后还忘了这事。直到50年后，有一位英国朋友到安徽讲学，在"潘玉良遗作展"上，看到一

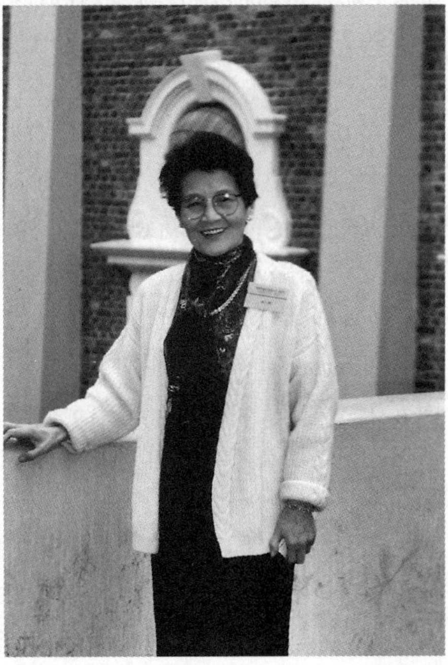

在美国

幅肖像画，用英文写着“周小燕”三个字，心想，是不是就是中国的歌唱家和教育家周小燕呢？于是，就用相机拍了下来，而后寄给周小燕。周小燕一看，是自己，正是潘玉良画的。

周小燕当年到法国后，在中国大使馆举办的一次宴会上认识了潘玉良。周小燕和旅居法国的另一位女画家凌卓关系很好，有一段时间住在凌卓那儿，潘玉良和凌卓关系也很好，经常来这儿玩，与周小燕也成为朋友了。1945年的一天，潘玉良对周小燕说：“我给你画一张肖像吧。”周小燕爽快地答应了。那时，潘玉良住在巴黎的拉丁区，那是一个贫民居住区，潘玉良在那儿租了一间房，周小燕去了三次。后来，潘玉良把画拿来，周小燕一看，画得很好，但是不太像自己。那时，她有点胖，画面上的她比较瘦；那时，她性格很活跃，画面上的她很静并有点忧愁感。因此，就没有提出来留下它。

2000年，“二十世纪中国油画展”先后在北京、上海等地举行，潘玉良的这幅周小燕肖像画，也在其列。有人问周小燕：“你干嘛不把这幅画留下来？”周小燕直率地说：“当时我觉得不像我，太秀气了。”那人说：“你傻呀？这就是钱呀。放到今天，不是几万、十几万，是上百万，价值连城的事。”周小燕笑了笑，说：“这么值钱的画，放在我家里欣赏的人少，放到国家展览馆里，能让更多的人欣赏，不是更值得吗？”她当时没想到这是钱，今天也不会想到这是钱，她只知道，作为朋友，她给潘玉良当了一回模特。

买新房的时候，很多人帮助寻找房源，买在什么地方，房型怎么样，面积要多大，朝向怎么样等等，都很有讲究，都要考虑清楚。后来，大家比较倾向于复兴中路上的一幢新建高层公寓。这里离上海音乐学院很近，周先生原来就在复兴西路上，从复兴西路搬到复兴中路，应该说，居住的大环境没有改变，有一种亲近感、熟悉感。而且，房子的厅挺大，适合周先生在家给学生上课。可是，也有不少人犯难了，其他层面的房子没有了，只有14楼的。14楼，周先生要不要？她忌讳不忌讳呀？

“14”，还有“13”，这两个数字，在上海乃至全中国，都被认为是个不吉利的数字。有些新建的高楼，干脆就不设13、14楼，从12楼跳到15楼，徐汇区的一条马路上，门牌号从2号开始依次排过去，到了14号这里，14没有了，但见是10号、12号、16号、18号。对13、14数字的反感，不仅普通百姓，就是各级干部，甚至是一定级别的干部，乃至知识分子中，都很有市场。

周小燕怎么看呢？她根本不在乎。以前住的复兴西路，是44弄7号，44

弄，两个4呢，如果按照他们的说法，14是“要死”，那么44不就是“死上加死”吗？西方的情人节是2月14号，那不就是说“两个人都要死了”吗？这样的类推、瞎比，太滑稽、太可笑了。44弄也好，14楼也好，周家始终充满笑声，充溢幸福。

7，这个数字也是大多数人不喜欢的，如果与4连在一起，更被很多人忌讳。就说，74吧，被谐音为“去死”吧。但是，7这个数字，对于周小燕来说同样是幸运的。

2012年1月20日，离农历新年没有几天了，笔者提前去她家拜年。歌唱家李光羲的女儿李棠也在，正在翻看那本《我是幸运的——周小燕教授教学生活40年》的纪念册。周小燕对笔者说：“这本书你有吗？”我回答：“有。”她接着说：“我说我这一辈子是幸运的，真是这样的。你看，我是1917年出生的，我们学院是1927年创办的，我比学校年长10岁。我1947年回国，受聘于母校，学校20岁，我30岁。以后，一辈子有幸在母校工作，没有间断过。学校60大庆时，我70岁了，执教40年；1997年，学校70年，我80岁了，从教50年；2007年，学校80大庆，我90岁了，执教60年。所以，每次校庆，学校都举办祝贺我生日和从事声乐教学的活动。校友们从世界各国、全国各地来，庆贺母校的诞生，同时又为我贺寿，举办各种教学活动。我真是最幸福、最幸运的人了。”她生活了40多年，留下无数回忆和深情的复兴西路老房子，不也是7号吗？

数字只是一个数字，不能说明什么，不能代表什么，更不能人为地、牵强地去硬套什么，与什么联系起来。周小燕不相信、不在乎这些，她相信科学，在事业上如此，在生活中也这样。这也与她的个性有关，碰到任何事，不喜欢往坏处想，总是往好的方面去想。生活嘛，就是要快活，何必自找烦恼，自找痛苦呢？

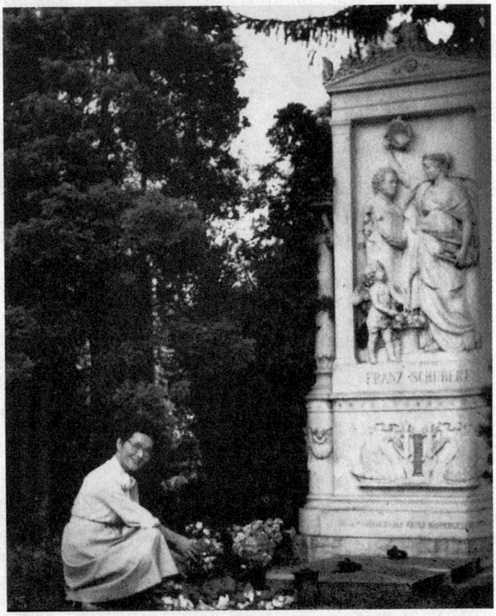

1984年在维也纳舒伯特墓前

四 “四朵棉花”

周小燕姐妹四人，全部从事艺术工作。周小燕是家中老大，她的下面是两个弟弟，天佑和德佑，再下面是大妹宝佑、二妹澂佑，澂佑下面原来有一个妹妹，武汉发大水那年，不满一岁的她不慎掉进水里，不幸病逝了，最后是小妹彬佑。因此，周小燕和几个妹妹之间的年龄，相差比较大，澂佑小她12岁，彬佑小她15岁。1938年，周小燕和弟弟天佑去法国读书时，几个妹妹还小。不久，周苍柏到重庆中美合资复兴公司任协理，同时与人合资在江北创办了汉中皮革厂。于是，在嘉陵江北相国寺任家花园买地造了房子，全家迁到重庆。任家花园这一带是高级住宅区，住着许多国民党的达官要人，周家的隔壁就是汤恩伯的家。德佑的一些战友，很多在这里住过，避过难、养过病，

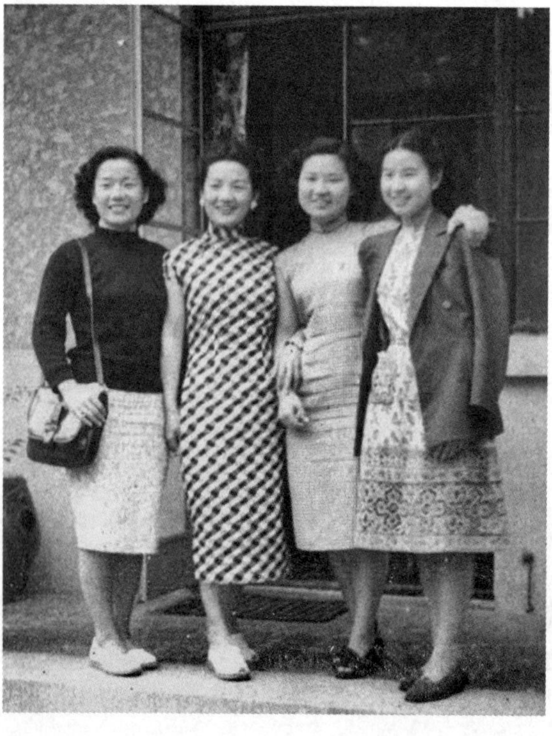

周家四朵金花
从左到右：澂佑、小燕、宝佑、彬佑

1939年，周恩来就是在这里会见陈光甫的。

1945年10月10日，国共两党经过43天的谈判，签订了《国共双方代表会谈纪要》(即《双十协定》)。但这次会谈，对中共领导的军队和武装控制区的政权，这两个关键性问题，没有达成一致意见。中国国共两党之间的斗争，使美国很不安，于是，派出五星上将马歇尔作为杜鲁门总统的特使前来中国调停。1945年12月21日，马歇尔到达重庆机场，张治中、周恩来分别代表两党，前往机场。

这时候，留在重庆的周家三个女儿宝佑、澂佑、彬佑已出落成为亭亭玉立的漂亮姑娘，在机场，三位姑娘代表重庆人民向周恩来、张治中、马歇尔献花。因此，1949年，第一届全国文代会时，周恩来见到周小燕，还问及她三个妹妹的情况，并说出了她们的名字。

两年后，周小燕从法国回来，三姐妹随父亲去上海龙华机场迎接。2011年8月的一天，彬佑回忆说："那天，大姐从舷梯上走下来，我们一看，姐姐好漂亮、好高贵、好洋气、好气派哟。她穿一身西式套裙，头发盘成一个髻，高高

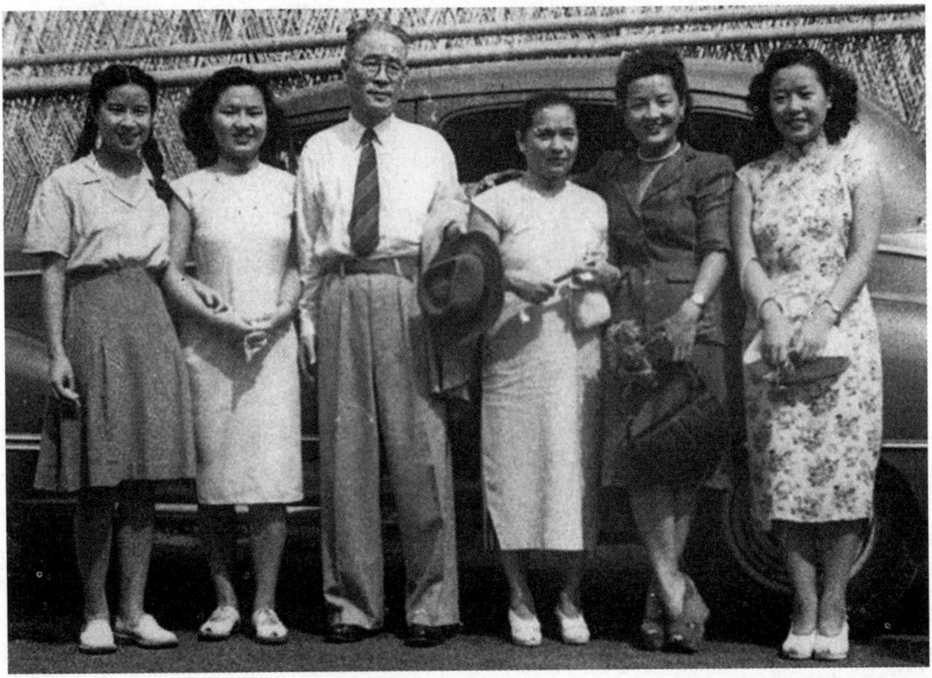

姐姐脚上的松糕鞋现在都时髦

挽起，脚上穿一双厚厚的松糕鞋，到现在都时髦，走起路来，挺胸直背，脸上带着微笑，很高雅。在大姐面前，我们三姐妹显得很土气、很土气，连我们的爸爸妈妈看到她都说：'这不是我们的女儿。'"

周小燕的回来，使周家姐妹们的生活，更热闹起来。四姐妹的性格都属于开放型的，在一起的时候就要打打闹闹，你追我赶，不可开交。她们给自己起了一个不雅的称号："疯人院。"宝佑是"院长"，周小燕是"副院长"。宝佑的开朗是直率和童真，周小燕则是开朗中带有顽皮和智慧。有一年，宝佑送母亲到上海姐姐家，她的到来，给寂寞的张文、张本带来无限的欢乐。她天天和孩子们"疯"在一起，不是今天和这个比谁跑得快，就是明天和那个比谁跳得远，就几天的工夫，孩子们和她难舍难分。她走的那天，火车开动了，张本还追着火车跑，不愿他的"疯阿姨"回北京。有好几天，张本叹着气说："唉，'疯阿姨'走了，一点也勿开心了。"

2011年8月，澂佑对笔者说："我们四姐妹都没有母亲漂亮。母亲很有表演天赋，经常在外面看了戏或电影回来后，学着表演给我们看，真像极了。母亲很顽皮，很幽默。她个子不高，有时候在街上看到比自己矮的人，就偷偷跑到人家身边，挺起身子，然后朝我们做一个'鬼脸'，那意思是说：怎么样？我比他高吧。逗的我们笑弯了腰。她又很坚强，非常睿智。大姐回来的那天，母亲真是百感交集，走的时候是一双儿女，回来时只有一个女儿了，很多人受不了这种打击和刺激的。母亲不容易，很伟大。大姐的性格最像母亲，什么事她都往好处想，不朝坏处想。"

澂佑和小燕接触最多。1947年10月从法国回来后，周小燕在上海休息了几天，即回武汉老家看看。武汉大学闻讯后，立即派人请她为师生们开一场独唱音乐会。为家乡父老演出，展示自己在海外学习的成果，周小燕很乐意。但是，谁来钢琴伴奏呢？当时武汉大学还派不出一位这样的能手。周苍柏立即让澂佑去，为姐姐伴奏。澂佑一看姐姐的演出曲目单，一下惊呆了：许多自己从来没有接触过的曲目，难度很大，很想打退堂鼓，但是已经没有退路了。在姐姐的帮助下，澂佑赶快熟悉曲目，终于顶下了这场演出。

回到上海后，周小燕到交通大学、复旦大学、同济大学去演唱，钢琴伴奏都是澂佑。1949年全国文化代会召开，周苍柏考虑代表们会让周小燕演唱，因此又派澂佑陪同前往。澂佑戏称自己在那段时间是姐姐的"跟屁虫"，就是跟在姐姐的后面，她学到了许多从前不知道的曲目，增长了知识，开了眼界，技艺突飞猛进。澂佑说："我虽然从小学钢琴，但是从提高和成熟方面来讲，都是姐姐给的，是她教的。"

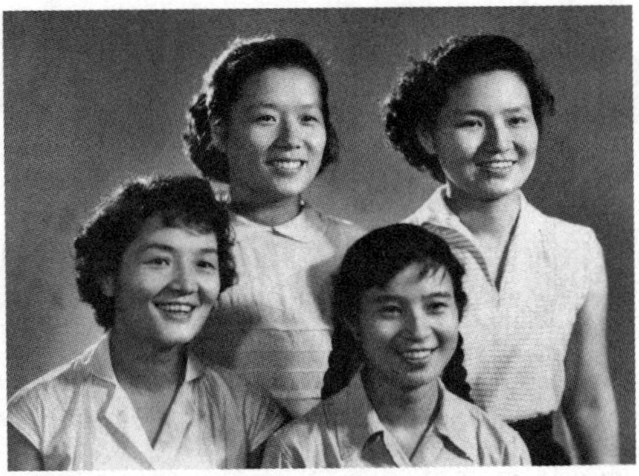

四姐妹
前排：周小燕（左）、周彬佑（右）；后排：周澂佑（左）、周宝佑（右）

中华人民共和国成立后，宝佑在北京，小燕和澂佑、彬佑在上海。四姐妹分别组成自己的家庭，工作都非常忙，而且都事业上有所建树。1970年，周苍柏逝世后，宝佑和母亲住在一起。宝佑虽大大咧咧的，但心地善良，非常有同情心。保姆的两个孩子不仅住在她那里，她还义务辅导他们读书，资助他们上学，直到大学毕业。现在，两个孩子都在北京，一个在外资公司，一个在中资公司，都是白领，工资拿得比她还要高。

1996年，张骏祥病逝后，澂佑不放心姐姐，住到姐姐家，这一住有两个月。在姐妹们各自成家，忙于工作几十年后，澂佑和大姐第一次这么长的时间生活在一起。澂佑说："即便天天在一起了，她也没有时间和我说话。看到那么多学生喜欢她，为她高兴，但看到她那么累，又心疼她。"天天感受这一切，澂佑在想，像姐姐这样的人可不可以学习，可不可以复制呢？答案是可以的。她的一切，是她苦学苦练苦思苦想，一点一滴做出来的，不是刻意追求出来的。她的灵魂深处有这样一个东西：对每一个学生没有偏爱，她的职责就是要让他们在她这里有所收获，她的价值也就是在这里，不是钱，不是名，不是利。为了实现这个价值，自己要有过硬的知识、修养、品德。她对艺术追求非常完美，在为人上对自己也要求非常严格，她努力地丰富自己、完善自己，真正地为人师表。

明白了这些，澂佑说："我越来越尊敬姐姐。哎，这一辈子也学不完，赤了脚也追不上，那就继续跟着吧。"

1999年春节前，周小燕不幸中风，妹妹宝佑闻讯后从北京赶来照料姐姐。在姐姐身边，宝佑看到她都这样了，还要整天闹着让学生来上课，便劝道："姐，你要知道，你是八十开外的人了，不是18岁，不能这样拼命，命是拼不过的。"唉，命是拼不过的。几年后，宝佑不幸逝世。宝佑丈夫郭予信，当年是上海交通大学的高材生、进步青年。小郭经常到周家玩，把学生运动的一些消息传递给周家姐妹。有一天，一个衣冠不整的青年人捂着腰，跌跌撞撞地闯进了周家，大家一看是郭予信。原来，这天清晨军警要到学校来抓学生，学生们闻讯后决定到广场集合，反对抓人。到了中午，军警开始撤退，学生们跟在后面，高呼口号，要求释放被捕学生。队伍走到南洋模范中学附近，有人通知大家席地而坐，谁知军警冲了进来，挥着皮鞭乱抓人，小郭腰上挨了一鞭子，所幸逃了出来，有不少周家姐妹熟悉的学生被抓了进去。小郭想起周家就在附近，就直奔这儿来了。郭予信和周家姐妹非常熟，关系非常好，就像她们的大哥哥。

宝佑的离世，郭予信痛不欲生，为了帮助妹夫尽快从痛苦中解放出来，周小燕打电话让郭予信来上海住一阵子。郭予信来了，可周小燕又没有工夫，从早到晚，给学生上课，郭予信只能待在小房间里看书，好在有瀓佑、彬佑，她们经常陪姐夫出去遛遛，陪他说说话，聊聊天。

周小燕在与笔者谈到她们姐妹关系时，说："有人说，你们家四朵金花，我说，不是四朵金花，是四朵棉花。你看，我们头发都白了。唉，宝佑又走了，只有三朵了。"

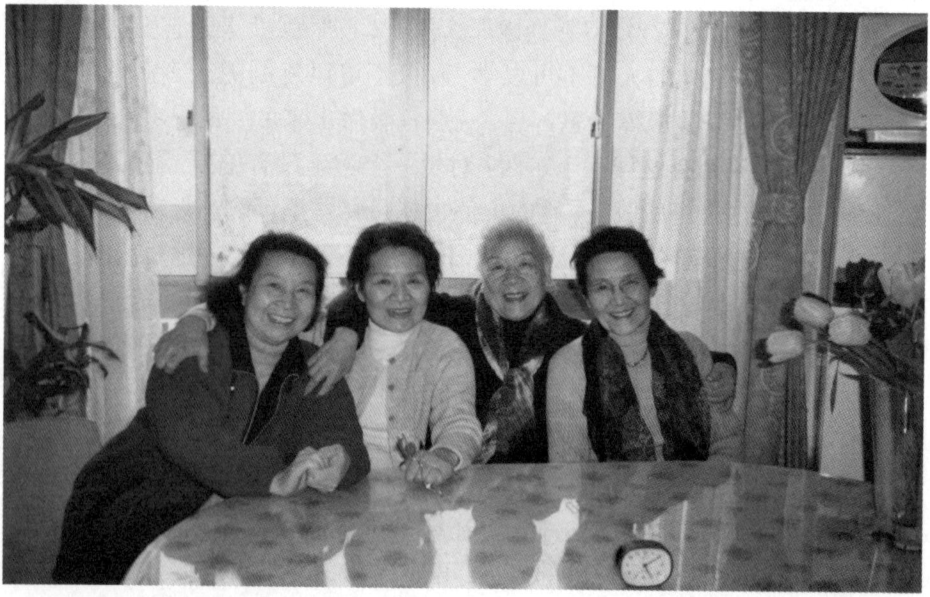

"四朵棉花"（左起：彬佑、瀓佑、宝佑、小燕）

澂佑的家搬到了浦东，离姐姐远了。但是，三天两头打电话来，问什么时候有空，她想过来坐坐，聊聊天。有时候三姐妹约好了，澂佑和彬佑都过来了，她又有事儿了，只能把姐妹俩扔在一边。有一天，澂佑和彬佑都在，说起三姐妹的关系，她们说："大姐很心疼我们，爱我们，我们之间关系非常好。"笔者问她们："你们三姐妹有空时，喜欢逛商店吗？"彬佑摇摇头说："不喜欢。和她一起上街，不自由，人家都认识她，都来看她。她也不喜欢，没时间。""那你们喜欢什么呢？"笔者问。"我们就喜欢在一起。不可能像小时候那样'疯'了，但是，喜欢说说话，聊聊天，开心开心。但是，她总是没有空。"唉，儿时的记忆，到什么时候都不会忘，时间越长越想念它。

五　顺其自然

2004年岁末，第十五届上海白玉兰表演艺术奖首次设立育人奖，这一上海市政府主办的艺术和教育类最高级别奖项，理所当然地被周小燕摘得。那天，上台颁奖的是著名电影表演艺术家张瑞芳。86岁的张瑞芳将沉甸甸的奖杯授给87岁的周小燕，周小燕双手接住，忽然，脱口而出："哎哟，这么重呀，我抱不动了。"引来台下一片善意的笑声。奖杯是铜铸的，对于一个弱小的老人来说，是有点分量了，但是像她这样率直地说出来的，还真是不多。

生活中的周小燕，就是这般率直单纯。她喜欢自然，凡事顺其自然。澂佑说她不刻意追求什么，真是说到点上，知姐莫如妹了。也有人劝她，要懂得急流勇退，趁现在还有好学生出现时，不要再教学生了，因为如果再教下去，万一出不了像魏松、廖昌永、张建一、李秀英、于冠群等这样的学生了，怎么办呢？岂不是没有一个好的收场吗？周小燕才不会想这样的事呢。她做事，不追求结果，你想拿什么奖就拿什么奖，你想出几个学生就几个学生，这些都不是自己所能掌握和控制的，她所能掌握的，就是怎样尽自己的能力教好学生。

搬新家时，从老房子带来很多书，一捆一捆，用绳子扎得好好的。那天，张本在解绳子，解不开，便找来一把剪刀，想"嚓、嚓、嚓"，三下五除二，一剪了事。周小燕看到了，连忙走上来，说："不要剪，不要剪，我来，我来。"她把绳子结仔细琢磨了一下，左一下，右一下，一边解，一边对张本说："解结也要

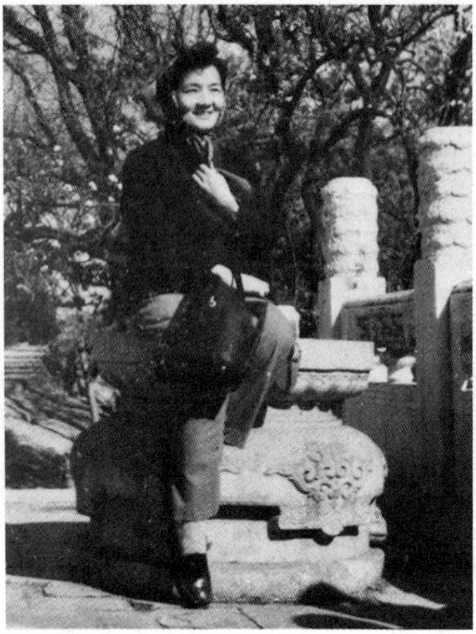

60年代在北京出席全国人大

动脑子的，先解哪里，后解哪里，顺其自然，次序不能乱，乱了就越解越乱。做什么事，不要先想结果，先要想过程，其实，解决问题的过程，才是最有趣，最能体现价值，也是最享受的时候。”不一会儿，她解开了结，把一根完整的绳子送到张本手上，笑容中露出自得与陶醉。

做任何事时，自己首先想到的是以怎样的方式，最完美的办法来做好它，这是自己所能做到的。至于，结果怎么样，好不好，如何评价？那是别人的事。不是自己的事，那就别去想它、在意它，得到了就得到了，没有得到，也别去强求，一切顺其自然。这就是周小燕的生活逻辑，也可以说是对待一切身外之物的态度。

2007年，远在加拿大的李秀英和丈夫刘红，突然从网上看到一篇批评、指责周小燕的文章，通篇不实之词，说她“摘桃子”等。秀英和刘红非常气愤，两人商量是否要告诉先生？最后商定，不告诉她，回去后再说。

不久，两人回来，去看周先生。没有想到，周先生自己说起这事了。回忆这事时，李秀英对笔者说：“先生是笑着说的，好像在说别人的事那样。她说，任何一个人的成长，当然不是一个人的功劳。秀英，你在跟我学习以前，还在山东跟其他老师学过，其他学生也是一样。所以，我一直说，学生的成才，不是我个人的功劳，我个人的功劳最多是三分之一。我们问她追究不追究这事？她说，关心它干什么？不追究。不需要我说任何话，大家的眼睛是雪亮的。先生还说，我是那样的人吗？我自己也在想这个问题，我想我不是。她问道：你们说，我是那样的人吗？”秀英说：“听了先生的这些话，我和我先生心里都很酸楚。一个人的心胸到了这个境界非常不容易了。诋毁这样一位阳光、健康的老人，干什么呀？有意思吗？想达到什么目的？良心何在？”

卞敬祖也曾经对笔者说起这事。他说：“很多人怀疑我，说是我写的。我对周先生说，别人说，是我写的，我在骂你。她马上说，不可能。我说，为什么不查一查？她说：不查。我相信群众相信党。她这个人就是大度、聪明，我敬佩她。”

面对非议，面对非难，不急不躁，泰然处之，这种心态，不是一般人能做到的，这和一个人的修养、文明、境界，有相当关联。一个人，不把个人恩怨看穿，不把个人名利看穿，不会有这样的心态。

2011年4月3日，周先生对笔者说：“我所做的一切，不是要去做什么伟大的事情，我也没有什么伟大的思想。从小，父亲叫我这样做人，这样做事。回来后，认可党，认可新中国，党叫我这样做，我就这样做。其实，所有的一切，基本的东西就是人性，做一个善良的对别人有用的人。”

所以，她的言与行，都是由内而外的一种自然表现，没有任何附加值，更不会掺和个人心机、目的等等。了解她的人都说：“在周先生眼里，没有坏人，都是好人。”

然而，生活就是万花筒，稀奇古怪，什么都有。人与人之间并不单纯，夹杂很多因素。比如，有一段时间有一个人与周先生走得近了，就有人会说：“周先生，你要当心，他在利用你，利用你的名分，抬高自己。”周先生听了，心想，不会吧，我能起这么大的作用吗？又一想，如果真是那样呢？如果真能利用我，使他改变一下处境，或者提高名分，那也没有什么坏处。这说明，我自己身上还有东西对别人有用处。再说，他要利用我，肯定也要帮我做些什么，那就相互利用吧，说得好听点，就算是相互帮助吧。

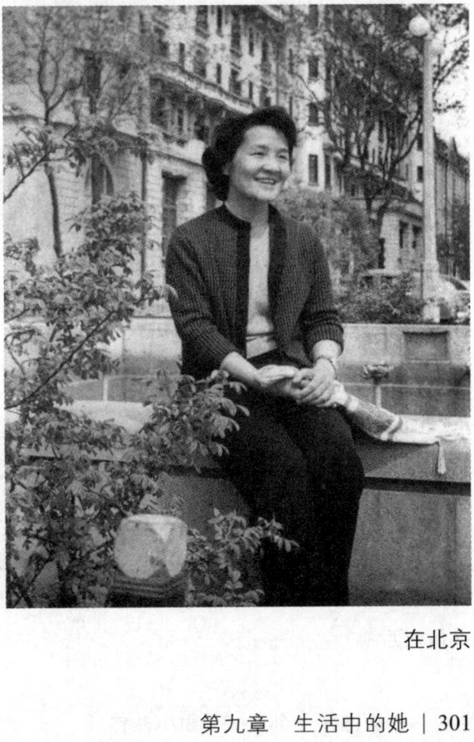
在北京

其实，在经历了“文革”以后，周小燕的脑子已经多了一点“为什么”了。不太记得过去，更不会记住不高兴事的周小燕，在95岁的记忆长河中，唯独这一段抹不走。“文革”中的那一天，在校园的草地上，有一个人与她对话，把她说得花好稻好，恨不得用“再生父母”这样的词了。这对受到无辜批判，正在劳动改造的周小燕来说，是一支兴奋剂。她太感动了，她想还是有人理解她，相信她的，这是一个好人哪。谁知第二天，开批判大会了。“周小燕，你这个‘特务’‘汉奸’‘反动学术权威’！”一声吼叫，让周小燕吓了一跳，抬眼一看，正是昨天的那个人！周小燕如五雷轰顶，气得整个人都在发抖。她不明白，人怎么可以这样呢？昨天那样说，今天这样说，说翻脸就翻脸，好长时间，她都缓不过这劲来。伤得太重了，她无法忘却。

生活的磨砺，使她明白了许多，对很多事，她有自己独特的理解或者说观点。比如，怎样判断一个人？她说：“我不看他对我怎么样，我看他对别人怎么样，尤其是对一些弱小者、不得志的人怎么样？”这个观点太有道理了，也可操作。是呀，当你是一个有身份有地位的人时，别人尤其是周围的人对你好，那是肯定的。那么，他在对你好时，是否对别人好，尤其是比自己地位卑下的人？如果说，好，那么他对你的好是真好，不是讨好；如果说，不好，那他对你的好是假好，是有所图的，急功近利的。周小燕推崇的是这样的哲理：别人在困难时，要去帮他一把，不是在走红时，去抬他一把。更不要做过河拆桥、背信弃义的事。

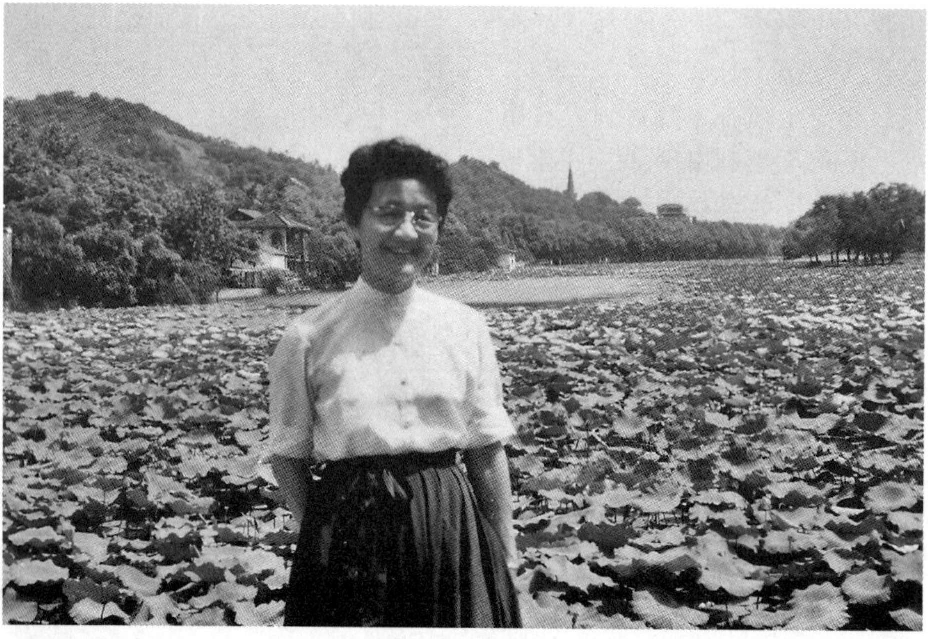

在杭州西湖

阳光、幽默、快乐的周小燕，生活中有没有忧愁的时候呢？当然有了。举一个例子吧：2005年，当笔者闻知她将被评为全国优秀共产党员，前去采访时，她说："学校也来通知了，说要有许多记者来采访，我真愁死了，昨晚一夜没睡好。我也不知道自己先进在哪里？我只是做了自己应该做的事。我这一生也就做了这么一件事：教学生。怎么办哟？我要成为祥林嫂了，反反复复，讲那么点事，真愁死人了。"

所以，她对别人赞她是大师，她不喜欢，说："我不是大师，是老师。"她对别人称她是女强人，她更不喜欢，说："我连钱都不会数，还女强人？我就是一个普通的女性，而且，是一个不称职的妻子和母亲。"

总之，她就是觉得，什么事都是自自然然好。做得好时，没有觉得有什么了不起，都是应该做的。做成了，也不要拔高，是这样还是这样。生活就是要自然、简单。自然、简单了，就轻松了；轻松了，就愉快了；愉快了，就幸福了。人生的最佳目标，不就是幸福吗！

六　快乐生活

早晨起来，练完功，走出房门，周先生总是微笑着迎接新的一天的到来，没有一天不是这样。

1938年，告别亲人，离开故土，客船驶向大海时，年轻的周小燕，不知道前面等待她的是什么。第一次真正与大海亲近的周小燕，很快被它的辽阔壮美吸引。那天，她扑在栏杆上，看脚下的海浪翻滚，思绪也随着翻腾起来。她想：大海真有意思，昨天，海浪还很平静，海鸥在那儿飞；今天，这浪就这么汹涌，不可阻挡。将来的生活，就要像海一样，平静起来很宁静，等到一下子翻滚起来，就翻滚啊翻滚，然后再平静下去。生活可能就是这样，也蛮有意思的。她希望她将来的生活，像大海一样有起有伏。

这是一个尚未涉世的女孩的幼稚想法，但是，从中也可以看出她对生活的一种看法，一种积极的态度。生活不可能一帆风顺，总有波涛，甚至巨浪，搅得天昏地暗。不管怎样，你要快乐地对待每一天，乐观地去对待生活中发生的每一件事，当一切都过去以后，更能体会到生活的幸福和美满。

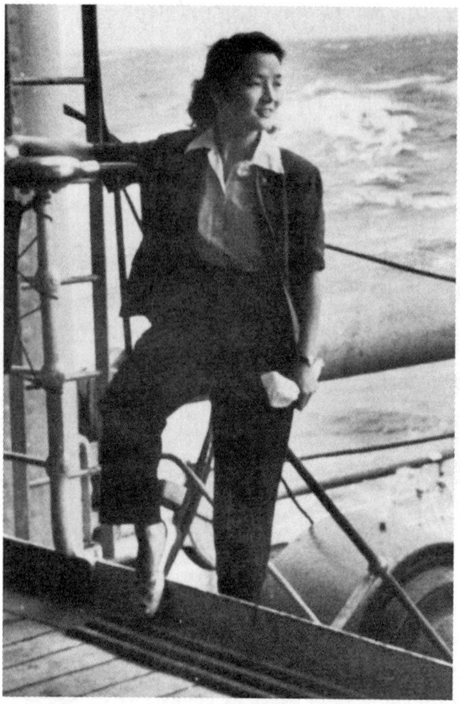

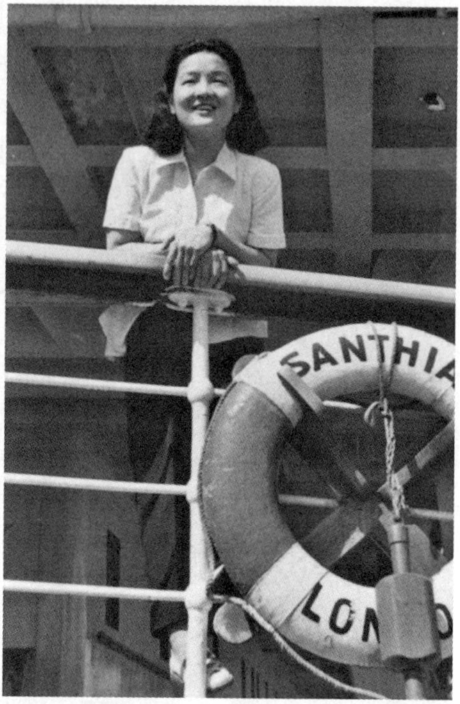

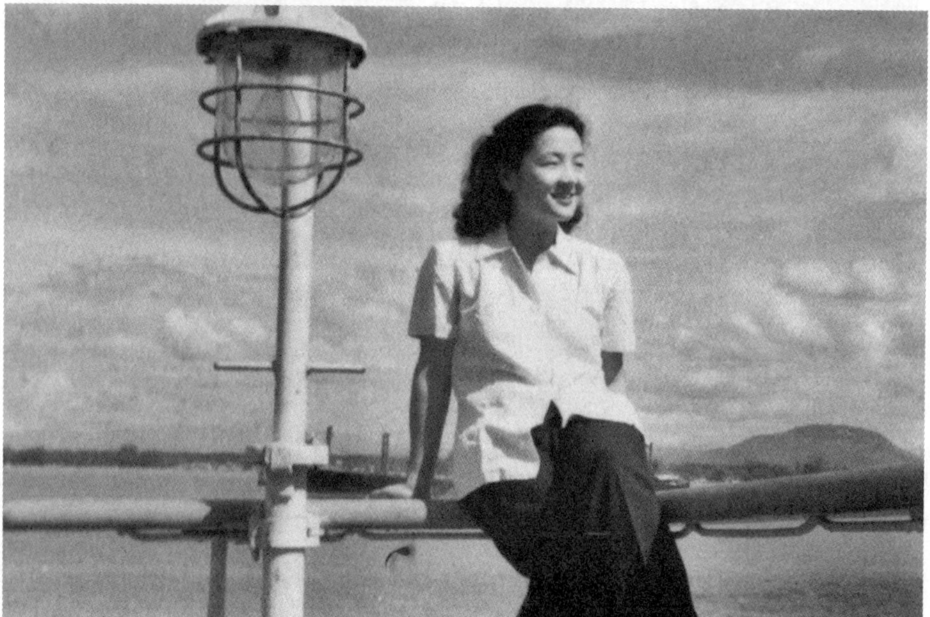

去印度的海船上

果不其然，周小燕将近一个世纪的人生，印证了年轻时航行在大海时，那一刹那间的想法：平静与翻滚。其实，每一个人的人生都是这样的。也许，有人平静的时候多，翻滚的时候少；有人翻滚的时候多，平静的时候少；有人翻滚时的冲击力大，有人翻滚时的冲击力小些。所不同的是，周小燕总是笑着面对，从一个快快活活的少女到今天快快活活的老太太，快活每一天。

从20世纪50年代开始，周小燕就在家里给学生上课，一直到今天，她的家就是学生的教室，学生的家。就这事，如果按大多数人的想法，给她算一笔账，那就亏大了。比如，这是给国家培养人才，不是自己办私立学校，在家里上课，这房钱算谁的？怎么算？在家里上课，要用电、用水，这电费、水费，谁付？有时，学生还要留下来吃饭，这饭费谁付？当然，这一切都是周小燕自己来。这是经济账。还有其他呢：住老房子时，一进弄堂就能听见学生“咪依依”的练唱，打扰邻居了，如果邻居有意见，怎么办？家里天天“鬼哭狼嚎”，没有安宁的日子，烦也烦死了，家里人跟着受累，有意见，怎么办？这都是可能发生的现实问题。

她不计较，不计算，每天，快快活活地给学生上课。好在她家附近住的多是有知识有文化的人，大家也习惯了，40多年了，没有人站出来提意见。好在全家人都理解她、支持她，没有为难她。要不，她怎么总是说“我是幸运的”呢？幸福总是跟随她嘛。

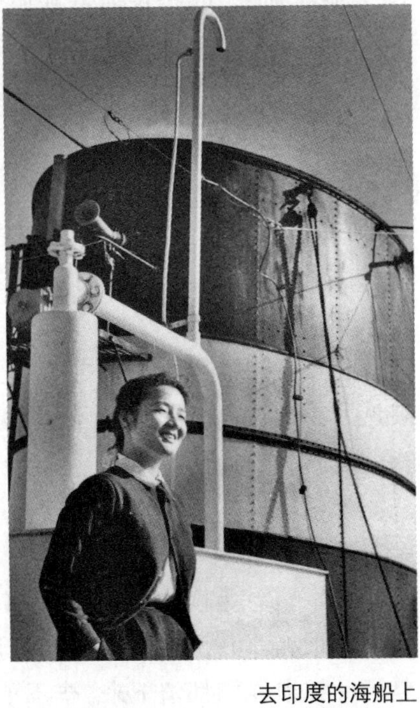

去印度的海船上

如果事事都要计较，都要计算的话，肯定不会快活，什么事也干不成。

2010年春节，有位学生来看她，看到她一个人坐在客厅的椅子上，学生问道：“先生，想什么呢？”她落寞地说：“我失业了。”原来，过年了，学生回去了。也就几天的时间，她就像失落了什么似的，只要有学生来，她就快活，就有了精神。

她从来没有觉得自己比学生年长多少。她分析道：“我之所以觉得自己不老，与心态有关系。我跟年轻人在一起的时候很快活，我不把自己当老人，他们也不觉得我是老人，大家在一起嘻嘻哈哈地笑呀、唱呀，一起玩，一起讨论问题。我真的不觉得自己很老。当然，有时候也想，将来老了不能自理了怎么办？但是，我不悲观，我尽量地自己的事情自己做，走路不让别人扶，坚决不把自己培养老。”

一个人的年龄增长，是自然法则，无法抗拒，但是，一个人的心态，可以永远年轻，这是自己可以掌握，做到的。心态，不要随着年龄增长而增长。

2007年11月13日，武汉东湖风景区管理委员会负责人来上海，拜访周小燕。周先生正在给学生上课，听说，家乡来人了，忙说："稍等一下，我要补一下妆，不然对不起远方来的客人。"她就是这样，出现在别人面前，总是整整洁洁，清清爽爽，精精神神。少顷，她出来了，用道地的武汉话和家乡人聊了起来。其间，电话铃响了，她起身去接，对方可能是外国人，周先生用英语与之交谈。说着说着，时间有点长了，周先生用手捂住话筒，转过身来，轻声地对大家说："对不起，对方是一个老太太，话多了一点。"接着，还朝大家调皮地做了一个"鬼脸"。不由得，大家都乐了。瞧，这老太太，自己都90岁了，还称人家老太太。真的，她一点也没有意识到自己老了，是一个90岁的老太太了。

她到哪里，就把快活带到哪里。她到任何地方上课、讲学，总是满堂笑声，气氛极其好。2005年，在周小燕先生的提议下，上海音乐学院周小燕歌剧中心举办上海"研究生高雅艺术巡礼"活动，第一讲在交通大学，由周先生自己主讲。晚上六点半，身披绿色披肩的她，神采奕奕地走上讲台，简单的开场白，就赢来学生一次又一次热烈的掌声。她说："我记得20世纪40年代从法国留学回来，第一个演唱的地方就是上海交通大学！当时，我答应学生自治会的邀请来交大唱歌，他们没有送我鲜花，而是送了我一面旗子。我当时就想，交大人好特别哦，怎么不送花？打开仔细一看，上面写着'唱破这阴湿的天'。"接着，她话锋一转："当然，这阴湿的天，不是我唱破的。但是，我们现在迎来了这明朗的天！"台下的学生，起劲地鼓掌，大声叫好。

任何情况下，只要有周先生出现，气氛一定轻松活泼。2010年夏天，又一届学生毕业了。毕业联欢会上，学生们难分难舍，沉浸在分别的痛苦中，一个个情不自禁地哭了起来。主持人不知道怎么办才好，周先生站了起来，举手要求发言。她说："同学们，你们怎么哭了呢？你们不应该哭。毕业了，说明你们取得了优异的成绩，完成了学业，你们有能力走上社会，为社会做贡献了。如果你们都留下来，毕不了业，那就是我们错了，我们应该哭，没有把你们培养出来。所以，你们都应该笑呀，笑起来吧。”气氛，立刻欢乐起来。

2011年5月17日，声乐歌剧系主办了一场“庆祝中国共产党建党九十周年音乐会”。演出结束，学校在食堂的二楼餐厅设晚宴，庆祝演出取得圆满成功。周先生看完演出，被学生们簇拥着来到二楼。院长讲完话后，学生们要求：周先生讲几句。她笑着站起来，说：“今天晚上，你们是功臣，我是‘蹭饭’的，吃大家的了。”“轰”地，所有人都笑了。接着，周先生说道：“我非常非常高兴，看到当代大学生，同样喜欢唱《黄河谣》，唱《松花江上》。你们唱得很有感情，很有激情，我的心情也随着你们的歌唱，高涨起来。我从你们身上看到了你们的实力，也看到了希望，看到了将来。”在场的李秀英由衷地对笔者说：“先生总是把激情和热情带到任何地方，在轻松愉快的气氛中，让大家受到教育。我非常敬佩她。”

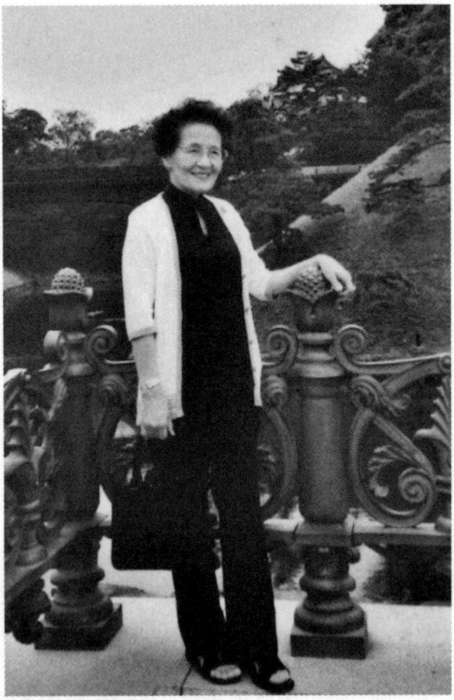
在日本

上海师范大学艺术系冯季清，永远记得这一幕：1987年5月，上海师范大学举办首届艺术节，邀请周先生来校作讲学音乐会。那天，他奉命去接周先生和她的学生。冯季清原来也是周先生的学生，有这样的机会，他兴奋无比。一路上，也为人师的他，就音乐教学的许多问题请教周先生，周先生不厌其烦，一一作答。不知不觉，上海师范大学到了。坐落在上海西南郊的上海师范大学东部是上海音乐学院旧址。周先生信步走进熟悉的礼堂后台。冯季清倒了一杯茶递到周先生手上，无意中，他碰到了周先生的手，发觉滚烫滚烫的，周先生在发着高烧！他着急了，连忙问：“周先生，您……”话还没说出来，周先生就点了点头。喝了口茶，周先生关照地说：“别多嘴，这儿，有一千多人等着我哩。”随后，像没事似的，和冯季清继续路上的话题。

即便自己有病，即便自己遭难，即便自己有困苦……她展示给别人的总是高雅和快乐。

快乐反映在教学上，她认为教的和学的，没有高低之分，教的要快乐，学的也要快乐。怎样做到大家都快乐呢？她说："师生之间，首先应该像家里人一样，像朋友一样。学生要尊师，但尊师不是畏师，不是惧师。畏师、惧师，就会产生害怕的心理，害怕就会紧张。如果上课时紧张，肌肉都绷紧了，课，一定上不好。唱歌是个快快活活的事，只有开开心心的，才会唱出味道，学出名堂。"

廖昌永曾对笔者说："我们和先生之间的关系，就像母子一样。"廖昌永头发硬，也留得长，不太好打理。有一天去上课，周先生看到了，说："头发都翘着，怎么不好好梳理？"她再一看，说："头发怎么这么长？我给你剪剪。"说着，拿起剪刀，边剪边批评廖昌永不注意自己的形象。她说："形象问题不是小问题，尤其是出了名以后，一言一行，人家都在注意你。再说，在人前穿得整整齐齐、干干净净，也是尊重人的一种表现。"

95岁了，还在为学生上课，还在参加一些社会活动，别人问她：你累不累呀？她说："累，但是高兴。学生们求知欲都很强，非常要求上进，这样，我就不能吝啬，也带不走。大家认为我的经验还有用，那我为什么不舍得付出呢？能够留点足迹在世上，还是很有意义的。"别人劝她：不要太忘我了。她说："我没有感觉自己是忘我地劳动，我是愉快地劳动，我喜欢这样的劳动。我掌握的东西，对大家有用处，是件愉快的事，何况我都这么大年纪了，能给的也不多了。"

生活一定要快乐，快乐了才会感觉生活是有滋味的。周先生对笔者说："什么事都摆在心里，融化不了，愁眉苦脸的，那就是和自己过不去，和快乐过不去，是自讨苦吃。一个人要尽量地保持生活的愉快。活一百岁也就一百年，生命是不长的。现在，大家都在想年轻一点，如果老是愁眉苦脸的，不愉快，人也老得快嘛。"

七　运动在于坚持

95岁的周小燕，出现在公众场合，依旧高跟鞋"笃、笃、笃"，衣着时尚、得体，露着由内而外的微笑，精神矍铄，神采飞扬。人们都说，现在生活条件好了，一个人要长寿容易，但是长寿又健康就不容易了。像周先生这样，非但长寿健康，而且还在工作着的人，古往今来，极少，极少。因此，很多人都在说：这个老太太，怎么这么精神，脑子这样好？培养出这么多优秀学生，真不容易。她有什么秘密吗？

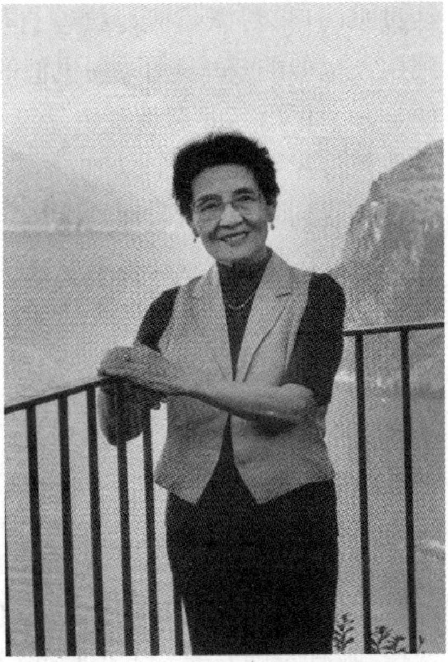
1998年在意大利

她有什么秘密吗？应该说，没有。也许，有一点，但可以说，那也算不得秘密，是大多数人知道的科学：身心都要健康。但是要做到，且坚持不懈，那就难了。可以说，她这一辈子是一个追求健康、迷恋健康的人。

年少时，希望中国人强壮起来的父亲，给她和弟妹们创造了运动和锻炼身体的条件。她练过单杠，学过武术，骑过马，游过泳，划过艇……这一切，为她打下了良好的身体素质底子，也使她一辈子喜欢各种体育运动。直到今天，90多岁了，她还会和年轻人一样，半夜起来看足球赛，直到天明。

回国后，从事声乐演唱和声乐教学，都需要较强的体力支持。人人都说，看周先生上课是一次享受。正规的课，学校配有专门的钢琴教师伴奏，周先生只需在一旁指导，但是，即便这样，她也是全身运动：脚不停地打着节拍；忽上忽下、忽前忽后的各种手势，带动身体各个部位；头，随着节拍晃动着；嘴在无声地为学生伴唱；耳朵竖着，仔细辨别学生唱出来的每一个音；眼睛也在说话，与学生交流着，全身似乎没有一个部位是不动的。若是给学生开小灶，或是义务为其他学生上课，那就没有专门的钢琴老师伴奏了，周先生自己弹，自己教，或站起或坐下，或前倾或后仰，这个运动量就更大了。最难能可贵的是，周先生的这个全身运动，一年三百六十五天，没有几天是休息的；最不可能做到的是，周先生的这个全身运动，年年不停，从青年到中年，从中年到老年，一生都在运动中。

除了上课，周先生还有其他运动——骑自行车。她骑起自行车来比男同志还要猛，张骏祥常为此担心，出门总要关照几句。张本当96路驾驶员时，经过家门口，经常看到她推着自行车和学生说话。在家里时，更多的时候看到她飞也似的骑车走了，飞也似的骑车回来了。中国的官本位体制决定了即便是一个再出名的老教授也是没有小车的，周小燕更自觉，从不向学校要车。老伴张骏祥是官，有车，她也不沾光，骑自行车，飞来飞去，又带劲又自由，想到哪儿就到哪儿，符合她的性格，她喜欢。直到1989年，股骨摔断后，老伴张骏祥、儿子张本在她还没有从南京回来前，就把自行车卖了，不让她再骑了。没有自行车了，她才无奈地、依依不舍地与自行车告别。这年，她72周岁了。

前面说过，周小燕少年时，随父亲上衡山向老道人学打坐，成年后，却因种种原因，没有坚持练习。20世纪70年代，她的颈椎病犯得很厉害，中医、西医都看了，没有解决问题。她突然想起小时候学的打坐，虽然几十年没有用，但小时候学的东西，总是扎根在心灵的深处，拿出来"晒晒"，就又熟门熟路了。每天，早晨起来，周先生盘腿坐在毡子上，双眼闭合，双手平叠齐眉，舌舔上腭，平心静气，意在丹田，半个小时后，双手缓缓放下，呼出一口气，收功。现在，她有时候要练一个小时的功。所以，每天早晨走出房门，周先生总是精神抖擞，一个"笑"字写在脸上，晚上，睡觉前，周先生也要练一次。这一坚持，又是35年了。

2003年国庆期间，应安徽大学的邀请，周小燕率学生去做公开讲学。上完课，周小燕和学生去黄山，到了黄山，大家跃跃欲试，想爬上黄山。周先生的大腿股骨，经过两次手术后，装的是人造骨，医生千叮万嘱，要好好保养，不可以参加爬山这样的大运动量活动。况且，这时周先生86周岁都已经过了，这么大岁数行吗？大家都担心，反对她爬上去，建议租一顶轿子抬上去。

周先生可不干了，说："我行的。我不喜欢坐轿子，这样形象不好，觉得自己像个地主婆，不习惯。你们说不行，那么，我就创造一个奇迹吧。"说完，自顾自向上走去，大家赶紧跟上。爬一阵休息一阵，终于，天在身边，云在身边；山在脚下，林在脚下。86岁的周小燕，带着伤腿，登上了黄山最高峰！事后，给她动手术的骨科大夫都非常吃惊，连连说："周先生真是创造了奇迹！她是在用她的精、气、神，创造这个奇迹的，医学解释不了这一现象。"

"生命在于运动，运动在于坚持。"这是一句至理名言。

"越运动越觉得舒服，叫我休息我反倒要生病了，浑身都疼。"周先生这样说。

如果用现在时行的语言，周先生是"富二代"，父亲的产业，足够她和兄弟姐妹们，什么都不干，好吃好住好穿好玩，一辈子也用不完。如果用现在时行的语言，周先生是“文一代”，她可以用自己的名誉地位，让子女有足够的资本，骄娇二气，颐指气使，不学无术，也能有好工作好收入。可是，周先生通通没有。正是这些通通没有，才使她身心健康，幸福长寿；才使子女成长成才，品学兼优。

富贵不等于长寿，官位不等于健康。这也是一个真理。

其实，周先生除了不会干家务活，生活中的什么活都努力地自己干，什么事尽量自己来。同事、学生、朋友来了，保姆沏好茶后，去干别的活了。喝着茶，聊着天，看到他们杯里的水少了，周先生便起身，忙着去给他们续茶。在周先生面前，不管是谁，都是晚辈，应该由他们自己来，周先生却没有这样的意识和架子，总是抢着来。家里的电话，只要她有空，都是她自己接的。今天干什么，明天干什么，她都认认真真记在本子上，一点也不会乱。

她到哪儿，发言都不用发言稿，但是一些重大会议，她还是自己准备了发言稿。因为眼睛又老花又散光又远视，她不喜欢在台上，一会儿用这副眼镜，一会儿换另一副眼镜，因此即使准备了发言稿，她也要在事前把内容背下来，记在心里再去发言。

几年前，她还自己打的去观赏学生们的演出，到有关单位讲学。为保证她的安全，后来，系里硬性规定，周先生到哪里，都要事先汇报，这样，她才不能“乱走乱动”。

一个人上了岁数，尤其是到了老年后，一定要坚持什么事都自己来，经常动脑、动嘴、动手、动脚，这非常重要。诚如周先生所说：“决不可‘养老’，把自己‘培养’老了。”

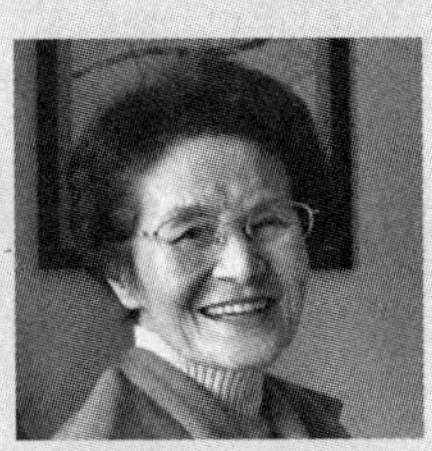

第十章

感召他人的她

一　他们回来了

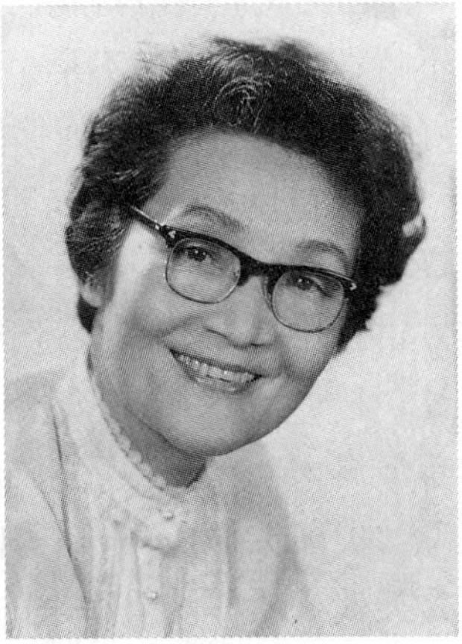

2005年6月，旅美女高音歌唱家李秀英在日本举办独唱音乐会后，应母校上海音乐学院之邀回校举办讲学音乐会。散场后，院长杨立青恳切地对李秀英说："考虑回来吧，我们需要你这样的人才。"秀英笑笑，回答道："好，我考虑考虑。"

此时的李秀英，正走红国际歌剧舞台。她获得了美国政府颁发的表演艺术家证书，是纽约歌剧院第一女主角，享有"第一蝴蝶夫人"之美誉，世界各大剧院纷纷与她签约，演出极为频繁。所有的这一切来得极其不容易，要她放弃，回国执教，是需要勇气，更需要牺牲精神的。

几天后，李秀英和丈夫刘红到北京去。那是一个傍晚，他俩在宽宽的北京马路上散步，从西便门一直走到天安门。夕阳下的北京，非常壮观，天边红云，像火一样地热烈。秀英再也克制不住内心的情绪，对丈夫说："我要回国。"刘红惊得站住不走了，问道："你刚才说什么？"秀英说："我想回国，回来教书。"说完，她看了刘红一眼，发现刘红兴奋得脸都有点红了。她马上明白了：丈夫为她的这个决定高兴，支持她。她心里悬着的一块石头，"扑通"落了地。刘红是一位民族音乐研究者，尤其对道教音乐的研究，国内没有几位能出其右，此时在香港任道教音乐团团长。

秀英拉着丈夫一路小跑，找到一处公用电话，立即给自己的老师周小燕打电话。"先生，我想回国教书。"秀英激动得声音都有点抖了。电话那端传来老师的笑声，周先生说："好啊，我很高兴听到你做出了这个决定。"秀英撒娇似的说："那你在上海时，为什么不对我说希望我回来呀？"周先生说："我尊重每一个学生自己的选择。我高兴你做了这个选择。"放下电话，周先生立即给杨立青院长打电话，告诉他："秀英决定回国教书。"

没有任何犹豫，秀英回国到母校任教。2011年4月25日，李秀英对笔者说:“出去以后,天天都在感受和验证老师对我们说过的每一句话,她不仅教我们技艺、知识,更教我们做人的道理、方向。前三年我没有回来,三年后回来去看老师,老师正患带状疱疹,住在医院里。看到她那么瘦弱地躺在病床上,心像被刀扎了一下,眼泪忍不住掉下来,当时,就恨不得舍去一切,前来照顾她。杨院长和我说了以后,我想的最多的还是老师。我想,跟随老师的五年,是我一生中最特别、最重要、最幸福的五年。我有这么好的老师,为什么不待在她的身边,不早早回来,不为她做点什么呢?回去吧,不要再漂泊了,好好守着老师,像老师那样,把自己所学到的教给更年轻的人。”

有一件事,足以表明李秀英在国际乐坛的声誉。2009年2月,一场瑞雪降落美国科罗拉多州丹佛市,白茫茫一片,城市如水晶般透彻明净。上海东方讲坛中国文化海外巡讲团首站到达这里,没有广告,没有宣传,更没有动员,丹佛大学图书馆会展室,坐满了听众。两个多小时的演讲结束,听众还围着演讲人问个不停。来自台湾的美籍华人李女士,把演讲人拉到一边,轻声说:“中国文化,今天在美国影响最大的是声乐。纽约歌剧院的首席女高音李秀英就是从你们上海来的,她在那儿演歌剧,一部又一部,热闹得不得了,我们经常飞过去听。欧美各个国家到处请她去演歌剧。听说,她的老师叫周什么燕的,噢对了,叫周小燕。这个老师了不起,非常了不起,太了不起了。她太神了,培养了许多在国际上拿大奖的歌唱家,这种成就绝不比在奥运会上拿奖牌低。”她的身高两米的美国丈夫,在一旁眯眯笑着,点着头,翘起了大拇指。

是周小燕的感召,使如日中天的李秀英抛弃一切,义无反顾地回到培养她的母校。如同当年父亲周苍柏的召唤,周小燕丢弃无法估量的前程,回到仍处于灾难中的祖国。

在张建一心里,老师周小燕就是自己的母亲,但又给予了他母亲所不能给予的一切。赴国外学习,在国外演出,当张建一功成名就,誉满世界舞台后,心里的失落感越来越重:一个人拖着拉杆箱,飞来飞去,到处演出,在候机室、在宾馆,非常寂寞。每次演完,门口都有好多追星族,拿着他在不同地方的演出剧照、生活照,请他签名。没有老师,没有亲人在身边分享他的成功,这一切又有什么意思呢?

1997年,在纽约主演经典歌剧《浮士德》后,张建一就想回来。他说:“我的心情和老师一样,唱那么多的西洋歌剧,是借鉴学习,目的是想把中国歌剧

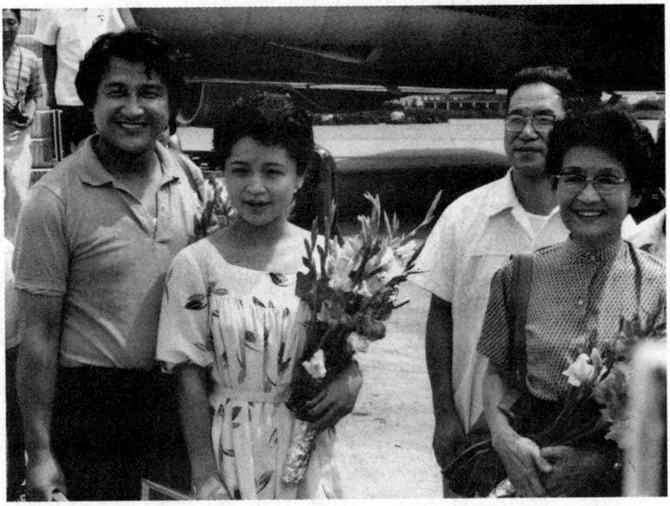
1984年，张建一、詹曼华载誉归来

推向世界。”可是，想想回去后，国内的歌剧氛围还没有形成，回来后无用武之地，怎么办呢？维也纳国家歌剧院每年演出60部歌剧，德国柏林歌剧院每年也要演出40部左右的歌剧，可是，像上海歌剧院这样的国内一流歌剧团体，当时一年也演不了几场。回去做什么呢？他这一生，只能献给歌剧。生活中，再苦再累再难，只要站在舞台上，他就有了精神，有了希望，因此，他只能打消回来的念头。从此，心里就多了一份歉疚感。回国效劳，成了他的梦想。

2005年11月15日，赴美18年后，张建一第一次回上海举办独唱音乐会。2006年6月，法国文化中心、法国圣艾蒂安歌剧院和上海歌剧院合作，联合制作比才的歌剧《采珠人》，张建一应邀饰演男一号纳迪尔。翌年4月，中法再次合作，在上海公演比才的另一部世界经典歌剧《卡门》，张建一又一次被邀请饰演男主角唐何塞。法国著名作曲家比才，生于1838年10月25日，卒于1875年6月3日。在他短暂的37年生涯中创作了近10部歌剧，《采珠人》是他的第一部歌剧，创作于1863年。比才的作品，民族色彩浓郁，他善于用富有表现力的交响乐展示生活的矛盾和冲突。《卡门》创作于1875年，公演于这年3月3日的巴黎，此时离他去世只有三个月。《卡门》在音乐艺术上的成就，迄今被公认为没有一部歌剧可与之相比。张建一在自己的祖国，在培养他的上海，主演了这两部世界经典歌剧，觉得特别爽快，内心的喜悦可想而知。

2012年春节，张建一又回到上海，和国内四位男高音合作，将一台高质量的作品，献给上海人民。现在，张建一是中央音乐学院声乐歌剧系主任。

在周小燕的感召下，李棠也回来了。李棠是著名歌唱家李光羲的女儿。本来，李棠是回到上海音乐学院声乐歌剧系执教的，结果，学院的音乐剧系知道后，想办法中途把她截下了。现在，李棠是上海音乐学院音乐剧系的教师。

学院钢琴系的老师李民铎，原来在美国教书。有一天，周小燕在学院碰到他，诧异地问："你怎么在这里？你回来了吗？"李民铎更是惊异地说："不全是因为您周先生的一句话吗？回来了。"原来，周先生曾经对李民铎等在海外的音乐家们说："你们在国外学成了，留在那儿教的是国外的学生，为什么不回来培养更多的中国学生呢？"李民铎记住了先生的这句话，在周先生精神的感召下，放弃了在美国的事业，回到祖国。近年来，他在上海音乐学院教的学生频频在国际钢琴赛上获大奖，更可喜的是，他的这些在国际上获大奖的学生，也有回来在上海音乐学院任教的。

有一阵子，社会传言廖昌永也将出国，还有国内的某某歌舞团要他去当领导等等。传言惊动了上海市委的领导，有一天，主管文化的市委副书记对周小燕说："周先生，能不能做做廖昌永的工作，让他留下来？"周先生听罢，马上说："你放心，他不会走的，他知道报恩。上海培养了他，他知道要为上海做点事，做些贡献的。"周小燕太了解自己的学生了。她知道，他们都是爱国的，都想为国家效劳的。只要国家有召唤，国内有舞台，他们都会回来的，或教书或演唱。廖昌永说："有先生在这儿，我哪儿都不去。"

二　教师梯队

作为一名花腔女高音歌唱家，誉满欧洲，这是一份属于她周小燕个人的荣誉；作为一名教师，培养一批又一批的学生，活跃在国际舞台上，并且频频摘得国际大奖，荣誉是一批又一批学生的。显然，后者的意义远比前者大。这是人们所能看到的周小燕对于国家声乐事业的奉献。然而，还有一个更为重要、更有意义的奉献，是潜移默化的，是悄无声息的，是任何金钱、金奖不可计算的，那就是：她影响、引导、培养了几代声乐教师队伍，而他们，反哺的是一个国家和民族一代又一代的声乐事业！

上海音乐学院声乐歌剧系，有一支老中青结合，团结协作，业务精湛，兢兢业业的教师队伍。周小燕是终身教授，95岁高龄还在带教学生，并且参加学校的教学研讨活动。在声乐歌剧系，还有一个不成文的规定，凡专业人员，到了60岁退休年龄，愿意继续从教的可以留下。很多教师不接受外单位的聘请，选择继续为母校工作，有的70多岁了，还在教学第一线。接下来五六十岁的、三四十岁的，都有出类拔萃的教师。整个声乐歌剧系，形成四代同堂的融洽的梯形教学队伍。周小燕是声乐歌剧系的一面旗帜和灵魂，几代教师心中的楷模和精神。

她的学生顾平，在上海音乐学院声乐歌剧系任副主任已经17年了。顾平说："我们系里的各项教学成果，在全国同类院系中是最强的。最重要的原因有两个，一是我们有很好的教学传统；二是我们有很好的教学榜样，这个榜样就是周小燕先生。"2011年5月4日，顾平在他的办公室对笔者感慨道："周先生这么大年纪了，但是一点不守旧，不是抱着自己的方法一成不变，而是不断寻找新方法，不断去完善它。很多事情，她以身作则，带头去做。比如，上公共课，开始大家都有顾虑，她就把自己的学生放进来，带头讲。现在，我们经常坐下来，形成制度，研究学生的情况，大家都没有顾虑，都愿意发表自己的看法，这样，系里的教学气氛就浓了。她的为人为艺，她的治学态度

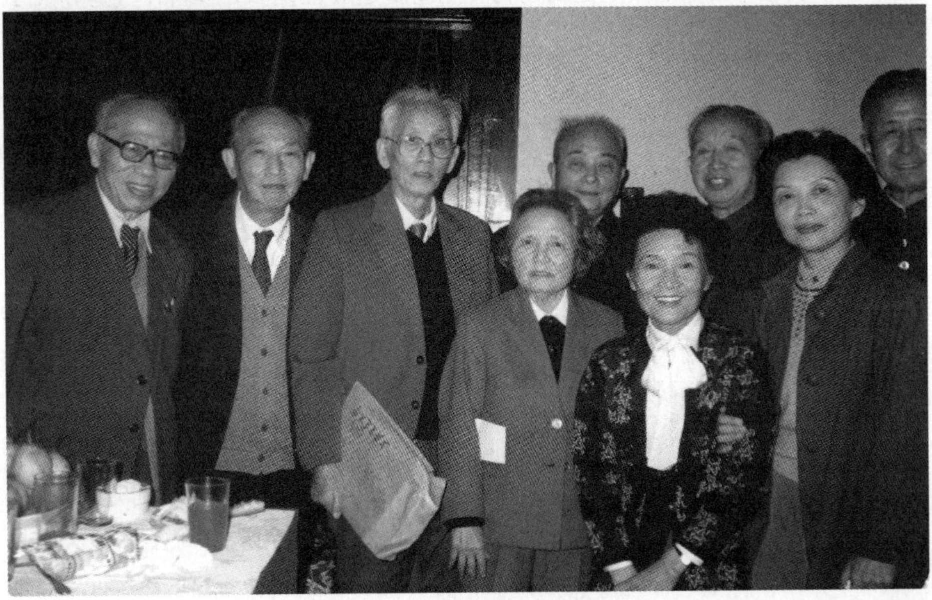

上海音乐学院老院长们（左三贺绿汀，右二周小燕）

等，影响了一代又一代教师，即使有些个性很强的老师，在她的影响下，也会慢慢修正自己，使自己变得更文明、更高尚些。”

原来，民族教研室老师陈剑波脾气很不好，有时候遇到难教的学生，会指着人家的鼻子骂：“怎么那么笨？”气极时，还撕坏学生的谱子。现在，人人都说，他的脾气好多了，学生都很喜欢他。2011年4月26日，陈剑波对笔者说：“都是周先生的影响和感召。”2000年，作为人才引进，陈剑波由四川音乐学院调入上海音乐学院，教学之余跟随周先生学，以后又考上她的研究生。走近周先生后，他被她的人格和高超的专业水平所吸引、所感动。前前后后跟随周先生八年，无论碰到什么事，周先生从未对他表示不满意，更没有发过火。周先生说，“学生唱不好，不要责怪学生，有一半是教师的问题，因此，先要从自己身上想问题。”她经常对陈剑波说：“作为老师，一定要用心教好自己的学生，用真情去爱护他们，用心用情去想他们要什么，想什么。学生没有进步，你没有责任吗？任何时候都要以学生利益为重。”

陈剑波每次到周先生那儿，不管心里是高兴的还是不高兴的，也不管她愿意不愿意，一股脑儿说给她听，先生总是微微笑着，坐在那儿，耐心地听他讲，不时给他一点分析，一点建议。周小燕的“耳朵”，没有人不佩服，这个“耳朵”，不是长得怎样，不是听力好不好，而是对任何人的演唱，气运得怎么样了，音唱得准确不准确，字咬准了没有，她一听就知道。和顾平一样，陈剑波也经常请先生听他的学生的唱，为他们把脉。这是她分外的事，可每一次她都高兴地应允，不仅指出学生在演唱中存在的问题，还和蔼地对他们提出希望，给予鼓励。陈剑波说：“周先生对我们的影响，用任何东西来比都是苍白的，她的点点滴滴，都具有感召力。她对我的改变是：教学态度的改变。她使我经常反思：够不够做一个教师的资格？对学生是不是有足够的爱心、耐心、关心？激励自己更用心地去爱自己的学生。学生与我贴近了，学得也快也好了，对他们太凶了，他们反而学不好。因此，周先生所起到的作用，最后是对国家声乐事业的一份传承。我们系有这样一位老人，是幸运的。”

刘芳瑛是声乐歌剧系民族专业的青年教师，结婚有了孩子后，对事业的追求就放松了，不免惹人议论。周先生看在眼里急在心里，她找刘芳瑛谈话，问她自己到底要什么，要想想清楚，不能这样糊里糊涂地混下去了。这像是给了刘芳瑛一支清醒剂，她醒了，工作态度有了很大转变，2008年，刘芳瑛还报考了周先生的研究生。民族专业并不是周先生的专业，似乎教得好是应该的，教得不好那就会有很多议论。但是，周先生考虑的不是自己的面子，而是刘芳瑛的进步，是民族专业如何更好吸收科学唱法的尝试。刘芳瑛来了后，每次上课，周先生总是用商量的口吻与她沟通，共同探讨，帮助她进步。

2011年4月26日，刘芳瑛对笔者说："周先生在我身上花了很大工夫。对民族音乐如何既要发声通畅、科学，又要好听，有色彩、有风格，周先生一直在动脑子。每次上课，周先生都会给我带来新的东西，新的惊喜，而我也会悟到一些新的东西，有新的收获。越学我越有兴趣，越有信心。我体会到：声音不是一成不变的，声音要有色彩，不同的色彩给人的感觉不一样，每一首歌都要找到属于它的声音。在做她研究生的同时，我还要教学生。于是，教学相长。我像周先生那样，注意对学生的观察，关心学生，想办法引导他们，收到很好的效果。上个星期，我做研究生毕业汇报演出，大家反映，我在各方面都有了明显的进步。现在，我研究生毕业了，但是，我的心没毕业，我会继续跟在先生的后面学。"

在上海音乐学院声乐歌剧系四代同堂的教师队伍中，每一代都有周小燕的学生，他们中还有很多人，是在周小燕的影响和感召下从事教学工作的。

上海音乐学院声乐歌剧系的教学成果为全国同行之最，声誉卓著。很多人说，其重要原因之一是他们有周先生这位优秀的榜样。在周先生的影响和

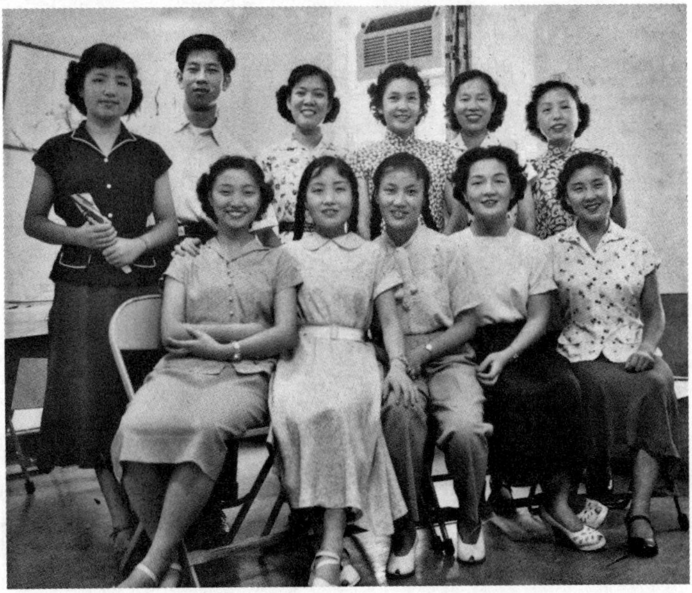

50年代与音乐学院的同事们，前排右二为周小燕

带动下，声乐歌剧系治学严谨认真，不搞虚的东西。生活在今天市场化且看重物质的社会环境中，谁都会有私心杂念，谁都会看重功名地位，声乐歌剧系的教师也不例外。周小燕不反对大家有这样的想法，但是，她告诫大家："这些东西，需要你们踏踏实实、认认真真，努力地去做，在追求的过程中去获得。不是什么都不做，什么都会来的。"显然，周先生强调的还是扎实做事，踏实做事。有时候，也有老师心态不平衡，自己努力了，但是没有获得。这时候，他们就会想到周先生，以她为榜样，心态就会好些。比如，有一位中年教师无意中看到了周先生的工资单，一看比自己高不了多少，心里就想，这样的国宝级教授也就这点工资，我的工资为什么不可以这样呢？为什么不安心工作呢？所以，在声乐歌剧系有这样一个喜人的现象：如果一个教师在规定的教学任务以外，多教一个在校学生，学校就会给一定的补贴。但是，人人知道，这个补贴是不高的。如果教师自己在外面教一个学生，就可以获得几倍于学校的收入。可是，在声乐歌剧系，大多数教师宁愿多教一个在校的学生，而不教或少教外面的学生。

声乐歌剧系在周小燕的倡议下，经常组织教师分析学生情况，寻找解决的方案。每周三，系里召开教学研讨会，一周关于美声的，一周关于民族的。每次，周先生都参加。

2011年4月27日，上海音乐学院教学大楼底层会议室，声乐歌剧系的教学研讨会在这里举行，笔者有幸在旁聆听。上午九点半，周先生在几位学生，当然也是声乐歌剧系的教师的陪同下来到会议室，这天的教学研讨内容是周先生关于"跨界"学习的讲座。近两个小时的讲座，周先生从20世纪50年代学习民族音乐讲起，认为现在声乐界出现一些"跨界"或"跨借"的现象，都是一些探索，都应该支持。所谓"跨界"或"跨借"，指的是唱美声的唱民族歌曲，唱民族歌曲的借用美声的发声方法等。

周先生强调说："上海音乐学院不是巴黎或意大利音乐学院。在巴黎音乐学院，首先要唱好法国作品，意大利音乐学院则以意大利作品为主。上海音乐学院是中国的音乐学院，我们的教师和学生怎么可以不重视我们自己的作品，唱好自己民族的歌曲呢？因此，美声专业的学生一定要说好中国话，唱好中国歌。民族专业的学生不要把自己限制在只唱民歌和中国歌里，要跨出乐池，拓展视野，丰富知识，要学习美声科学的演唱方法和外国艺术歌曲，及不同国家的民族歌曲。"

有一次，周小燕发现工资单里多了一些钱，便问这是怎么回事？有人告诉她：你是学科带头人，这是津贴。她马上说："我没带什么头，也没有做什么，怎么就是带头人了？"那人说："周先生你不是学科带头人，就没有带头人了。"周先生说："既然是带头人，那我就要带头了。"在她的建议下，系里开展了一系列教学研讨活动。这件事，在教师中传开了，很多人说，我们也拿到钱了，怎么就没有像周先生那样，想到要做些什么呢？这不是钱的问题，而是一个责任问题。周先生的言行，激励着每一位老师要兢兢业业地教学生，激励着每一个专业骨干叫他们不敢懈怠，要经常思索怎样带好这个头，怎样为学校、为系里、为学生多做些事。

又岂止在上海音乐学院？周小燕对教师队伍的影响，是无法统计和计量的。上海师范大学音乐表演系副主任杨清，原来是上海歌剧院的女中音歌唱家，刚转到教学岗位时，她很茫然，不知怎样教学生。杨清想到了周小燕教授，于是打电话给她。周先生热情鼓励她，答应把自己的教学心得传授给她。因此，在蛮长的一段时间里，只要杨清上门，周先生就放下手中的活，单独给她上课。周先生生病住院了，还惦记着杨清的课，让她到病房来上。

很多人由衷地说："有周小燕这样的老师，上海音乐学院是幸运的，中国声乐界是幸运的。"

三　浩然之气

在周小燕身上，有一种盛大、刚直、正义的浩然之气。一个对于他人有吸引力的人，除了要在这个领域具有卓越的专业成就外，更需随时随地闪现一种浩然之气，这种浩然之气，还包括无私、无欲、无利。

1998年，上海终于有了世界一流的艺术剧场——上海大剧院。开场演出选择的是威尔第的歌剧《阿依达》。剧中的主要角色女高音阿依达，由谁来演？在周小燕的建议下，决定公开选拔。作为主持选拔的专家，周小燕没有把这个机会给自己的学生，而是给了来自西安音乐学院的年轻教师和慧。1999年，上海国际艺术节闭幕。闭幕式演出的是歌剧《茶花女》，需要推荐剧中的女主角，周小燕仍是没有把机会给自己的学生，而是给了中央音乐学院的张立萍。有人问她，怎么不考虑自己的学生呢？周小燕说："要使歌剧在中国真正繁荣起来，需要大家齐心协力。由谁来演，不决定于他（她）是谁的学生，而是决定于他（她）合不合适剧中的角色要求。"

多年前，文化部国际处一位负责人找周小燕商量，说是否组织一次全国性的声乐选拔赛，获奖者将代表国家赴欧洲参加一个国际性的声乐比赛。当时，周小燕歌剧中心国际大师班正开班。周小燕说："何必再组织比赛呢？全国各地的精英都在这里了，由你们选一个就行了。"这位负责人说："那选谁呢？你推荐一位吧。"周小燕立即推荐了大师班中成绩最优良的陈勇。陈勇是西安音乐学院的青年教师，男高音。陈勇有机会参加了这次大赛，并得了奖。文化部高兴，陕西方面也高兴，他们认为，周先生大公无私，不本位主义。陈勇一直不忘周先生给予的这个机会，有一次出差到上海，特意去看周先生。陈勇说，周先生也不认识他，却把机会给了他，他非常感谢。周先生说："不用谢。荣誉是你自己努力得来的，不是你和我认识不认识的问题。是人才，我当然要推荐。"

她自己的学生，只要合适她也不避讳，也推荐。1986年，上海歌剧院准备排演歌剧《美丽的海伦》，周先生知道后，向歌剧院院长写信，推荐魏松来演男一号。她是用商量的语气写的："他声音成熟，是大号男高音，你们听听看，行不行？"那时，魏松还在沈阳。这样，魏松受邀来上海歌剧院主演歌剧《美丽的海伦》，也正是这一机会，他的艺术生涯有了很大的改变。他后来作为人才被引进到上海歌剧院，在上海，他有了更多的机会，在歌剧中饰演不同角色。

2005年5月，魏松举办独唱音乐会，周小燕担任艺术总监，为他把关。周先生还出席了他的新闻发布会，在会上，她向大家介绍："毛头小伙子成熟了，音乐感觉好，形象好，会演戏。"今天的魏松已成为上海歌剧院院长，是国内著名的男高音之一，也是维也纳国际声乐大赛评委之一。

魏松说："在周先生的身上，看不到与事业无关的东西。她没有任何私心，公平、正直，一辈子兢兢业业，全部心思用在教学和培养学生上，用在歌剧事业的繁荣和发展上。"

2008年7月，从维也纳传来喜讯，周小燕的学生于冠群获得了第二十七届维也纳汉斯加伯尔国际声乐大赛金奖。维也纳国际声乐大赛是国际歌剧人最为期待、最为重视的顶级赛事，大赛侧重歌剧演唱，大多数参赛歌手来自世界各国的专业歌剧演员。每届比赛，因为报名者太多，赛事方不得不派出专家，到世界各国进行预选。于冠群参加的这一届，报名者达3 000人，预选后有42个国家的159位选手参赛。24年前，中国选手张建一、詹曼华也是在这个大赛上获得了金奖。以后，中国虽然也有歌手参加，但均未获得大奖。

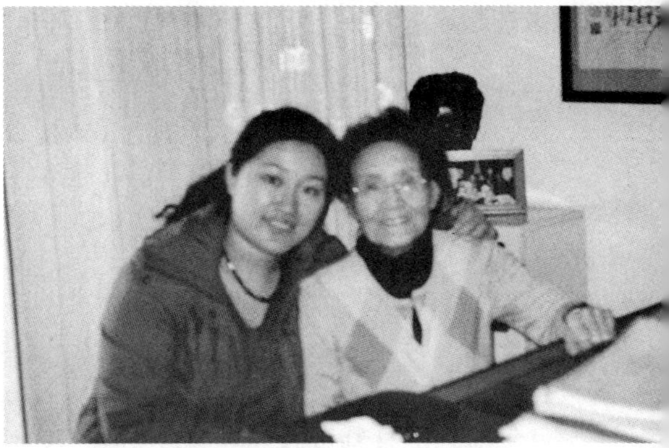
与学生于冠群

第一轮，于冠群唱的是普契尼的《曼侬莱斯科》中的咏叹调《孤独，我堕落，被人抛弃》，三轮后进入决赛。决赛唱什么作品，由评委会当场决定，没有想到，评委会仍让她唱普契尼的这首咏叹调。原来，首轮时，于冠群的演唱就让许多观众和评委红了眼圈。于冠群演唱完走下舞台，只看见许多观众用手在胸前做成“心”的形状，与她打招呼，她听懂了一句：“你唱到我的心里去了。”25岁的山东姑娘，独领风骚，获得了这届大赛的金奖。

于冠群自幼学手风琴，原是山东艺术学院音乐教育专业的一名学生。2006年，周小燕到山东作艺术讲学时，看了一些学生的录像，感觉长着圆圆脸蛋的于冠群在歌唱上很有可塑性。这年夏天，于冠群本科毕业后来到上海，进了周小燕歌剧中心，成为周小燕的研究生。第一学期结束，于冠群想回去过年，周小燕对她说：“你别回去了，你要加劲学，我帮你补课。”于冠群听了先生的话，留了下来，天天到老师家上课，春节几天也没放过。第二学期开始，于冠群的各项成绩提高了许多。参赛前，周先生帮助她一个字、一个字的“抠”，哪里要用情，用什么样的情，都帮助她分析得清清楚楚。“唱歌要用情。”周先生的这句话，于冠群记得牢牢的。仅仅两年时间，于冠群就摘得了世界歌剧最具权威的大赛的金奖，同时还获得了“最佳新闻人物奖”。

曹禺的《雷雨》，之所以能够被搬上歌剧舞台，其中也有周先生的作用和影响。作曲家莫凡原是上海音乐学院音乐作曲系的学生，在做学生时，他就有想法：把《雷雨》改编成一部大型的民族歌剧。毕业后，他来到北京工作，创作了以《雷雨》为主题的钢琴伴奏和音乐会等，但是一直没有信心创作一部大的完整的歌剧。

1998年，周小燕率领学生到北京开音乐会。莫凡去看老师，在与周先生交谈时，他谈到了自己的这一想法。周先生当即就很兴奋，拉着他的手，说："这个主意好，你尽管写吧，我们歌剧中心为你试唱。"莫凡受到鼓励，信心大增，回去后即投入创作。周先生回到上海后，多次打电话去询问创作情况，并且就一些问题谈了自己的看法并给予了指导。这样，京沪两地，来来去去，反反复复，商量、斟酌，使作品更完善。2000年，莫凡终于完成歌剧《雷雨》的剧本创作，随之，在周先生的牵线下，与上海歌剧院合作，将其搬上了舞台，这使民族歌剧的宝库里又多了一笔财富。

正是她的这种无私、无欲、无利，使得中国声乐人才不断冒出，在国际声乐舞台上争金夺银，震惊世界；正是她的这种盛大、刚直、正义的浩然之气，使得但凡学习声乐的人，都想成为她的学生，而她的学生，都以她为光荣、为骄傲、为榜样。

四　人格魅力

2011年7月6日，在周先生位于复兴中路的寓所里，她坦诚地说道："当年唱《长城谣》时，我唱错了一个字，把'自从大难平地起'的'难'字唱成'乱'了。因为我是湖北人，普通话说不标准，也不知道唱错了。直到80年代初，我去新加坡讲学，在街头听到有人放这张唱片，才听出了问题。当时我想，哎呀，我怎么犯这样的错误呢？在录制时，怎么没有人给我指出来呢？如果当场有人给我指出，就会避免发生这样的错误了。"

她在平静地叙述这件事，可笔者的心里却不平静：她是大师呀，她怎么能向别人说自己的错呢？还是一个低级错误。我想，这就是她与别人不一样的地方，这也是她真纯、正直的一面。她对笔者说了她的错，在笔者的心里她的形象反而更真实、更可爱、更高大。谁都有一个成长过程，谁都会有错误，只要不是神。相信，笔者在这里叙述了这件事，读者也会与笔者一样，更为敬重她。

她常常说："什么事都要客观，客观认识自己，客观认识别人。"

她的"高"处，正在于她善于把失败当教训，把坏事变成好事。所以，她对学生每一个字、每一个音都要求念得很准，唱得很准。所以，她会在一个细节上长年要求学生一定要改正，不允许有丝毫差错，不达目的不罢休。也许，有人会因此而有点心烦，可是试想，当你功成名就，回过头来看自己几年前的作品，发现这样那样的不足甚至错误时，也会懊恼，也会想，老师当时怎么不向我指出呢？周先生是不想让发生在自己身上的错误出现在学生的身上，所以，对任何人的一点错，她都会盯住不放，不管你高兴不高兴。所以，在她那里出来的学生，在基本功上，都非常扎实，以至于人们说，如果一批学生在台上，要区别谁是周小燕的学生，很简单，就看哪位音唱得最准确，字吐得最清楚，表情最为自然。

1995年，廖昌永第一次出国，参加英国BBC卡迪夫世界歌唱家大赛。他一心想着要为国争光，要拿奖回来，结果包袱太大，反而被累，发挥不好，没有拿到奖。回来后，周先生一句埋怨、责怪的话都没有，而是一遍遍地看他带回来的录像，帮助他寻找问题究竟出在什么地方，什么地方需要改正。这样，使得廖昌永能够有针对性地进行再训练。结果，1996年，廖昌永连续参加三项国际声乐大赛，全都拿了金奖。

1999年，多明戈邀请廖昌永去美国演出《尤利斯人》。这是廖昌永第一次去美国演出，周先生对廖昌永说："不能打无准备之战，要么一炮打响，要么一炮打哑。要练到想都不用想，张口就能唱的地步，在国际声乐舞台上树起我们的形象。"照着老师的要求，廖昌永苦练了半年之久。到了美国，廖昌永的精湛演出让多明戈都傻了。他说：这是他所看到的唯一一个一点点音都没有唱错的年轻人。

周先生强调说："声乐艺术一要天赋，二要勤奋，缺一不可。廖昌永有天赋，所以当年我们要了他。到了我这里以后，我对他和其他学生一样，没有特别怎么样，他的成才主要靠他的勤奋。我说马友友的琴拉得好，叫他多听听，他不仅听了，还买下马友友所有的唱片，反复品味。我说，学声乐的也应该学会一种器乐，最好是钢琴。他进学校时，连钢琴都没摸过，现在钢琴也弹得很不错了。当了领导，有了成就也不飘飘然，还很诚恳、朴素。到现在，举办音乐会或唱什么新歌，还到我这里来，先让我听听，像个学生一样，要我为他'把把关'。所以，我要说：廖昌永的成功，不是我的功劳，是他勤奋虚心，善于自学，自己努力的结果。"

对自己的错误不避讳，对学生的成就不占有。荀子说："不诱于誉，不恐

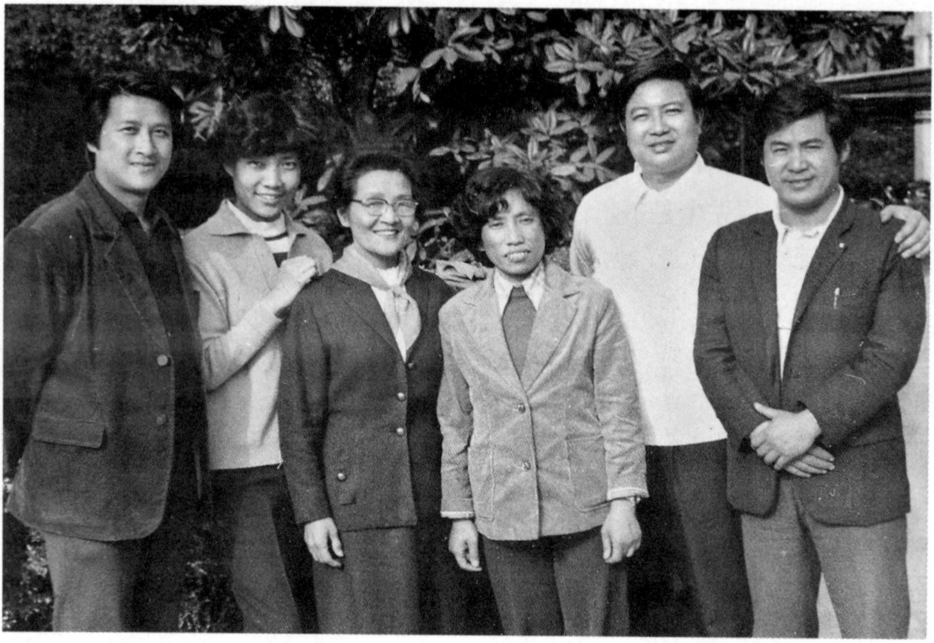

1984年与学生在一起。左起：张建一、高曼华、周小燕、彭雪琼（钢琴老师）、罗魏、刘捷

于诽。”不被名誉所引诱，不被诽谤所恐惧，这是一种大正、大义、大智、大慧。

周小燕看问题，总是那样实在、完整。她认为：能够在国际上拿大奖，这是值得高兴的事，但是，并不是说拿了大奖就是国际一流的艺术家了。她常常对学生说：“马友友、魏松等都没有在国际上获得过什么大奖，但是这并没有阻碍他们成为一流的艺术家。没有得奖，不等于没有才华，不等于成为不了优秀的艺术家，归根到底，要有真才实学，不要浮躁，要甘于寂寞，不断学习，不断进步。”她也曾坦言，她教过许多学生，获得国际大奖的或是出名的只是极少数。但是，并不是说那些没出名或没得奖的学生就不好，业务就不行，他们在自己的岗位上，散发着应有的光芒，虽然默默无闻，但同样受到尊重。有人会说，这里还有一个机遇的问题。周先生认为：这话不错。但是，机遇每个人都会碰到的，就看你会不会抓住它，也就是说，你有没有实力去抓住它，有没有准备好去抓住它。

周小燕曾经应邀担任一项国际声乐大赛的评委。谁知，在评委会讨论会上，周先生指出有一位女参赛手，音没唱准，然而，所有的评委你看我，我看你，一个也不说话。后来，她才知道，这位参赛歌手是评委会主任的学生。结果，就是这位音也没唱准的女歌手获得了第一名。周先生没有想到，在国外这样高级别的国际大赛中，也有这样的黑幕。以后，再有任何邀请，她都不去了。她觉得，她没有能力改变这种不正之风，但是她可以保证自己清正，不去做傀儡。

本来，对艺术作品进行比赛，她就有自己的看法。她认为，艺术不像体育是竞技型的，体育竞赛，谁失手了谁就输了，无可争议，而艺术则不然。在评委中，有人听声音，有人听乐感，即如何诠释作品，如此等等，就说不清楚了。尤其是原生态的比赛，有许多说不清楚的地方。比如，蒙古民歌有蒙古的特点和唱法，西藏民歌有西藏的特点和唱法，怎么比？以什么标准比？以谁唱得响、谁唱得高为标准、为比赛规格？很难说清，很难定夺。因此，要用一两次比赛的成绩论定一个人的演唱水平，还是不全面的。

所以，她对任何学生都一视同仁，尤其在教学上，从不偏颇谁。试看她的一些成才的学生，都没有任何背景。获了奖或者出了名的学生，尽管有的已在领导岗位上，她反而批评得多，表扬得少。学生们也不会因为她表扬得少，批评得多而与她生分了、远离了，反而更亲近、更敬佩，更被她吸引了。因为，

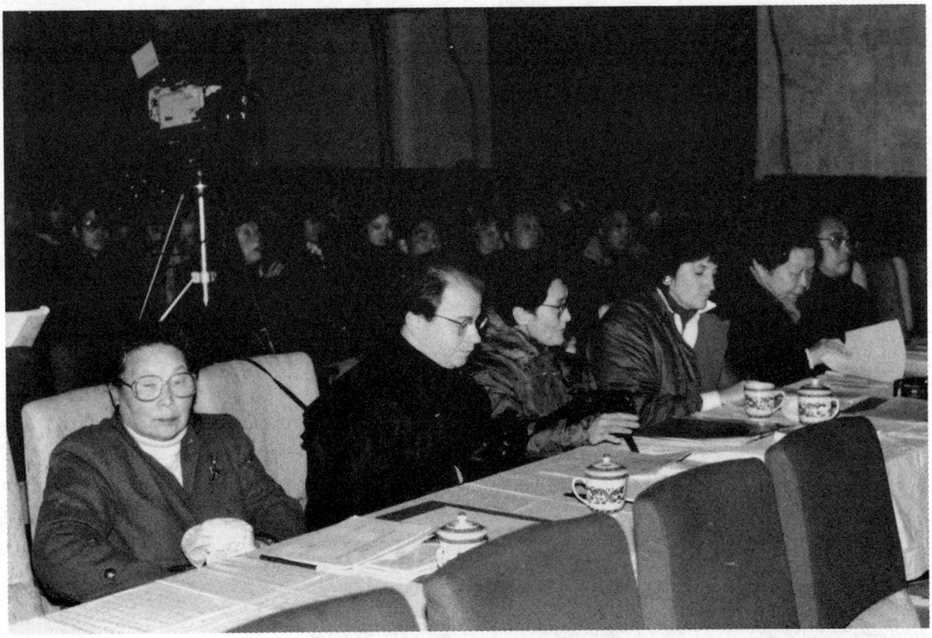

2000年担任国际声乐比赛中国选拔赛评委

他们知道，老师真纯、正直，不会隐藏，全部心思都在学生身上。张建一说：“周先生很少当面夸奖我，总是强调我文化底子薄，让我不放松，不骄傲，知道自己是谁，自己有几两重。”李秀英说：“出国时，先生对我说，一定要抓紧机会，多看多听别人的演出和演唱。看人家的演出，听人家的演唱，一定要抱虚心学习的心态，找人家的长处，而不是挑毛病，找人家的短处。不要拿自己的长处比别人的短处，而是要拿自己的短处比别人的长处。看人家的短处容易，看自己的短处难，什么时候，都要保持正常人的心态。做人做不好，艺术上也不可能好到哪里去，艺术和人品是相辅相成的。”

东西方文化虽然有差异，但是，在道德坐标上，有很多是一致的。比如雷锋，中国人热爱和敬佩他，外国人也热爱和敬佩他。周小燕的人格魅力在国外同样有许多追随和热爱者。吴祖光曾经寄给周小燕一封信和一份剪报，说他到法国去，有一天碰到一位法国汉学家，这位法国汉学家告诉吴祖光，20世纪40年代，他听到一个中国小姑娘唱一首中国歌曲，好听极了，特别是中国语言太美了。由此，他对中国这个神秘国家充满好感和向往，下决心学中文，最终成为一位汉学家。那个姑娘就是周小燕，是在一次演唱会上，她一身旗袍，唱的是中国的民间小调紫竹调。一个人，如果连自己的国家、自己的文化都不热爱，不可能得到别人的赞赏和尊重，这是周小燕在与外国人相处中得到的体会。

周小燕歌剧中心国际歌剧大师班开办时，有一位赞助人，是来自瑞士的日本人崛内纪良先生。崛内纪良是瑞士西纳斯古代艺术基金会主席。一个

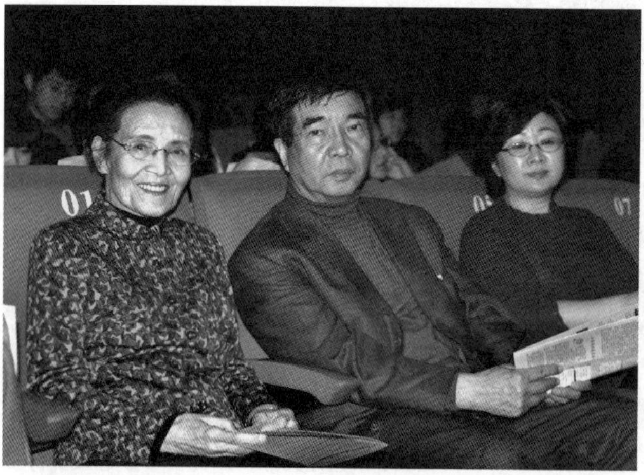

与日本友人崛内纪良（左二）

偶然的机会，他听说了周小燕的故事，了解到她70岁办起歌剧中心，亲自参与歌剧排练，还带着学生全国到处跑，举办歌剧普及讲座，80岁后又办起国际歌剧大师班，培养年轻的优秀的歌剧人才。崛内纪良很惊讶，也很感动，说"像她这样高年事的艺术家，还亲力所为，把歌剧的知识普及到最广泛的大众之中，真是一位令人敬佩的伟大艺术家"。在与周小燕接触以后，崛内纪良更被她的人格力量所撼动，他说："周女士非常高贵，很难遇上这么有人格魅力的人。我一定要帮她做点事。"果然，国际歌剧大师班连续举办八届，崛内纪良都是热情的赞助人。

2007年，周小燕九十大寿，崛内纪良先生专程来沪贺寿。那天，世界著名歌剧导演、意大利人杰恩·弗兰克也专程飞来祝贺，他还带来了歌剧之乡——意大利维罗纳市市长的贺信及奖状。杰恩·弗兰克说："由于周小燕的贡献，使得中国歌唱家们成为了最好的意大利歌剧演唱者，有时竟然比意大利歌唱家们唱得还要好。周小燕女士很高雅，是一位非常有魅力的中国女性。"

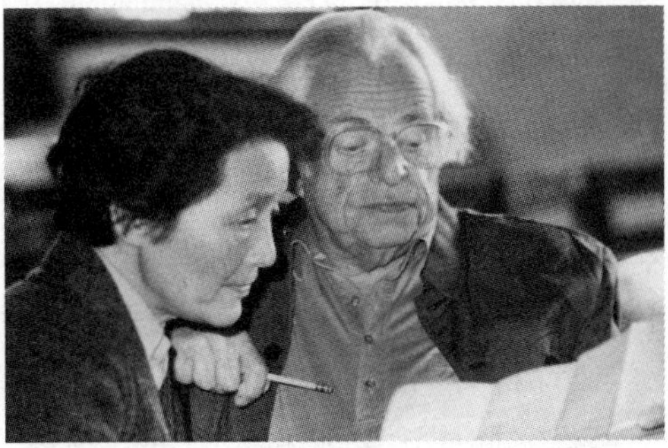

同专家一起商讨排练计划

黄海燕，印度尼西亚活跃的华人企业家。从小喜爱音乐的黄海燕，用现在流行的话说，是周小燕绝对的"铁杆粉丝"。1992年7月，应新加坡毓声音乐协会的邀请，周小燕率六名师生赴狮城演出和讲学，黄海燕和她的丈夫赖汉警闻讯后专程飞到新加坡，由此她们认识了。很快，黄海燕被周小燕吸引。1996年，黄海燕立志学习周小燕的精神和境界，培养声乐人才，成立了"印尼雅加达海燕合唱团"，周小燕先生受邀担任合唱团的艺术顾问。每年，周小燕歌剧中心选派老师去合唱团指导，卞敬祖

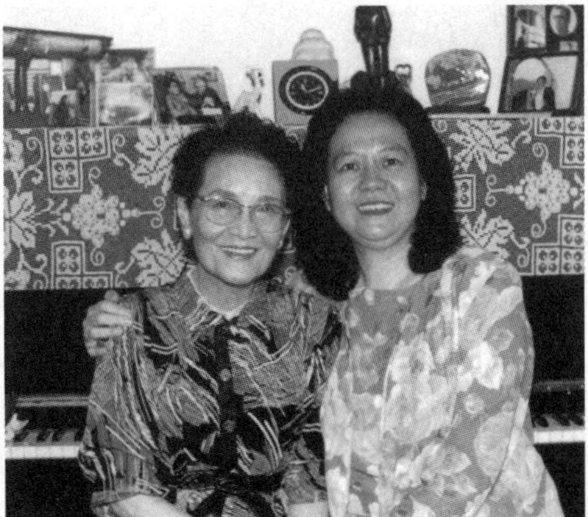

与印尼华人企业家黄海燕

的爱人赵宪是上海音乐学院声乐歌剧系的老师，退休后几乎每年被中心派去那儿。在成立后的16年中，海燕合唱团和中国上海、广州、天津等地的艺术团体合作，举办了多场高规格、高水平的演出。几乎每年她都要邀请中国歌唱家到印尼演出。她还赞助了数位中国青年歌唱人才参加国际性声乐大赛。

2004年11月5日晚，海燕合唱团在雅加达比达加拉音乐厅公演中国著名音乐作品《黄河大合唱》，这是第一次在印尼的土地上由印尼的文艺团体演出《黄河大合唱》。指挥是来自中国的著名青年指挥曹丁。这晚的演出，台上台下，群情激昂，掌声雷动。合唱团的哈吉姆是印尼土著人，他说："我虽然不懂汉语，但在演唱时能感受到一种奔腾的激情。"2005年，海燕合唱团赴泰国，与泰国乐运合唱团、中国四川爱乐乐团等三个国家的六个合唱团合作，在泰国国家剧院共同演出《黄河大合唱》，260多人的合唱队，轰动了泰国。海燕合唱团，还去新加坡、马来西亚演出《黄河大合唱》，为传播声乐艺术和中国文化做出了一定贡献。

今天的海燕合唱团已经名扬世界合唱舞台。2010年，第六届世界合唱比赛在中国绍兴举办，海燕合唱团获得了银奖。2011年，海燕合唱团参加了在广西南宁举办的第八届东盟博览会开幕式演出。2012年，在厦门举办的国际合唱音乐比赛中，海燕合唱团获得了金奖。

黄海燕经常来上海，每次都要去拜访周小燕先生。她说："周先生是我的榜样。周先生艺术和人格的双重魅力，使所有熟悉她的人由衷地佩服和敬仰。"

五　毛毛雨，微微风

一个人的人格魅力并不在于做了什么惊天动地的大事，还在于随时随地，平平常常，点点滴滴，毛毛雨，微微风，在不知不觉中，给人所悟，给人所悦，给人所感，给人所醒，给人所惊。

95岁的周小燕，一点也不守旧，不被以往的经验所束缚，脚下的高跟鞋总是在追着时代的铿锵脚步，思想跟着时代在不断前进。有人告诉她，廖昌永在唱通俗歌曲。她马上说："我支持。"唱美声的人为什么不可以唱通俗歌曲呢？本来作曲家的一部作品，谁来演绎都会不一样。歌唱者功夫的深浅，对作品的体现就会不一样。更何况，学美声，不是只唱西洋歌曲，而是用美声的科学发声方法唱好每一首歌曲，无论是中国歌曲，还是外国歌曲，无论是通俗歌曲，还是原始民歌，只要唱得好，就是美声。

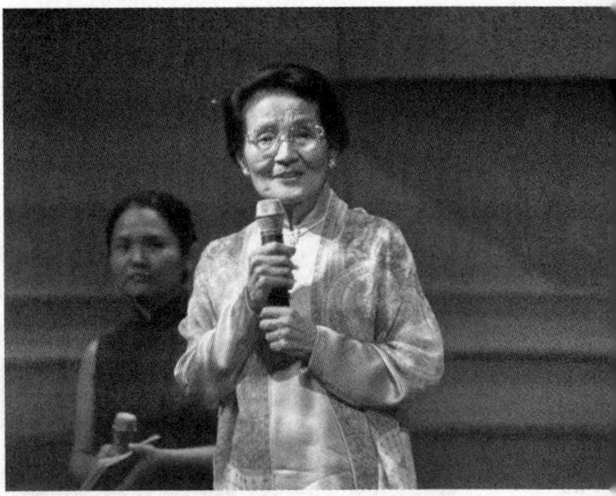

2002年在大师班讲课

已为人师的李秀英，对笔者比喻：过去在周先生这儿学习是"A"，出国深造是"B"。"A"与"B"的相加，使李秀英活跃在国际声乐舞台上，主演了一部又一部歌剧，被国际认可。现在，李秀英回到母校教书，又回到"A"了，这是为什么呢？秀英说："每一位学生的条件不一样，这个学生的特点是什么？那位学生的不足在什么地方？用什么样的方法去解决？结果，我想来想去，用来用去，连一个手势，一个眼神，都是从老师那儿来的，都是她以前教给我的。她的教学方法太丰富、太生动了。有时候，我将学生带来，请老师看看，我坐在沙发上，看老师指点学生，真是一场享受啊。有时候，激动得真想从沙发上跳起来，因为，老师说得太对了，我怎么就想不到呢？老师成就的不是她自己一个人，而是几代人，这个太伟大了。"

1983年，周先生带张建一和其他学生去四川举办公开音乐讲学会，中午四川军区请吃饭。那时，张建一他们一个个都是穷学生，平时哪有那么丰盛的菜肴，还有酒喝呀？因此忍不住喝了很多酒，结果晚上演出时，嗓子受了影响。周小燕很生气，但她并没有骂他，只是不吭一声，不说话。张建一见老师那么克制，也不骂几句，知道自己错了，从此，演出前他再也没喝过酒。

魏松也有同样的经历。有一次，他在外面喝了酒，回来后上课，嗓子直冒烟，唱不了了。周先生没有发火，拿着谱子，语重心长地对他说："你这样怎么行？能学得好吗？"

每一个学生出去比赛，或者开演唱会，她都要仔细把关。2009年，于冠群维也纳夺冠后，在贺绿汀音乐厅开独唱音乐会。周先生早早来到后台，仔细关照她所唱歌曲的一些处理。2011年5月17日，学校组织一台纪念中国共产党诞生九十周年的演出，参加演出的不全是她的学生，但是，她一样关心。上

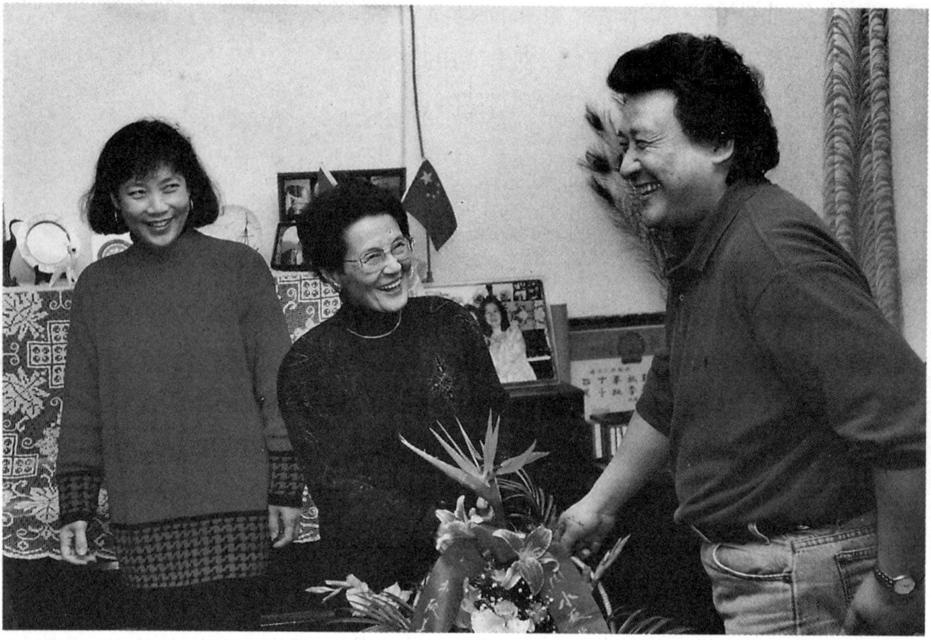

张建一来家中看望老师

午走台，她早早来到剧场，静静地坐在一旁，看大家的排练，发现有不足的就马上指出来。

就是这些毛毛雨，微微风，使学生们知道应该怎样，不应该怎样，分得清轻重，辨得清好坏。长期的耳濡目染，不知不觉中，世界观、价值观、审美观、艺术观等都受到了影响。

在周先生的影响下，张建一养成了看书的习惯。哲学的、历史的、文学的、心理学的、建筑的、宗教的，他都涉猎，都爱看。越读书越觉得自己在文化方面的知识很不够。他说："比如，西方音乐是从他们的宗教开始的，最好就要懂得他们的宗教。唱哪个国家的歌，就要对那个国家的文化、风俗、习惯等都要了解。就说脱手套这样一个细节，在意大利等国家的上流阶层，贵族们是一个手指、一个手指脱的，不是一下子全脱下来的。因此，演好一部歌剧，除了嗓音好以外，就要看你的文化积累和文化修养了。"

今天，没有摸过钢琴的廖昌永，钢琴已经弹得很不错了。他还在学习绘画，据说也像模像样，拿得出手了。陈剑波的书法，也已经有了一定功力，非常不错了。

谁都有这样的体会，越走近周小燕，越觉得她的魅力。20世纪80年代初，名不见经传的上海音乐学院指挥系学生汤沐海要赴德国学习，请周小燕写了一封推荐信。期满后，德方同意他延长一段学习时间，但是根据当时的规定，延长学习时间除了有邀请方的文件外，还需要本人向学校提出申请。汤沐海已在德国，没有办法回来，自然无法“本人向学校提出申请”，汤沐海于是写了一封信给母亲蓝为洁，并附上德方的文件，希望母亲给想想办法。

蓝为洁是上海电影制片厂的一名剪辑师。收到儿子的来信，蓝为洁想怎么办呢，找谁呢？她想到了周小燕。此时，蓝为洁并不认识周小燕，因她的丈夫汤晓丹是上海电影制片厂著名导演，与张骏祥是同事、同行，所以，才想到了周小燕，想请她与学校领导说说。这样，蓝为洁找到周小燕的家。周小燕微笑着听了蓝为洁的说明，接过汤沐海的信，看了看，说道：“我一定会转到校党委。学校对每一个有才华有志学音乐的人都会大力支持，不要着急，耐心等消息。”没有多久，学院同意汤沐海继续在德国深造。这样，使得汤沐海有机会得到世界著名指挥大师卡拉扬的指点和扶持，很快走向世界指挥舞台。

30年过去了，今天的汤沐海也成为世界著名的指挥大师了，可是，蓝为洁心里一直没有忘记这件事。她说：“我不止一次地想过，如果当时没有周小燕的鼎力相助，汤沐海的结果就不会像今天这样。”

2011年4月的一天，蓝为洁又一次走进周小燕的家，这一次是为了大儿子汤沐黎的事。汤沐黎是享誉世界的油画家，他想为周小燕画一幅肖像，于是请母亲先去周小燕那儿取些资料。蓝为洁找到周小燕家，周小燕正在给学生上课。上完课，95岁的周小燕和85岁的蓝为洁快活地聊了起来，嘻嘻哈哈，仿佛都还是年轻姑娘。这一晚，蓝为洁居然失眠了，脑子里翻滚的都是周小燕，她想：周教授真是大家风范，虚怀若谷，有节有度，怪不得她的学生那么多、那么好，这与她的言传身教是分不开的。佩服她，向她学习。

天津音乐学院原院长石惟正，70年代末到上海听课，认识了周小燕。他没有想到，大名鼎鼎的周先生没有一点架子，非常平易近人。80年代中期，他当副院长时邀请周先生和她的学生到天津音乐学院讲学。那天，讲课是在大礼堂进行的，600人的座位，没有一个空的。谁知，麦克风是坏的，修也修不好。怎么办呢？大家都很着急，周先生没有一句怨言，或者要点小脾气，而是淡定地说道：“没有关系，就这样讲，我的声音，大家肯定能听得到。”就这样，没有麦克风，周先生讲了近三个小时。

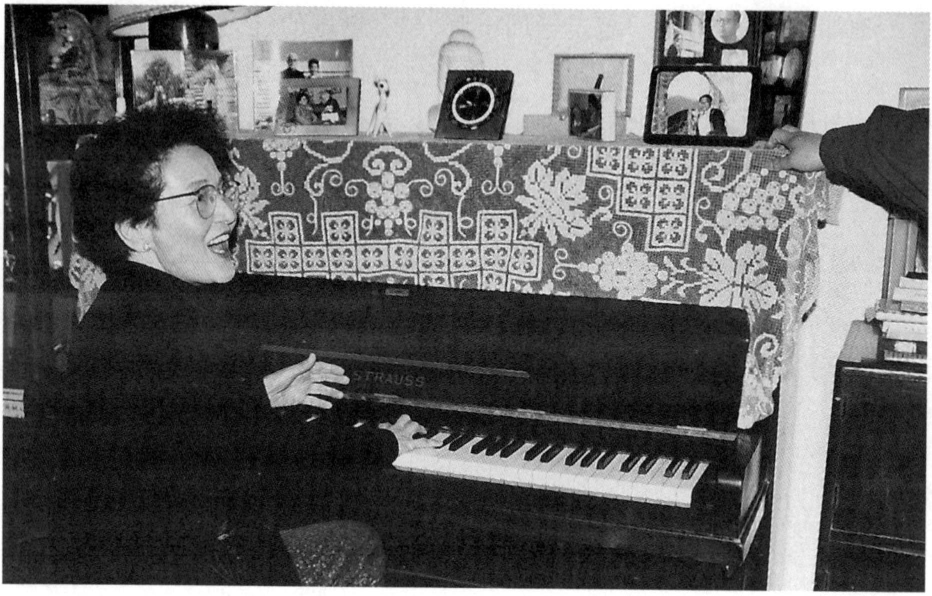

在家上课

其间，天津音乐学院的几位学生轮流上台，周小燕现场给予指教。她听完他们的唱，先找出他们的优点，尔后再说存在的一些问题，说得学生们一个劲地点头，受益匪浅。后来，她又两次受邀去天津音乐学院讲学。石惟正先生说："在与她的交往中，可以感受到她的风度，她的气质，她的才学，她的胸襟。这样的人是很可爱的。"

在毛毛雨、微微风中，每一个人都感受着她的温暖，她的爱意，她的修养，她的魅力。

六　刘云山为她起立

2011年7月6日，笔者有机会与周先生一起去上海音乐厅看魏松等三大男高音的演唱会。车上，周先生说："不知道有没有记者采访？哎呀，就怕记者采访了，不知道说什么好。"同行的韩莉平说："到时候，你就知道说什么了，说的比谁都好。"周先生笑了，说："我也奇怪，事前通知我发言，我总是愁，说什么好呀，愁得晚上睡觉都睡不好，可是一到了现场，就知道应该说些什么了。看到现场气氛好，我就多说几句，看到大家没兴趣，就赶快刹住。”

韩莉平对此是深有体会的。2009年，全国文联召开庆祝成立六十周年大会，周小燕应邀参加，并作发言。韩莉平陪先生同往。发言时，93岁的她，娓娓道来，回忆60年前参加文代会时自己的心情，谈到周总理对她的希望。会场上，安静得出奇，人人都在聚精会神地听。听着、听着，韩莉平看到，出席会议的中宣部部长刘云山忍不住站了起来，直到她讲完才坐下。

周小燕发言道：“我想起了和我出席第一次文代会的一批老艺术家，他们为革命奉献了各自的才华。他们的为人，他们的作品都是站在人民一边的，他们是人民需要的人。虽然他们远离我们而去，但是他们的艺术作品和形象永远活在我们的心中，他们是中国文艺界的骄傲，是我学习的榜样，我非常怀念他们。今天在这里我又看到一批中青年艺术家和艺术界的新朋友，我很高兴，有好多位是我久仰大名的艺术家。你们也都是站在人民一边，为人民的事业而创作，为繁荣发展中国的文化而努力。你们的作品是与时俱进的，也是中国文艺界的骄傲。你们印证了毛主席的一句话，世界是你们的，中国的未来是你们的。”

周小燕接着说：“说到与时俱进，我就在想：艺术为人民服务是我国文艺政策永恒的宗旨，但这个永恒的生命力来之于与时俱进地赋予艺术的时代特征。在这方面，我想我们应该做好三个结合：第一，艺术和现代先进技术相结合。艺术也应该体现科学发展观，所以艺术要与现代先进技术相结合。现代先进技术我觉得包括两个方面，一是现代先进的技术理念和方法；二是能够表现现代技术的时代特征，解决好这两者的结合，是我们文艺家的现实责任。第二，艺术高精专和人格真善美相结合。艺术家不仅具有个人艺术魅力，也是社会形象的代表，因此，艺术家的道德精神和风范都具有一定的社会影响力。成功的艺术家被称为‘明星’，而明星不单是艺术形象的展现者，更是人格、人品的代言人。这是我们艺术家的社会责任。第三，中国艺术和外国艺术相结合。艺术是人类文化非常重要的一部分，在积极推动中国艺术走向世界的同时，中国的创作和实践，也应该吸收引进外国艺术的精华。走出去，引进来，走中国艺术民族化和国际化的道路，这是我们中国艺术家的历史责任。”

最后，周先生说：“我还要告诉大家我的一个夙愿。在三年前的世界杯足球比赛期间，我说过一句话：尽管我已90岁了，但我的艺术生涯才刚刚踢完足球的上半场，我还要踢下半场，争取再进两个球。一个是再争取培养几个热爱祖国，永远站在人民一边，为人民需要的歌唱艺术家或人民的好教师；一个是争取打造一部原创的，能先走遍中国后走向世界的中国歌剧。我希望这个愿望的实现能得到大家的支持。”

没有什么大道理，没有什么空调子，周先生的发言是脱稿讲的。她提出的三点，指明了一位艺术家应该有的现实的、社会的、历史的责任。最后的夙愿，不仅让人感动，还有一种鞭策力、号召力。从历史讲到现实，从普通讲到一般，从众人讲到自己，一层接一层，一环扣一环，逻辑性、条理性很强。

通篇发言让人惊讶地看到了一个93岁的老人，思想还是那么先进和前卫，一点儿也不落伍和保守；看到了一个93岁的老人，对文化的现实问题还是那么了解和清晰，一点儿也没有脱离和糊涂；看到了一个93岁的老人，对文化如何发展还有自己的思考和见识；看到了一个93岁的老人，还有梦想和理想，还想实干，不断进步……

难怪，刘云山要站起来听，那是表示他的敬意；

难怪，现场掌声如雷，经久不息，那是表达与会者们心中的感动；

难怪，这个讲话长时间被人们津津乐道，广为盛传。徐沛东说：“在周先生面前，所有的发言都逊色。”

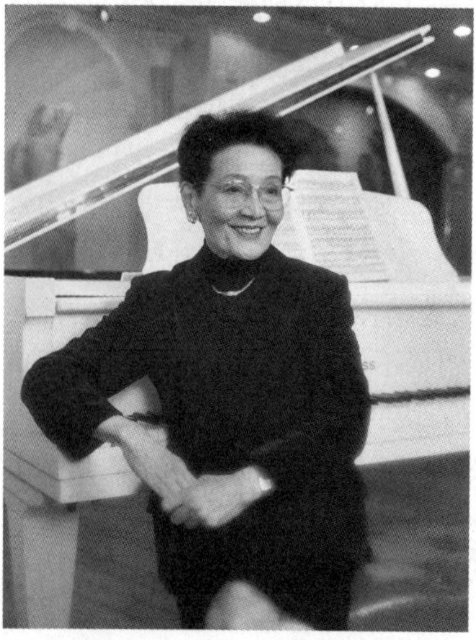

学生眼中的“女神”

周小燕的语言魅力就在于她是用心说话，说的是她心里的话，用真情打动人。

2005年岁尾，上海人才交流协会、上海市外国专家局主办“2006海外华人音乐家新年音乐会”新闻发布会，宣布20多个国家、50多个世界一流音乐剧团的百名华人音乐家将出席这一盛会。周小燕也很兴奋地参加了这个新闻发布会，她说：“现在，中国音乐家遍布世界各国著名的乐团、剧院，这是一件很有意义的事。很多演员是我们自己培养的，看到他们这么多年来在国外能达到这样的水平，我知道他们是怎样奋斗，怎样努力的。确实令人振奋，他们在国外也是为国争光。我很为他们高兴。他们成长了，不管拿哪国护照，都不会忘记自己是中国人，根在中国。”这番话，说得非常实在，说出了这些旅居海外的音乐家的心声。听得在场的人，心里都热乎乎的。

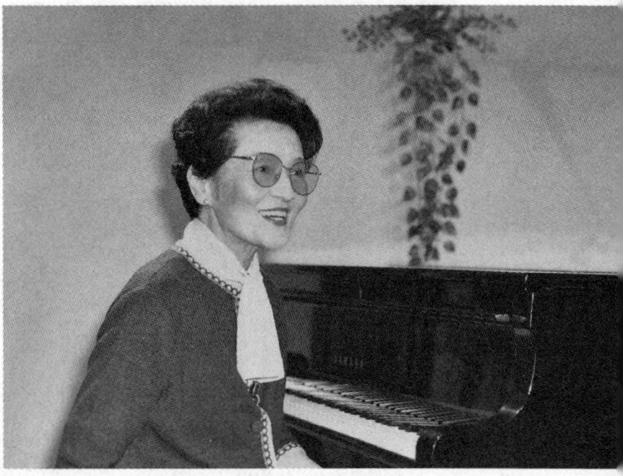

2007年，第三届全国民族声乐研讨会在上海召开，出席会议的周先生作了简短发言。她从20世纪50年代，有人提出《茶花女》向《七仙女》《白毛女》学习，周总理听说后批评是瞎胡闹说起，谈到民族音乐的民族性，民族音乐的学习和借鉴等问题。不长的讲话，一次次被掌声和笑声打断。一位到会的外省市代表说：“天哪，周先生讲话滴水不漏，在说说笑笑中，让你去回味。周先生不仅是上海音乐学院的宝，也是全国音乐界的宝。”

七　下半场足球

周小燕的下半场足球是怎样踢的呢？那么，就从2007年她90岁以后起，选取一些片断，让我们共赏——

2007年，上海市教委决定成立一批以大师名字命名的工作室，以带动艺术教育，周小燕自然名列其中。周先生听后说：“最好不要冠名，一定要冠名，就叫周小燕老师工作室。我不是大师，就是一个普通老师，把自己的知识传授给想学的学生。”领导说：“不行啊，称大师工作室是上面统一规定的。”既然这样，目的是为了艺术教育、培养人，叫大师工作室就叫吧，周小燕答应了。不过，她“修正”道：“这是一个培养大师的工作室，我要朝这个方向努力。”

周小燕大师工作室和她70岁后创立的周小燕歌剧中心、80岁后办起的国际歌剧大师班都是她晚年奉献社会的一个接一个大动作。高雅的歌剧艺术由此被更多人接受和喜欢，清冷的歌剧舞台逐渐热闹起来、红火起来。在

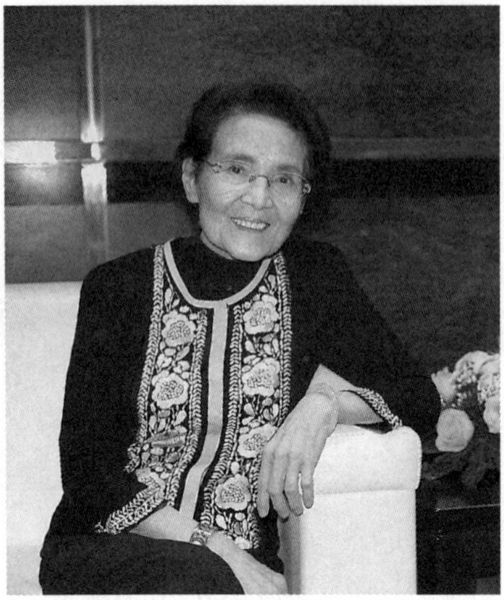

留影于2009年

周小燕大师工作室墙上挂着周小燕的格言:“我是中国人,做什么事都要替中国人争光。”

只是,忙坏了这位本该享享清福的老人,她更累了,工作节奏没有因年龄的增长而放慢。

2007年1月21日,第六届“中国十大女杰”评选在北京揭晓,周小燕获选。

2007年3月24日,上海东方讲坛举办“经典艺术系列讲座”,周先生作为主讲第一人,走上贺绿汀音乐厅舞台,作“经典歌剧艺术赏析”的讲座。800多人的音乐厅座无虚席,两个多小时的讲座不断被掌声、笑声打断。

2007年4月,中法合作排演歌剧《卡门》,廖昌永、张建一在剧中饰演主要角色,周小燕担任艺术总监,与演员们一起泡在排演场。

2007年5月11日,她参加所居住的社区徐汇区文化艺术节的活动。小小社区的文化活动,她这位大大的艺术教育家,只要排得出时间,总是热情参加。就在2006年的10月1日,她兴致盎然地参加了“徐家汇公园广场星期音乐会”。

三天后,她走进上海科学技术协会和《新民晚报》主办的“新民科学咖啡馆”,与中科院院士、神经生理学家杨雄里以“声音的科学,思维的艺术”为主题,进行对话和演讲。在回答杨雄里院士提出的“为什么现在的年轻人不是唱歌而是说歌”时,周小燕教授笑了,回答道:“以前没有话筒,歌唱者要和着交响乐队或者民族器乐队恢宏的声音,自己的声音就必须有穿透力。现在,高保真话筒使歌者无须费心练唱,有些歌旋律平淡,歌词无味,但是符合年轻人的叙事要求,有存在的空间和价值。但来得快去得也快,谈不上高贵气质和优雅境界。真正的艺术只能靠勤学苦练和时间积累。”

2007年6月,顾平的学生沈洋参加英国卡迪夫国际声乐大赛。出国前,周小燕听了他的歌唱,给予了具体指导。她几乎成了声乐歌剧系师生的依赖,或出去比赛,或举办音乐会,或参加重大演出,事前都要来她这里,唱给她听，请她把关。在她这里通过了，心里就有了底。沈洋获得了英国卡迪夫国际声乐大赛唯一的一等奖。

2007年11月14日，周小燕回到家乡武汉，90岁的她，高跟鞋走在家乡的泥土上，无限感慨。武汉人民为了纪念周苍柏这位爱国金融家、实业家，举办了“周苍柏生平事迹展”，他捐赠的东湖公园也正在恢复当年的一些遗迹。周小燕参观了父亲的事迹展览，出席了“海光农圃”牌坊的揭牌仪式。

周小燕想起半个世纪前，一起去苏联访问的汉剧艺术家陈伯华，便提出来，想见见她。陈伯华十年前中风，住在医院里，周小燕来到医院，推开病房门，急步上前，握住轮椅上的陈伯华的手，关切地问道：“陈伯华，你怎么样？好点了没有？”88岁的汉剧艺术家虽瘫痪了，但是思维、谈吐仍清晰，两人仍像小姐妹时那样，你亲一下我，我捏一下你的鼻子，回忆访问苏联时的点点滴滴，不断爆发出朗朗的笑声。

短短的几天时间，她还去武汉音乐学院，给师生们上了一堂公开课。不算大的教室，却来了近200名听众，有年轻学子，还有拄着拐杖的老人。下午两点半，她走进教室，一身黑色中长大衣，颈前的花丝巾，十分抢眼。看到满满一屋子的人，她脱口而出：“哟，这么多人啊！”教室里立即笑声、掌声不断。

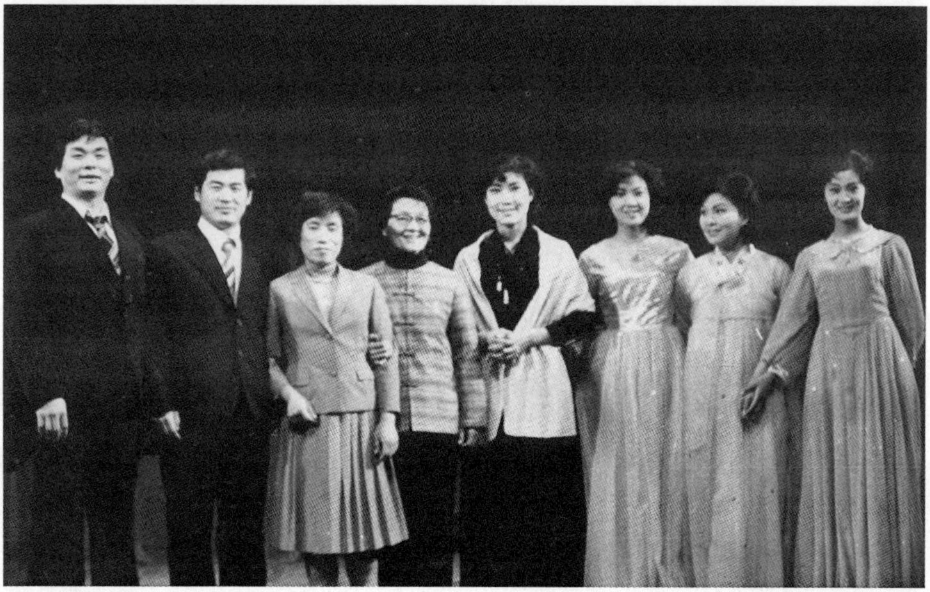

80年代率学生赴厦门举办“讲学音乐会”

尊敬和爱戴的周先生九十华诞快到了，学生们都在想着，以什么样的方式庆祝这一盛典？自然是一台高质量的音乐会了，而《弄臣》是周小燕最喜欢的一部歌剧。周小燕歌剧中心、上海歌剧院决定联手排演这部歌剧，剧中的主要角色，自然全部由周小燕的学生饰演。廖昌永饰演男中音弄臣里戈莱特，张建一饰演男高音曼图亚公爵。郭森饰演女高音女儿吉尔达，她是苏黎世歌剧院的首席女高音，名扬欧洲舞台。朱秋玲饰玛德莲娜，她是留美女中音，现在华东师范大学艺术系任教。这样的演出阵容，拿到世界任何一家歌剧院都是让人眼馋、羡慕不已的。

能够有资格担任这部戏艺术总监的当然是周小燕了，向来不徒有虚名的她绝不是挂个名字了事，她是真正要担当起艺术总监这个责任的。从武汉回来后，她就投入歌剧《弄臣》的排练中。排练在上海歌剧院的四楼，没有电梯，90岁的高龄了，又有一条腿股骨是假的，她一格一格楼梯，坚持走上去。

12月9日，《弄臣》上演。身穿黑色旗袍的她，仪态万方地走上舞台，说："我很感激大家为我组织这样一场音乐会，还有酒会，我很激动。"沉浸在学生们带来的兴奋与激动中，周小燕在接受媒体采访时说："我很高兴，他们成长、成才了。"心里，她更是乐开了花：瞧，我是世界上最幸运的人吧，幸福总是跟随着我。

上海市市长韩正为之写来贺信："50多年来，您呕心沥血，辛勤耕耘，在舞台上奉献了一场又一场精彩的声乐节目，为国家培养了一批又一批优秀的专业人才，上海人民为此而骄傲。"

转眼间，2008年到了。1月16日，第二十届中国电视文艺最高奖"星光奖"在上海颁发，周小燕神采奕奕地走上舞台，担任主要颁奖嘉宾。

7月14日，获得维也纳国际声乐大赛金奖的于冠群回到上海，去看望老师。周先生正住在医院里，一老一少，手拉着手，还时不时地头碰头，开怀大笑，就像一对顽皮的孩童。笑着，笑着，周先生突然有点严肃起来，拍着于冠群的手说："你的外语现在学得怎样了？一定要把外语学好，不能偷懒，一定要下苦功夫。学到不仅能和人对话，还要能看懂书籍。"

2009年9月，上海歌剧院为迎接建国六十周年举办"祖国，我为你干杯"年度音乐季。5日晚，在上海音乐厅举行的开幕演出上，观众惊喜地看到93岁的周小燕与学生魏松手牵手走上舞台。指挥家张国勇灵巧的指挥棒，轻轻一挥，熟悉而又优美的《我爱你，中国》旋律响起。"我爱你中国，我爱你中国”，周小燕深情领唱，台下爆发出雷鸣般的掌声。与四年前领唱《长城谣》一样，周先生说：“年纪大了，肯定唱得不好，但这也是表示我对新中国生日的祝贺。”

没过几天，周先生又出现在静安区现代戏剧谷2009年秋冬季演出的开幕仪式上。在这个演出季中，将有17台剧目、300场演出与观众见面，周小燕歌剧中心是这个演出季的主办方之一。一身碎花衣服的周小燕，端庄优雅，神采奕奕，成为全场最耀眼的“明星”。

2010年1月，出院没几天的周小燕走上第七届国际歌剧大师班的课堂，对100多名来自全国18所音乐和师范学院的学生着重咏叹调和重唱曲目的指导。

周小燕的下半场足球中，最精彩的是创作排演一部中国歌剧。人们期待的这个“球”，现在“踢”得怎么样了？在经过多次商议讨论后，周小燕和她的同道们选择将1947年昆仑影业公司拍摄的故事片《一江春水向东流》改编为歌剧，由周小燕歌剧中心和江苏省演艺集团建立战略合作伙伴关系，共同创作排演。2010年11月14日，94岁的周小燕风尘仆仆赶到南京，与江苏省演艺集团签订合作协议，并且出席新闻发布会。

94岁的周小燕在发布会上说：“21年前，周小燕歌剧中心与江苏省歌舞团合作演出的《弄臣》，弄成了。现在周小燕歌剧中心的第一部中国原创歌剧《一江春水向东流》，也一定能弄成的！《一江春水向东流》根据同名电影改编。为什么选择这个故事呢？我们想以张忠良这个人物为主线，与现实结合，具有警醒作用。张忠良本来是一个爱国且很有前途的青年，却经不起财色的诱惑而堕落了。我们已经和作曲家进行过洽谈，并取得想法上的一致。中国原创歌剧不多，周小燕歌剧中心以前排演过《原野》，但是还没有一部自己创作的歌剧。”

江苏省演艺集团总经理顾欣接着发言道：“很高兴，江苏省演艺集团将与周小燕歌剧中心一起参与和见证这一历史性的时刻！江苏省演艺集团已经积累了很多丰富的演出及管理经验，就好比‘细心装扮的靓女要出嫁’，得找个‘好婆家’，而周小燕歌剧中心正是。在中国歌剧界，好的作品流传得不多，真正热心从事歌剧事业的人才也不多，而周小燕先生以及这个制作班底的许多人都是辛勤地奉献自己，致力于歌剧事业的，像廖昌永、郭森、沈洋、郝维亚（歌剧《乡村女教师》的作曲家）等等。如此具有中国特色的强大主创团队是中国原创歌剧的典范，是可持续发展的一条道路，经得起观众和历史的检验！《一江春水向东流》在周小燕先生的指导下，一定会成功！”

在记者提问时，周先生与记者有许多精彩对话，摘录如下：

中国江苏省网的记者问道：“请问周小燕先生，除了担任本次制作的艺术总监，会不会参与主演？”

周先生笑而答道：“如果有奶奶这个角色，也要选用最优秀的歌剧演员，我现在已不算是最优秀的了。”全场响起热烈掌声。

江苏文艺广播台记者问：“诸如歌剧《江姐》《刘胡兰》《洪湖赤卫队》等，作品中有许多我们老一辈观众耳熟能详的歌曲，甚至大家都能唱上几句。那么请问周先生，在《一江春水向东流》的词曲创作过程中会否考虑其传唱性？使大家印象更为深刻？”

周先生回答：“我们需要的也正是歌剧演员和观众所需要的，那就是既能抒发感情又动听感人的咏叹调。《江姐》以四川音乐为主，具有地方和民族特色，缺点是声部不全，只有江姐一个声部的咏叹调，这是因为我们当时缺男高音，只有女高音。而现在声部很齐全，就如《托斯卡》里的反面角色也有咏叹调，希望《江姐》这部作品能够进一步充实完善下去，走向国际舞台！《白毛女》《洪湖赤卫队》都以女高音为主，而《一江春水向东流》的声部很齐全。剧中的三个女性角色，可以配三种不同的女高音：抒情女高音、花腔女高音和戏剧女高音。而男性角色，男一号张忠良是男中音，将由廖昌永饰演；男二号庞浩公是男低音，由沈洋饰演。这样，既有民族特色又声部齐全，这部歌剧就比较完善了。”

记者问：“这部歌剧能不能具备又‘通俗’，旋律又上口的特点？”周先生回答：“当然。不能光有技巧，没有旋律。”

记者问：“周先生您94岁了，为什么还那么有激情做中国原创歌剧？为什么和江苏省演艺集团合作？”

周先生回答：“我活着一天总得做些有意义的事情，其他事情我也不擅长，唯有支持歌剧事业，完成一个心愿，就算拼命也要干成功！《弄臣》是和江苏省演艺集团合作成功的，而且关于这次的项目，顾总很热心，包括给予经济上的支持。毛主席有句话说：经济是基础，艺术是上层建筑。没有基础，《弄臣》也弄不成。”

新闻发布会上，廖昌永在回答记者提问时说：“周小燕歌剧中心一直致力于中国歌剧的成长。在国外演出西洋歌剧多了之后，更对中国原创歌剧由衷地渴求，希望能有中国作品在国际舞台上绽放！这是周先生20年的心愿，也是所有古典艺术家、歌剧演员共同的心愿！为此，我们储备已久，很有信心！”

新闻发布会以后，周小燕还和大家一起兴致勃勃地观看了江苏省演艺集团2010演出季之三“秋之韵”的音乐会彩排。这是作曲家陆在易作品的专场音乐会，是江苏省演艺集团普及古典音乐的系列活动之一。彩排时，廖昌永演唱了《望乡词》《水调歌头——明月几时有》，顾欣演唱了《桥》《祖国，慈祥的母亲》等陆在易先生的作品。周先生很满意，也提出了几点建议。

在周先生繁忙的工作中，2011年的新年到了。1月16日，“中国文联春节大联欢”在北京人民大会堂举行，周小燕应邀出席，与郭兰英、夏菊花、王玉珍、白淑湘、李光羲、郭淑珍、胡松华等文艺界的老朋友们相聚一起，非常开心。演出开始后，正在演唱的廖昌永和张建一，一起走到老师的座位前，相拥着老师。浓郁的师生情，感动了在场的所有人，周小燕幸福地坐在学生中间。

3月12日，上海歌剧院举办“光辉历程——红色歌剧经典唱段荟萃”音乐会，周小燕和李光羲、任桂珍、魏松、万山红、戴玉强、陈海燕等老中青歌唱演员放歌《革命人永远是年轻》。

2011年6月20日，学生廖昌永新专辑《我们的母亲》出版，举办新闻发布会，周先生到现场。这使得出席发布会的媒体记者们惊讶和感动。95岁高龄了，还出来为学生助阵，真是难得呀。

周先生不仅是出个场，亮个相，还发表了长篇感言，她说：“小廖的歌声，基本上符合了我对他的要求：要用真情实感去演唱。中国作曲家写了很多很好的声乐作品，很少有歌唱家从内涵的理解和情感的表现方面去深入下功夫，许多人习惯了唱声音，唱音高，唱越响越好，有的人还用上了话筒扩音，以为唱得响亮，唱出高音C，就是激动人心。只把旋律、节奏唱对了，唱得再响亮也是在机械地重复作曲家的意思。歌唱是一种再创作，要在作曲家的音符中赋予更多的内容就必须要有真情实感。当然，光有真情实感仍然不够，还要有自己的处理，自己的独特表达，才能真正打动听众。”

2011年8月，第八届国际歌剧大师班开学。周小燕连续讲了三天的课。

2011年9月，周小燕获得“全国教书育人楷模”奖，95岁的周小燕“飞往”北京，李长春为她颁奖。李长春对她说：“党和人民感谢你。”周小燕说：“这是我所获得的所有奖项中最光荣的一个。我由衷地感觉到，教师是太阳下最光辉的职业。演员只成就了自己，而教师则可以将自己的知识和经验一代代传下去。”

2011年12月10日，王立夫在上海大剧院举办的“未来音乐家”系列音乐会上，演唱莫扎特歌剧《费加罗的婚礼》中的选段《你们赢得诉讼》。王立夫是上海音乐学院声乐歌剧系的学生，师从陈星教授。在此以前，他获得了英国BBC卡迪夫世界歌唱家大赛小水晶杯奖、全国高等艺术院校歌剧展演第一名。《你们赢得诉讼》这段唱主要表现伯爵在听到苏珊娜和费加罗赢得诉讼时的心情。

有记者采访王立夫，问他准备得怎样？王立夫说：“其中的奥妙，周先生已经点拨给我听了。她提醒我，伯爵是个贵族，要想让观众觉得好笑，必须让他端着上层阶级的架子。越是拿腔拿调，人物的反差就越大，喜剧效果也就越明显。”由此，可以知道，王立夫虽不是周小燕的学生，周小燕一样给他上课，一样毫无保留地把自己的知识和经验传授给他。

2012年2月29日，“毛泽东诗词艺术歌曲——廖昌永独唱音乐会”，在上海文化广场举行。这天，天公不作美，雨下得不小。“票子有哦？”“票子要哦？”离剧场很远的地方就看到“黄牛”在倒票，人数还不少。开场后，剧场内一至三层，几千人的座位，难以看到空位子。《沁园春·雪》《菩萨蛮·黄鹤楼》《西江月·井冈山》《忆秦娥·娄山关》《浪淘沙·北戴河》《卜算子·咏梅》《水调歌头·重上井冈山》……廖昌永浑厚丰满的男中音，饱满而又真切、细致的情感，将每一首毛泽东诗词歌曲艺术地呈现在观众面前。

廖昌永和上海歌剧院合唱团每唱一首歌曲前，由韩适先将毛泽东诗词朗诵一遍。韩适是20世纪70年代周小燕在教学楼碰到的向她敬礼的两个解放军学员之一，另一位是魏松。韩适毕业后，一直是沈阳军区前进歌舞团独唱演员，并且被选为毛泽东的特型演员，1980年在长春电影制片厂拍摄的故事片《大渡河中》饰演毛泽东。

在朗诵《蝶恋花·答李淑一》时，韩适脱去外套，将白衬衫束在裤子里，很像晚年的毛泽东，并且用毛泽东带有湖南口音的话诵读。虽然，他很认真，也很有感情，但是，仍引来全场善意的哄笑。笑声中，廖昌永出场了，他的脸上，却没有一丝笑容，只有凝重和深情。“我失骄杨君失柳，杨柳轻飏直上重霄九。问讯吴刚何所有，吴刚捧出桂花酒。寂寞嫦娥舒广袖，万里长空且为忠魂舞。忽报人间曾伏虎，泪飞顿作倾盆雨。”毛泽东的这首《蝶恋花·答李淑一》词，深情中有浪漫，怀念中有欣慰，情感极为丰富。廖昌永一点儿也没有受现场观众情绪的影响，很快进入歌唱的角色，显示了一位优秀演员所必须具备的优秀素质。

演唱结束，观众有节奏的一次又一次热烈掌声，将廖昌永和指挥张亮迎上舞台。为了表示谢意，廖昌永再次演唱了毛泽东的《水调歌头·重上井冈山》。几位年轻人，抱着鲜花走上舞台，廖昌永接过鲜花，抛向观众。在热烈的气氛中，只见廖昌永举着一束鲜花跑下舞台，穿过前排座位来到老师周小燕面前，全场所有的目光也随着廖昌永跑动的身影在移动。他激动地向老师献上鲜花，热烈地与老师拥抱。全场所有的人都站了起来，面向他们，见证这一动人的一幕。

两年前，周小燕和廖昌永就萌生一个想法：举办一场毛泽东诗词歌曲演唱会。周小燕一直认为，学习美声唱法是为了唱好每一首歌曲，而毛泽东诗词歌曲具有很高的艺术性，如果能以美声唱法来演绎，将会激发多重的叠加效应。今天的廖昌永，已经是世界一流的声乐艺术家，因此，举办一场“毛泽东诗词艺术歌曲——廖昌永独唱音乐会”既是周小燕教学思想的一种实践和诠释，也是廖昌永演唱艺术的一次推新和示范。

周小燕承担起这场音乐会艺术总监的责任，她这个艺术总监，当得名副其实。2011年11月，一切都在紧锣密鼓中，周小燕的两个肩膀却痛得不能动，无奈住进了医院。怎么办呢？她没有闲下来，而是把汉语词典和毛泽东诗词及相关书籍带进病房。她觉得是艺术总监就得在艺术上把关，自己是武

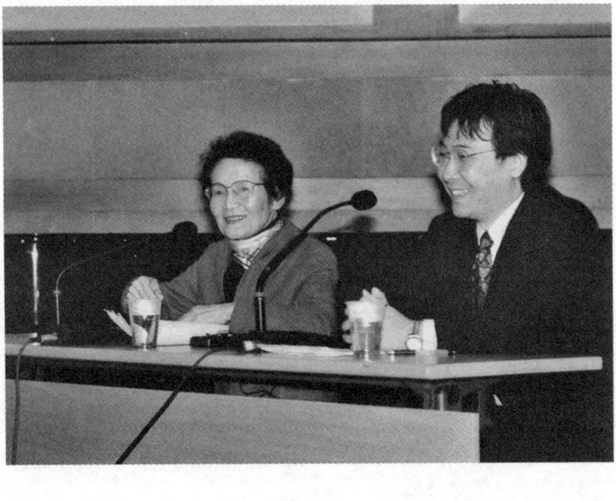

与廖昌永

汉人，普通话说得不标准，借住院的时候，把毛泽东诗词中每一个字的平仄规律研究透，把每一个字的深刻内涵理解透。

2月25日，朗诵者韩适来到周小燕家，请周先生指导。下面是笔者实录的一些镜头：周先生和韩适围坐在沙发上，各自拿着毛泽东诗词歌谱。韩适朗诵《沁园春·雪》："北国风光，千里冰封，万里雪飘……"周先生提示："这是写景，三句之间气不要断，就像唱歌，音断气不断。""望长城内外……"韩适念。周先生指出："望字，不要和后面的字断了。""俱往矣……"周先生提示："要把可惜的味道念出来。""数风流人物，还看今朝。"周先生说："这句需要突出，是全文的重点。要把毛泽东博大的胸怀表达出来。"一首下来，韩适忍不住说："周先生就是高，实在是高。我应该早几天就来请教的。"

韩适朗诵《菩萨蛮·黄鹤楼》："茫茫九派流中国，沉沉一线穿南北。烟雨莽苍苍，龟蛇锁大江。黄鹤知何去？剩有游人处。把酒酹滔滔，心潮逐浪高！"周先生提示道："朗诵时，要把诗词中的动词、名词、形容词分别找出来。名词一定要念得清清楚楚，不要有情绪，'龟蛇锁大江'，龟蛇不是动物，是龟山和蛇山，是名词。'黄鹤知何去'，'知'字动词，不要念得太强烈。"韩适朗诵《西江月·井冈山》："山下旌旗在望，山头鼓角相闻。敌军围困万千重，我自岿然不动。早已森严壁垒，更加众志成城。黄洋界上炮声隆，报道敌军宵遁。"周先生提示说："'我自岿然不动'这句，要把毛泽东那种必胜的信念，英雄主义气概表达出来。你看，'敌军围困万千重'，我怎么样？'我自岿然不动'。多么豪迈，多么有气派。'报道敌军宵遁'，这个'遁'字不能高，要下去，和唱歌响音要轻声唱的道理是一样的。"韩适朗诵《十六字令·三首》。周先生提示道："要自然，一定要自然。千万不要拿腔拿调。"

这次指导，从下午三点开始，到傍晚六点多才结束。韩适感慨地说道："周先生改变了我60岁以前的朗诵习惯，依照周先生说的去朗诵，我觉得舒服多了。"

第二天，也就是2月26日下午两点不到，周先生来到上海爱乐乐团排练厅，看乐队与合唱、独唱第一次合排。回到家都快六点了，累得她连说话的力气都没有，饭也不想吃。可是，翌日，她又精神抖擞地来到排练现场。周先生坐在前面，面向乐队和合唱。下午一时三十分，合排准时开始。乐队和合唱队排练《渔家傲·反第一次大围剿》，周先生起身对大家说："声音要统一、漂亮。'前头捉了张辉瓒'，低音不要下去，要托起来，要结实点。"乐队和合唱继续合排《七律·人民解放军占领南京》,周先生走到指挥旁,边打着拍子,边提示道:"要有气派,情绪要从头保持到尾。"排练《七绝·为女民兵题照》,周先生仍站在指挥旁,提示道:"不要求美,要唱出飒爽英姿的感觉。"她挺胸、握拳,做女民兵的英姿,说:"要有爱武装,上战场的劲。高音不要推。"合唱曲目排演完是廖昌永和合唱队、乐队的合排。第一首歌《水调歌头·游泳》,周先生忍不住又从座位上站起来,提示合唱:"小廖的'又食武昌鱼''鱼'字唱完,合唱的'啊'要跟上去,它们之间不能断。合唱和领唱,要好像一个人在唱一样。"她站在廖昌永旁边,边打着节拍,边和大家一起唱。

合练《七律·长征》,合唱队刚唱出"红军"两个字,她打着手势,要求停下来,说:"'红军','军'字,气不能卸下去。"乐队和合唱队继续排练下去,第一句唱完,周先生说:"'不怕',要唱得干脆,不可迟疑,唱出红军藐视敌人,战胜困难的精神来。'远征难'的'难'字,气要上去,顶着,不要卸气。"

排练《水调歌头·重上井冈山》,廖昌永一遍唱下来,问周先生:"怎么样?"周先生说:"这首词,作者的情绪变化大,因此歌唱时声音的色彩要有变化,把情绪带进来。"

廖昌永一曲唱完《浪淘沙·北戴河》又转身谦虚地问周先生:"你觉得行吗?"周先生点着头说:"行,行。"随后又关照道:"唱第一个'换了人间'时,要咬紧,要轻,否则唱第二个、第三个'换了人间',再要响时响不出来了。"

排演《忆秦娥·娄山关》,刚开始,周先生又示意乐队停下,她说:"'啊'字旋律还没完,音就没了。大家精神一定要饱满,这场音乐会,主要就是情绪,情绪好,效果就好了。后面的'雄关漫道真如铁,而今迈步从头越'都应该是进行曲似的,要有精神。"

廖昌永准备唱《蝶恋花·答李淑一》,感觉热了,解开衣服,突然醒悟,周先生一直站在自己身边,赶快说:"先生,您坐下、坐下,您这样,我不好意思了。"周小燕没有移步,说:"我坐不住。"廖昌永只好说:"先生,您站在我旁边,我紧张。"周小燕这才坐到旁边的位子上,可是一会儿,她又站起来了。

这场合排进行了两个多小时,周小燕基本上都是站着的,又是看,又是听,又是想,又是讲,又是唱,又是打拍子,又是做手势……全身心投入,不比任何人轻松。

2月28日上午,进行彩排,如果不是接受上海电视台的一档节目采访,她还要赶到现场。

走进春天，周先生更忙了，除了给自己的学生上课，系里的各种教学活动，她都要参加。周小燕在20世纪50年代创办的声乐教学集体课，至今天，在上海音乐学院声乐歌剧系仍在沿用，并且正在发扬光大。集体课，便是无论哪位老师的学生，在学习上发生了困难，请系里其他老师一起来“会诊”，也就是发挥团队力量，集思广益，共同帮助学生提高。这样的集体课，周先生是必到的。

5月，上海教育系统掀起学习周小燕先生的高潮，又要接待从中央到地方的各家媒体的采访，又要出席各种会议和活动，老太太真是不堪重负，累得到了家“蜷”在沙发里动都不想动。

6月9日，欧洲足球锦标赛“战火”燃起，有谁知道，全球多少球迷为它发狂？又有谁知道，有一位96岁的中国老太太，在万籁俱静时，哪怕再累再睏都夜夜守在电视机前，看现场转播。也许，她是全球年龄最大的球迷，她就是周小燕先生。周先生说：“看足球，带劲，刺激。喜欢它，是喜欢它的团队精神，集体意识，也喜欢它的个人技巧，拼搏意识。”看足球，周先生看的是它的文化和精神。

一个96岁的老人，从不放弃对事业的追求，工作节奏仍是那样快速，工作态度仍是那样认真，工作精神仍是那样饱满，工作成绩仍是那样不俗……

周先生的下半场足球踢得如此精彩，我们怎么办？于是乎，很多人这样自问，并且由此自省、自励。

人们说：任何一位声乐歌唱家或者声乐教育家在周先生面前，都没有资格骄傲，没有资格自以为是。其实，何止声乐艺术界，任何人，不论官位多高，成就多大，在周先生面前，都没有资格骄傲，没有资格自以为是。

而对她的这一切，周小燕先生只是淡淡地一笑，说：“我只是做了我应该做的事。”

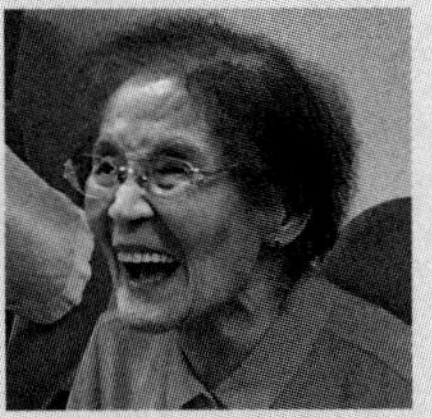

第十一章

生命不息的她

一 《长城谣》再响武汉

昔我往矣，杨柳依依；今我来思，细雨霏霏。紧邻东湖的楚天粤海大酒店12楼客房，站在窗前，透过蒙蒙雨丝，静静地远眺东湖景色，她的双眼含满了泪水。

厚重的历史风尘，湮没不了心底的漫漫情愫。74年前离开这片土地，从此家乡就驻在了她心中。九年后，放弃耀眼的欧洲舞台，回到故土。第一次展示自己的学习成就，便是在美丽的珞珈山上——偌大的武汉大学大礼堂，那天里三层外三层，挤满年轻的学生。

武汉三镇，谁不知晓周小燕这个悦耳的名字？！那点燃千千万万民众抗日激情的《长城谣》《歌八百壮士》等歌曲，是她首唱的；那诞生于抗日洪流中为民族鼓吹的武汉合唱团，是她参与组建的。

时光飞驰到2012年10月，金秋之际，她率领她的一些学生，回到日思夜想的故乡。

8月，还在暑期中，她没有休息一天。15日，上海音乐学院教学楼报告厅，下午二点半第九届周小燕歌剧中心国际大师班准时开讲。讲台上，95岁的她，拿着话筒，对台上的一位学生说："唱咏叹调就是唱歌剧中的人物，心里要找到这个人物，表达什么要交代清楚。"这位学生唱的是《爱的甘醇》。周先生站到钢琴旁，为他打着节拍，做出各种提示，说道："唱歌不仅是用嘴唱，眼睛也要唱，手也要唱。"大伙听得正入神，突然话筒卡壳，没声音了。周先生拍了几下，还是不行，索性放下话筒，说道："没关系，我的嗓音比它大，讲得响一点就可以了。"轰地，台下传来一片笑声和掌声。一个95岁的老太太，站在讲台上已是稀罕，还自夸嗓门比话筒大，这不让人乐坏了？！欢笑之余，人们感受更多的是她的精神，一种永远不知道老，永远快乐工作，生命不息的精神。

这个下午，周先生边讲课边辅导了六位学生的演唱。

回家的路上，她对前去听课的笔者说："我现在累得都不会说话了。"

仅仅过了两天，周小燕出现在上海展览中心的上海书展上。她是为《她是这样一个人——写真周小燕》签名售书而来的。这是一部记述她漫长一生的传记类作品，周先生很看重也很喜欢。拿到样书时，她连续看了三遍，风趣地说道："我都不好意思再看了，怕人家说我自恋。" 她多次对作者说："写得很好，没有花花草草，很朴素，但是又有历史，又有故事，很吸引人。" 她还说："都说声乐教学很难总结，不好概括。没有想到你这个非音乐专业人员，写出了我的教学方法和教学思想，而且深入浅出，雅俗共赏。" 她又诙谐地说道："你写的都是事实，一点也没有夸张，都是应该做的。同时也有你的思考和认识，有哲理，有启迪。不过，集中起来后，就觉得了不起，伟大了。我看到这里，就说，噢，很好，我要学习；看到那里，又想很好，我要学习。所以，我也要向赵兰英写的书本上的那个周小燕学习。"

随着"的笃、的笃"的高跟鞋声，她神采奕奕、笑容满面地向读者走来。人群中不断发出惊叹声："哎哟，95岁了，介(这么)精神！" "风度就是好！" "培养了介许多优秀学生，了不起！" 有些读者提前一个多小时就到了现场。等候签名的读者，将现场挤得满满的，但又非常有序。周先生对读者，继续她的"周氏"幽默："不是我周小燕了不起，是书上的周小燕了不起，请大家买书，看书上的周小燕。" 一个小时的签名，周先生欲罢不能，读者欲罢不肯。亲友们为考虑她的健康，几乎是架着她离开现场的。据书展组委会介绍，这个签名售书活动，是整个书展最为热烈、最为火爆的签名售书活动之一。事后，她掩饰不了兴奋，右手作签名状，对作者说："哈哈，我比你签得还快呢。"

9月，开学了。这个学期，周先生带教的学生，不下十位。

繁忙的教学之余，她全身心地投入将在武汉琴台音乐厅举办的师生音乐会的筹备工作。谁去？演什么节目？行程怎么安排？事无巨细，她一一亲力亲为。她觉得，故乡的山水孕育了她，她的艺术生涯是从家乡开始的。回故乡，不是光宗耀祖，不是吃喝玩乐，是向父老乡亲汇报，是传播中国歌唱事业，为家乡做点实事。

演出这一天，上午，她为武汉音乐界举办了一次讲座。1 600人的会场，座无虚席。人们不时被周先生幽默的语言惹得大笑，不时为她渊博的知识发出会心的感叹。下午，她又来到彩排现场。她对武汉的媒体记者说："我的艺术生涯是从武汉开始的。主观上很想每年回来一次。但是，因为太忙了，做不到。这次回来，希望能给武汉音乐界带来一些新的感受。在演唱的曲目上，有意安排了一些湖北民歌，希望老乡们喜欢。"

她用了"老乡"这个词，多么亲切，多么随和，多么可敬。她说："我永远是东湖的女儿。”

有记者问:“今晚周先生是否也上台演出?”她诙谐地笑道:“我要再上台演出,会把观众吓跑了。”

10月24日,“故乡情——周小燕和她的学生音乐会”在武汉琴台音乐厅举行。也许在武汉音乐史上,这一笔可以大书特书。请看演出阵容:廖昌永、李秀英、方琼、郭森、杨光、周正、张帆涛、艾力开木等。他们中,有的多次在国际重要音乐比赛中拿大奖,有的名扬国内外音乐舞台,有的是世界著名歌剧院的签约歌唱家,有的小荷才露尖尖角,但已气度不凡。

廖昌永代表学兄学妹,在接受媒体采访时说:“父母给了我们生命,周先生给了我们艺术生命。周先生之所以带我们回来,就是希望学生能代表她,将她的艺术生命延续下去。我们在台上的每一个学生,都是周先生的一个侧面,一个影子。”

《快给忙人让路》《你爱我吧,新郎》《我的深情为你守候》《菩萨蛮·黄鹤楼》《春江花月夜》《断桥遗梦》《老师,我总是想起你》……一首首中外优秀歌曲,使得整个演出厅气氛热烈,掌声不断。

“啊老师,我怎能忘记你,您时时刻刻在我心里……”当全体演员声情并茂地唱完最后一个音符,周小燕在观众雷鸣般的掌声中走上舞台。没有当年的嗓子,可是当年的激情不会减。她又一次亮起嗓子,与学生们共同演唱《长城谣》。“万里长城万里长,长城外面是故乡……”台下的观众为激情所染,忍不住从座位上站了起来,合着旋律,齐声歌唱:“四万万同胞心一样,新的长城万里长。”

74年前,在武汉,她首唱《长城谣》,是个20岁的年轻姑娘;74年后,在武汉,她与学生合唱《长城谣》,已是95岁的耄耋老人。

《长城谣》,再响武汉!

没有记录,武汉以后,她是否登台演唱过《长城谣》?这是她的舞台绝唱?也许是的。但又不是的。她的艺术生命,在她的学生身上延续!学生在唱,亿万中国人在唱,将世世代代唱下去!

她想再去父亲的海光农圃——今天的东湖,走走看看,抚摸那些曾经栽下的树木。看似无情的雨水,拦住了她的脚步。伫立窗前,无尽的思绪,却冲破一切,点点滴滴,缠缠绵绵,悠悠远远。她在心里唤道:“这里就是我的家呀。”

二　漂亮的进球

2012年的冬天来了。四幕歌剧《燕子之歌》，进入紧张的排演阶段。这是一部以周小燕为创作原型的原创歌剧。她的学生、上海歌剧院院长魏松说："她的身上有太多值得尊敬和学习的优秀品质，这样的人生值得用艺术去书写。" 可是，她认为自己不合适。上海市教委一位同志说："周先生，不是写你，是想写一个教师形象。但是，需要一个载体。" 向来通情达理，喜为他人着想的她，这才点头了。不过，后面加了一句："那么，大家就向舞台上的小燕学习吧。"

创作一部，甚至多部具有鲜明中国风味的歌剧，最终能走向世界歌剧舞台，是她晚年心心念念想实现的梦想。她倾情支持、指点和帮助《燕子之歌》的创作。从剧本创作开始，多次和作者商讨。剧本成形后，又逐字逐句推敲，提出修改意见。一次次，演员被叫到她家中。一一给予指导，并且翻出自己保存多年的服装和史料，讲述当年的一些事情。她在看了饰演小燕的演员刘恋的演唱后，说："主要唱段唱得很不错。但是，在唱宣叙调时，还要加强表现力。扮演角色是一次艺术创作。你完全可以根据自己对人物的理解来塑造人物，不用过分追求形似，做到神似就可以了。"

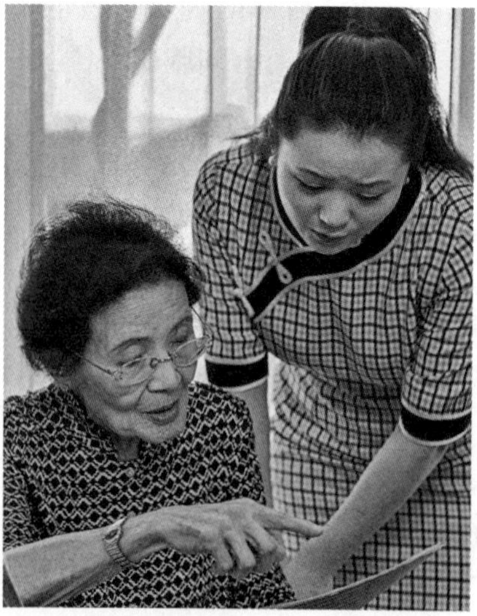

辅导《燕子之歌》1

2013年的春天到了。《燕子之歌》的排演，到了关键时刻，大队人马被拉到郊区的一处地方，封闭 式日夜排练。3月8日，国际劳动妇女节后，没有顾得上休息，她就往郊区赶去。这天，《燕子之歌》进行连排。汽车在一排仓库式的房子前停下，她下了车，直奔现场。几张临时找来的桌椅，成了观众席。 她坐在那儿，神清气爽，双目炯炯，一幕一幕看下去。"这

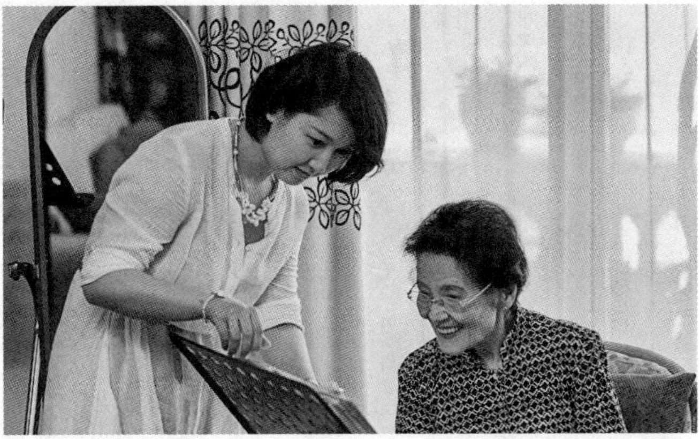
辅导《燕子之歌》2

里不对。情节可以虚构。可是，我是中国人，不可能对德国军官唱歌。这是原则问题，民族气节问题。一定要改掉。”原来，原剧中有一个情节，小燕为掩护犹太朋友逃脱纳粹追捕，对德国军官唱歌，以作掩护。小燕在巴黎开独唱音乐会，原剧中唱的是法国歌曲《燕子》。周小燕又提议改唱中国歌曲《红豆词》。她说，她在国外时，每场音乐会她都要唱中国歌曲，尤其是别人要求她唱时，她必唱中国歌曲。

她不断发出“指令”，排练经常停下重来，有些地方反复好几遍。天色已晚，剧团在附近的农家餐馆订了客饭。她兴冲冲地和大家一起去就餐。这么大年纪了，几个小时下来了，胃口好吗？牙口怎么样，吃得动吗？剧团领导提出，想为她炒几个菜。她不答应，说：“大家吃什么我吃什么。坚决不要。”说着，坐在大伙中间，边聊边吃了起来。

晚饭后，基本没有休息，排练又开始。音乐起来，她马上听出了“问题”，站起来，说道：“指挥一拍下去，大家跟得有点慢了。演员要始终保持饱满的情绪，才能影响和带动观众。”

整整一个下午，大家都有点疲倦了，只有她，一个96岁的老人，还是那样不知疲倦，精神抖擞。其实，是一种动力在支撑她：那就是出一部好作品，对艺术的挚爱和钟情，对艺术的一丝不苟。

3月中旬，《燕子之歌》在上海演出两场，受到好评。5月10日，应邀在北京国家大剧院演出。一位中国现代声乐教育家的事迹被搬上中国歌剧舞台，音乐人写音乐人，音乐人演音乐人。由此，它所表述的，是生动的鲜活的，是可亲的可敬的，在中国歌剧史上也许是第一部。媒体赞誉这是一部史诗型

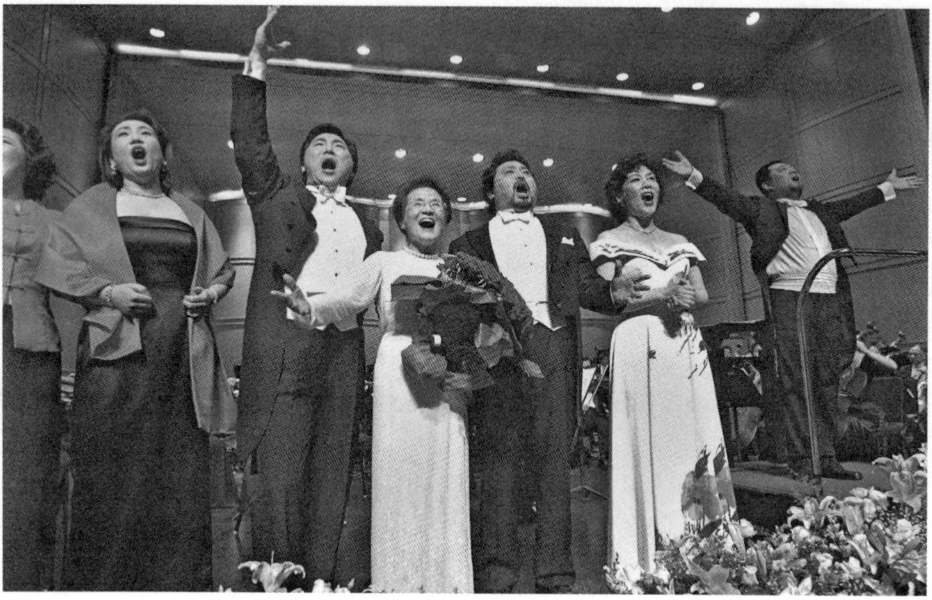

与学生同台放歌

的民族歌剧，展现了一代又一代中国音乐人自觉的历史责任感和使命感。

90岁时，她说，下半场足球刚刚开始，她要踢进两个球。一个是再培养几个品行兼优的学生；二是争取打造一部能够走向世界的中国歌剧。《燕子之歌》的成功，并不令她满足。她马不停蹄，加快了另一部歌剧《一江春水》的创作步伐。

任何成功的背后，总有许多常人难以知晓的付出。《一江春水》是在周小燕和她的团队审阅了近百个题材，并且广泛征求意见后才确定的。剧本改编自1947年拍摄的电影《一江春水向东流》。为什么一个甲子以前的电影艺术，要搬到今天的歌剧舞台？周小燕看重的是什么？故事说的是，抗战爆发后，追求进步的张忠良告别妻子，参加救护队，去了重庆。但是，张忠良抵不住各种诱惑，背叛家庭，走向堕落。周先生认为，守住人性的真善美，是艺术表现的永恒主题。这个戏，在今天仍有重要的警示和启迪作用。就艺术而言，这部影片，人物鲜明，矛盾突出，戏剧性强，为歌剧提供了咏叹、重唱、合唱等各种表现元素及空间。故事发生地在上海、武汉、重庆。上海是周先生出生和长期工作的地方；武汉是她的故乡，在这里度过美好的少年时期；重庆是抗战时期的文化中心，虽当时在外求学，但她心往神之。这三座城市，她有很深的情结。

从电影《一江春水向东流》到歌剧《一江春水》,是一次再创作。片名的不同,强化的更是主题。“一江春水向东流”是五代十国时期南唐亡国后,国君李煜在狱中写的叹词。词中的“一江春水”指的是天地山河,“向东流”意指一去不复返。这句词,充分表达了李煜的亡国之恨、之悔。歌剧中删去“向东流”三个字,周先生和她的团队是想告诉观众这样一个道理:只有不断敲响反腐败的警钟,终结腐败,“一江春水”才有生机,才不会“向东流”。

“我活着一天总得做些有意义的事情。支持歌剧事业是我最希望也是最擅长的。因此,就是拼了命也要把《一江春水》干成功!”这是她多次在公众场合,表达的心愿。题材定了后,周先生亲任艺术总监。从剧本开始,对作曲、伴奏、舞美、音响、演唱、表演等各个岗位,作全面指导和最终把关。

2014年夏季,《一江春水》进入排演阶段。虽然,身体不适,因心脏早博等原因,被迫住院了50天,她还是不听医生劝告,只要有空,就来到排练现场。将贤而士勇。整个剧组,在她的表率下,士气高涨。指挥汤沐海每天汗水如注,衬衣拧得出水来。无奈,他每天带三件衬衣来,湿了换一件,再湿了再换。将纸上的东西变成舞台上的东西,有许多意想不到的地方。因此,剧本也好,作曲也罢,每一个角色,都在边排边修改中。整整一个夏季,作曲郝维亚,任红色高温警报一响再响,也没有休息过一天,每天埋首在乐曲的修改中。正因为太紧张、太投入、太劳累了,致使年纪轻轻的他,血压一度高得吓人。

紧锣密鼓中,振奋人心的好消息传来了:《一江春水》被定为第十六届上海国际艺术节开幕式演出大戏。尚没有完整的乐谱,没有定型的剧本,没有一段排演的视频,如此殊荣便被《一江春水》收获,究竟有什么原因?著名的上海国际艺术节,其办节的理念是国际性、经典性、创新性。显然,《一江春水》符合其中的两条。其实,让人折服的还有众多因素:严肃的创作态度,从酝酿到排演,一议再议,一改再改,已经磨炼了十多年的时间;强大的创作队伍,从艺术总监周小燕先生开始,作曲、指挥、导演、演员等,都是全国一流,甚至世界一流的。廖昌永、李秀英、黄英、杨光、周正、韩蓬等主要演员,都曾参与多项国际重要赛事。锁定《一江春水》,更是人们对周小燕艺术的一种信任,精神的一种致敬,品行的一种敬仰!

2014年10月16日,第十六届上海国际艺术节开幕前一天,《一江春水》新闻发布会在大剧院举行。舞台上,一脸灿烂笑容的周先生,幽默的语言,令

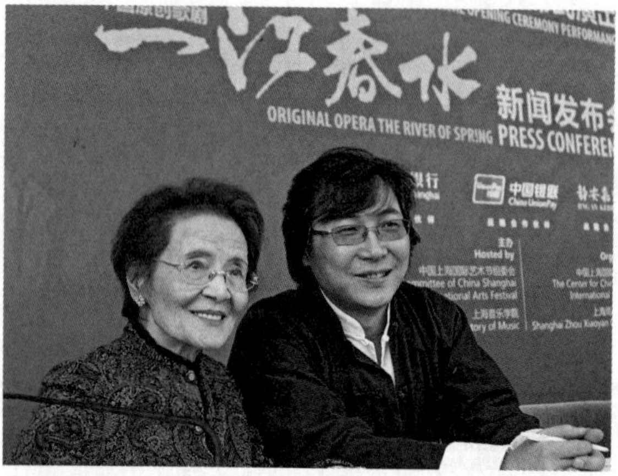

与廖昌永在“一江春水”新闻发布会上

得台下不时发出愉悦的笑声。她说：“我是幸运的，打造一部原创的中国歌剧愿望终于能实现了。我首先要表达深深的感谢之情。我记忆力不好，用哆来咪法索拉西来记住我的七个感谢：哆，也就是，一、首先要感谢蔡楚生、郑君里大师，为我们留下了珍贵作品《一江春水向东流》。感谢他们的继承人仅要了一元钱就将改编权让给了我们。使得我们能够用歌剧这一艺术形式，来延续这部经典作品在新时代的生命；来，二、感谢优秀作曲家郝维亚、著名歌剧导演易立明、青年编剧罗周、喻江在作曲、导演上的艺术创作和剧本改编；咪，三、感谢廖昌永领衔的国内各个声部的一流歌剧演员的辛苦排练和倾情演唱；法，四、我们要感谢魏松带领的国内一流水平的上海歌剧院合唱团加盟演出；索，五、我们要感谢汤沐海指挥的上海爱乐乐团的精彩演奏和伴奏；拉，六、我们还要感谢歌剧中心韩莉平主任统筹的剧务团队、舞美团队以及所有演职员的合作与努力；西，第七、我们在最后特别感谢市委宣传部、市文广局、市教委以及上海音乐学院的领导，对打造这部歌剧所给予的各种关心和支持。”说到这里，周先生突然动了动身子，提高了嗓音，说道：“噢，还有一个感谢，就是在座的所有媒体记者。有了你们这个哆，我们才能完成一个音乐上的高八度。”话音刚落，台下一片笑声和掌声。会后，人们才知道，前面七个方面的感谢，是事先想好的，最后一个感谢，是她现场看到这么多的记者，突然感悟到，由衷地脱口而出的。人们感喟一个97岁的老人，有如此敏捷的反应力，更感叹她的细心和周到，她的平易和随意。

连着三天，她坐镇上海大剧院，审看《一江春水》最后的排演。所有的演职员，都被她的精神所感动。

2014年10月17日，第十六届上海国际艺术节隆重开幕。简单的致辞以后，演出开始。观众席中的周先生，满脸堆笑，显得轻松愉悦，时而和周围认识的人点下头。其实，她内心很紧张。她不知道，她的这份答卷，可以得几分。幕启后，她两眼眨也不眨，专注地看着，不放过任何小细节。剧终，顷刻间，三位女性以不同方式结束年轻的生命。忘本，就会堕落，就会腐败。这一悲剧性结局，给人以震撼，给人以思考。掌声雷鸣般响起来了，是送给为之付出的全体演职员的，更是送给这位生命不息，永远绽放光芒的老艺术家的。

果不其然，《一江春水》国际艺术节开幕式演出后，她一点也没有轻松。家中只要有电话进来，她首先要问对方的是：有没有看这个戏？看了后有什么感想？什么地方需要修改？请多多提意见出主意等等。之后，《一江春水》，从剧本到作曲，又进行了新一轮的修改。有一段时间，她的左眼基本看不清东西，更不用说看字了。无奈，编剧被请到家中，告诉她怎么修改的，为什么要这样改，甚至将原句和修改句一个字、一个字念给她听。住院后，她还通过微信，和大家讨论修改意见。

2016年1月20日，《一江春水》在天津大剧院演出，反应热烈！消息传来，重病的她，脸上露出了微微笑容，说道："我真想去看呀。"2016年5月25日，在她去世两个多月以后，《一江春水》赴北京国家大剧院演出！同样，受到北京观众的喜欢。

生命不息的她，最终为的就是艺术的生生不息！

在音乐的世界杯赛场，她漂亮地踢进了属于中国的球。令国人震撼。

三　畅谈中国声乐

循理以求道，落其华而收其实。在长期的教学实践中，周先生不断思索，寻找科学的方法，收获的果实壮硕而又丰富。2013年5月，鲜花铺满大地的时节，96岁的她，对声乐的理论思考，进入了一个新层次。

那一天，她给笔者打电话，说："年底要开一个关于民族音乐的研讨会，他们希望我能发言。我最近天天在思考这个问题，也理不出一个头绪来，想和你聊聊，听听意见。"

事实上，喜欢学习和接受新事物的她，对中国声乐如何发展一直很关心，也在苦苦思考，并且有自己的想法。那是5月22日的下午，笔者应邀前往，她的所谈，稍作整理如下，以飨读者，也可窥见她在理论上的一些探究和建树。

什么是中国学派？音乐界对此长期争论不休。周先生一语中的："中国学派就是中国风格"。那么，什么是中国风格？她说，只要符合四个方面就是中国风格：一是中国语言；二是符合中国人的审美要求；三是要有民族民间的味道；四是符合中华民族情感要求。她解释道，法语和德语不一样。按法国语言写的，符合法国审美要求和表达方式的，就是法国风格。她又进一步阐述自己的观点：艺术上分什么派，其实不好。如果只停留在派里，就没有发展没有创新了。袁雪芬的袁派，徐玉兰的徐派，都是符合她们的个人特点和风格形成的，再复制一个袁雪芬，一个徐玉兰，都是不可能的。因为每个人的生理条件、生活环境、生活习惯、个人性格、个人爱好和文化底蕴、艺术悟性等都不一样。梅兰芳过去说，什么是梅派？梅派就是没派。我们学习梅兰芳、袁雪芬，是要学习他们对艺术追求的一种精神，一些带有普遍意义的地方。

她说："过去搞京歌、越歌等，我是赞成的。因为不是瞎搞，是将京剧和歌剧两种艺术结合起来，也是一种创新。每一首歌，歌唱者认识不同，唱出来就不同。比如，黄自的《玫瑰花》，要像说话那样唱，就对了。有的人，唱起来拿腔拿调，就不是黄自的风格。唱歌一定要研究语言，要知道歌曲在说什么。西洋歌

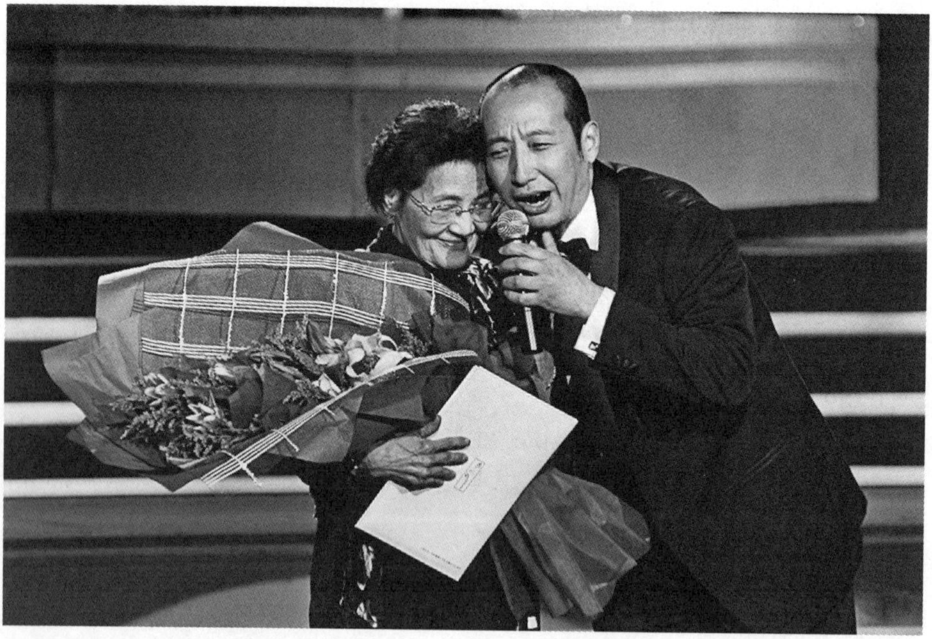

在第15届上海白玉兰戏剧表演艺术奖领奖会上，学生杨勇献唱《师恩如歌》

曲科学,在于发声。不是唱咏叹调就是科学了。没有掌握语言,不懂歌曲意思,就是不科学。光有理解,声音上不去,也不行。审美、风格不对,如同颜色没有配对一样,听起来就不舒服。这些问题搞不清楚,几十年也争不出名堂来。”

中国声乐究竟是在民族基础上发展,还是在西洋唱法的基础上发展?这也是声乐界争论不休的问题。对此,那个下午,周先生也谈了自己的观点。她说:“如果符合民族音乐规律、语言规律,了解作品风格,理解作曲家的要求,表达中国人的情感,处理自如,群众听起来又觉得好听,这就对了,就是发展方向。如果仅用美声唱法唱中国歌曲,而不顾及其余,中国人听起来不舒服,外国人听起来也觉得不对,那就是夹生饭了。如果一个人演唱时,声情并茂,很好听。但高音上不去,那就是发声不对,不科学。有的人,高音自然而然上去了,说明他唱得是对的。科学不科学,就看它符合不符合自然规律。有人本来唱不到那么高,经过训练唱上去了,那就是掌握了科学方法。所谓乐感,就是这样。天天练,练成需要它怎样就怎样,说明专业化了。有人说,声乐不需要学,越学越僵。这种说法不对。要有意识地知道,自己在怎样做,应该怎样做,且做起来很自如,这就是专业与非专业的区别。有的媒体说,原

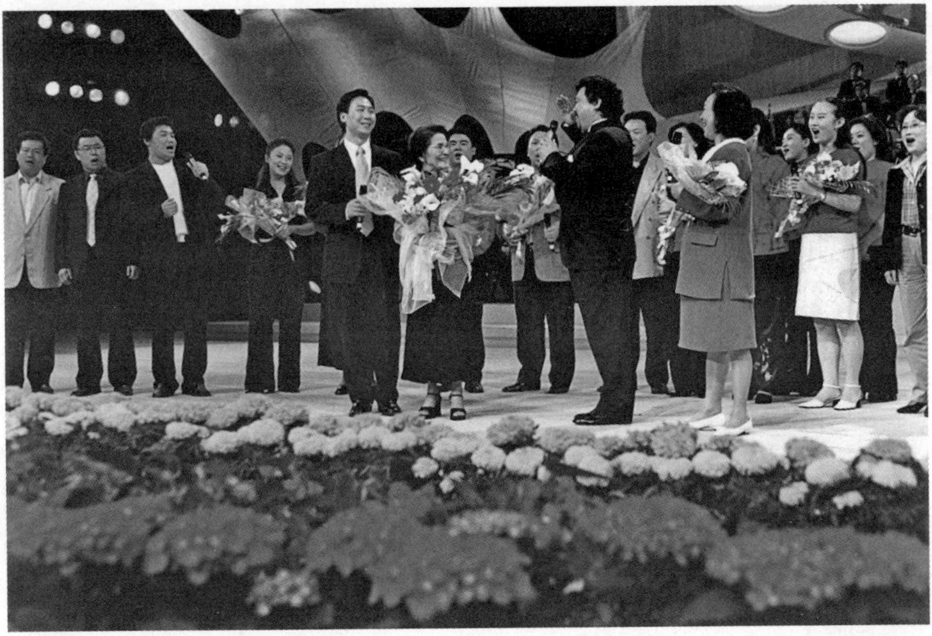

在万山红演唱会上

生态不是也在唱吗？不需要基本功。这是一种误导。原生态是在唱，只是他们不知道自己的唱法是对的。”

周先生说，同样题材的作品，处理起来也要不一样。比如，谈恋爱，时代不同，年龄不同，性格不同，演绎起来就要不同。爱，是爱在心里的。但是，现在都一个样，非常外露。施光南的《多情土地》，写一个老农离开土地。演唱者就要琢磨这个农民的心，也要了解作曲家在写这部作品时的背景、心情等等。陆在易的《家》，家在哪里？不同身份，不同境遇的人唱出来都是不一样的。《我和我的祖国》，每个人表达都不一样，方法有好多种。唱任何一首歌，要准确，要有深度。

她认为，声乐艺术最好不要比赛。因为，它不是竞技项目。乒乓球比赛，球打在台子下了，就是输了，硬碰硬。声乐不行。西藏有西藏的特点，内蒙古有内蒙古的风格，新疆有新疆的优势，没有好坏高低之别。原生态比赛，要进行培训，还要设计，演员要化妆等，这样就不是原生态了。她认为，以前文艺搞些汇演、调演之类的活动，倒是蛮好的，大家在一起互相学习，互相交流，互相提高。

周先生的思想很“穿越”。由此，她说道，过去有一句话叫边学习边批判。学还没学呢，就批判了，叫人家怎么学呀？姚文元批判德彪西，贺绿汀院长就是不服，说德彪西你都没研究就批判了，算怎么回事？将西洋演唱方法和中国语言相结合，这句话不仅是口号。怎么结合？具体怎么做？要研究，要具体化，可操作。

两个多月后，周先生因脑梗住进了医院。后来得知，为准备这次发言，那次长谈后，她不满足，还是每天找资料看，日思夜想。医生说，导致周先生这次发病，用脑过度，太累了是重要因素。

实践出真知，理论又将指导实践。周先生倾毕生追求两者的有效结合，并且期望着能够传给更多的人。

四　青春依然

在生命年轮走向95岁以后，病魔也在形影不离地跟着她。但是，没有一个人如她这样，眉头上没有一个愁字，没有一个苦字，没有一个怕字。她从来不感觉自己有病，自己衰弱，自己老了。这一节，实录作者的几次探访，也许最能真实地看见在生命的最后几年，她青春依然，热情依然，美丽依然，快乐依然。

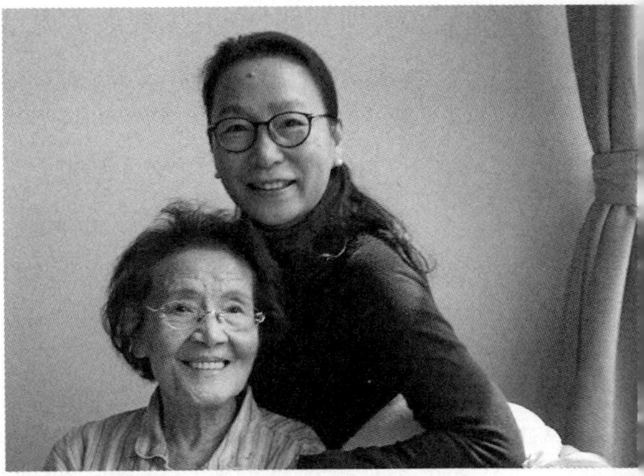
2015年3月28日，奚美娟看望周小燕先生

2012年10月6日。这是一个下午，演员奚美娟一起同往。清脆的门铃敲开紫褐色的大门，梳理得整整齐齐的周先生一脸笑容，用力地和大家热烈拥抱。坐定后，周先生看着奚美娟，赞赏道："我很喜欢你的表演，不张扬，有内涵，含蓄。"接着，她告诉奚美娟，这一期的《上海采风》，有对她的采访，她都看了。说着，先生起身到卧室，拿出一本《上海采风》，说："我还保存着呢。"先生继续说："学歌剧的人，会表演太重要了。现在，我们的学员在这方面太欠缺了。"她突然邀请道："美娟，你什么时候到我们学院来上课，给学生讲讲表演？"奚美娟微笑着点了下头，说："好呀。我真的在这方面有很多体会。"

这天，周先生在美国的儿子张本和妻子从美国回来，也在座。张本说，前几天他在美国时，妈妈兴冲冲地给他打电话，说去日本演出的签证签下来了。我们兴奋地问："什么时候去呢？"张本看着母亲，有点沮丧地说，现在去不了了。为什么呢？因为，当时中日关系有点紧张，不宜去日本演出。我们都觉得挺遗憾的，沉默不语。谁知，周先生却高兴又自信地说："我的这个签证是10年期的。我有的是时间和机会。"好天真，没有一点烦恼和忧愁，凡事喜欢往好处想，却不知道自己已经95岁了。

她真是没有这个意识。几天前，她的妹妹拿来一组儿子在西藏拍的照片，周先生一张张翻看，赞个不停。突然说："我也要去西藏。"大家都愣了，齐说："不可以 。"她说："我不晕机不晕船，为什么不可以？"大家还是摇头。她有点急了，说道："他都60岁了，都去西藏了，还拍了那么多照片。我为什么不可以呀？""扑哧"一声，大家都笑了。看看，这个老太太，以为自己60岁还没到呢。

张本说："我妈妈喜欢拍得好看的，尤其是拍她的，要比她本人好看。我爸爸要看光线、距离、布局、神态等等。所以，他们俩挑选照片，挑不到一块儿。”说到老伴，周先生摇着头说：“张骏祥后来不行了，眼睛花了，记忆力不好了，耳朵不灵了。他说自己是残疾人了，还加入了残疾人协会。”周先生话锋一转，自豪地说：“我每天打坐、练功，现在觉得越来越有劲了。学生唱歌时被气堵住了，我能看出堵在哪儿。”

2013年5月23日。这个下午，在畅叙了她的关于中国声乐发展的一些观点后，周先生拿起笔与我一起为《她是这样一个人——写真周小燕》签名。刚出版时，周先生购买了200多本。可是没多久，她给我打电话说：“我的都送完了。大家都很喜欢，说写得好。很多人想买，但是买不到。怎么回事？新华书店怎么会没有呢？”我从自己购买的300本中给她送去50本。可是没多久，她又着急地来电话说：“外地很多人打电话来，说买不到书。到哪里去买呀？怎么办呢？怎么会这样呢？”我联系出版社，买了100本给她送去。她说：“很多人都想请你签名呢。”于是，便和她一起在书上签名。签到20本时，她甩了甩手说：“签不动了，手抖。唉，过去连续上四个学生的课都不累，现在上两个学生的课就累了，没劲了。”

2013年10月27日。因为太劳累，用脑过度，8月初，她住进了医院。这天，她从医院回来没几天，见到我来，便神气地抬起腿，甩起手，学解放军走正步的样子，笑着说：“你看，我现在好了。”接着，身体往下一沉，做了一个拖着腿走路的样子，说：“喏，就这个样子，生病的时候，走路都是拖的。”笑声中，敬佩之意油然而生。

她叙述这次发病的过程：“那天晚上，送妹妹回去，我们站在门口说话。突然，我只看到她的半边脸，另一半看不到了。当时没在意。10点钟了，感觉眼睛不对劲，用手捂住左眼，右眼一点也看不出来了。我也没当回事。小张(保姆)不放心，给张本张文又打电话又发电子邮件。他们着急了，要我马上去医院。我说：‘这么晚了，又是周日，怎么去医院，还是明天去吧。’他们说：‘不行，再晚也要去。’他们知道我中风过，所以怕。张文给顾平打电话，顾平马上开了车过来。到医院，搞到凌晨两点，眼科查不出病。要打一种针，医院要家属签字。我看顾平有点犹豫，想鼓励他，就说：‘在这儿我又没有亲属，你不签谁签呢？’顾平看了看我，签了。我又笑着说：‘好，以后我眼睛瞎了，你要负责的噢。’到这个时候了，我还跟他开玩笑。顾平无奈地说：‘没有办法了，只有希望奇迹出现。’廖昌永来了，顾平告诉他：‘医院要家属签名，我签了。先生要我负责。’廖昌永听后，马上说：‘这就好办了。在先生这里，什么奇迹都会出现。’最后诊断我是脑梗。其实，发病前就有征兆了，几天前，右腿突然抽搐得很厉害。小张吓得跪在地上帮助到处揉，还是不行，要我到医院去，我不肯。巧的是，过了一会儿不抽了。我就得意地对小张说：‘不是好了吗？’可是，第二天又抽了。过去说，我是幸福的，有好朋友，好领导，好学生，好丈夫，好子女等等。现在要加一个了，那就是健康。健康是第一位的，有了健康才会幸福。过去体会不到，现在有了切身感受。以前，张骏祥躺在病床上，我总是对他说：‘你要和疾病作斗争。’他说：‘斗不动了。废了，眼睛不行了，耳朵不行了。’我现在有感觉了。不过，在医院的日子真不好受。不让我会朋友，不让我上课教学生，我难受死了。这样，就是活到100岁又有什么意义？有一个朋友说，她妈妈108岁了，还在打麻将。我说，我不喜欢。与其这样，还不如死。一个人活着总要对别人有用，能做一点有益的事。”

记得是在8月14日，大概住院10天以后吧，周先生给我打来电话，第一句话就说：“兰英，你烤焦了没有？”我一下笑出了声：周先生太幽默了。这个夏季，是上海有气象记录以来最热的，连续多天40摄氏度以上高温。我连忙回答道：“周先生，我没有烤焦，但是，烤糊啦。”她笑道：“我担心你，没有烤焦就好。”“你怎么样啊？”我问。她说道：“我天天被关在医院里，难受死了。我是借了小张的手机，偷偷给你打电话的。他们说要静养，不让人来探望，不让我会朋友，不让教学生，朝看日出，夕看日落，没有意思。这样的日子，就是活到100岁，还有什么意义？”在她的死缠硬磨下，医院总算让她写了保证书，才同意她出院。学校相应地将她原本带教的十个学生减为四个。

周先生起身，拿来一盒桃酥饼，说：“妹夫，就是宝佑的爱人，从北京带来的，你尝尝。”她接着说：“我喜欢吃桃酥饼，不喜欢

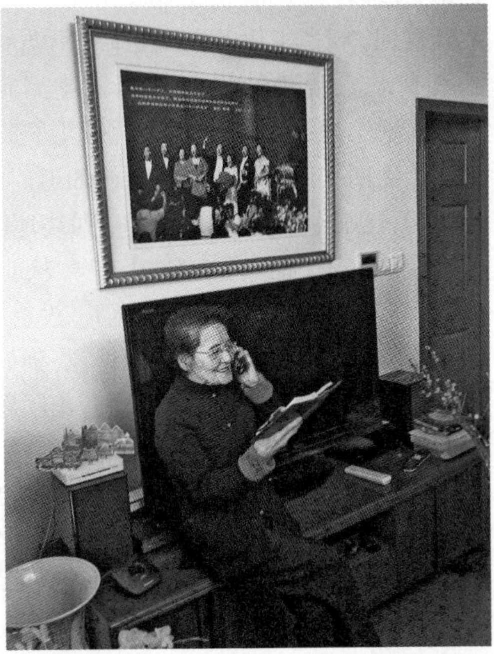

给朋友打电话

吃蛋糕，妹夫经常给我寄。还有，我不喜欢喝牛奶，喜欢喝咖啡，喜欢吃巧克力。”由此，谈到许多生活等方面的问题。她说：“不知为什么，我和你说得最多了，什么都愿意和你说。人也很奇怪。有的人，认识很久了，再怎么对我好，我也不喜欢。有的人，一见面就觉得亲热，就熟。”她对一些喜欢贪小便宜，揩公家油，心计深的人很反感。她说：“搞艺术，是要讲人品的。有些学生基础差，别人说算了吧。我看到了他们身上的一些朴素劲，还是教下去。总算，他们都出来了，有的人不能唱，但是能教，成为对社会有用的人。有的人笑我，学生都是工农兵。张建一是工厂来的，廖昌永是农民的儿子，魏松是部队战士。这有什么不好呢？我选学生，不看出身，不看背景，喜欢朴素点，吃得起苦，身上有一股执着、坚毅劲的孩子。”

2014年7月24日。宁波大学教授陈铿和夫人同往。夫人曾在70年代随周先生唱歌。年初，周先生的右眼几乎失明，心脏早搏，无奈又住进了医院。其时，陈铿因骨折也住在医院，坐着轮椅去看她，医生也不同意。好说歹说下，同意看一分钟，不可说话。周先生知道后，特意叫人把病床摇高。陈铿说：“看到她躺在病床上，显得很瘦小，我眼泪都掉下来了。可是，周先生倒是微笑着。”

这回，周先生住了50天医院，出院后，学校将她的课时改为一天一小时，她很不满意，说：“起码一天两小时吧。”所以，家里还是天天门庭若市，人来人往。保姆小张不干了，告诉了她的儿子张本。儿子打电话给母亲，叫她不要太累了。她回答说：“累不累我自己知道。”儿子说：“那好吧，就再回瑞金医院。”她一听，让她回医院，就像孩子般讨饶地说：“我可不去。那儿的日子不好过。”

说到这里，她叹了口气说：“唉，从前张骏祥说手不能提，肩不能挑，眼不能看，耳不能听，我现在都碰上了，没有用了。去年检查身体时，还说我身上什么器官都是好的。惹得我很得意，到处说，我浑身机器都是好的，什么病也没有。怎么一年都不到，就心血管出问题了？我问医生，怎么回事？他笑笑，说太累了、太累了。”

保姆小张走过来，说：“先生是很累，没有停的。她妹夫从北京来了，中午妹妹瀓佑请大家吃饭，两点多才回来。也没有休息，现在又接待你们了。”周先生笑道：“没关系，你们来了，我就有精神了。他们说我人前一条龙，人后一条虫。”

陈铿是著名音乐家陈歌辛的二儿子。哥哥便是大名鼎鼎的作曲家陈钢。话题自然谈到学生，谈到音乐。陈铿说：“以前，人家看到廖昌永，说这是周小燕先生的学生。现在说这是廖昌永的老师周小燕。”她听后，哈哈笑了起来，说：“他现在名气是比我大了，好嘛。我就是希望学生们个个比我好。”

陈铿说到父亲，乃至千千万万包括周先生在内的知识分子在“文革”中遭难的事。周先生痛心地说：“杨嘉仁夫妇自杀了。造反派逼他的夫人和附中的校长互相扇耳光，还在一旁叫：‘使劲点。’回来后，他的夫人不堪凌辱，开煤气自杀。留下一张字条，上面写着‘我，不能忍受’等字。杨嘉仁回家后看到纸条，在‘我’字后面加了一个‘们’字，也自杀了。一双儿女突然成了孤儿，太惨了。”周先生摇着头说：“千万不能回到‘文革’。”

门铃响了，来了一位女士，先生介绍道：“这位是钢琴老师。”女老师笑吟吟地说：“先生，我没事，给您送来一点点心。”说完，转身要走。周先生忙唤道：“等一会儿。”边说边起身，到里屋取了一件礼品出来，递给钢琴老师。陈铿说：“她就是这样，收了人家一点礼，都要立刻还的。”

2014年10月18日。由我总策划的“九〇后的青春——马革顺、徐中玉、周小燕、高式熊、秦怡、曹鹏写真展”，上午10点18分在上海图书馆开幕。

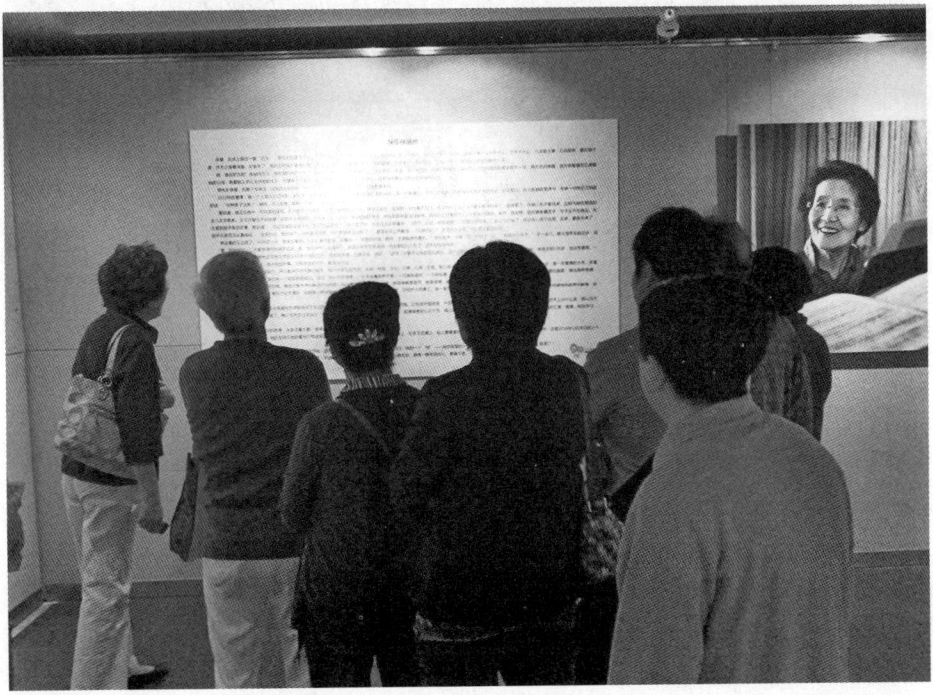

“九〇后的青春——马革顺、徐中玉、周小燕、高式熊、秦怡、曹鹏写真展”

青春，是草木青葱的季节；青春，是人生旺盛的阶段。青春，更是一种心境，无边无际，杳然辽远。举办这个展览，宣扬和致敬的正是这样一批在九十岁以后，依然工作着、奋斗着、追求着的文化大家们。周先生对这个展览特别赞赏，说一定要去，并且准备发言。9月20日下午，我去看她，她正靠在沙发上，看“九〇后的青春”关于她那部分的文字稿。她说：“九〇这件事很有意义，只有你才想得出来，才能做得好，我一定要去的。”

然而，天有不测风云。上午9点多，我正走在去上海图书馆的路上，张本打来了电话，说：“非常抱歉，妈妈来不了了。”“为什么呢？”我问。张本说：“不知怎么回事，今天一早起来，她就浑身发抖，站也站不稳。”我知道，周先生肯定实在走不动，没有办法了。10月15日，因为《一江春水》进校园活动，周小燕先生和大学生们面对面进行讲座。开场她就说：“我是九〇后。”大学生“哄”地笑了。她接着说：“18号上午，在上海图书馆有一个‘九〇后的青春’展览，我还要发言。现在，我就代表九〇后的青年发言。和你们一样，我

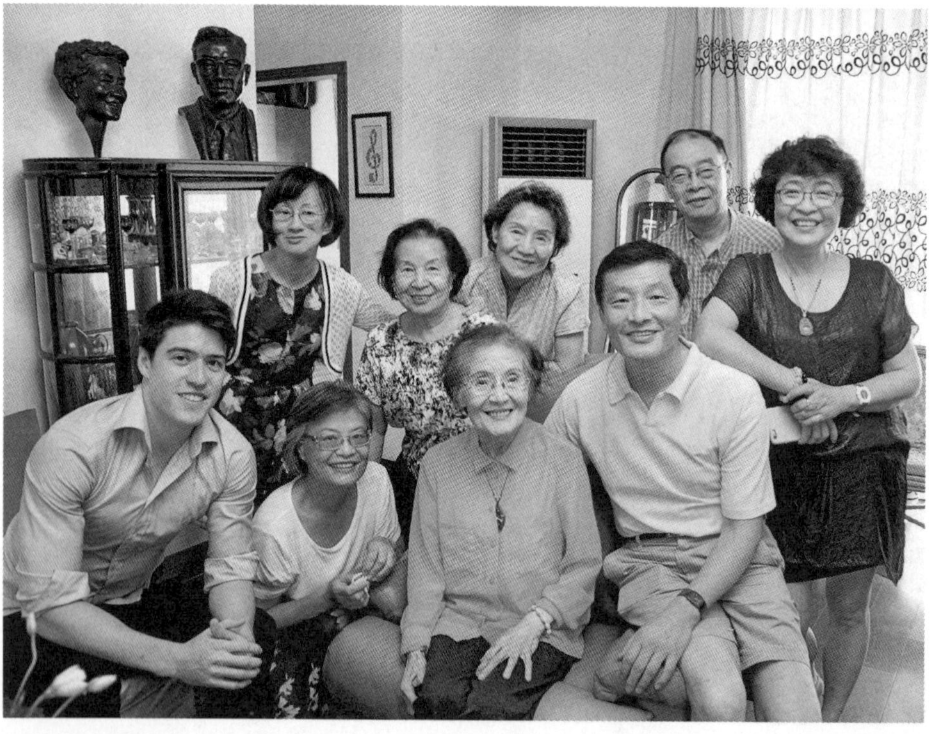

与亲友在家中团聚。前排左起：宝儿、张文、周小燕、张本；后排：周彬佑（左二）、周溦佑（左三）

也是青年，可以吗？”“可以！”“好！”台下一片掌声，热烈而又持久。

心里惦记着她，开幕式一结束，丢去一切琐事，便和市委宣传部原副部长张止静，直驱她的寓所。她疲软地躺在客厅的椅子上，有气无力，脸色灰黄，身上盖着一条毯子。她艰难地说道：“昨天晚上睡下去的时候，还在想今天发言说什么呢。谁知道，早上起来，浑身发抖，一点力气也没有。”我们赶紧叫她不要说话，好好静养。

附言：三天后，也就是10月21号，我接到周先生的电话。她说：“今天好些了，能说话了。打电话给你，是想说一声对不起。看到报道了，六张椅子，一张空的，就缺我一个人。我说过，赵兰英这件事办得很有意义，只有她想得出来，我一定要去的。可是，没有办法了，只能对不住了。”放下手机，心情很不静。她是专门来电话表示歉意的。我能说什么呢？只有感动，只有敬佩！我知道，她是累成这样的。10月16日，也就是上海国际艺术节开幕前一天，我随她一起去大剧院。记得是下午两点不到出发的。到了剧院，在和大家商议了一些事后，她分别接受了上海电视台和外省市电视台的单独采访。匆匆在会客室吃了一点盒饭后，赶到大厅，参加艺术节组织的新闻发布会。完了后，来到剧场，看彩排，直到晚间10点左右，连着七八个小时，马不停蹄，高度紧张，高度亢奋，年轻人也受不了啊。所以，17号开幕式一结束，她整个人就瘫了，扛不住了。

2014年11月17日。新华社上海分社电视部李海伟，是一位很敬业的年轻记者。他连续多年拍摄自闭症儿童，播出后社会反响热烈。他对我说，他很敬佩周小燕先生，很想为她做些什么。由此，想用自己手中的摄影机为周先生留下一点影像资料，也就是跟踪拍摄，直到她百年后。我觉得这个想法很好，像周先生这样的艺术大师，与其以后“抢救”，不如现在拍下来，能拍多少是多少，便对李海伟说：“我帮你说说看，不知周先生是否愿意？估计有点困难。”

因此，这天去探访周先生，便帮李海伟提起了这事。周先生听后，摇摇头说：“我现在没有什么可拍的了，歌剧中心搞好了，《一江春水》也演出了，学生嘛也出来了，没什么好拍的了。”我说了好几条理由，试图说服她。先生却说：“不做事，就没有什么好记录，值得宣传和张扬的了。我就是一个普通的教师，做了自己应该和喜欢的事。人嘛，总应该做些对社会、对他人有用的事。”说完，她用一种征询的口气说：“就算了，不要拍了吧？”我当然尊重周先生本人的意见，说："好吧，那就不拍了。但是，以后大家都会觉得遗憾的。"她笑了笑。

聊天中，她说起这样一件事：新疆有位学生想报考她的研究生，来到上海。那天来拜访她时，顺手递了一个红包，是1 000元钱。她有点惊讶又有点不高兴，问道："你这样，做什么呀？"学生鞠了一躬，说："先生，我只想表示一点心意。"她说："这1 000元钱在我这里算不了什么。但是，在你这里可派好多用场呢。到上海，要车钱，还要租房，还要生活，要一大笔开销呢。你留着慢慢用吧。"接着，先生听他演唱，给他指导，足足上了一节课。完了后，先生叫他报考廖昌永的研究生。先生诚恳地说："我没几年好教了。不要耽搁了，报考他的研究生比较合适。"

2015年3月28日。走进瑞金医院周先生病房时，一身绿色条纹服的她正安静地坐在窗前的沙发上，手拿放大镜，看一份文稿，沙发前，是一张餐饮桌，放着书报、纸、笔等。这天，挚友缪国琴、奚美娟一起同往。周先生高兴地起身，与大家握手、拥抱。"周先生，看什么呢？"坐定后，我们问。她说："一个学生写的毕业论文。说总结我的教学经验。我对他说，我还在教学路上呢，你怎么总结呢？"这年，周先生已经98岁了。如果从1947年回国后，业务在陶行知创办的育才学校执教算起，她的教龄有68年了，培养的学生名扬海内外。可她说她的教学还在路上呢，她还不满足，还在求知，还有追求，还有梦想呢。

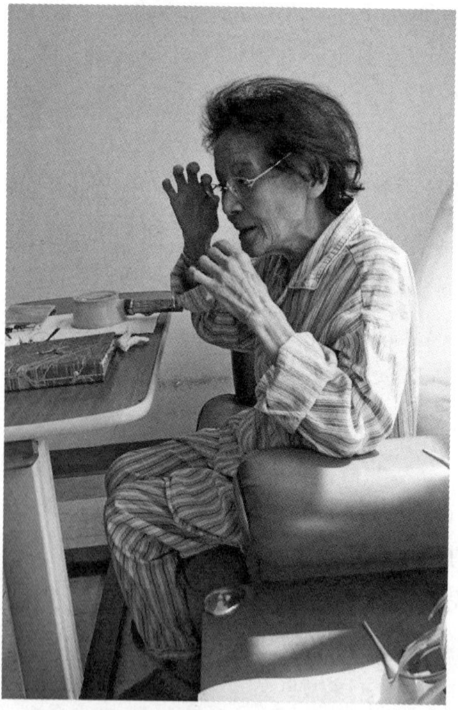
"看人就像电影中的特务一样"

这次住院，是因为心慌，心动过速。问她现在怎么样？她说："心脏没什么事了，但是眼睛不行，雾里看花似的。比如，美娟，我看你，左眼看可看到你的侧面，正面就看不清楚了。看人就像电影中的特务一样。"边说边像孩子似的，学电影中特务斜眼、偷眼看人的怪样，逗得大家眼泪也要笑出来了。

奚美娟拿起桌上的放大镜，说："这么大呀，很奇特，没见过。"周先生说："是张骏祥的。"说到老伴，她又自责地说："唉，从前他说，眼花体弱，我不理解他，总是用邓大姐的话鼓励他，要与病魔作斗争。现在体会到了，很后悔，没有同情他。但是，我心态不老，心态年轻。"

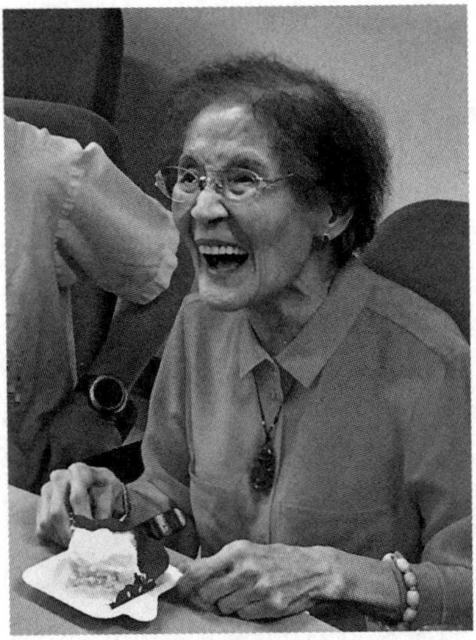
在医院过最后一个生日

按上海民间说法，周先生今年99岁了。民间又有生日做9不做10的习俗。因此，大家期盼和商议着给她做百岁生日。廖昌永兴致勃勃地建议："把全国各地甚至世界各地的学生召回来，热热闹闹，轰轰烈烈地搞几场演出，庆贺先生的百岁生日。"可是，她一百个不同意，说："我为什么要提前老啊，你们为什么要催我老呢？我可不要提前老，不被你们催老。"这天，先生笑着说道："要开几场音乐会，就得每场都去。否则，这场去了，那场不去，不好，容易产生矛盾。都去了，非得把我整死不可，真正的100岁还没到，就完了。"

她叹道："住医院太难受了。在病房里走来走去，医生还要让人扶着，真不习惯。朝看日出，暮看日落，无所事事。老了，日子一天天少了，更觉岁月珍贵。有些人把医院当家，真为他们难过。金窝银窝，我的窝最棒！"大家知道，周先生的窝，就是学生们的课堂，学生们的家。

奚美娟拿出手机拍照，周先生笑道："不要拍，我紧张得汗都出来了。"然后说道："廖昌永唱歌，可以四五个句子一口气唱下去，我也可以。"说完，伸出十指，说："我们来憋气，看谁憋的时间最长？""好。"大家憋气，周先生用手指无声地数着数字。我们一个个坚持不住，败下阵来，周先生还在憋，直到数完50的数字。她说："其实，吸气容易，呼出去难，呼，要慢慢呼出去，这个是需要训练的。谁能掌握气息，谁就能唱好歌。"奚美娟接话说："要有意识训练，无意识体现。这就是专业和业余的区别。但是，不是每一个科班出来的人都能体会到。"周先生说："对的。学艺术的人要有灵性，要有悟性。我说过，没有感觉的人，还是趁早改学其他。"

奚美娟是大家熟悉的表演艺术家。她主演的话剧《中国梦》《留守女士》，影视剧《假女真情》《儿女情长》《一棵树》《红色玫瑰》等，都为观众称道，在中国艺术史上留有一笔。接着周先生的话，她说道："表演水平不是与年龄增长成正比的。读书时，一个老大学生竟然连线系都不知道。线系就是表演时，外在的那根线与内在的那根线要有互映。"周先生说："这和我们声乐讲究声断情不断，藕断丝连是一样的。"奚美娟说："演员好不好，要看他在没有台词时的表现，是不是在真听、真看、真思想。"周先生说："过去梅兰芳、袁雪芬等大艺术家，每次演出总是早一个多小时到场了，关在化妆间里，别人不可打扰，进入角色中。"奚美娟说："我每天要看一两部电影。好的东西看得越多越觉得自己不行，告诉自己，不要自以为是。读书时，有一次排戏，觉得自己今天还蛮好的。于是，就老是回想那天是怎么演的。老师说，不要企图重复过去的东西。这句话，对表演太重要了，我记住了一辈子，一直都在举一反三。比如刚才说的内线外线的问题 。如果只有感性，没有理性，就不能做到收放自如。因为感情只有放，没有收的力量。表演要给观众空间，给观众想象力，不要太满，全部拿出来不是最好的。周先生说："魏松现在就做得很好，每次演出只用七分的力，唱得很舒畅。北京有一位演员，人长得帅，嗓子也好，各方面都很好，就是唱得满，常常要坏嗓子，可惜了。"奚美娟说："表演最难的是在舞台上笑。"周先生说："有一次，张骏祥批评我的演唱，穷凶极恶，声嘶力竭。我经常用这八个字去教育学生。"奚美娟说："表演光是演员在表现自己，那是不行的。有的演员在台上哭得一塌糊涂，可观众不哭。要抑制住，抑制不住才哭。生活中，也是这样的。我主张，尽量不用哭的方法去表达一些悲的东西。"

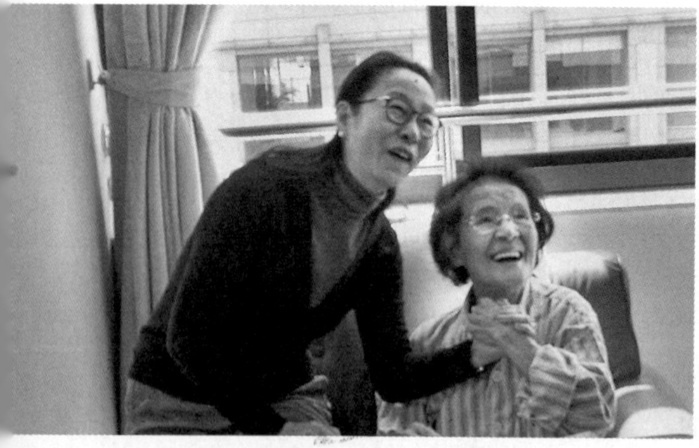
"哎呦，周先生的劲真大"

周先生像个顽童似的，对奚美娟说："来，我们掰手腕，看谁的劲大。""啊？"奚美娟有点惊讶，连忙起身，伸出手臂。不一会儿，奚美娟就叫道："哎哟，周先生的劲真大！"

周先生无奈地说："我现

在是管制分子了，什么事都要向学院报告，要他们同意，真没办法。中央电视台让我去北京录节目，我不去。就这点事，老是要我讲《长城谣》，讲为什么回来，讲来讲去，都成祥林嫂了，自己都没感情了。有一次，也是说中央电视台来采访，我打开门，门前站着一个小伙。仔细一看，咦，这不是那个跳水的田亮吗？真的是他。他说，他是代表中央电视台来的。可惜，他完全是外行，对我也不了解，无法对话，他也很尴尬。”

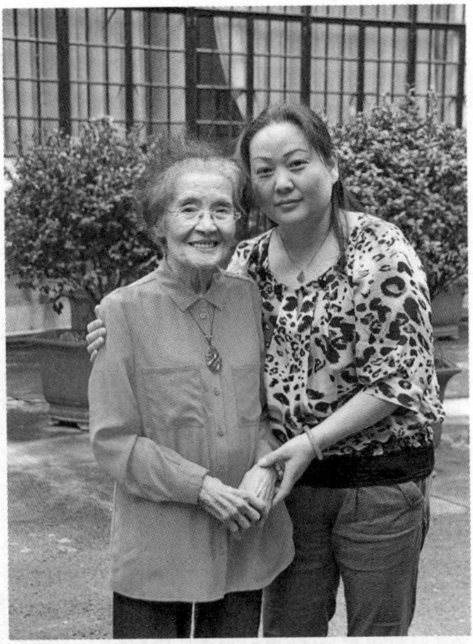

与保姆小张在音乐学院留影

周先生说，她喜欢足球，经常半夜看。没有想到，奚美娟说，她也喜欢足球，经常半夜看。周先生说，她的下半场足球，还刚开始，还要踢下去呢。我们都会心地笑了。

实录在这里的，是近年多次探访周先生中的一部分。每一次探访，可以感受到她的朝气，她的童真，她的乐观，她的幽默，她的快乐。周先生风采依旧，青春依然。而且，激励和感染身边的每一个人。

五 生命不息

2015年5月6日下午，在上完了给学生的最后一节课后，她从容地住进了医院。其实，病兆在一年多前就出现了。有几次去看她，问起身体怎么样？她说，别的没有什么，就是老拉血。问她去医院了吗？她说，去过，查不出什么。然后，又不当回事地开心地说这说那。她自己没有想到，所有人都没有料到，竟然，这次住院，她没有再回来。

曾经，多次她对作者说：“最不想看到的是，一些有才华的学生因经济而辍学。他们都是国家的人才呀。”为之，她以种种方式不知帮助过多少困难

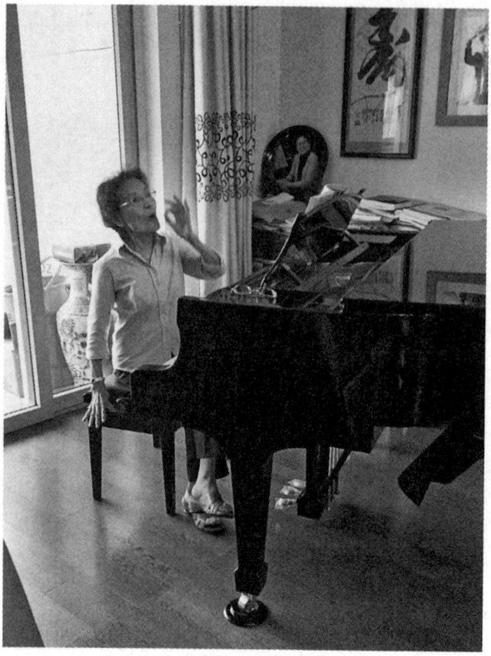

在家中给学生上课(2014年9月)

学生。她希望有更多的有识之士能够关心关爱并且资助,那些有艺术特长的贫困学生,和贫困地区那些孜孜矻矻坚持艺术教育的老师们。周先生认为在贫困山区播撒艺术种子的老师们,特别不容易,那是一种大爱,是一种奉献,是一种牺牲。因此,她想建一个公益基金,能够让贫困地区那些有艺术特长和爱好的师生们,有安心学习和交流的机会。在几次拜访中,她都和作者谈起过这事。2015年4月27日,也就是先生入院前10天,以她的名字和丈夫张骏祥名字命名的"祥燕艺术教育公益基金"成立了。这天,周先生和上海华侨基金会签约,祥燕艺术教育公益基金挂靠华侨基金会,独立运行。如何运行?如何真正让需要帮助的人得到帮助?这是住院后,周先生想得最多的一件事。2015年9月下旬,作者去医院看她。正好她的女儿张文也在。周先生又一次提到这个基金,说希望能走好,希望有更多的人支持,也希望作者能帮助出出主意。

"祥燕",吉祥的燕子,将辛勤地把艺术的种子播向祖国山川,将无私地把真与美沁入人们心坎。据悉,"祥燕基金"已经成功在黑龙江省克东县建立起远程培训系统,全县从事音乐、美术、体育教育的老师都有机会从这里接受艺术的滋养,从而得到艺术的升华。还有更多的周先生学生和有识之士,向基金注入力所能及的资金,以期源源不断,生气勃勃。

从入院到去世,周先生在医院住了将近10个月。每天来探视的人络绎不绝。可是,任何时候,没有人从她身上看到痛苦,看到绝望。留给人们的,永远是她的美丽,她的雅致,她的微笑,她的快乐,她的童趣,她的睿智,她的幽默,她的胸怀,她的执着,她的朝气,她的不息生命。

那一天,李秀英接到张本打来的电话,说妈妈希望她去一次。秀英赶到医院，周先生已经静静地坐在那儿，化了淡淡的妆，整洁清朗，脸色凝重。这是怎么了？从来，先生都是一脸的灿烂笑容。没说上几句，周先生转过脸，看也不看她，说道："我的学生打算交给你了，你来教。"然后，将学生的特点逐句逐条地说给秀英听。秀英没说话，抑制不住，轻声哭了。一旁的保姆小张也哭了。先生不语，但是，眼里含着泪。秀英忍着悲痛，说："老师，你说啥呢？我帮您先带着，等你好了，再回来教。"周先生说："你教吧，我相信你。"第一次，周先生在学生面前露出着急的神态，说道："我这是怎么了？怎么也好不起来，从来没住过这么久的医院。"秀英的心像被针扎过一样，痛得厉害。

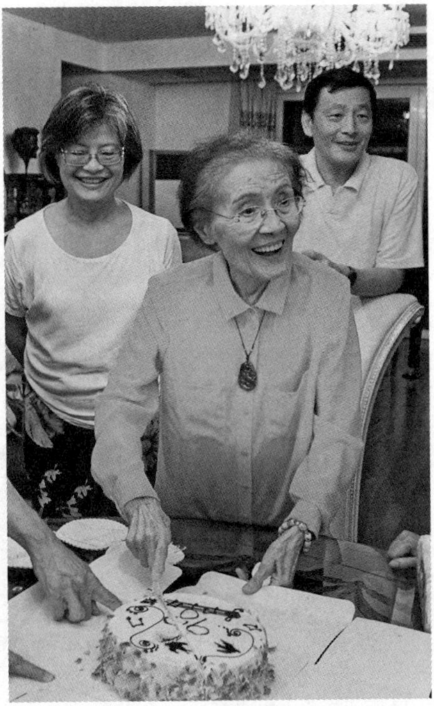
2015年8月28日，回家过最后一个生日

每次来看老师，老师和秀英说得最多的就是教学。如何挖掘学生在演唱时的内心情感？怎样解决声乐技术上的一些疑难杂症？周先生掏心似地把自己的所知所得，毫无保留地传给学生。2015年底，周先生托秀英带教的学生，将角逐全国金钟奖。秀英将学生的录音带到病房，请老师再指点一下。她欣然戴上耳机，晃着身子，陶醉地笑着，说："有进步。"秀英说："压力很大。"她继续说："整个声音感觉好多了，不飘落下来了。"在生命的最后，她关心的仍是事业，仍是学生。

在她近70年的教学生涯中，从来，她都没有想过自己有一天会不能教了，会病了老了。手术以后，人非常难受，一点也不想吃，可是为了尽早恢复，她积极配合，尽量多吃。稍稍有点精神，她就打坐练气功。她巴望着，早点能回到她那最棒的"窝"。有一天，上海市委宣传部原副部长陈东去看她。陈东将自己戴的项链挂到她的脖子上，她孩子般地说道："哎哟，还是热的呢。"她让陈东抬脚，让她看看她脚上的坡跟鞋。尔后，轻声在她耳边说道："这次怕是难闯过去了。如果能走出去，你陪我逛街去买鞋噢。"热爱生活的她，在病房里，只要能起来，总是穿着她的高跟鞋，化着淡淡的妆，给人以一种精神

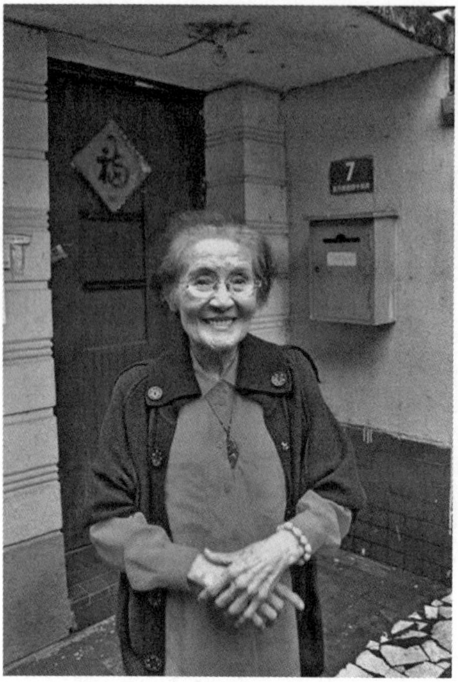

生日后留影1

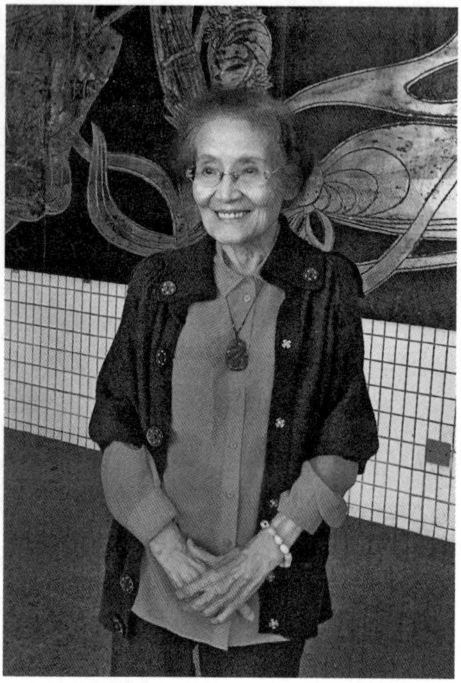

生日后留影2

上的感染，一种视觉上的享受。

2015年12月，圣诞节后，周先生的病情急转直下。

天津演出回来后，秀英给保姆小张打电话，说想去看望先生。小张说："先生昏迷着。"秀英说："昏迷着，我也要来。"秀英来到医院，奇迹出现了，她竟然醒了。双眼定定地看着秀英。小张说："先生的眼睛好久没有这么亮了。"秀英抚摸着老师的脸，轻声说着："老师，您还是这么美丽，您永远美丽。我一定尽力做好所有的事，无论是唱，还是教。"秀英与作者说到这一幕，眼里含满了泪水。她说："我说的，老师都听见了。那时候，老师的脸红扑扑的，没有一点皱纹，就一个大笑脸。没有想到，这是我和老师说的最后一句话。"

王作欣是她80年代中期和王品素教授共同的学生，1992年在美国获得音乐博士学位。她高兴地写信致贺，并鼓励她回国教书。第二年春天，王作欣在她的感召下，回到母校执教。王作欣最后一次去看老师，老师已经无力说话了。但是，那双充满深情的眼睛始终望着她，脸上露着孩童般的微笑。当她再次睁开眼，看到王作欣还守在旁边时，突然冒出了一句充满了惊喜的话:“啊,你还在啊!”这句话也让身边所有人感到一阵惊喜。随后,她无声地拉起王作欣的手,放在嘴边不断亲吻。王作欣后来撰文写道:“在生命的最后,她还不忘隐藏痛苦,把快乐和爱带给别人。”

2月8日,是农历大年初二,廖昌永去看先生。她已经陷入昏迷。可是,那双手还不时地高高举起。廖昌永说:“就像平时跟我们上课一样,双手挥舞,打着各种节拍,激情四溢。”2月23日,正月十六,廖昌永和学院林书记去看她。她还在不时地挥着双手,像是在打节拍。廖昌永贴着她的耳朵唤道:“先生,我是廖昌永,是小廖。”听到学生的呼唤,她又一次艰难地睁开了眼。廖昌永蹲在床边,轻轻抚摸她的双手,轻轻理着她额前的头发,轻声说道:“先生,你好好在这儿休息,你会创造奇迹的,你会好起来的。”站起身来,廖昌永说:“我感觉,先生在昏迷中,还在为学生上课呢。”临终前,廖昌永又一次去看先生。也许是回光返照,那天,她神志还清醒,让廖昌永告诉她学校和声乐系的一些情况。廖昌永说:“先生将对艺术的执着和追求,对学校和学生的眷念,保持到生命的最后一息。”

1月,大部分时间,她都处在昏睡中。这天早晨,她看到了病房里儿子的行李。明白儿子要走了,一个上午,她都努力撑着,不让自己睡觉,过一会儿就摸摸儿子的手,过一会儿就摸摸儿子的手。儿子向她告别时,她吃力地问道:“一直想问你,但又不敢问,什么时候可以再来?”儿子强忍着泪水,说:

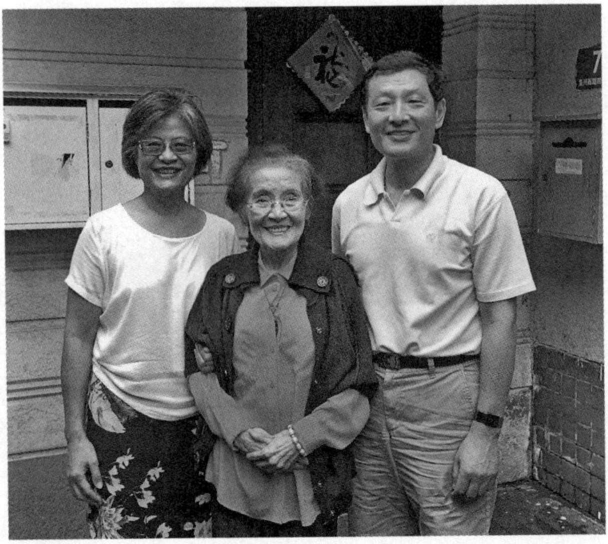

2015年8月28日,与张文、张本复兴西路老房子前留影

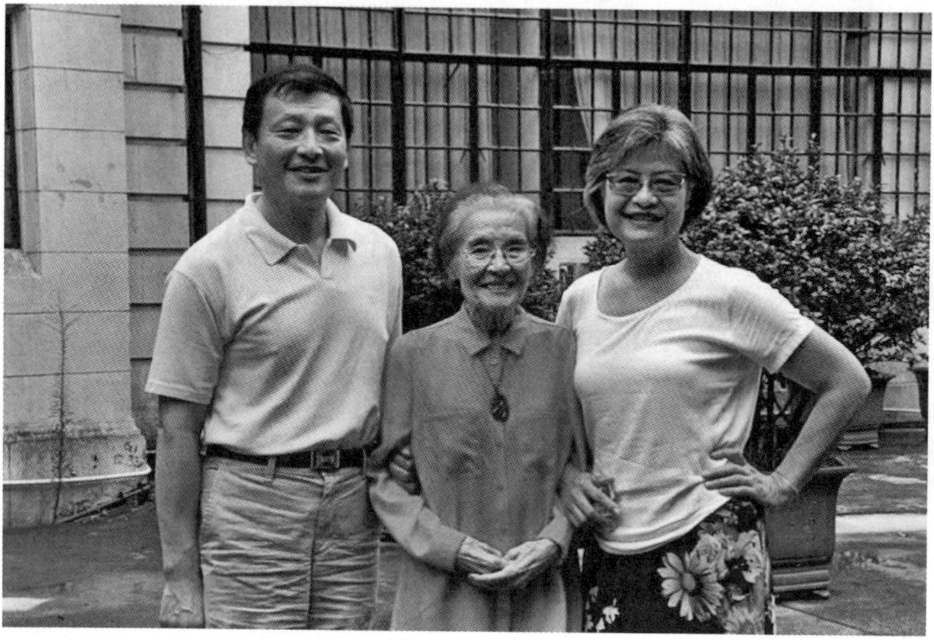

2015年8月28日，与张文、张本在上海音乐学院

“回去请好假就来。”她又安慰地说道：“你放心地去好了，我会好起来的。”这是她留给儿子的最后一句话。一个月后，张本回来，母亲已经不能说话了。唤她后，她的两眼微微睁开，温和地看着儿子。随后，那慰藉的目光，再也不愿离开儿子，随着儿子的身影而飘动。

3月3日23点左右，弥留之际的她，忽然睁开了眼，看着床边的每一个人，眼角流出了泪珠。张本握着母亲的手，在她耳边轻声说道：“妈妈，等你好了，我们一起去巴黎，去看你一直想去看的母校，在你开过独唱音乐会的剧院听歌剧……”

3月4日凌晨零点32分，在儿子的轻声细语中，她的心脏停止了跳动。

一代声乐艺术家、教育家周小燕，告别她热爱的土地，告别她挚爱的亲人，告别她心爱的学生，告别她钟爱的事业。

震惊、悲痛，断肠、肠断。各大媒体，传统的、新型的；全国的、地方的；纸质的、视频的，都以大量篇幅怀念、追忆她，持续一个多星期。

“九九归一朗月升，白云何处不传承？人间自此音萦绕，玉帝清晨请夜

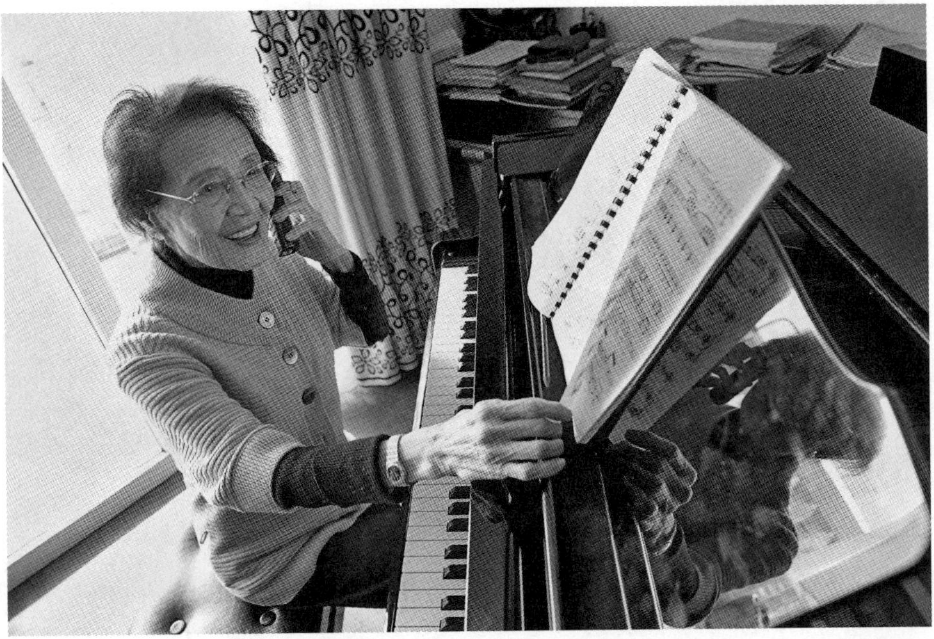
电话不断

莺。”(吴霞启)

“敬业何如小燕周，春蚕丝尽死方休。歌喉应未随人老，但哺英才入一流。”(邓明)

“先生是永远不倒的女神，留下的财富够我一辈子体会和继承。”(王作欣)

“先生用她百年人生中不断凝聚的精华，以艺术家的方式献给社会大众，以教育家的方式传给学生。她的人生旋律将永远荡漾在我们心中。她的人格品质，她的大爱情怀，她的艺术精华，她的为人师表将永远留在人间。”(韩莉平)

“先生把一生铸就的音乐之爱，留在春天的世界：把音乐之美，种在人心的春天里。”(方琼)

“不能解释，不可思议，在生命的最后，各种机能已经衰竭，先生还是表现出一种健康的有生机的由内而外的美。太神了，先生不死。”(刘红)

“永远难忘先生在巍巍长城上咏唱的《长城谣》，那不是一首歌，那是一个民族血脉中永驻的灵魂！”(王友)……

3月5日，北京，习近平总书记参加十二届全国人大四次会议上海代表团

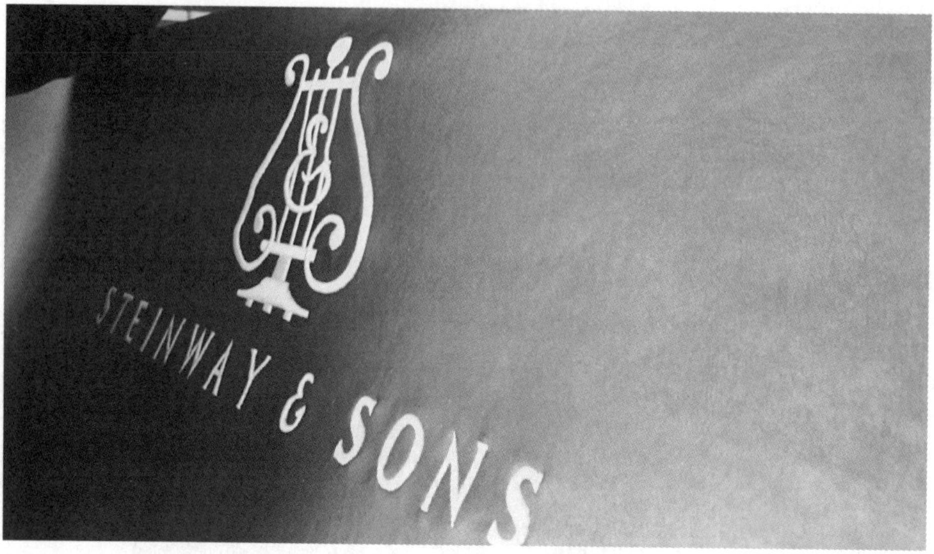

使用过的钢琴

的审议，审议结束后与代表一一握手道别。出席会议的廖昌永，有机会向习总书记报告了周先生去世的消息。习近平总书记说："我已经知道了，周老师是我和我爱人崇敬的人，是教书育人的楷模，值得我们所有人学习。"

3月10日上午，龙华殡仪馆大厅，各界人士送别周小燕先生。在她逝世后的"头七"里，她的亲人、学生、友人、同事，天天为她守灵。大厅里，她的巨幅照片，被挽联相拥，上书："生命有时种植桃李遍南北，音乐无界自成一派贯东西"。20岁那年首唱的《长城谣》，在低回。电子屏幕，将她的音容笑貌，留驻人间。习近平和夫人彭丽媛送来了花圈。在层层叠叠的花圈、花篮中，有李克强、张德江、俞正声、刘云山、王岐山、张高丽等国家领导人的，有魏松、张建一、廖昌永、王作欣、李秀英等弟子的，也有许多不知名的平民百姓的。吊唁大厅前的广场上，拥满自发而来的各界群众，有的手持鲜花、照片，有的捧着撰写她的书籍，有的举着写有"先生，一路走好"等字句的挽联挽幛。沉痛和不舍，写在每一个送别者的脸上。

学院林书记扼要介绍了周先生生平事迹。张本代表家属致辞："如果人生真有来世，妈妈，下辈子我再做你的儿子。"张本的哭诉，有一种撕心的痛。大厅里，传来一片抑制不住的抽泣声。

深深地，三鞠躬，人们手持生前她喜欢的红玫瑰，轻轻地放在她的身旁。

鲜花簇拥中的先生,安详典雅,像是在沉睡,又像在梦中。

当天下午,先生的骨灰落葬青浦福寿园。

濯濯其英,晔晔其光。周先生远离我们了吗?没有,她的生命不息,精神永存。秀英每天去学校上班,路过复兴路先生的家,总要回过头来,看一眼那幢熟悉的大楼,总觉得老师还在家里,还在忙碌着,还在给学生上课呢。琴房的钢琴架上,放着秀英和老师的合影照。每天来练声,她总要对着相片说一句:"老师,我唱给你听。你出远门了,我长大了。我会好好教,好好唱的。"

思念,是一种痛苦;思念,也是一种成长。秀英每每想到老师的过去,哭着哭着会笑起来,笑着笑着会哭起来,更多的是一种敬佩,一种感恩,一种成长,一种幸福。1995年,周先生给她题字:"不要多吃,不要多睡,不要太可怜自己。"2007年,周先生给她题字:"秀英,还是那句话:不要多吃,不要多睡,不要太可怜自己。"秀英说:"第一次题字时,我还是一个学生,发愁自己长得胖。老师的题字很单纯,那是一剂减肥良药。第二次老师仍旧题这几个字,意味可深长了。她是要我勤奋再勤奋,不断挑战自己。可怜自己了,就会懒惰,就停止不前了。老师走了,我最深的体会是:我长大了。我会好好地努力地去做像她那样的老师。"

"悲来何以堪?恩深如海,岂期失栋梁;此去心无憾,业垂不朽,长城起处见英灵。"这是廖昌永悼念老师的挽联。身为上海音乐学院副院长、声乐系主任,廖昌永更清楚,老师最希望的就是,她的事业和梦想,能在他们身上延续、传承和实现。他说:"她是改变我的人生,影响我一辈子的恩师。她希望多创作和推广、鼓励承载中国文化的优秀歌剧。我一直希望自己能接过她的梦想,在这方面多做些事情。并且,将此作为自己毕生的志业来加以坚持。这是一个宏大的事业,需要下一辈、再下一辈人的传承和坚持。借着对先生的追忆,我也不断鼓励自己努力前进:'志于道、据于德、依于仁、游于艺',为祖国和人民的事业,尽己微薄之力。"

默默地,张本在整理妈妈的遗物,看到一个木盒子,里面整整齐齐地放着一叠20世纪五六十年代缴的党费收据。虽然纸张已发黄变脆,但可以看清,每月60元,这是她每月工资的四分之一。与之放在一起的还有一张参加第一届全国文代会的代表证和上海音乐学院工作证。被丈夫笑为"天女散花",东西乱丢乱放的她,却将这几样东西保存得如此之好,表明在她心中的分量。张本说:"2015年8月,她生日之时,我问她:"在你过去的98年里,什么事情让您觉得最开心？’她说：‘不同的阶段有不同的开心事。印象最深的还是1956年入党的时候。当时激动得泪都止不住，觉得自己可以像心中向往的共产党员那样，为中国人民做事了。’在妈妈的心中，周恩来总理是她最为崇敬的人。周总理是她的榜样，做一个像周总理那样的共产党员，是她一生的追求和目标。”

周小燕先生，你走了吗？你的亲人知道，你没有，你就在他们的身边，看着他们，分享着他们的喜乐。你的学生们知道，你没有，你舍不得离开他们，在聆听他们的歌声，期待他们的成长。你的同事们知道，你没有，你在叮嘱他们，多支持和鼓励中国原创歌剧，世界舞台要有中国的歌剧。你的朋友知道，你没有，你把音容笑貌留在他们的心间，陪着他们走过每一天。

青浦福寿园，苍松翠柏，掩映着周先生的“新家”。先生快乐地笑着，一脸幸福。她的“身后的太阳”张骏祥，站在她的身旁，儒雅、端庄。一头小象，温和地卧在他们的身旁。当年，印度之行，浩瀚的大海，将两颗陌生的心聚一起，相互吸引，相互关照，相互爱慕。在美丽的泰姬玛哈陵，在象征吉祥和神圣的大象前，他们确定了恋爱关系。结婚时，同行的画家吴作人，赠送的礼物

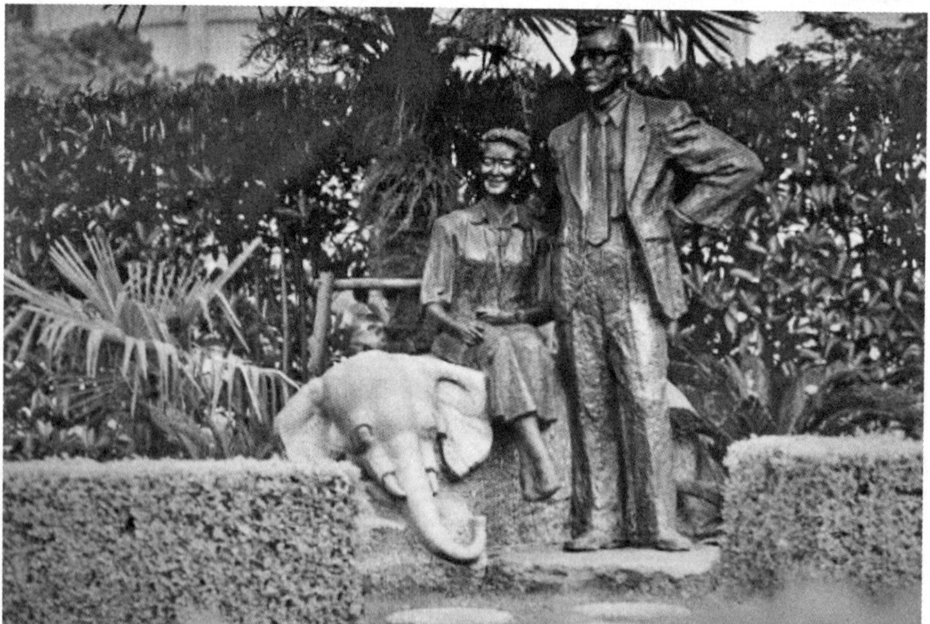

周先生的“新家”（福寿园雕塑）

就是一幅《双象图》。65年后，周先生与先于她20年离世的丈夫相聚，象，仍为媒。先生生前曾笑着说，这里将是她和骏祥的新家，希望大家有空时，到她的新家聚聚、聊聊。

3月10日下午，先生的骨灰落葬，意味着这个“新家”已经组成。“新家”铺满鲜花，弥漫着咖啡的香气。细心的工作人员，将一条漂亮的丝巾系在她的脖子上，说：“周先生喜欢漂亮，是一位时尚的最长寿的老太太。”来到“新家”的她的亲人们、学生们，久久不舍得离去。

先生的墓碑上书写着：

一只热爱祖国的中国之莺，歌唱在四季；

一只辛勤劳作的快乐之燕，哺英满天下。

周小燕：中国现代声乐教育奠基人之一、著名声乐教育家、歌唱家、上海音乐学院终身教授。抗战时期参与组建武汉合唱团，首唱《长城谣》等抗战歌曲。1938年至1947年赴法国学习声乐，被誉为“中国之莺”。1949年任教于上海音乐学院，历任声乐系主任、副院长等职。培养了几代优秀声乐人才，屡摘国内外声乐大赛桂冠。1988年创办周小燕歌剧中心，力推中国歌剧事业发展。2015年设立祥燕公益基金，资助贫困师生。曾获国家有突出贡献声乐艺术家、全国优秀共产党员、当代中国杰出女性、国家教育功臣、全国三八红旗手、法国国家荣誉军团勋章等称号和荣誉。

人间因其生辉，天堂因其欢乐。

她，就是这样一个人！

幸福跟随她（代跋）

这一年，推却了许多事，生活在周小燕的世界里。但是，以一年的时间，追随她95年的丰富人生，显得又是那样短促。

记得2010年12月的一天，在她的家里，她对我说："我希望写一个普通的周小燕，不要把我写得很伟大，我就是一个人民教师，做了我应该做的事。"应上海音乐学院的约请，接下这个任务，我的内心是胆怯的。能否写好，对自己没有信心。音乐，在我心里最神圣了。杨雄里先生说，有两门科学是需要天赋的，一是数学，二是音乐。言之非常有理。这两样，我都不行。因此，要去写周小燕这样一位赫赫有名的声乐教育家、歌唱家的一生，感觉有点难度。然而，周先生是我最尊重和敬仰的文化前辈之一，如果放弃了这个机会，也许会后悔一辈子。周先生信任的目光、朋友们热情的鼓励，终于使我下了决心。我对周先生说："需要一年的时间，我试试。"

周小燕先生很忙，每天的时间排得满满的。但是，只要我需要，她总是排出时间，接受采访。每次，若是上午，总是聊到忘了吃饭的时间，过了正午了；若是下午，总是谈到满街灯火，已是傍晚了。周先生自己也感慨道："不知怎么回事，和你说得最多了，也愿意把心里的话和你说。"

我试图从内心感受她。源头既清，波澜之阔。她说："我所做的一切，不是要去做什么伟大的事情，我也没有什么伟大的思想。从小，父亲叫我这样做人，这样做事。回来后，认可党，认可新中国，党叫我这样做，我就这样做。所有的一切，基本的东西就是人性，做一个善良的对别人有用的人。"

家庭显赫，海外归来，气质高雅，专业出众，成就卓著，名气宏远，地位不凡……其实一系列光环的背后，周小燕就是一个普通的人，普通的女性，普通的妻子，普通的母亲。但是，她睿智、率真、幽默、善良，心胸博大，富有情趣，对什么都充满好奇，愿意为别人付出等。所有的特点，最为突出的是：1. 永远有一颗年轻的心，不知道自己老；2. 永远有一种乐观向上的情绪，幽默并且快乐；3. 永远有一种责任感，爱学生，爱工作。可以说，家庭、个性与时代造就了她。

"我是幸运的。"周小燕先生经常说这句话。尤其是当各种名誉降临时，她从不觉得自己有多么了不起，而认为只是自己这一生比较幸运而已。她的爱人张骏祥先生把她的这句话解释为："幸福跟随着我。"周先生幸福地笑着。她最大的幸运，是有一个爱她并且了解和支持、帮助她的丈夫。

本书应该是一本传记类的书，但是在构思和谋篇布局时，我想破除通常的人物传记类写法，以教学、歌唱、思想、性格、家庭、生活等多重角度和多个侧面来展示，这样，可能更有助于读者了解、理解和感受周先生的一生和内心世界。

我尝试着对周先生的教学方法和教学思想作一些概括和分析，努力做到专业工作者读了后，不觉得你是一个外行，并且能够从中有所醒悟，有所启发；非专业工作者能够看得懂，并且感到有意思，被吸引，看了还想看。周先生看了书稿后给予了充分认可，说："都说声乐教学很难总结，不好概括，没有想到你这个非专业人员写出了我的教学方法和教学思想，而且深入浅出，雅俗共赏，很好。"

周小燕先生希望写得朴实点。因此，本书尽量以采访所获得的事实和众多细节，不加修饰地描述，展示观点和思想，并且力求带点哲理性，给人以回味和启迪。相信，由这些事实和细节，读者就能知道周小燕先生这个人，是一个怎样的人。

初稿出来后，我诚惶诚恐地拿给周先生看。周先生十分认真，20多万字的书稿，每一个字都看得很仔细，有什么不妥、不确切之处，都改在一边。这一点，既让我感动又让我不忍。眼前，总是闪出这样一幅画面：灯光下，一个95岁的老人，趴在桌上，不仅是读，还要思考，还要改动。因为，白天她很忙，大部分书稿都是在晚上看的。即便一天审读一万字，也要20多天哪！累得她浑身上下，尤其是双肩，疼得厉害。

我自知，就采访的工夫来说，还下得不够。周小燕的学生很多，诸如万山红、郭森、殷桂兰、张峰等，因种种原因，没有采访到。周小燕先生的家乡武汉，也没有机会脚踏实地地去考察。因此，严格来说，这本书并不能完全概括周小燕先生的一生。期待自己，今后有机会、有精力，继续追踪周小燕先生的脚步。也期待别人，写出更好更完整的周小燕先生大传！

感谢桑秀藩、许舒亚、杨燕迪、廖昌永、李明明、顾平、卞敬祖等上海音乐学院和声乐歌剧系的领导。感谢所有接受采访的周小燕先生的亲属、同事、学生、朋友。感谢周小燕歌剧中心的韩莉平女士和周天平先生。本书原名为《幸福跟随她》，周先生希望换一个书名，刘红先生提出了《她是这样一个人》的书名。周先生很喜欢，认为很朴实，也有内涵。感谢刘红先生。感谢上海市委宣传部张止静副部长，她在百忙中，接受了采访。没有大家的支持和帮助，很难成就这本书。谢谢大家！

趙蘭英

2012年6月

再版后记

四年前的今天，杀青了周小燕先生传记的全部书稿。四年后的今天，完成了这本书的增补稿。可是，物是人非。四年前的舞文是欢愉的；四年后的写作是悲情的。四年前的周先生富有朝气，四年后的周先生已经远行。

难以忘却，先生拿到书时的喜悦；更无法释怀，先生买不到书时的愁容。2015年9月，先生已病重，专门打来电话，询问哪儿有书卖。10月中旬，去医院看她。那天，从出版社买来的100本书已送到她病房。先生还是不安地说："怎么回事呢？一方面读者买不到书；一方面出版社又卖不出书。这个里面还真有问题，要想想办法。"

记得，新书出版后没两天，周先生打来电话。焦急地说："哎呀，兰英，有个地方错了，第55页，徐景新成了徐景贤了。"然后，她自责地说："我怎么没看出来呢？"我的心咯噔了一下，怎么会呢？全书清样出来后，95岁的周先生，每天伏案，亲自校阅了一遍。我也记得，拿到初校稿时，发现错了，已经改过来了，怎么还会错呢？周先生着急地问："怎么办呢，有什么办法可以补救吗？"书都到读者手中了，怎么补救呢？没办法了，只能期待再版时修改。因此，周先生多次询问："读者又买不到书，什么时候可以再版呀？再版时，一定不要忘了，把错误的地方修改过来。"

2016年3月4日凌晨，先生在静寂中出了远门。在悲痛中，念起先生对再版的期待，念起四年前先生在签名售书时的那段话："我是一个怎样的人呢？希望大家去看赵兰英写的这本书。"对先生最好的纪念，就是传承她的志业，弘扬她的品德，像她那样行艺做人，即便达不到她那样的成就，起码做一个对社会有用的人。因此，告诉自己，一定要假以时日，将这本书修订再版，告慰先生。

可巧的是，文汇出版社新任总编辑周伯军打来电话，希望能够修订一下，重新出版。伯军甚至说："周先生是我们尊敬的艺术大师，我们一定要以最认真的态度来做好这本书。”

本书得以在周先生百年诞辰之时，顺利出版。感谢周总编辑，感谢文汇出版社，感谢周小燕先生子女张本、张文的支持，感谢周天平、李秀英、刘红、张建一、谢震霖、祖忠人、鲍广丽等人的帮助。这也是人们共同的心愿。

再版对原文错误的部分作了甄改，新增写了一个章节，即第十一章《生命不息的她》。本章节试图展现先生最后几年的风采，与前十章一起，较为完整地留下先生一个世纪的生命轨迹。

不恰当之处，乞先生亲友、学生、同事和读者不吝指正。

趙蘭英

2016年6月